COURS

DE

PHILOSOPHIE

Printed in Canada

Cursus Philosophiæ :

T. I.   — Introductio generalis, Logica et Philosophia naturalis.
In VIII, 388 p.
Québec, 1937.

T. II. — Metaphysica. In VIII, 283 p.
Québec, 1937.

T. III. — Philosophia Moralis. In VIII, 352 p.
Québec, 1938.

Monseigneur Henri GRENIER

DOCTEUR EN PHILOSOPHIE EN THÉOLOGIE

ET EN DROIT CANONIQUE

COURS DE PHILOSOPHIE

TOME I

LOGIQUE

PHILOSOPHIE DE LA NATURE

METAPHYSIQUE

12e mille (juin 1953)

LES PRESSES UNIVERSITAIRES LAVAL
Québec.

SANCTAE DEI GENITRICI

in signum

gratitudinis et filialis obedientiae.

LETTRE
de Son Eminence le Cardinal Villeneuve
à l'auteur.

Québec, le 18 juillet 1940.

Cher Monsieur l'Abbé,

Je viens de parcourir les bonnes feuilles de la première partie de votre cours de philosophie en français.

La question de la langue en laquelle un manuel de philosophie scolastique doive se présenter est complexe, et quelle que soit la thèse soutenue en principe, il lui faut s'assouplir même à regret pour s'adapter aux nécessités pratiques des divers milieux où est donné l'enseignement.

Il est sûr que le français alors demeurera toujours latinisé, parce que les grands maîtres scolastiques ont créé pour exprimer leurs synthèse ou leurs intuitions des termes intraduisibles en notre langage moderne, à moins de circonlocutions et d'expressions développées. Je pense, par exemple, au per se et au per accidens, au principe ut quo et ut quod, et à mille autres expressions propres à la scolastique et qu'il faut percer pour en saisir tout le sens.

Quoi qu'il en soit, cette philosophie n'est pas exclusivement une philosophie de séminaire. Heureux les esprits qui, même parmi les laïcs, pourront être formés à une discipline de pensée aussi forte et aussi féconde.

A la condition évidemment qu'on leur fournisse, non point du verbalisme scolastique ni une métaphysique imaginaire, mais la vraie doctrine de l'être. Et voilà surtout ce que j'apprécie en votre ouvrage. Sans avoir eu le loisir d'examiner toutes vos thèses, un rapide coup d'œil m'a fait constater avec satisfaction que vous n'avez point vidé de son contenu la doctrine traditionnelle pour la dire en français, et sous cou-

leur de la vulgariser. Je signale, à cet égard entre autres, votre étude du problème critique de la vérité que vous replacez en métaphysique, et il y a là un signe indubitable de votre mentalité philosophique.

Du coup, votre ouvrage demeure difficile, et comme vous le reconnaissez dans l'avant-propos, les curieux en seront désappointés. Mais ceux qui en briseront l'écorce y découvriront un fruit substantiel et sain.

Joseph de Maistre l'a dit fort à propos: "Il n'y a point de méthodes faciles pour apprendre les choses difficiles. L'unique méthode est de fermer sa porte, de faire dire qu'on n'y est pas et de travailler."

C'est aux maîtres de mâcher eux-mêmes le texte du manuel pour en faire la nourriture requise par chacun. C'est à eux d'y fixer les regards des élèves pour leur en faire voir et pénétrer la substance et la vérité.

Recevez, cher Monsieur l'Abbé, avec mes encouragements, mes vœux et bénédictions
>   *en Notre-Seigneur et Marie Immaculée,*

† J.-M.-RODRIGUE CARD. VILLENEUVE, O. M. I.,

>   Arch. de Québec.

A Monsieur l'Abbé Henri Grenier, D. Th., D. Ph., D. D. C
Professeur de Philosophie à l'Université Laval,
Québec.

AVERTISSEMENT AU LECTEUR

La publication d'un cours de philosophie en français n'a rien qui doive surprendre. En 1865, le frère Thomas Bourrar, o. p., traduisit en français l'ouvrage connu d'Antoine Goudin, o. p.: "Philosophia juxta Divi Thomæ dogmata". À la fin du dix-neuvième siècle, le chanoine Elie Blanc, professeur à l'Université catholique de Lyon, publiait un "Traité de Philosophie scolastique". Léon XIII honorait cet ouvrage d'un bref laudatif. Il y eut aussi une édition française des "Elementa Philosophiæ" du chanoine napolitain Cajetan Sanseverino, l'un des promoteurs du renouveau scolastique sous Léon XIII. Tous ceux qui s'occupent des études philosophiques connaissent les ouvrages de Mercier, de Nys, de Farges, de Barbedette, de Maritain, de Collin, de Jolivet, etc.

Au Canada, le regretté Monseigneur Arthur Robert avait écrit, il y a déjà quelques années, des "Leçons de Logique, de Psychologie, de Morale" à l'intention des élèves de l'enseignement primaire. Les Religieuses de la Congrégation Notre-Dame ont fait imprimer, l'an dernier, une traduction de l'ouvrage de monsieur Filion, p. s. s.: "Elementa Philosophiæ Thomisticæ".

Nous avons nous-même publié, à la demande de nos supérieurs, un cours de philosophie en latin. Malgré certaines instances réitérées, nous n'avions pas l'intention de reprendre ce travail ardu, et d'en donner une traduction française.

En octobre dernier, quelques éducateurs venaient nous demander, au nom de leurs collègues dans l'enseignement, de préparer une édition française de notre manuel latin. Ils nous faisaient remarquer que les manuels de Barbedette, de Collin, manuels qu'ils enseignaient, ne répondaient plus aux exigences du baccalauréat.

Ces éducateurs n'ont pas eu raison immédiatement de nos résistances. Nous les avons assurés uniquement de notre bonne volonté. Mais nous nous sommes mis au travail, et aujourd'hui nous pouvons offrir au public la première partie de notre ouvrage. La seconde partie, qui comprendra la Morale, paraîtra l'an prochain, si la Providence le permet.

Notre cours français de philosophie n'est pas une traduction de notre édition latine. Pour le rédiger, nous avons consulté, à peu près uniquement, les textes d'Aristote, de saint Thomas et des grands commentateurs scolastiques, comme Cajetan, Jean de Saint-Thomas et le Ferrarais. Et, parce qu'il tire son inspiration de sources aussi pures, notre manuel, nous en avons la conviction, est différent des autres manuels écrits en langue française.

Nous avons délibérément laissé tomber tous les éléments étrangers et pseudo-scientifiques qui encombrent si souvent les ouvrages philosophiques présentés par les scolastiques modernes.

Nous avons de plus, autant que notre but le permettait, gardé, dans l'exposé de nos thèses, la forme scolaire que nous ont livrée les Anciens. Cette disposition technique désappointera peut-être certaines personnes qui auront la curiosité de lire notre manuel. Elle est cependant nécessaire à la formation de ceux qui veulent apprendre et assimiler la philosophie thomiste.

Nous espérons que notre modeste travail, écrit dans des conditions plutôt difficiles, fera sa part de bien. C'est là notre consolation.

On raconte que saint Thomas, incarcéré dans le château paternel par sa mère et ses frères qui voulaient le faire renoncer à sa vocation dominicaine, passait ses journées à analyser la Bible et à étudier les Sophismes d'Aristote, les Sentences de Pierre Lombard.

Aucun exemple ne peut mieux montrer l'importance de la sagesse humaine et l'harmonie de cette sagesse avec la sagesse divine.

Nous demandons instamment à Dieu de bénir nos efforts, afin que notre travail puisse faire connaître la grandeur de celui qui est la Beauté, la Vérité et la Vie. Cette vision pourra peut-être pousser certaines âmes à s'engager résolument dans la voie de l'amour qui seule peut conduire à la contemplation des mystères divins.

Que les personnes à qui notre travail pourrait être utile, adressent à Dieu une prière à nos intentions, afin que la Miséricorde divine nous dégage chaque jour des ténèbres de cette terre et nous illumine davantage de cette lumière qui, du sein de la Trinité sainte, se répand sur les justes!

À toutes ces personnes qui prieront pour nous, nous adressons l'expression de notre reconnaissance.

À tous ceux, aussi, qui ont facilité notre travail et qui nous ont aidé d'une manière ou d'une autre, nous exprimons notre sincère gratitude.

Merci à monsieur Charles de Koninck, doyen de la Faculté de Philosophie de l'Université Laval, qui nous a donné quelques notes sur la Dialectique.

Merci à monsieur l'abbé Paul-Emile Gosselin, notre censeur, qui a eu la patience de surveiller avec nous l'impression du présent ouvrage.

Après nous avoir fortement engagé à entreprendre le présent travail, ce dévoué confrère nous a constamment soutenu de son appui. Il n'a ménagé ni son temps ni son travail, et nous a fait plusieurs suggestions très précieuses. Nous ne pourrons jamais lui payer notre dette.

Merci à monsieur l'abbé Bernard Morisset, professeur au Grand Séminaire de Québec, qui a bien voulu lire une fois notre texte avant l'impression définitive.

H. G.

29 juin 1940, en la fête des saints Apôtres, Pierre et Paul.

TABLE DES MATIÈRES

Métaphysique

NOTIONS PRÉLIMINAIRES

1 - La connaissance humaine. — Pour comprendre la définition de la Philosophie, il faut d'abord posséder quelques notions sur la connaissance humaine.

a) L'homme a une double connaissance: celle des sens et celle de l'intelligence.

Par la connaissance sensitive qu'il possède en commun avec les autres animaux, l'homme atteint le singulier matériel qui est contingent et muable.

Par la connaissance intellectuelle, l'homme n'atteint directement que les aspects universels et nécessaires des êtres contingents et muables, et par ces aspects universels et nécessaires, les êtres nécessaires comme les anges et Dieu. Ex: par ses sens, l'homme perçoit une chose qui est Pierre; mais par son intelligence, il perçoit dans Pierre les aspects universels *d'homme,* d'*animal,* de *substance,* d'*être,* etc.

Disons donc que la connaissance intellectuelle que l'homme ne possède pas en commun avec les autres animaux et qui, par suite, est proprement humaine, a pour objet direct l'universel et le nécessaire.

b) C'est là une première caractéristique de la connaissance intellectuelle. Si nous voulons en faire ressortir une autre, comparons, comme le fait Aristote, le chef d'entreprise et les manoeuvres.

Dans toute entreprise, le chef mérite une plus grande considération que les manœuvres, non pas parce qu'il l'emporte sur ceux-ci par son habileté ou son expérience, mais parce qu'il a plus de connaissance. Et le chef a plus de connaissance ou de science que le manœuvre parce qu'il connaît les causes de ce qui se fait.

On peut déduire de cette comparaison que le propre de la connaissance humaine ou intellectuelle est non seulement d'atteindre directement l'universel, mais encore de rechercher les causes, et de remonter aux principes.

2 - L'art, la prudence, la science. — Nous avons dit que la connaissance intellectuelle n'atteint directement que l'universel. Il ne faudrait

pas cependant en conclure qu'elle ne s'étend d'aucune manière au
singulier.

L'homme, en effet, ne cherche pas seulement à connaître la vérité; il doit aussi exercer son activité soit en fabriquant des œuvres
d'art, soit en posant des actes moraux.

Et comme la connaissance intellectuelle dirige toute activité proprement humaine, qui s'exerce toujours par des opérations concrètes et singulières, elle doit donc, au moins indirectement, atteindre
le singulier.

Nous voyons par là les directions principales que tend à prendre
la connaissance intellectuelle.

Ou elle dirige l'exécution d'une œuvre à faire, et nous avons l'*art*,
qui apparaît lorsque d'une multitude de notions expérimentales se
dégage un seul jugement universel applicable à tous les cas semblables.

Ou elle mesure et règle un acte humain (l'agir humain) envisa-
gé avec toutes ses circonstances concrètes de personnes, de temps,
de lieu, etc, et nous avons la *prudence*, vertu intellectuelle qui dirige
l'acte moral.

Ou elle est uniquement orientée vers la contemplation de la vérité,
et nous avons la *science* qui néglige le singulier comme singulier et
ne considère que l'universel et le nécessaire.

3 - Définition de la philosophie.— La Philosophie, d'après le sens commun, nous apparaît comme une connaissance très universelle, certaine, et recherchée pour elle-même, c'est-à-dire pour la vérité qu'elle
nous livre.

La Philosophie n'est donc pas un art ou une prudence, puisque l'art
et la prudence n'ont pas pour but de connaître la vérité, mais plutôt
d'exécuter une œuvre et de poser un acte moral selon les règles vraies.

La Philosophie est donc une science et se définit: *la connaissance
certaine des choses par leurs causes, à la lumière de la raison naturelle.*

a) La connaissance, c'est-à-dire une pure connaissance qui a pour
terme non pas une œuvre à faire ou un acte à poser, mais une vérité à
atteindre.

b) Certaine, c'est-à-dire excluant tout doute.

c) Des choses, de toutes les choses non pas prises une à une, mais considérées selon qu'elles ont les mêmes aspects universels et nécessaires.

d) Par leurs causes: on distingue les causes dans la ligne de la réalité, et les causes dans la ligne de la connaissance.

Les causes dans la ligne de la réalité sont les principes soit extrinsèques (cause efficiente: par qui? — cause finale: pourquoi?), soit intrinsèques (cause matérielle: de quel sujet? — cause formelle: qu'est une chose?) qui expliquent une chose.

Les causes dans la ligne de la connaissance sont les principes dont la raison se sert pour argumenter.

La philosophie est une connaissance des choses par les causes dans la ligne de la réalité; et, par là, elle se distingue des sciences expérimentales qui ne connaissent pas les choses par leurs causes propres.

De plus la philosophie est une connaissance qui procède de principes certains, et, par là, elle se distingue encore des sciences expérimentales qui, nous le prouverons plus tard, ne procèdent que de principes probables.

e) A la lumière de la raison naturelle: la Philosophie procède uniquement dè principes connus naturellement par la raison humaine. Elle se distingue, par là, de la Théologie surnaturelle ou divine qui se sert des vérités de foi et qui, par suite, procède à la lumière de la raison éclairée par la Révélation divine.

4 – LA DIVISION DE LA PHILOSOPHIE.— 1° La Philosophie se divise d'abord en Philosophie spéculative et en Philosophie pratique ou morale.

La Philosophie spéculative ne tend à connaître que pour connaître, c'est-à-dire pour atteindre la vérité et éviter l'erreur.

La Philosophie pratique ou morale considère l'acte humain d'une manière générale et universelle et indique les principes généraux qui doivent le diriger.

2° La Philosophie spéculative se divise en Logique et en Philosophie réelle.

La Logique, qui est un instrument du savoir, a pour objet de montrer comment on raisonne avec rectitude et sans erreur.

La Philosophie spéculative réelle a pour objet les êtres qui ont une nature réelle, comme l'homme, Dieu, etc.

3° La Philosophie spéculative réelle se divise en Philosophie de la nature qui considère l'être spatio-temporel, c'est-à-dire l'être qui existe dans l'espace et le temps, et en Métaphysique qui considère l'être en tant qu'être.

4° La Philosophie pratique ou morale se divise en Morale individuelle, en Morale domestique ou familiale et en Morale sociale.

La Philosophie contient donc six sciences distinctes:
a) La Logique; b) La Philosophie de la nature; c) la Métaphysique; d) la Morale individuelle; e) la Morale domestique ou familiale; f) la Morale sociale, qu'Aristote appelle la Politique.

LOGIQUE

INTRODUCTION

5 - NOTION ET DIVISION DE LA LOGIQUE.— La Logique "est un certain art dont le rôle est de diriger la raison, afin qu'elle n'erre pas dans son mode de discourir et de connaître."

Or, dans tout art, deux choses principales sont à considérer: la matière sur laquelle l'art s'exerce; la forme que l'art introduit dans cette matière. Ainsi, dans la construction d'une maison, les pierres et le bois entrent comme matière; la mise en ordre des pierres et du bois dans une structure déterminée constitue la forme.

Puisque la Logique est un art, il y a donc lieu de distinguer la matière sur laquelle elle s'exerce et qu'elle présuppose, et la forme qu'elle introduit dans cette matière.

La matière sur laquelle s'exerce l'art logique, ce sont les choses ou les objets que la raison cherche à connaître avec rectitude.

La forme de l'art logique, c'est cette disposition introduite dans les objets connus, en vue de les relier entre eux, afin que la connaissance se fasse d'une manière correcte.

Nous diviserons donc la Logique en deux parties:

La première partie, appelée la *Logique formelle*, traitera de la forme de l'art logique. Elle apprendra *surtout* à faire un raisonnement concluant ou juste, en faisant abstraction de sa vérité ou de sa fausseté.

La seconde partie, appelée la *Logique matérielle*, traitera de la matière de l'art logique. Elle étudiera principalement les conditions d'un raisonnement vrai et certain.

Pour comprendre ces distinctions, posons le syllogisme suivant: *tout singe est raisonnable. Or le chimpanzé est un singe. Donc le chimpanzé est raisonnable.* Ce syllogisme est syllogisme concluant. Toutes les règles qui président à la construction du syllogisme considéré par rapport à sa forme, sont observées. Ce syllogisme cependant n'est pas vrai. Sa matière n'est pas bonne, car il est faux qui tout singe soit raisonnable.

6 - LES OPÉRATIONS ET LES OEUVRES DE LA RAISON. — Nous avons dit que la Logique considère, tant dans sa partie formelle que dans sa partie matérielle, surtout et principalement le raisonnement. Nous

avons insinué par là que le raisonnement n'est pas l'unique opération
de la raison. En effet, pour raisonner, la raison doit d'abord juger ou
former des propositions. Il est évident que le syllogisme, expression
du raisonnement, contient des propositions.

Avant de juger, la raison doit aussi connaître ou appréhender
les termes dont elle se sert pour former les propositions.

Il y a donc trois opérations de la raison: l'appréhension des termes ou la simple appréhension, le jugement, le raisonnement.

La simple appréhension, le jugement, le raisonnement sont des
opérations vitales de la raison, qui impliquent la construction ou la
production de certaines œuvres immatérielles à l'intérieur de la raison
elle-même.

Dans la simple appréhension, la raison forme un *terme mental*,
un concept mental dans lequel elle conçoit et se représente la chose connue.

Dans le jugement, la raison construit un certain assemblage de
concepts appelé une *proposition ou énonciation*.

Dans le raisonnement, la raison construit un assemblage de propositions appelé une *argumentation*.

Le concept, la proposition et l'argumentation sont des œuvres immatérielles produites par la raison et existant dans la raison. Ces œuvres immatérielles peuvent être manifestées extérieurement par des
signes oraux ou matériels, soit parlés, soit écrits. Ces signes sont le terme, la proposition et l'argumentation.

On appelle *terme oral*, le signe matériel du concept; *proposition
orale ou prononcée*, celui de la proposition mentale; *argumentation
orale ou prononcée*, celui de l'argumentation mentale.

Pour exposer avec clarté ces distinctions, établissons le tableau
suivant:

Opérations de la raison	Ses oeuvres immatérielles	Les signes oraux
Simple appréhension	concept mental	terme parlé ou écrit
Jugement	proposition mentale	proposition parlée ou écrite
Raisonnement	argumentation mentale	argumentation parlée ou écrite

La Logique porte directement sur les œuvres immatérielles de la raison. C'est en ordonnant ces œuvres immatérielles qu'elle dirige les opérations de la raison. Elle ne s'occupe des signes oraux qu'en tant qu'ils manifestent les œuvres immatérielles.

Nous pouvons de ces observations déduire deux conséquences:

1) La Logique est un art rationnel, non seulement parce qu'elle est dans la raison comme dans son sujet — ce qui est commun à tout art —, mais aussi parce qu'elle a pour fonction propre d'ordonner les œuvres de la raison elle-même.

2) La Logique est distincte des sciences du réel.

Ces sciences dirigent aussi les opérations de la raison, en ce sens qu'elles déterminent l'intelligence à connaître les choses sans erreur. Mais leur premier but est de' faire connaître les choses. Elles ne mettent l'ordre dans les opérations de la raison que d'une manière indirecte.

La logique, au contraire, a pour but direct la direction des opérations de la raison. Elle ne fait pas connaître les choses: elle enseigne comment la raison doit procéder pour connaître.

7 - DÉFINITION DES TROIS OPÉRATIONS DE LA RAISON. — Les trois opérations de la raison sont: la simple appréhension, le jugement, le raisonnement.

1) **La simple appréhension** se définit: *l'acte par lequel l'intelligence saisit ou perçoit une quiddité, sans en rien affirmer ou nier.*

a) Le mot *quiddité* signifie ici tout ce qui est *intelligible*, tout ce qui peut être atteint par l'intelligence comme *quelque chose*, par exemple: *l'homme blanc, homme vertueux et juste.*

b) La simple appréhension exclut l'affirmation ou la négation, et par là se distingue du jugement.

2) Le jugement se définit: *l'acte par lequel l'intelligence unit «compose» par l'affirmation, ou sépare «divise» par la négation.* Quand je dis, *Pierre est juste,* j'unis ou compose le sujet *Pierre* et l'attribut ou mieux le prédicat *juste,* en affirmant. Quant je dis, *Pierre n'est pas juste,* je sépare ou divise le même prédicat du même sujet par la négation.

Notons immédiatement que, dans tout jugement affirmatif, il n'y a pas de distinction réelle entre le prédicat et le sujet, bien qu'il y ait entre eux une distinction de raison. Lorsque je dis que *Pierre est juste,* je conçois Pierre de deux manières différentes, comme *Pierre* et comme *juste,* mais par mon affirmation, je dis que ce que je conçois comme *Pierre* et comme *juste est une seule et même chose.*

Dans le jugement négatif, il y a au contraire une distinction réelle entre le prédicat et le sujet. Dire que *Pierre n'est pas juste,* c'est dire que ce qui est conçu comme *juste* est une chose autre que *Pierre.*

À première vue, le jugement pourrait paraître un acte complexe. C'est ce qu'a prétendu Suarez. Il n'en est rien. Le jugement est un acte simple.

Distinguons l'acte du jugement et ce qui lui est préalable, et nous saisirons qu'il est un acte simple.

Pour porter un jugement, l'intelligence doit d'abord appréhender deux termes, comme par exemple *homme* et *animal.* Elle doit ensuite construire un complexe, une proposition purement énonciative, comme la proposition suivante: *l'homme est un animal.* Après la construction de ce complexe, elle examine si le prédicat convient ou ne convient pas au sujet. Lorsqu'elle a saisi le rapport qui existe entre le prédicat et le sujet, elle donne son assentiment à la proposition par l'affirmation ou la négation. Et c'est dans cet assentiment, dans cet acte simple que consiste formellement le jugement.

Ces distinctions peuvent paraître subtiles. Un exemple nous les fera comprendre. Nous pouvons former cette proposition: *la planète Mars est habitée,* sans lui donner notre assentiment. Une telle proposition est purement énonciative: elle n'exprime pas notre jugement ou notre assentiment: elle n'est pas *judicative*, comme disent les scolastiques.

3) Le raisonnement se définit: *l'acte par lequel la raison, au moyen de vérités connues, acquiert la connaissance d'une vérité nouvelle.*

a) Dans le raisonnement, l'esprit part de vérités connues qu'il coordonne et subordonne. Il construit certaines proportions en les unissant l'une à l'autre. Il dit par exemple: *Tout être immatériel est incorruptible. Or l'âme humaine est un être immatériel.*

b) De ces vérités coordonnées et subordonnées, l'esprit infère une autre vérité. Des deux vérités énoncées ci-haut, il conclura: *Donc l'âme humaine est incorruptible.*

Le raisonnement implique donc une certaine marche de l'esprit, un certain mouvement progressif, une succession d'"avant" et d'"après".

Mais deux choses sont à noter:

1° Le raisonnement n'implique pas seulement une pure succession; il implique une succession causale. L'esprit connaît une vérité nouvelle *par* des vérités déjà connues.

2° Le raisonnement est un acte simple. Il consiste essentiellement dans l'inférence d'une vérité nouvelle, à partir de vérités déjà connues.

Ainsi, dans le syllogisme que nous avons cité, l'esprit pose cette première proposition comme vraie: *Tout être immatériel est incorruptible.* Il pose ensuite la seconde proposition non seulement comme vraie en elle-même, mais en la mettant sous la dépendance de la première; voilà pourquoi il dit "or": *Or l'âme humaine est un être immatériel.* Ces deux actes de l'esprit viennent avant le raisonnement, et les propositions sur lesquelles ils portent sont appelées "l'antécédent".

Mais, en posant le second acte, en disant "or", l'esprit saisit au même instant une autre vérité qu'il infère des deux premières et qu'il exprimera par une proposition appelée "le conséquent".

C'est dans cet acte simple «d'inférence» que consiste essentiellement le raisonnement.

8 - NOTION DU CONCEPT. — Le concept se définit: *l'image ou la représentation que la raison forme en elle-même, quand elle connaît une chose.* Nous n'avons qu'à consulter notre expérience interne pour savoir que notre raison ne connaît pas sans se représenter en elle-même la chose qu'elle connaît. Nous pouvons cependant facilement confondre le concept ou l'image de la raison, et *le phantasme* ou l'image du sens interne. Il faut éviter une telle confusion.

Considérons seulement ce qui se passe en nous, lorsque nous connaissons une couleur. Nous formons en nous une représentation vague, indéterminée d'une certaine couleur, représentation qui peut varier à l'infini. C'est là le phantasme ou la représentation du sens interne. Mais, outre cette représentation, nous formons aussi une autre représentation, intellectuelle celle-là, qui nous exprime *ce qu'est* la couleur, et qui, sans varier, peut s'appliquer à toutes les couleurs: c'est le concept.

Les deux principales distinctions entre le concept et le phantasme sont les suivantes: *a)* le concept existe dans l'intelligence, tandis que le phantasme existe dans le sens; *b)* le phantasme représente toujours un singulier, même si ce singulier est très indéterminé; le concept de soi représente d'abord l'universel.

On peut désigner le concept par divers noms: *verbe mental, terme mental, espèce expresse, idée, notion.*

L'idée, au sens propre du mot, désigne cependant uniquement le concept que l'artiste contemple et veut réaliser hors de lui dans son œuvre. De même, la *notion,* chez les scolastiques, ne désigne pas uniquement le concept, mais encore la connaissance.

Notons, en terminant, la distinction entre le concept subjectif et le concept objectif.

Le concept subjectif — formel, mental, concept proprement dit —, c'est la représentation que l'intelligence se fait d'une chose qu'elle connaît.

Le concept objectif — concept au sens analogique —, c'est ce que l'intelligence saisit de la chose dans son concept subjectif, c'est la chose selon qu'elle est manifestée à l'intelligence comme *objet,* dans le concept subjectif.

L'intelligence connaît une chose à la fois par le concept subjectif et par le concept objectif. Mais, par le concept subjectif, elle connaît une chose, comme nous saisissons un chat *par nos mains;* par le concept objectif, elle connaît une chose, comme nous saisissons un chat *par ses pattes.*

9 - LA COMPRÉHENSION ET L'EXTENSION DU CONCEPT. — Le concept peut être considéré sous deux aspects: celui de sa compréhension et celui de son extension.

La compréhension d'un concept, c'est l'ensemble des notes, des caractères intelligibles qu'il comprend comme éléments essentiels. Ainsi le concept *homme* comprend comme éléments essentiels les notes suivantes: animal, vivant, substance matérielle, être.

L'extension d'un concept, c'est l'ensemble des sujets — individus ou types d'êtres — dans lesquels il est réalisé ou réalisable, et dont par suite il peut être affirmé. Le concept *homme,* par exemple, se réalise dans des sujets qu'on appelle Pierre, Paul, etc.

La compréhension et l'extension d'un concept sont en raison inverse l'une de l'autre, c'est-à-dire que plus un concept a de compréhension, moins il a d'extension, et plus il a d'extension, moins il a de compréhension. Ceci se comprend facilement par un exemple. Le concept *vivant* a plus de compréhension que le concept *corps,* car il ajoute à celui-ci la note: *vie.* Il a cependant moins d'extension, car il ne peut se réaliser que dans les sujets qui sont *vivants,* tandis que celui de *corps* se réalise dans tous les corps, soit vivants, soit non-vivants.

LOGIQUE FORMELLE

10 - Préliminaires.— La Logique dirige les œuvres de la raison. Or les œuvres de la raison se distinguent d'après ses trois opérations. En Logique formelle, nous étudierons donc d'abord l'œuvre de la simple appréhension, que nous considérons sous l'aspect de *terme*, c'est-à-dire comme élément dernier de la proposition· Nous étudierons ensuite la proposition, qui est l'œuvre du jugement, et l'argumentation, qui est l'œuvre du raisonnement. Nous aurons donc trois chapitres:

Chapitre   I. — Le terme.

Chapitre   II. — La proposition.

Chapitre   III. — L'argumentation.

CHAPITRE PREMIER

LE TERME

11 - NOTION DU TERME.—Nous considérons l'œuvre de la simple appréhension comme ordonnée à la construction de la proposition. Et à ce point de vue, nous nommons cette œuvre un *terme*, parce qu'elle est l'élément dernier qui reste, lorsque nous décomposons ou résolvons une proposition.

Nous avons deux définitions du terme, dont la première vaut uniquement pour le terme oral, et la seconde pour le terme pris dans toute sa généralité, qu'il soit *oral* ou *mental*.

Le terme oral se définit:

Un son de voix, signifiant conventionnellement, avec lequel on construit une proposition simple.

a) *Son de voix signifiant*: par là on exclut les sons dont le rôle n'est pas de signifier, comme la toux;

b) *conventionnellement*: l'usage des mots ou termes oraux pour signifier les concepts et les choses est naturel à l'homme; mais la signification de tel ou tel mot vient d'une disposition arbitraire de l'homme. Les sons de voix, comme les gémissements, qui ont une signification naturelle, ne sont donc pas des termes.

L'homme se sert de termes oraux pour exprimer *immédiatement* ses concepts, et *principalement* les choses qu'il connaît par ses concepts;

c) *une proposition simple*: le mot *simple* est ajouté pour exclure la proposition hypothétique, qui est elle-même composée de propositions simples.

Le terme pris dans toute sa généralité, qu'il soit oral ou mental, peut se définir:

Le signe avec lequel on construit une proposition simple. Cette définition se comprend par les explications que nous venons de donner.

12 - Notion et division du signe. — Le signe se définit: *ce qui représente à la faculté qui connaît, une chose autre que soi*. Dans le signe, il faut distinguer: a) la chose qui signifie: c'est le signe pris matériellement; b) la chose distincte du signe, chose que le signe représente: la chose signifiée; c) le lien entre la chose qui signifie et la chose signifiée: la signification.

Pour comprendre notre définition, notons la différence entre *faire connaître, représenter et signifier*.

Tout ce qui concourt à la connaissance *fait connaître*: la faculté qui connaît, l'objet, la connaissance elle-même, et *l'instrument* qui rend présent à la faculté qui connaît, un objet autre que soi, comme par exemple l'image d'un roi.

Tout ce qui rend quelque chose présent à la faculté qui connaît, *représente*. Et ceci se fait de trois manières: a) objectivement: l'objet se représente lui-même à la faculté; b) formellement: la connaissance rend la faculté formellement connaissante, et lui représente l'objet; c) instrumentalement: l'image extérieure est un instrument ou un intermédiaire qui représente à la faculté cette chose dont elle est l'image.

Ne *signifie* à proprement parler que ce qui rend présente à la faculté une chose distincte de soi. Et ceci ne peut se faire que formellement et instrumentalement, comme nous venons de l'expliquer. Faire connaître a donc plus d'extension que représenter, et représenter que signifier.

Le signe représente en signifiant. Il se divise donc essentiellement, par rapport à la faculté qui connaît, en signe formel et en signe instrumental.

Le signe formel est celui qui représente une chose à la faculté qui connaît, sans se poser comme un intermédiaire préalablement connu entre la faculté et la chose représentée. Le concept formel est un signe formel.

Le signe instrumental est celui qui ne représente une chose autre que lui, qu'en étant connu lui-même préalablement. Ainsi toute image extérieure ne représente à la faculté une chose autre qu'elle-même, que si elle est d'abord connue.

Par rapport à la cause qui l'ordonne à la chose signifiée, le signe se divise en signe naturel, conventionnel, et imposé par la coutume.

Le signe naturel est celui qui représente de par sa nature même, sans l'intervention d'une disposition arbitraire de l'autorité publique ou d'une coutume: le concept est un signe naturel.

Le signe conventionnel est celui qui représente en vertu d'une disposition arbitraire de l'autorité publique: les mots sont des signes *conventionnels*.

Le signe imposé par la coutume est celui qui représente en vertu de l'usage, mais sans l'intervention de l'autorité publique: les nappes sur une table signifient qu'on va prendre un repas.

13 - DIVISION DU TERME. — 1° Le terme se divise d'abord en terme mental, oral et écrit. Nous avons déjà donné la définition du terme mental et du terme oral.

Le terme écrit, c'est le terme oral fixé par l'écriture.

2° Le terme mental — le concept, la notion — se divise essentiellement par les objets qui spécifient la connaissance.

Nous ne nous occupons pas ici de cette division. Nous ne nous occupons que de certaines conditions générales ou aspects des concepts, qui distinguent les divers modes de connaître. Et nous ne considérons la connaissance que par rapport à la simple appréhension, et non pas par rapport au jugement ou au raisonnement.

I *Division du Concept.* — a) Le concept de la simple appréhension se divise en concept intuitif et en concept abstractif.

Le concept intuitif est celui d'une chose présente. Par la présence d'une chose, nous n'entendons pas la présentation — ou présence objective — de la chose à la faculté qui connaît, — ceci est nécessaire dans toute connaissance; mais nous entendons la présence physique de la chose selon qu'elle existe en elle-même, en dehors de la faculté.

Le concept abstractif est, par opposition, celui d'une chose absente physiquement.

Notons que la connaissance des sens externes est toujours intuitive. Celle des sens internes peut être intuitive ou abstractive comme celle de l'intelligence.

Les modernes ont étendu le sens du mot *intuition*. On nommera une intuition toute connaissance immédiate. En ce sens, nous disons que l'intelligence a l'intuition des premiers principes.

b) Le concept se divise aussi en concept de la chose — *conceptus ultimatus* —, et en concept du terme comme signifiant — *conceptus non ultimatus* —, selon qu'il se porte sur la chose signifiée elle-même — le concept de cette chose qu'est l'homme —, ou sur le terme qui signifie — le concept du terme *homme*.

c) Le concept, en troisième lieu, se divise en concept direct et réflexe.

Le concept réflexe est celui par lequel nous connaissons que nous connaissons: il a donc pour objet un acte, une puissance, un concept qui existent en nous.

Le concept direct est celui par lequel nous connaissons une chose en dehors de notre concept, et par lequel nous ne revenons pas sur notre connaissance: le concept que nous avons d'une pierre, d'un homme.

II *Division du terme oral.*— Le terme oral se divise en terme univoque, analogue et équivoque.

Le terme univoque est celui qui signifie les choses représentées par un concept absolument un. Ainsi le terme *homme* signifie tous les hommes selon qu'ils sont représentés dans le même concept de nature humaine.

Le terme analogue est celui qui signifie les choses représentées par un concept n'ayant qu'une unité de proportion ou de proportionalité. Le terme *sain* se dit de l'animal, de la nourriture, de la couleur; mais la santé ne se trouve formellement que dans l'animal; la nourriture et la couleur sont dites saines parce qu'elles disent une relation comme cause (nourriture) ou comme signe (couleur) à la santé de l'animal.

Le terme équivoque est celui qui signifie les choses *représentées* non par un seul concept, mais par plusieurs concepts. En d'autres termes, le terme équivoque ne signifie pas plusieurs choses selon qu'elles s'unissent sous un concept ayant une certaine unité — même une unité de proportion—,mais selon qu'elles diffèrent. Ainsi le terme *chien* signifie un animal et la pièce d'une arme à feu.

Seul le terme oral est équivoque. Le concept peut être univoque ou analogue, tout comme le terme oral.

Le concept univoque est celui qui signifie plusieurs choses selon qu'elles s'unissent dans une unité absolue: le concept *homme* désigne Pierre, Paul, etc., selon qu'ils ont la nature humaine.

Le concept analogue est celui qui signifie plusieurs choses selon qu'elles s'unissent dans une unité de proportion ou de proportionnalité: le concept *sain* selon qu'il signifie l'animal, la nourriture, la couleur dans leurs rapports à la santé.

III *Division du terme en terme catégorématique et syncatégorématique.* — Le terme, qu'il soit oral ou mental — concept —, est dit catégorématique ou syncatégorématique.

Le terme catégorématique (*significativus*) est celui qui signifie un objet représenté comme une chose, et non pas comme une modification de quelque chose: le terme *homme*, etc.

Le terme syncatégorématique (*consignificativus*) est celui qui signifie une simple modification de quelque chose, comme les termes *tout, quelque, vite, facilement, etc.*

IV *Division du terme catégorématique.* — Il y a cinq subdivisions du terme catégorique, divisions qui ne sont pas subordonnées l'une à l'autre, mais qui se situent sur un même plan.

1 Le terme catégorématique est commun ou singulier.

Le terme commun est celui qui est communicable à plusieurs, comme le terme *homme*. Notons qu'il suffit qu'un *terme* soit communicable à plusieurs d'après notre manière de concevoir, pour qu'il soit *commun*. Ainsi le terme *soleil* n'est en réalité communiqué qu'à un seul astre; mais il est tel d'après notre manière de concevoir, qu'il pourrait être dit de plusieurs soleils, si en fait plusieurs soleils existaient.

Le terme singulier est celui qui signifie un seul individu; ce qu'il signifie ne peut être communiqué à plusieurs, même d'après notre mode de concevoir: le terme *Pierre*.

A cette division, il faut ajouter la division du terme en terme collectif et divisif.

Le terme collectif est celui qui signifie plusieurs choses *prises ensemble*, prises comme groupe ou collectivement: *des hommes* constituent le peuple, l'armée, la famille, le sénat.

Le terme divisif est celui qui signifie un individu, ou plusieurs individus pris chacun à chacun — divisément —: le terme *Pierre* ou le terme *homme.*

Le terme divisif est dit singulier, particulier, et universel ou distributif.

Nous avons défini le terme singulier.

Le terme particulier est un terme commun dont l'extension est restreinte, sans pourtant être limitée à un seul individu: *quelque homme est juste.*

Le terme universel ou distributif est un terme commun dont l'extension n'est absolument pas restreinte: il est pris comme communicable à tous les individus pris sous lui. Par exemple le terme *homme* pris universellement est «distribué» à tous les individus auxquels convient la nature humaine.

Cette division du terme commun en particulier et distributif ne provient pas de la signification du terme, mais d'une de ses propriétés appelée la «suppositio», propriété que nous étudierons plus loin.

2ª Le terme catégorématique est absolu ou connotatif.

Le terme absolu est celui qui signifie quelque chose à la manière d'une substance, que ce soit une substance comme *l'homme,* ou un accident conçu sans sujet, comme la *blancheur.*

Le terme connotatif est celui qui signifie quelque chose à la manière d'un accident déterminant ou *connotant* un sujet soit physique, soit métaphysique: le terme *blanc* signifie la blancheur déterminant un sujet. Remarquez que le terme connotatif signifie principalement et directement son absolu — le terme *blanc,* la blancheur —, et connote un sujet auquel cet absolu convient. Par suite, les termes *sagesse, science* qui connotent *un objet,* et non pas un sujet, ne sont pas des termes connotatifs.

Il ne faut pas confondre le terme *connotatif,* le terme *concret* et le terme *adjectif.*

Le terme concret s'oppose au terme abstrait.

Sans doute, tout concept universel, parce qu'il fait abstraction de l'individuation, peut être appelé abstrait. Mais nous ne prenons pas ici le concept concret au sens de concept singulier, et le concept abstrait au sens de concept universel, mais dans un autre sens.

Le terme abstrait est celui qui signifie *ce par quoi* une chose est, telle ou telle: il signifie une détermination, une forme, comme le terme *humanité*, le terme *animalité*.

Le terme concret est celui qui signifie ou représente *ce qui* est tel ou tel (*id quod est*), comme le terme *homme*.

Le terme adjectif est celui qui s'oppose au terme substantif.

Le terme abstrait est toujours absolu; le terme concret peut être *absolu* (*homme*) ou *connotatif* (*blanc*).

Le terme adjectif est toujours connotatif; mais un terme connotatif peut ne pas être un terme adjectif: le créateur, le père, le fils.

3°   Le terme catégorématique peut être de première ou de seconde intention.

Le terme de première intention est celui qui signifie un objet considéré dans son état propre comme il existe dans la chose; il ne représente donc pas l'objet à l'état qu'il a dans l'intelligence, en tant que conçu par l'intelligence: ainsi le terme *homme* désigne la nature humaine qui existe ou peut exister réellement.

Le terme de seconde intention est celui qui signifie un objet selon qu'il existe dans l'intelligence, comme conçu par l'intelligence: les termes *espèce, genre, etc.*

Les expressions: première et seconde intention, se comprennent facilement. Ce qui convient à une chose selon qu'elle existe en elle-même, est premier par rapport à ce qui lui convient selon qu'elle est conçue dans l'intelligence.

4° Le terme catégorématique est complexe et incomplexe. *Le terme complexe* comporte des parties qui ont chacune par elle-même et séparément une signification: le terme *homme blanc*. *Le terme incomplexe* ne comporte pas de parties qui aient chacune une signification par elle-même; les termes *homme, chevalier, législateur*.

Pour qu'un terme soit complexe, il doit comporter des parties qui exercent une signification dans le complexe qu'elles constituent. En d'autres mots, chacune des parties du terme complexe correspond à un concept distinct. Voilà pourquoi le terme **législateur** est incomplexe pour le logicien, car il correspond à un concept incomplexe.

Le concept lui-même peut être dit complexe ou incomplexe sous deux aspects: par rapport à l'objet de la pensée **considéré en lui-même**, et selon la manière dont cet objet est conçu.

Nous aurons donc des concepts

incomplexes selon la manière de concevoir et par rapport à l'objet (voce et re) : homme;

complexes se'on la manière de concevoir, mais non par rapport à la chose signifiée (voce, non re) : animal raisonnable désigne une seule essence saisie sous deux aspects intelligibles;

incomplexes selon la manière de concevoir, mais non par rapport aux objets signifiés (voce, non re) : philosophe désigne un homme connaissant la philosophie;

complexes selon la manière de concevoir et par rapport aux objets signifiés (re et voce) : un homme expert en calligraphie.

La division du terme oral en complexe et incomplexe correspond à la division du concept en complexe ou incomplexe selon la manière de concevoir. C'est dire par exemple que tout concept complexe selon la manière de concevoir, qu'il soit complexe ou incomplexe par rapport à la chose signifiée, sera exprimé par un terme oral complexe.

5° Les termes se divisent enfin selon la manière d'après laquelle l'un se compare à l'autre. Sous ce rapport les termes peuvent être *disparates*, si l'un n'inclut ou n'exclut pas l'autre: les termes *juste* et *savant; doux* et *noir; non disparates*, si l'un inclut ou exclut l'autre. Les termes non disparates se suivent ou s'accompagnent: *termini pertinentes sequela* — comme homme et risible, ou s'opposent: *termes opposés*. L'opposition peut être *contradictoire, privative, contraire* ou *relative*.

L'opposition contradictoire est celle qui existe entre l'être et le non-être à un point de vue absolu.

L'opposition privative est l'opposition entre l'être et le non-être dans un sujet: entre la vue et la cécité.

L'opposition contraire est l'opposition entre deux ou plusieurs êtres positifs qui s'excluent l'un l'autre: opposition entre le vice — habitude mauvaise — et la vertu — habitude bonne.

L'opposition relative est celle qui existe entre des êtres ayant entre eux des rapports mutuels: l'opposition entre le père et le fils.

14 - LE NOM ET LE VERBE. — Jusqu'ici nous avons considéré le terme comme simple partie de la phrase, selon qu'il embrasse toutes les parties de la proposition, quelles qu'elles soient. Et nous l'avons divisé d'après sa manière de signifier. Maintenant nous considérons le terme comme partie nécessaire de la construction d'un discours, et nous le divisons non plus d'après son mode de signifier, mais d'après l'aspect qu'il revêt en vue de la composition et de la construction d'un discours. A ce point de vue, le terme est pour le logicien, soit le *nom*, soit le *verbe*. Le logicien ne considère que le nom et le verbe, parce que seuls ces deux termes sont nécessaires pour la composition ou la construction d'une proposition. Le nom entre dans la construction d'une proposition comme une extrémité; tandis que le verbe y entre comme lien ou comme copule. Le nom et le verbe ont donc chacun un rôle distinct dans la construction d'une proposition.

15 - DÉFINITION DU NOM. — Le nom est *un terme qui signifie d'une manière intemporelle, dont aucune partie n'a de signification à elle; il doit de plus être déterminé* (vox finita).

a) *D'une manière intemporelle*: le nom exclut le temps non pas comme chose signifiée, — un nom peut désigner le temps, comme le terme *le passé* — mais comme élément inclus ou compris dans sa manière de signifier. Le nom par lui-même ne pose pas une chose dans le temps.

b) *Aucune partie du nom n'a de signification à elle*: par là le nom se distingue de la proposition qui est composée du nom, et du terme complexe qui comprend plusieurs noms.

c) *Le nom doit avoir un sens déterminé*: par là on exclut les mots indéterminés, comme *non-homme*. Notons que le terme *non-homme*, s'il est considéré comme un complexe composé de *non* et de *homme*, n'est pas un nom, parce que chacune de ses parties a sa signification à elle; s'il est considéré comme un mot simple, il n'est pas un nom, non pas parce qu'il ne peut être sujet ou prédicat dans une proposition, mais parce que son rôle propre est d'enlever ce qui est signifié par un nom.

d) En grec et en latin, le nom n'est dit nom qu'au nominatif. S'il est pris au génitif, datif, etc.— comme Petri, de Pierre —Petro, à Pierre— il n'est pas appelé nom. Car alors nous sommes en présence des cas obliques —désinences— du nom. Les cas obliques du nom signifient la même chose que le nom, mais n'exercent pas la signification de la même manière. Lorsque je dis de Pierre, à Pierre, je ne considère pas Pierre comme quelque chose que je peux placer comme extrémité dans une proposition, mais je considère Pierre dans un rapport avec un autre. On peut comprendre par là la définition latine du nom: a) vox significativa ad placitum, sine tempore, b) cujus nulla pars significat séparata, c) finita, d) recta.

16 - Définition du verbe. — Le verbe est *un terme qui signifie d'une manière temporelle, dont aucune partie n'a de signification à elle; il doit être déterminé et signifie toujours l'attribution d'un prédicat à un sujet.*

a) Dans cette définition, les mots: *dont aucune partie n'a de signification à elle,* s'expliquent comme dans la définition du nom.

b) *D'une manière temporelle:* le verbe ne signifie pas le temps comme chose — ceci se fait par le nom —, mais il signifie toujours une chose comme mesurée par le temps. Pourquoi? Non pas parce qu'il est essentiel au verbe de marquer la différence entre les temps *passé, présent* ou *futur;* mais parce qu'il est essentiel au verbe de signifier une chose à la manière d'une *action* ou d'un *mouvement* qui, lui, de sa nature est mesuré par le temps.

C'est toujours par sa manière de signifier que le verbe sous-entend le temps. Le verbe peut donc ne pas restreindre la vérité d'une proposition en la faisant dépendre du temps, comme c'est le cas pour les vérités éternelles —l'homme est raisonnable, etc— où le prédicat n'est pas uni au sujet en dépendance d'un élément temporel, mais uniquement en vertu d'un lien intelligible absolu. Mais, même dans ce cas, le verbe signifie d'une manière temporelle, car notre intelligence saisit toujours les choses éternelles par analogie avec les choses qui passent. Nous disons toujours: l'homme est raisonnable; Dieu est bon.

c) *Le verbe doit être déterminé* (est vox finita): par là on exclut le verbe indéterminé, comme *non-marcher, non-courir,* qui ne signifie pas, mais qui détruit le signifié du verbe.

d) *Le verbe signifie toujours l'attribution d'un prédicat à un sujet:* le verbe en effet se tient toujours du côté du prédicat, qu'il soit prédicat, ou qu'il unisse le prédicat à un sujet.

Le participe, qui pourtant signifie d'une manière temporelle, n'est pas un verbe pour le logicien, car le participe peut être placé aussi bien du côté du sujet que du prédicat.

Quand le verbe est placé du côté du sujet, comme parfois le verbe infinitif, il est alors un nom: *marcher* est reposant.

e) Le verbe pris au passé ou au futur n'est pas à proprement parler le verbe que le logicien considère. Pourquoi? parce que l'action passée ou future n'est pas l'action au sens absolu du mot. La seule action réelle, c'est l'action présente, et le verbe signifie d'une manière temporelle, au sens précis du mot, lorsqu'il est au temps présent.

Voilà pourquoi Aristote dit que le verbe doit être «vox recta», pour exclure les déclinaisons de temps qui le rendent **oblique**.

On comprendra par là la définition latine; le verbe est, a) vox **significativa** ad placitum cum tempore, b) cujus nulla pars significat separata, c) **finita**, d) recta, e) et eorum, quæ praedicantur, semper est nota.

CHAPITRE II

LA PROPOSITON

ARTICLE PREMIER

LE DISCOURS ET LES MODES DE SAVOIR

17 - NOTION GÉNÉRALE DU DISCOURS. — Le discours en général se définit: *une suite de sons articulés dont les parties séparées ont une signification à titre de termes, non nécessairement à titre d'affirmations ou de négations.*

a) Les parties séparées du discours ont une signification à titre de termes, parce que ces parties répondent à des concepts distincts et séparés s'unissant pour composer un tout: *l'homme est sage.*

b) Ces parties ne signifient pas nécessairement en affirmant ou niant: car même si un discours est composé de parties qui affirment ou nient, comme la proposition hypothétique, — *si Pierre court,, il se meut* —, l'affirmation ou la négation se résout toujours en dernier lieu en parties qui signifient comme simples termes.

18 - DIVISION DU DISCOURS. — Le discours se divise d'abord en discours *parfait* et *imparfait.*

Le discours parfait est celui qui offre à l'intelligence un sens où elle peut se fixer: *l'homme est un composé.*

Le discours imparfait ou *inachevé* est celui qui laisse l'intelligence en suspens: *l'homme sage...; si vous dormez...; Pierre soutenant une discussion ...*

Le discours n'est donc pas dit parfait ou imparfait parce qu'il exprime la vérité ou la fausseté, mais parce qu'il a un sens achevé ou inachevé.

Les principales parties du discours imparfait sont la *définition* et la *division* (qui sont deux modes de savoir). Les principales parties du discours parfait sont la *proposition* et l'*argumentation* (celle-ci est un autre mode de savoir).

19 - LE MODE DE SAVOIR. — Le mode ou le moyen de savoir se définit: *un discours qui manifeste ce qui est inconnu.* Notons qu'il faut distinguer entre *manifester* et *signifier.* En effet, quoique le signe paraisse manifester la chose signifiée à la faculté, autre chose est de manifester au sens où nous l'entendons ici, et autre chose est de signifier.

Ce qui est manifeste s'oppose soit à ce qui est obscur, soit à ce qui est inconnu, c'est-à-dire à ce qui n'est pas appliqué à la puissance qui connaît.

Le signe — et en général toute représentation — manifeste un objet inconnu en l'appliquant à la faculté qui connaît: il signifie.

Le mode du savoir manifester ce qui est inconnu d'une autre manière: il rend manifeste par le discours ce qui est obscur, en faisant disparaître cette obscurité par quelque chose de plus clair et de plus connu.

Le mode de savoir est donc essentiellement un discours.

20 - DIVISION DU MODE DE SAVOIR. — Ce qui doit être manifesté à l'intelligence peut être soit un *incomplexe*, comme *l'homme, le ciel, la terre,* soit un *complexe*, une vérité complexe: *l'âme est incorruptible.*

L'incomplexe s'explique soit par la *définition*, qui rend plus claire la connaissance obscure que nous pouvons avoir d'une *quiddité*, soit par la *division*, qui enlève la confusion des parties ou de la multitude qu'une chose peut comporter.

La vérité complexe qui est obscure ou douteuse devient manifeste par une preuve, par une *argumentation.*

Nous avons donc trois modes du savoir: la définition, la division, l'argumentation.

21 - LA DÉFINITION. — La définition est *un discours (un concept complexe) exposant ce qu'est une chose ou ce que signifie un nom.*

Ainsi lorsque je dis: *l'homme est un animal raisonnable*, j'explique la nature de l'homme qui n'était pas expliquée par le terme *homme*. Lorsque je dis: *le blanc est ce qui possède la blancheur*, j'explique non pas la nature du blanc, mais la signification du nom: *blanc*. C'est comme si je disais: le blanc est un mot qui désigne ce qui possède la blancheur.

L'objet de la définition est le défini. Il nous faut donc expliquer trois choses:

a) Les conditions d'une bonne définition.

b) Les conditions d'un objet pour qu'il puisse être défini.

c) La division de la définition.

I *Conditions d'une bonne définition.*

a) La définition se fait par le genre et la différence, exemple: *l'homme est un animal* (genre) *raisonnable* (différence). Le genre et l'espèce au sens strict entrent dans la définition essentielle. Dans la définition accidentelle ou descriptive, on entend par genre l'élément commun, et par différence l'élément distinctif qui particularise une chose. En d'autres termes, toute bonne définition doit expliquer dans une chose ce qui lui est commun avec d'autres choses, et ce qui lui est propre et la distingue.

b) La définition doit être plus claire que le défini, car elle le manifeste. Le défini ne doit donc pas entrer dans la définition.

c) La définition ne doit pas avoir plus d'extension ou moins d'extension que le défini. Si elle enlève ou ajoute une note au défini, elle n'explique pas sa nature. Ainsi l'homme ne peut être défini *un animal qui imite*. Le singe est un animal qui imite.

II *Conditions d'un objet pour qu'il puisse être défini.*

a) Le défini doit être un être un, doit avoir une seule essence. Si nous avons plusieurs êtres ou plusieurs essences, nous avons plusieurs objets à définir. Voilà pourquoi, avant de définir, il faut enlever la confusion de la multiplicité. Si cependant plusieurs choses se présentent à la manière d'un seul objet et concourent à former une seule essence — comme une maison, une table —, ou encore s'il s'agit d'une chose et de son mode — un nez aquilin —, on peut les expliquer par une définition unique.

b) Le défini doit être universel. Le singulier comme singulier n'est pas objet de science et ne peut être défini.

c) Tout défini, pour être objet d'une définition rigoureuse et propre, doit être une espèce contenue sous un genre, puisque la définition propre se fait par le genre et la différence.

III *Division de la définition.*

a) La définition se divise d'abord en définition *nominale*, qui explique la signification du nom, et en définition réelle, qui explique la nature de la chose signifiée.

b) La définition réelle est *essentielle, descriptive* et *causale.*

La définition essentielle ou quidditative est un discours qui explique une chose par ses parties — ses prédicats — essentiels, exemple: *l'homme est un animal raisonnable.*

Les parites essentielles d'une chose sont soit *physiques:* — la matière et la forme — soit *métaphysiques:* le genre et la différence. La définition essentielle peut donc être soit *physique,* exemple: l'homme est un composé de matière et d'une âme spirituelle, soit *métaphysique,* comme la définition de l'homme donnée plus haut.

La définition descriptive est celle qui explique une chose, une nature par ses accidents communs ou propres: *l'homme est un animal capable de rire,* ou *l'homme est un animal bipède.*

La définition causale est celle qui explique une chose par ses causes extrinsèques, c'est-à-dire par sa cause soit efficiente, soit finale: *l'âme est une forme créée par Dieu* (cause efficiente) *en vue de la béatitude* (cause finale).

22 - LA DIVISION. — La division est *un discours distribuant une chose en ses parties, ou un terme en ses diverses significations:* l'animal est soit raisonnable, soit irraisonnable — division d'une chose; le chien signifie soit une pièce d'une arme à feu, soit un animal — division d'un terme.

Nous expliquerons trois choses:

    a) Les conditions d'une bonne division.

    b) La division de la division.

    c) Les règles de la division.

I *Les conditions d'une bonne division.*

a) Chaque membre de la division doit être inférieur au tout, car le tout est plus grand que sa partie.

b) La division doit être adéquate: toutes ses parties prises ensemble doivent épuiser le tout divisé, car dans le tout il n'y a pas autre chose que les parties prises ensemble.

c) Les parties de la division doivent être opposées entre elles, au moins formellement. Autrement ces parties ne seraient pas distinctes entre elles.

Ces trois conditions de la division se vérifient dans les exemples suivants: *l'animal est soit raisonnable, soit irraisonnable; le bien est soit utile, soit délectable, soit honnête.*

d) La division doit être graduée: ainsi on ne ferait pas une bonne division de la substance en disant qu'elle est soit un homme, soit un ange, soit une plante. Il faut dire: *la substance est corporelle ou spirituelle. La substance corporelle est vivante ou non vivante, etc.*

II *La division de la division.*

La division est multiple comme le tout. Essayons de résumer la diversité de la division en établissant deux lignes: la ligne de la division d'un tout considéré en lui-même (divisio per se), et la ligne de la division d'un tout par ses accidents (divisio accidentalis).

Dans la première ligne, nous avons les divisions suivantes.

a) Nous avons d'abord la division *nominale,* ou division du terme d'après ses diverses significations, et la division *réelle,* ou division de la chose signifiée.

b) La division peut être la distribution du tout en ses parties intégrantes: c'est la division du tout *intégral,* appelée *partage* ou *partition:* Exemple: *les parties du corps humain sont la tête, la poitrine, les pieds; les parties de l'univers créé sont les anges et les corps.*

c) La division peut être la distribution du tout en ses parties essentielles. Nous avons alors la division *essentielle,* comme lorsque nous disons: *une partie de l'homme est l'âme, et l'autre est le corps; les parties de l'homme sont l'animal et le raisonnable.*

d) La division peut être la distribution d'un tout en les parties à qui ce tout peut être attribué comme prédicat. Nous avons alors la division du genre en ses espèces ou en ses différences, car le genre se dit comme prédicat de l'espèce et des différences: *l'homme est un animal: le raisonnable est un animal.* C'est là la division *quidditative* au sens propre.

e) Enfin un tout peut se distribuer en parties, d'après ses fonctions diverses: c'est la division du *tout potentiel*. Exemple: *une partie de la prudence juge, l'autre conseille, l'autre commande.*

Dans la ligne des divisions accidentelles, les espèces peuvent varier à l'infini. On énumère cependant trois divisions:

a) La division du sujet par ses accidents: *parmi les animaux, les uns sont blancs, les autres sont noirs.*

b) La division de l'accident par ses sujets: *une chose blanche est soit de la neige, soit du lait, etc.*

c) La division de l'accident par les accidents: *une chose blanche est soit une chose douce, soit une chose amère, etc.*

III *Les règles de la division.*

Les règles de la division prises non pas d'après les conditions d'une bonne division, mais selon les règles d'argumentation, sont au nombre de trois:

a) Ce qui est nié ou affirmé du divisé se dit de la division, et vice versa. Ceci est évident, car le divisé et la division sont convertibles. *Si l'homme est mortel, l'animal raisonnable doit être dit mortel.*

b) Dans une division qui a deux parties, de la négation d'une partie, on peut conclure à l'affirmation de l'autre: *l'animal est soit raisonnable, soit irraisonnable. Or le singe est un animal, et il n'est pas raisonnable. Donc il est irraisonnable.*

Si la division a plus que deux parties, de la négation de plusieurs parties, on peut conclure à l'affirmation de la partie qui demeure.

c) Quand deux parties d'une division sont réellement opposées, de l'affirmation de l'une on peut conclure à la négation de l'autre, parce que les opposés ne peuvent subsister ensemble dans un même sujet. Ex.: *la substance est matérielle ou spirituelle. Or la plante n'est pas une substance spirituelle. Donc elle est une substance matérielle.*

ARTICLE II

LA PROPOSITION

23 - **Définition de la proposition.** — La proposition se définit: *un discours qui signifie le vrai et le faux.*

a) *Un discours:* par là on indique le genre de la proposition.

b) *Qui signifie le vrai et le faux:* c'est là la différence qui distingue la proposition des autres discours soit imparfaits, soit parfaits qui ne signifient pas la vérité.

Notons que la proposition ne signifie pas le vrai et le faux, comme le terme signifie une chose. Une proposition signifie le vrai en exprimant que ce qu'elle énonce est conforme à la chose elle-même. En d'autres termes, signifier le vrai, c'est signifier qu'une chose est telle qu'elle est; signifier le faux, c'est signifier qu'une chose est telle qu'elle n'est pas.

Voilà pourquoi la proposition est un complexe qui unit un prédicat à un sujet ou sépare un prédicat d'un sujet par le verbe: *Pierre est un homme. Pierre n'est pas juste.*

Le logicien ne considère la proposition qu'en tant qu'elle exprime le vrai ou le faux. Il ne s'occupe donc pas **du discours à intention pratique**, comme le discours qui **appelle** (Pierre!), qui **interroge** (où habites-tu?), qui **commande** (fais cela) ou qui **prie** (Seigneur, exaucez-nous).

24 - **Division de la proposition.** — 1° La proposition se divise essentiellement en proposition *catégorique* et en proposition *hypothétique.*

La proposition catégorique ou *simple* est celle dont les parties principales sont le sujet, le prédicat et le verbe-copule «est»: *Pierre est blanc*

La proposition hypothétique, aussi appelée proposition *composée,* est celle dont les parties principales sont deux propositions catégoriques: *si un homme court, il se meut.*

La proposition hypothétique se distingue donc de la proposition catégorique par sa copule et ses extrémités. Sa copule n'est pas le verbe, mais une particule comme «si», «ou», «et», etc. Ses extrémités qu'elle unit ne sont pas des termes, mais des propositions.

2° Si l'on considère la quantité du sujet, la proposition est *universelle, particulière, indéfinie* et *singulière*.

La proposition universelle est celle dont le sujet est un terme commun déterminé lui-même par un signe universel, comme «tout», «aucun», «nul», etc.: *tout homme est pécheur.*

La proposition particulière est celle dont le sujet est déterminé par un signe particulier, comme «certains», «quelque», etc.: *certains hommes sont injustes.*

La proposition indéfinie est celle dont le sujet est un terme commun que ne détermine aucun signe soit particulier, soit universel: *l'homme est pécheur.*

La proposition singulière est celle dont le sujet est un terme singulier, ou un terme commun déterminé par un signe singulier, comme «cet», «un tel»: *Pierre est malade; cet homme est bon.*

3° La proposition est soit *affirmative*, soit *négative*.

La proposition affirmative est celle qui affirme un prédicat d'un sujet: *l'homme est blanc.*

La proposition négative est celle qui nie un prédicat d'un sujet: *Pierre n'est pas juste.*

Pour qu'une proposition soit négative, la négation doit porter sur la copule. Ainsi la proposiiton suivante n'est pas négative: *ne pas manger est parfois méritoire.*

4° La proposition est soit de *inesse*, soit *modale*.

La proposition modale est celle qui indique non seulement que le prédicat convient (ou ne convient pas) au sujet, mais qui indique encore *selon quel mode* le prédicat convient au sujet.

Le mode est une détermination portant sur la copule verbale, dans la manière dont elle unit le prédicat au sujet ou l'en sépare.

Il y a quatre modes:

possibilité;

impossibilité;

contingence (c'est-à-dire possibilité que ce ne soit pas);

nécessité (c'est-à-dire impossibilité que ce ne soit pas).

Exemples: Pierre *peut être* (est possibiliter) malade. Pierre voit *nécessairement.*

La proposition de inesse est celle qui unit un prédicat à un sujet ou l'en sépare, sans indiquer le mode d'après lequel le prédicat convient ou ne convient pas au sujet: *Pierre est homme.*

Lorsqu'un mode modifie le verbe ou le prédicat, sans indiquer de quelle manière le prédicat convient au sujet ou ne lui convient pas, la proposition est de *inesse: Paul court vite. Pierre agit justement.*

5° Au point de vue de sa matière, la proposition est en matière *naturelle, contingente* ou *éloignée.* Nous entendons ici par matière de la proposition, le sujet et le prédicat considérés selon le rapport qu'ils disent l'un à l'autre.

Une proposition en matière naturelle est celle dans laquelle un terme est de l'essence de l'autre. Dans ce cas les termes fondent un rapport essentiel, comme lorsqu'on dit: un homme est un *animal;* ou un rapport nécessaire de propriété, comme lorsqu'on dit: l'homme est *capable de rire.*

Une proposition en matière contingente est celle dans laquelle le prédicat convient accidentellement au sujet, et peut exister ou ne pas exister dans le sujet, sans que pour cela le sujet soit détruit: Pierre est *juste.*

Une proposition en matière éloignée ou impossible est celle dans laquelle le prédicat est naturellement inconciliable avec le sujet: *l'homme est une pierre.*

Nous avons dit: naturellement inconciliable, car une proposition qui est naturellement en matière éloignée, comme celle-ci: *Dieu est homme,* peut devenir, par une intervention surnaturelle, une proposition en matière naturelle. Ainsi la proposition: Dieu est homme, est devenue une proposition en matière naturelle, après que le Verbe s'est fait chair.

Une proposition en matière contingente est appelée parfois une proposition synthétique, de même qu'une proposition en matière nécessaire (ou éloignée) est appelée une proposition analytique. En effet, dans une proposition en matière nécessaire (ou éloignée), on connaît la relation du prédicat au sujet par l'analyse des termes; tandis que dans une proposition en matière contingente, l'union (ou la division) du prédicat et du sujet est la synthèse de l'expérience.

Mais ces expressions — proposition analytique et synthétique — sont impropres.

ARTICLE III

PROPRIÉTÉS DES PARTIES DE LA PROPOSITION.

25 - LES PROPRIÉTÉS DES PARTIES DE LA PROPOSITION. — Il faut distinguer entre les propriétés des parties de la proposition et les propriétés de la proposition elle-même.

Les propriétés de la proposition affectent toute la proposition. Ces propriétés sont l'opposition, la conversion, l'équipollence.

Les propriétés des parties de la proposition appartiennent aux termes selon qu'ils exercent leurs fonctions dans la proposition elle-même. Ces propriétés sont la «suppositio», l'ampliation, la restriction, l'«alienatio» ou le transfert du terme, l'«appellatio» ou réimposition.

26 - NOTION ET DIVISION DE LA «SUPPOSITIO». — La «suppositio» se définit: *l'emploi d'un terme pour une chose, emploi qui est légitime eu égard à la copule.*

Il faut distinguer la «suppositio» de la signification. Par sa signification, le terme nous représente une nature, une quiddité. Mais dans une proposition, nous pouvons employer un terme signifiant telle ou telle quiddité, pour telle ou telle chose. Dans ce cas, le terme est appliqué à telle chose plutôt qu'à telle autre. Il *supplée* pour telle chose plutôt que pour telle autre. Voilà pourquoi on peut traduire le mot latin: «suppositio», par «valeur de suppléance». Donnons un exemple: si je dis: cet homme est juste, le mot *homme* signifie un être ayant la nature humaine. Mais, dans cette proposition, le mot homme est employé pour désigner *cet homme* dont je veux parler. C'est là sa «suppositio» ou valeur de suppléance.

Nous avons dit que la «suppositio» est un emploi d'un terme qui doit être légitime eu égard à la copule. Cela ne veut pas dire que cet emploi doit donner lieu à une proposition *vraie;* cela veut dire que cet emploi doit être légitime eu *égard au temps* signifié par la copule.

Ainsi si je dis: Pierre n'est pas un animal, j'ai une proposition fausse, mais le terme *Pierre* «suppose» ou supplée, car il désigne un homme existant actuellement.

Si je dis: l'Antéchrist fut un menteur, Adam sera un pécheur, les termes *Antéchrist* et *Adam* n'ont aucune valeur de suppléance, car l'Antéchrist *n'a pas été* mais *sera*, et Adam ne *sera pas* mais *a été*.

La «suppositio» se divise par rapport à la chose signifiée, à la copule et à l'extension du terme.

1) Quant à la chose signifiée, la «suppositio» est propre ou impropre.

La *«suppositio»* propre est l'emploi du terme pour une chose qu'il signifie au sens propre: le *lion* rugit.

La *«suppositio»* impropre est l'emploi du terme pour une chose qu'il signifie au sens figuré ou métaphorique: le *lion* de la tribu de Juda est vainqueur. Ici le terme *lion* suppose pour le Christ qu'il signifie au sens figuré.

La *«suppositio»* propre est soit matérielle, soit simple, soit personnelle.

La *«suppositio» matérielle* est l'emploi du terme pour lui-même, c'est-à-dire en tant que mot: *l'homme* est un mot de deux syllabes.

La *«suppositio» simple* est l'emploi du terme pour ce qu'il signifie en premier lieu et immédiatement, et non pas médiatement: *l'homme* est une espèce.

Pour comprendre la notion de la «suppositio» simple, notons que les noms signifient deux choses: immédiatement une formalité —une quiddité—, et médiatement le sujet matériel ou les sujets matériels en qui se trouve cette formalité. Ainsi le terme homme signifie immédiatement la nature humaine, et médiatement tous les individus dans lesquels se trouve la nature humaine. La «suppositio» simple est l'emploi du terme uniquement pour son signifié immédiat, et non pour son signifié médiat.

La *«suppositio» personnelle* est l'emploi du terme pour les individus, c'est-à-dire pour les choses que le terme signifie médiatement: l'homme est animal, c'est-à-dire tout homme individuel est un animal.

2) Considérée par rapport à la copule, la *«suppositio»* du terme est essentielle ou accidentelle.

La *«suppositio» essentielle* est l'emploi du terme pour la chose à laquelle le prédicat convient intrinsèquement et essentiellement: *l'homme* est un animal.

La *«suppositio» accidentelle* est l'emploi du terme pour la chose à laquelle le prédicat ne convient qu'accidentellement: l'*homme* est juste; *Pierre* court.

3) Eu égard à l'extension, la *«suppositio»* personnelle est singulière ou commune.

a) *La «suppositio» singulière* est l'emploi d'un terme singulier pour une chose singulière: *Pierre* est malade.— Cet *homme* est savant.

La *«suppositio» commune* est l'emploi d'un terme commun pour ses inférieurs: l'*homme* est susceptible de recevoir une discipline.

b) *La «suppositio» commune* est elle-même *universelle* ou *distribuée, particulière* et *collective*.

La *«suppositio» universelle* ou *distribuée* est l'emploi d'un terme commun pour toutes et chacune des choses qu'il signifie: l'*homme* est mortel: tous les hommes — et chacun des hommes — sont mortels.

La *«suppositio» particulière* est l'emploi d'un terme commun pour quelques-unes des choses qu'il signifie, ces choses étant prises une à une: quelques *hommes* sont justes.

La *«suppositio» collective* est l'emploi d'un terme commun pour les choses qu'il signifie, prises collectivement ou en bloc: les *soldats* forment une armée; les apôtres étaient douze.

c) La *«suppositio»* universelle est elle-même

complète, quand le terme commun supplée pour tous et chacun des individus qu'il signifie: tous les *hommes* sont mortels;

. *incomplète*, quand le terme commun supplée uniquement pour tous les *genres* de sujets auxquels sa signification s'étend: Dieu fit venir tous les *animaux* devant Adam;

exceptive: *tout homme* purement homme naît dans le péché, à l'exception de la bienheureuse Mère du Christ.

d) La *«suppositio»* particulière est, à son tour,

déterminée (disjunctiva), quand le terme commun particulier supplée pour les sujets déterminés: *quelques hommes*, comme Pierre, Jacques, Jean, sont savants;

indéterminée (disjuncta), quand le terme particulier supplée pour un sujet vague, de telle sorte que la vérité énoncée ne puisse pas se vérifier d'un sujet déterminé: un *vaisseau* est nécessaire à celui qui veut naviguer, mais ce vaisseau déterminé n'est pas plus nécessaire qu'un autre.

27 - Les règles de la «suppositio». — En général la «suppositio» est connue
par le sens de la proposition: par exemple la «suppositio» du sujet, dans
toute proposition, est déterminée par la signification du prédicat. Ainsi,
quand je dis: *l'homme* est un mot de deux syllabes, il est évident que
la «suppositio» du sujet *homme* est matérielle.

Les logiciens ajoutent à cette règle générale des règles spéciales
pour le sujet et le prédicat.

I -- *Pour le sujet.*

a) Un sujet qu'affecte un signe universel comme *tout, aucun,* a
une valeur de suppléance *universelle* ou *distribuée* (1): *tout homme
est animal;* un sujet qu'affecte un signe particulier, comme *quelques,
certains,* etc., a une valeur de suppléance *particulière: quelques hommes* sont justes. La «suppositio» ou valeur de suppléance, dans ce cas,
est déterminée ou indéterminée, selon la signification du prédicat.

b) Un sujet, que n'affecte aucun signe, a une valeur de suppléance *universelle* ou *distribuée,* si la proposition est en matière nécessaire: *l'homme* est raisonnable, est capable de rire.

c) Un sujet que n'affecte aucun signe a une valeur de suppléance *particulière et déterminée,* si la proposition est en matière contingente: l'homme est juste, c'est-à-dire cet homme déterminé et cet
autre sont justes; mais tous les hommes ne sont pas justes.

II — *Pour le prédicat.*

a) Dans toute proposition affirmative, le prédicat a une valeur de
suppléance *particulière indéterminée:* quand je dis l'homme est *animal,* je ne veux pas dire que l'homme est cet animal qu'on appelle le
singe, ou cet animal qu'on appelle le chien, mais je dis qu'il est un animal.

b) Dans toute proposition négative, le prédicat a une valeur de
suppléance *universelle* ou *distribuée:* l'homme n'est pas *un ange,* signifie que l'homme n'est aucun ange, ni celui-ci, ni celui-là.

28 - L'ampliation et la restriction. — I - *L'ampliation* ou *l'élargissement*

------

(1) Si toutefois la «suppositio», d'après la signification du prédicat, n'est pas
collective: tous les soldats (pris en bloc) constituent l'armée.

(*ampliatio*) étend ou élargit la valeur de suppléance d'un terme. *La restriction* (*restrictio*) restreint au contraire cette valeur de suppléance.

La valeur de suppléance d'un terme peut être *élargie* ou *restreinte* soit par rapport aux individus que le terme commun peut désigner, soit par rapport au temps signifié par le verbe.

Ainsi si je dis: *l'homme juste est sage*, je restreins la valeur de suppléance du terme *homme.* Dans cette proposition, le sujet a moins d'ampleur que dans la proposition suivante: *l'homme est sage.*

L'ampliation et la restriction par rapport aux individus ne peuvent avoir lieu que lorsque le terme a une valeur de suppléance *personnelle* et *accidentelle*.

Si le terme a une valeur de suppléance *simple*, il ne désigne pas les individus: *l'homme* est une espèce; s'il a une valeur de suppléance essentielle, il convient absolument à tous les individus: l'homme est un animal raisonnable.

L'ampliation et la restriction par le temps se conçoivent facilement. Comparez: Ces hommes sont des géants; les hommes furent des géants.

II— Règles d'argumentation.

1) Pour passer légitimement du plus ample au moins ample,

a) le terme plus ample doit être universel ou distribué;

b) s'il s'agit de propositions affirmatives, le sujet moins ample doit exister; s'il s'agit de propositions négatives, cette seconde condition n'est pas nécessaire.

Exemples: Tout homme est blanc. De cette proposition, je puis conclure légitimement: Donc Pierre est blanc, si Pierre existe. Autrement ma conclusion serait fausse. Si je dis: Aucun homme n'est blanc, je puis conclure légitimement que Pierre n'est pas blanc, même si Pierre n'existe pas. Car, dans une négation, il n'est pas nécessaire que les extrêmes existent.

2) On ne peut jamais passer du moins ample au plus ample, si l'on donne au plus ample une valeur de suppléance universelle.

Ainsi on ne peut dire: des hommes sont justes; donc tout homme est juste. — Certains hommes ne sont pas sages; donc aucun homme n'est sage.

29 - L'ALIÉNATION OU LE TRANSFERT. — L'«aliénatio» a lieu quand on passe de la signification propre à la signification impropre ou métaphorique. C'est toujours le prédicat qui indique l'«aliénatio» du sujet: Pierre est un *lion*, c'est-à-dire Pierre dans sa cruauté.

30 - L'«APPELLATIO» OU LA RÉIMPOSITION. — L'«appellatio» impose à une formalité signifiée par un terme la formalité signifiée par un autre terme. Ainsi lorsque je dis: Pierre est un grand logicien, la formalité signifiée par le terme *grand* ne convient pas à Pierre absolument, mais formellement en tant qu'il est logicien. Donc, dans l'«appellatio», le terme «appellans» ne convient pas absolument au sujet. mais il lui convient par l'intermédiaire d'une autre formalité à laquelle il s'applique.

L'«appellatio» est soit réelle, soit logique.

La première a lieu quand le terme «appellans» désigne un accident (une formalité) réel: Napoléon fut un grand général; Pierre est un grand logicien.

La seconde a lieu quand l'«appellatio» se fait par l'intermédiaire d'un accident non réel, mais logique: l'homme est une espèce. Dans cette proposition, le prédicat ne convient pas à l'homme considéré en lui-même, mais à l'homme conçu abstraitement.

Tout terme signifiant un acte intérieur de l'âme est cause d'«appellatio» pour les objets sur lesquels il porte: je connais le *Pape*, c'est-à-dire en tant que Pape: j'aime mon *prochain*, c'est-à-dire en tant qu'il est mon prochain.

La règle d'argumentation de l'«appellatio» est la suivante: si l'on change l'«appellatio», qu'elle soit réelle ou logique, la conséquence n'est pas légitime. On ne peut pas dire: Pierre est un grand logicien; donc Pierre est grand.

ARTICLE IV

PROPRIÉTÉS DES PROPOSITIONS

31 - L'OPPOSITION DES PROPOSITIONS. — L'opposition des propositions se définit: *l'affirmation et la négation du même prédicat à l'égard du même
sujet*. Cette définition ne comprend pas la *subalternation* qui n'est point
une opposition au sens propre, mais une relation entre une proposition
supérieure et une proposition inférieure.

Pour que des propositions soient opposées, trois conditions sont
nécessaires:

a) Les propositions doivent avoir le même sujet et le même prédicat.

b) Le prédicat et le sujet doivent avoir le même genre de «*suppositio*» ou de suppléance. L'espèce de la «suppositio» peut cependant varier. Ainsi nous pouvons avoir dans une proposition une valeur de suppléance *personnelle universelle*, et dans une autre une valeur de suppléance *personnelle particulière*, et avoir une opposition de
propositions: *tout homme est juste; — quelques hommes ne sont pas
justes*.

La «suppositio» considérée génériquement est la «suppositio» propre, impropre, matérielle, simple et personnelle.

Les autres propriétés logiques du terme, comme l'«ampliatio»,
l'appellation, la restriction, ne doivent pas varier d'une proposition
à l'autre.

c) Le verbe-copule doit être affirmatif dans une proposition et
négatif dans l'autre.

32 - LES ESPÈCES D'OPPOSITION. — L'opposition des propositions est contradictoire, soit contraire, soit sous-contraire.

Les propositions s'opposent formellement par la vérité et la fausseté, matériellement par la quantité du sujet, et par l'affirmation et la
négation.

a) Les propositions contradictoires considérées formellement sont
celles qui s'opposent dans la vérité et la fausseté: si l'une est vraie,
l'autre est fausse.

Considérées matériellement, deux propositions sont contradictoi-res, quand l'une est universelle et l'autre particulière, l'une affirmative et l'autre négative; ou encore quand deux propositions sont singulières, l'une affirmative et l'autre négative.

Exemples: *Tous les hommes sont blancs; — certains hommes ne sont pas blancs. Pierre court; — Pierre ne court pas.*

b) Considérées formellement, deux propositions sont contraires quand elles s'opposent dans la vérité, mais non dans la fausseté: deux propositions contraires ne peuvent jamais être vraies en même temps; elles peuvent cependant être fausses en même temps, si elles sont en matière contingente.

Considérées matériellement, les propositions contraires sont deux propositions universelles dont l'une est affirmative et l'autre négative.

Exemple: *Tout homme est blanc; aucun homme n'est blanc.*

c) Considérées formellement, les propositions sous-contraires sont celles qui s'opposent dans la fausseté, mais non dans la vérité: les propositions sous-contraires peuvent être vraies en même temps; elles ne peuvent cependant jamais être fausses en même temps.

Considérées matériellement, les propositions sous-contraires sont deux propositions particulières dont l'une est affirmative et l'autre négative.

Exemple: *Certains hommes sont blancs; — certains hommes ne sont pas blancs.*

d) Les propositions subalternes sont deux propositions affirmatives dont l'une est universelle et l'autre particulière, ou deux propositions négatives dont l'une est universelle et l'autre particulière.

Exemples: *Tout homme est juste; — certains hommes sont justes. Aucun homme n'est juste; — certains hommes ne sont pas justes.*

La proposition universelle est appelée la proposition qui subalterne; la proposition particulière est dite proposition subalternée.

En se servant des symboles, A. E. I. O., les logiciens font un tableau de l'opposition des propositions.

A désigne une proposition universelle affirmative.

E désigne une proposition universelle négative.

I désigne une proposition particulière affirmative.

O désigne une proposition particulière négative.

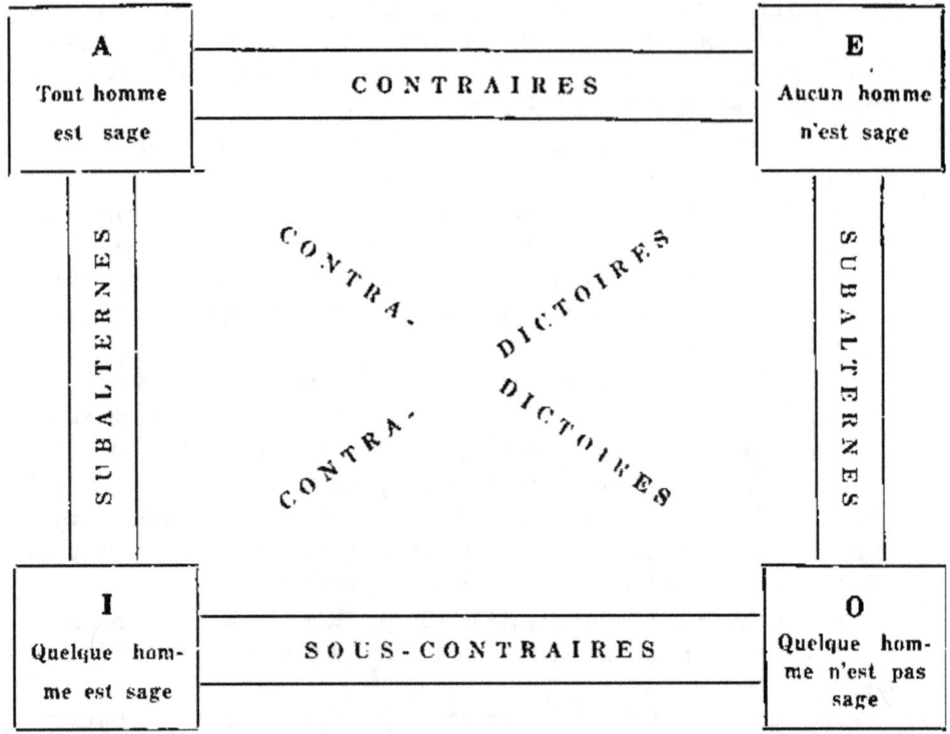

L'opposition contradictoire, étant une opposition dans la vérité et
la fausseté, est la plus grande des oppositions. L'opposition contraire
vient en second lieu, car elle est une opposition dans la vérité, mais non
nécessairement dans la fausseté. Vient ensuite l'opposition sous-contraire qui est une opposition dans la fausseté, mais non dans la vérité.

La subalternation n'est pas une opposition au sens propre. Elle
est un rapport entre la proposition universelle et la proposition particulière.

33 - L'ÉQUIPOLLENCE DES PROPOSITIONS. — L'équipollence consiste à donner
à deux propositions opposées la même signification par le moyen de la
particule négative. Ces deux propositions: «tout homme est mortel;
il n'est aucun homme qui ne soit mortel», sont deux équipollentes.

Les règles de l'équipollence, concernant plus le langage que la pensée, s'appliquent plutôt dans la langue latine qu'en français. Nous ne les étudierons pas.

34 - La conversion des propositions. — 1° *Définition.*- La conversion se définit: *l'inversion ou la transposition des extrêmes d'une proposition —du sujet en prédicat et du prédicat en sujet — sans changement de la qualité et de la vérité de cette proposition.* ex.: aucun ange n'est homme : : aucun homme n'est ange.

2° *Division.* — On a trois espèces de conversion:

la conversion *simple* (*simplex*), quand on ne fait pas changer la quantité de la proposition;

la conversion *par accident* (per accidens), quand on fait changer la quantité de la proposition;

la conversion *par contre-position* (per contrapositionem), quand on ajoute la particule négative aux extrêmes intervertis, sans cependant changer la quantité de la proposition.

3° *Règles.* — Le prédicat de la proposition primitive, devenant le sujet de la nouvelle, doit garder comme sujet l'extension qu'il avait comme prédicat; sinon la vérité de la proposition serait altérée· De là toutes les règles de la conversion:

a) *L'universelle affirmative* (A) se convertit en une particulière affirmative (I) (conversion *par accident*). Ex.: *tout homme est mortel = quelque mortel est homme.*

b) *L'universelle négative* (E) se convertit *simplement.* Ex.: *Nul homme n'est esprit pur — nul esprit pur n'est homme.*

Mais comme la vérité de cette dernière proposition: nul esprit pur n'est homme, implique celle de sa subalterne: *quelque esprit pur n'est pas homme,* l'universelle négative se convertit aussi *par accident.* En ce cas cependant la proposition convertie exprime d'une façon partielle ou diminuée la même vérité que la proposition primitive.

c) *La particulière affirmative* (I) se convertit simplement. Ex.: *quelque homme est sage = quelque sage est homme.*

d) *La particulière négative* (O) ne peut être convertie que *par contre-position,* c'est-à-dire en ajoutant la particule négative aux termes convertis. Ex.: *quelque homme n'est pas médecin = quelque non médecin n'est pas non homme, c'est-a-dire, quelque non médecin est homme.*

Les Logiciens ont résumé ces règles en deux vers mnémoniques:

Simpliciter f E c I convertitur, E v A per accid., A s t O per contrap.; sic fit conversio tota.

Les mots f E c I, E v A, A st O n'ont d'autre objet que de grouper les voyelles figuratives, A, E, I, O.

A R T I C L E   V

LA PROPOSITION HYPOTHÉTIQUE.

35 - DIVISION DE LA PROPOSITION HYPOTHÉTIQUE.— Jusqu'ici nous avons plutôt parlé de la proposition catégorique et de ses propriétés. Il nous reste maintenant à analyser la proposition hypothétique qui se rattache davantage à la troisième opération de l'esprit, parce qu'elle unit plusieurs propositions catégoriques.

On a déjà défini la proposition hypothétique ou composée, *celle qui a comme parties deux propositions catégoriques*. La copule dans la proposition hypothétique n'est donc pas un verbe, mais une particule comme *et, si, ou,* qui unit deux propositions catégoriques.

Les propositions formellement hypothétiques sont de trois espèces:

la proposition conditionnelle, qui unit les propositions par la particule «si»: *si un homme court, il se meut;*

la proposition copulative, qui unit les propositions par la particule «et»: *Pierre est blanc et Paul est noir; Pierre et Paul parlent;*

la proposition disjonctive, qui unit les propositions par la particule «ou»: *Pierre parle ou Paul court; Pierre ou Paul parle; l'homme ou le cheval est blanc.*

36 - RÈGLES DE VÉRITÉ DANS LES PROPOSITIONS HYPOTHÉTIQUES.— 1° *Dans les propositions conditionnelles.* — Pour qu'une proposition conditionnelle soit vraie, il n'est pas nécessaire qu'une de ses parties soit vraie, mais il suffit que la conséquence soit bonne; pour qu'elle soit fausse, il suffit que la conséquence soit mauvaise.

Exemples: *Si l'homme est un singe, il est un animal irraisonnable* (proposition vraie).

Si Pierre est un animal qui mange, il est capable de parler (proposition fausse dont les deux parties sont vraies).

Nous entendons ici, par une proposition conditionnelle, celle où la particule «si» est le signe d'une inférence. Ainsi si nous disons: Si Pierre parle, Paul marche, pour indiquer une simple concomitance des actions de Pierre et de Paul, nous n'avons pas une véritable proposition conditionnelle au sens logique du mot.

2° *Dans les propositions copulatives.*— Pour qu'une proposition copulative soit vraie, il faut que ses deux parties soient vraies; pour qu'elle soit fausse, il suffit qu'une de ses parties soit fausse.

Exemples: *L'homme est un animal raisonnable, et le cheval hennit* (proposition vraie).

Pierre parle et la table mange (proposition fausse).

3° *Dans les propositions disjonctives.*— Pour qu'une proposition disjonctive soit vraie, il suffit qu'une de ses parties soit vraie, car la vérité d'une telle proposition consiste à opposer la vérité à la fausseté.

Pour qu'une proposition disjonctive soit fausse, il est nécessaire que ses deux parties soient fausses.

Exemples: *L'homme est un animal ou le soleil est noir* (proposition vraie dont la seconde partie est cependant fausse).

L'homme hennit ou le cheval rit (proposition fausse).

37 - LES RÈGLES D'ARGUMENTATION DANS LES PROPOSITIONS HYPOTHÉTIQUES.—

I	*Dans les propositions conditionnelles.*

a) Si vous détruisez le conditionné, vous détruisez la condition: *Si le soleil luit, c'est le jour. Donc, si ce n'est pas le jour, le soleil ne luit pas.*

b) Si vous posez la condition, vous posez le conditionné: *Si le soleil luit, c'est le jour. Or le soleil luit. Donc c'est le jour.*

c) D'une proposition conditionnelle, vous pouvez conclure à une proposition disjonctive composée du conditionné et de la contradictoire de la condition: *Si le soleil luit, c'est le jour. Donc ou c'est le jour, ou le soleil ne luit pas.*

II	*Dans les propositions copulatives.*

D'une proposition copulative affirmative, on peut conclure à chacune de ses parties, mais non vice versa: *Pierre discute et court. Donc il discute.*— On ne peut pas dire: *Pierre discute. Donc il discute et court.*

III	*Dans les propositions disjonctives.*

Si vous détruisez une partie, vous posez l'autre: *Pierre discute ou court. Il ne discute pas. Donc il court.*

38 - LES PROPOSITIONS VIRTUELLEMENT HYPOTHÉTIQUES.— Les propositions virtuellement hypothétiques ou occultement composées ou «exponibles» (exponibiles) sont celles *qui, en raison du sens qu'elles ont à cause d'un terme, ont besoin d'être expliquées par plusieurs propositions.*

La proposition exponible est soit *exclusive*, soit *exceptive*, soit *réduplicative.*

I La proposition *exclusive* est celle qui est modifiée par un terme signifiant l'exclusion, comme *seulement, seul*, etc.

Le terme d'exclusion peut affecter soit le prédicat: Pierre est seulement logicien; soit toute la proposition en se portant sur le sujet: seul l'homme est capable de rire. Il peut encore exclure en signifiant que le prédicat ne convient pas à d'autres sujets: l'homme seul est capable de rire; ou en déterminant une pluralité: les Apôtres n'étaient que douze.

La proposition exclusive s'explique par deux propositions dont la première est affirmative (elle affirme que le prédicat convient au sujet); et dont l'autre est négative et universelle (elle nie le prédicat de tout autre sujet). Ainsi on expose comme suit la proposition exclusive, *seul l'homme est capable de rire*: l'homme est capable de rire; aucun autre n'est capable de rire.

La proposition exclusive n'est vraie que si les deux propositions qui l'exposent sont vraies.

II La proposition *exceptive* est celle qui contient un terme signifiant l'exception: tout animal, *sauf* l'homme, est irraisonnable.

Elle s'explique par trois propositions: tout animal autre que l'homme est irraisonnable; tout homme est animal; aucun homme n'est irraisonnable.

La proposition exceptive n'est vraie que si les trois propositions qui l'exposent sont vraies.

III La proposition *réduplicative* est celle dont le sujet ou le prédicat est comme redoublé par les termes *en tant que, selon que, comme, tel*, etc.

La particule «redoublante» peut être prise d'une manière seulement *spécificative*, en tant qu'elle applique au sujet son concept formel ou spécifique; ou encore d'une manière *réduplicative —réduplicativement—*, en tant qu'elle applique au sujet une détermination autre que son concept formel ou spécifique, et qui est la raison, la cause, la condition pour laquelle le prédicat convient au sujet.

Dans le premier cas, la proposition réduplicative s'explique par deux propositions. Exemple: L'ennemi de ma patrie *en tant que tel* ne doit pas être aimé.— Explication: l'ennemi de ma patrie est spécifié par une certaine détermination; tout ce qui lui tombe sous cette détermination ne doit pas être aimé.

Dans le second cas, la proposition réduplicative s'explique par deux ou trois propositions. Exemple: *L'homme en tant que raisonnable est capable de rire:*

       I   L'homme est raisonnable.
       II   Ce qui est raisonnable est capable de rire.
       III   Donc l'homme en tant que raisonnable est capable de rire.

Autre exemple: *Le feu en tant qu'appliqué au combustible brûle.*
       III   Tout feu appliqué au combustible brûle.
       II   L'application du feu au combustible est la condition moyennant laquelle le feu brûle.

La proposition réduplicative peut aussi avoir un sens diminutif, comme dans l'exemple suivant: le Christ en tant qu'homme est une créature. Ou encore: l'africain est blanc par ses dents, c'est-à-dire en tant qu'il a des dents.

Dans ce cas, le prédicat ne convient pas au sujet absolument, mais seulement en raison de sa partie: l'africain est blanc «quant à ses dents».

Si toutefois le prédicat convient à la partie, et par la partie convient au tout, il peut être dit absolument du tout. Il faut dans ce cas toujours sous-entendre et expliquer qu'il ne convient au tout qu'en raison de la partie. Ainsi nous pouvons dire que le Christ est une créature. Mais il faut sous-entendre qu'il n'est créature que par sa nature humaine.

CHAPITRE III

L'ARGUMENTATION

ARTICLE PREMIER

L'ARGUMENTATION EN GÉNÉRAL.

39 - NOTION DE L'ARGUMENTATION. — L'argumentation se définit: *un discours dans lequel une chose étant donnée, une autre est dite s'ensuivre*; ou encore, si l'on considère les propositions: *un ensemble ordonné de propositions dont l'une (le conséquent) est posée comme inférée par les autres (l'antécédent).*

Nous disons que le conséquent est posé comme inféré (est dit s'ensuivre) et non pas qu'il est inféré (qu'il suit), car nous donnons ici la notion de l'argumentation en général (bonne ou mauvaise), et non pas la notion de l'argumentation qui a une conséquence bonne, c'est-à-dire d'une argumentation dont l'antécédent infère réellement le conséquent.

L'argumentation a donc trois éléments: *l'antécédent* ou la prémisse (les prémisses) qui infère, le *conséquent* qui est inféré, et la *note d'inférence* (la conséquence) qui est le lien entre l'antécédent et le conséquent, lien qui indique l'inférence.

Exemple: *l'homme est un composé* (antécédent); *donc* (note d'inférence) *il est corruptible* (conséquent).

40 - CONSÉQUENCE ET INFÉRENCE.— Il faut distinguer entre la conséquence et l'inférence.

L'inférence, c'est cette propriété qu'a l'antécédent d'inférer ou de faire suivre le conséquent.

La conséquence, c'est l'énoncé d'une inférence.

De la distinction entre l'inférence et la conséquence, on peut déduire trois conclusions. Ces conclusions d'ailleurs éclairent la distinction elle-même.

1° L'argumentation prise formellement, comme *indiquant* que le conséquent *suit* de l'antécédent, peut être elle-même dite *une conséquence*, puisque celle-ci est l'énoncé d'une inférence.

Distinguons donc

entre la conséquence au sens d'argumentation prise formellement; et la conséquence au sens d'énoncé d'une inférence exprimée par une particule, comme *donc*.

2° La conséquence —tout comme l'inférence— ne peut être dite *vraie* ou *fausse*. Car la conséquence n'est pas une proposition; elle unit des propositions.

3° Une conséquence peut être *bonne* ou *mauvaise* — et non pas une inférence.

Une conséquence est bonne lorsqu'elle énonce une inférence réelle, c'est-à-dire lorsque l'antécédent infère réellement le conséquent.

Une conséquence est mauvaise lorsqu'elle n'énonce qu'une inférence apparente, c'est-à-dire lorsque l'antécédent paraît inférer le conséquent, mais ne l'infère pas réellement.

Pour faire ressortir la différence entre une conséquence bonne et une conséquence mauvaise, notons que la conséquence est encore dite *matérielle* ou *formelle*.

La conséquence matérielle est celle qui n'est bonne qu'à l'égard de telle matière déterminée.

Ainsi si je dis: *Quelque homme est doué de rationalité; donc tout homme est doué de rationalité*, ma conséquence vaut dans le cas, car j'ai des propositions *en matière nécessaire*, et je puis d'une proposition particulière inférer une proposition universelle. Mais

elle ne vaut pas dans tout les cas, car si j'ai des propositions en matière contingente, elle est mauvaise. Exemple: *quelque homme est blanc;
donc tout homme est blanc* (conséquence mauvaise).

La conséquence formelle est celle qui est bonne en raison de la
forme de l'argumentation, et qui vaut soit en matière nécessaire,
soit en matière contingente.

On appelle *forme* la disposition des propositions et des termes
selon la quantité, la qualité et les autres propriétés logiques — supposition, ampliation, restriction —, en vue d'inférer un conséquent
d'un antécédent.

La conséquence formelle, lorsqu'elle est bonne, est donc la conséquence bonne au sens précis du mot, parce qu'elle vaut toujours.

41 - DIVISION DE L'ARGUMENTATION.— 1° L'argumentation se divise essentiellement en *syllogisme* et en *induction.*

Le syllogisme — l'argumentation déductive — est l'argumentation
qui infère une vérité en partant de principes intelligibles. Exemple:
*une substance immatérielle est incorruptible. Or l'âme humaine est
une substance immatérielle. Donc l'âme humaine est incorruptible.*

L'induction — l'argumentation inductive — est l'argumentation
qui conclut à une preposition universelle en partant des sensibles singuliers. Exemple: *une telle quantité d'eau bout à 100 degrés; une autre à 100 degrés, etc. Donc l'eau bout à 100 degrés.*

Cette division de l'argumentation est dite essentielle, parce qu'elle divise
l'argumentation précisément dans son mode de manifester la vérité, selon
que l'argumentation part des principes purement intelligibles ou selon qu'elle
part des sensibles singuliers.

Au syllogisme se rattache l'enthymène, comme à l'induction se
rattache *l'exemple par analogie.*

L'enthymène — syllogisme incomplet, tronqué — est un syllogisme
dans lequel une des prémisses est sous-entendue: *Pierre est homme;
donc il est un animal raisonnable.*

L'enthymène s'oppose au syllogisme *complet,* dans lequel les deux
prémisses sont explicitement formulées.

L'exemple par analogie infère du singulier non pas un universel,
mais quelque chose de semblable: *un tel médicament a guéri Pierre*

*souffrant d'une telle maladie; donc il guérira Paul souffrant de la mê-
me maladie.*

2° Par rapport à sa note d'inférence, l'argumentation est
catégorique, si l'inférence se fait par la particule *donc*: l'homme
est animal, donc il est vivant;

conditionnelle, si l'inférence se fait par la particule *si*: si le soleil luit, c'est le jour;

causale, si l'inférence se fait par la particule *parce que*: parce
que l'homme est doué de rationalité, il a la capacité de rire.

Les différences entre ces trois argumentations sont les suivantes:
a) Pour que l'argumentation catégorique soit vraie, il faut que l'antécédent et le conséquent soient vrais.
b) Pour que l'argumentation conditionnelle soit vraie, il suffit que la
conséquence soit bonne, même si l'antécédent et le conséquent sont faux: si
l'homme vole, il a des ailes.
c) Pour que l'argumentation causale soit vraie, il faut non seulement
que l'antécédent et le conséquent soient vrais, mais il faut de plus que l'antécédent soit cause du conséquent.
Exemple: il est vrai que l'homme est un animal et qu'il a la capacité de rire.
Mais l'argumentation suivante est fausse: parce qu'il est animal, l'homme a la
capacité de rire. L'antécédent n'est pas cause du conséquent.

3° Par rapport à sa qualité, l'argumentation est bonne ou mauvaise, tout comme la conséquence.

42 - LES LOIS DE L'ARGUMENTATION.— 1° La loi essentielle de toute argumentation (soit déductive soit inductive) est la suivante:
*Dans une conséquence bonne, il est impossible que le conséquent
soit faux, si l'antécédent est vrai.* En d'autres termes, si l'antécédent est
vrai, le conséquent est nécessairement vrai. Et si le conséquent est
faux, l'antécédent est faux par là même.

Cette loi résulte de la connexion qui existe entre la vérité de l'antécédent
et la vérité du conséquent. L'antécédent infère le conséquent qu'il contient
virtuellement. Si le conséquent était faux, l'antécédent serait aussi faux, en
autant qu'il comporte le conséquent comme sa partie. Il serait alors faux en
partie, et ne serait plus vrai absolument parlant.
Donc, si on avait un antécédent vrai et un conséquent faux, l'antécédent
serait vrai et ne serait pas vrai en même temps: ce qui est contradictoire.

2° *Dans une conséquence bonne, il est possible que le conséquent soit vrai, même si l'antécédent est faux.* Exemple: tout homme est un singe; or tout singe est animal; donc tout homme est animal.

Si on a un conséquent vrai, l'antécédent n'est donc pas nécessairement vrai, même si la conséquence est bonne.

Dans ce cas, l'antécédent n'infère pas le conséquent *comme vrai;* il infère un conséquent qui par accident est vrai.

L'antécédent peut être vrai en partie, en tant qu'il infère un conséquent qui est vrai. Mais il demeure faux absolument: car être vrai en partie, c'est être faux absolument. Cette seconde loi ne détruit donc pas le principe de contradiction.

3° Lorsque l'antécédent cause la vérité du conséquent, il doit être plus vrai, c'est-à-dire plus certain ou plus connu que le conséquent. L'antécédent nous manifeste le conséquent.

4° Puisque l'antécédent cause le conséquent, si l'antécédent est négatif, le conséquent le sera aussi.

ARTICLE II

LE SYLLOGISME DÉDUCTIF.

43.- NOTION DU SYLLOGISME.— Le syllogisme se définit: *une argumentation qui infère d'un antécédent unissant deux termes à un troisième, un conséquent unissant ces deux termes entre eux.* Exemple: tout corps est une substance. Or tout homme est un corps. Donc tout homme est une substance.

On le voit, le syllogisme procède essentiellement par une connexion de termes. Il unit deux termes à un troisième dans l'antécédent pour les unir entre eux dans le conséquent. Et par là il se distingue de l'induction qui ne procède pas par connexion de termes.

44 - FORME ET MATIÈRE DU SYLLOGISME.— La *forme* du syllogisme est cette disposition ordonnant la matière en vue d'une inférence et d'une conclusion légitimes.

La matière du syllogisme est soit *prochaine, soit éloignée.*

La matière prochaine, ce sont les propositions avec lesquelles on construit le syllogisme.

La matière éloignée, ce sont les termes qui composent les propositions du syllogisme, et en lesquels se *résout* en dernier lieu le syllogisme.

Ces termes sont au nombre de trois: *le grand terme* (T), *le petit terme* (t), *le moyen terme* (M).

Le grand terme est celui qui est posé comme prédicat dans la conclusion.

Le petit terme est celui qui est posé comme sujet dans la conclusion.

Le moyen terme est celui qui est employé deux fois dans les prémisses, et auquel les termes T et t sont unis.

Ces trois termes constituent le terme syllogistique qui se définit: *le prédicat et le sujet en lesquels se résout la proposition.* Le verbe n'est pas un terme syllogistique: il ne sert qu'à unir les termes syllogistiques.

Trois propositions constituent la matière prochaine du syllogisme:

les *prémisses* et la *conclusion*.

Les prémisses sont les deux propositions qui infèrent.

La première de ces propositions, celle qui contient le *grand terme*, c'est-à-dire le prédicat de la conclusion, est appelée la *Majeure*.

La seconde, celle qui contient le *petit terme*, c'est-à-dire le sujet de la conclusion, est appelée la *Mineure*.

La conclusion est la proposition qui est inférée.

La forme ordonne la matière du syllogisme. Elle répond donc à la matière éloignée et prochaine.

La forme qui ordonne la matière éloignée, c'est-à-dire les termes du syllogisme, est appelée *la figure* du syllogisme, et se définit: *la disposition des termes selon que l'un est sujet et l'autre prédicat.*

La forme qui ordonne la matière prochaine, c'est-à-dire les propositions du syllogisme, est appelée *le mode* du syllogisme, et se définit: *la disposition correcte des prémisses au point de vue de leur quantité et de leur qualité.*

Qualité: une au moins des prémisses doit être affirmative.

Quantité: une au moins des prémisses doit être universelle.

45 - DIVISION DU SYLLOGISME.— 1° Par rapport à son contenu, le syllogisme est *démonstratif, probable, sophistique* et *erroné.*

Le syllogisme démonstratif (la démonstration) est celui qui produit la science et qui est en matière nécessaire:

> Tout corps est une substance.
>
> Or l'homme est un corps.
>
> Donc l'homme est une substance.

Le syllogisme probable est celui qui est en matière contingente et qui produit l'opinion:

> Toute mère aime son enfant.
>
> Donc une telle mère, Jeanne, aime son enfant.

Le syllogisme sophistique est un syllogisme correct en apparence, faux en réalité; il trompe et déçoit:

> Tout ce qui doit exister est un bien.
>
> Or le mal doit exister.
>
> Donc le mal est un bien.

Le syllogisme erroné est celui qui est en matière éloignée ou impossible; il engendre l'erreur:

> La pierre ne marche pas.

> Or l'homme est une pierre.
>
> Donc l'homme ne marche pas.

(Pour les expressions *en matière nécessaire, contingente, éloignée,* voir plus haut, n. 24, 5°).

2° Si l'on considère le *moyen terme,* le syllogisme est dit *syllogisme commun* et *syllogisme d'exposition.*

Le syllogisme commun est celui dont le moyen terme est un terme commun.

Le syllogisme d'exposition est celui dont le moyen terme est un terme singulier:

> Pierre est blanc.
>
> Or Pierre court.
>
> Donc celui qui court est blanc.

3° Par rapport aux propositions qui le composent, le syllogisme est *hypothétique, catégorique, affirmatif* ou *négatif.*

Le syllogisme hypothétique est celui qui procède immédiatement par connexion de propositions. Il se définit: *le syllogisme dont la Majeure est une proposition hypothétique, et dont la Mineure pose ou détruit une partie de la Majeure:* Si le soleil brille, il est lumineux. Or il brille. Donc il est lumineux.

Le syllogisme hypothétique est *conditionnel, disjonctif, conjonctif,* selon que la Majeure est une proposition *conditionnelle, disjonctive, conjonctive.* (voir les règles d'argumentation au chapitre des propositions, n. 36).

Le syllogisme catégorique est celui qui est composé de propositions catégoriques.

Le syllogisme affirmatif est celui dont la conclusion est affirmative.

Le syllogisme négatif est celui dont la conclusion est négative.

4° Par rapport à sa forme, le syllogisme a trois figures et dix-neuf modes. Nous étudierons plus loin les figures et les modes du syllogisme.

5° En raison de ses termes, selon qu'ils sont directs ou obliques, le syllogisme est dit syllogisme *direct* et syllogisme *oblique.*

Le syllogisme oblique est celui dont l'un des termes syllogistiques (T, t ou M) est un *cas oblique:* ce terme n'est pas le prédicat ou le sujet de la proposition où il figure, mais il détermine le sujet ou le prédicat selon une certaine relation qu'il soutient avec lui. Exemple:

Le Christ est Dieu.

Or Marie est Mère *du Christ.*

Donc Marie est Mère de Dieu.

6° En raison de la simplicité ou de la complexité de l'argumentation, le syllogisme se divise en syllogisme *simple* et en syllogisme *composé.*

Le syllogisme composé est celui qui est fait de plusieurs syllogismes explicitement ou implicitement formulés.

On distingue quatre sortes de syllogismes composés:

a) L'épichérème: une argumentation dans laquelle l'une ou l'autre des prémisses, ou même toutes les deux sont munies de leur preuve.

Exemple: *Le saint, parce qu'il reproduit en lui l'image de la Trinité, est agréable à Dieu.*

Or Pierre est saint.

Donc Pierre est agréable à Dieu.

b) Le polysyllogisme: une argumentation qui enchaîne plusieurs syllogismes de telle sorte que la conclusion de l'un serve de prémisse au suivant:

Tout être qui raisonne a une âme intellective.

Or l'homme est un être qui raisonne.

Donc l'homme a une âme intellective.

Or tout ce qui a une âme intellective est fait pour le bonheur éternel.

Donc l'homme est fait pour le bonheur éternel.

c) Le sorite: une argumentation qui contient implicitement plusieurs syllogismes parce qu'elle enchaîne plusieurs propositions, de telle sorte que le prédicat de l'une devienne le sujet de l'autre, et le prédicat de celle-ci le sujet d'une troisième, et ainsi de suite, pour arriver à une conclusion qui unit le sujet de la première et le prédicat de la dernière:

Pierre raisonne.

Un être qui raisonne a une âme intellective.

Un être qui a une âme intellective est fait pour le bonheur du ciel.

Donc Pierre est fait pour le bonheur du ciel.

On le voit, le sorite contient plusieurs syllogismes en même nombre que les prémisses, moins une.

C'est là la forme du *sorite aristotélicien*. Goclenius (+1628), un logicien, a proposé un autre type de sorite (le sorite goclénien) dont la conclusion unit le sujet de la dernière proposition au prédicat de la première:

Un être qui a une âme intellective est fait pour le bonheur du ciel.

Tout être qui raisonne a une âme intellective.

Pierre est un être qui raisonne.

Donc Pierre est fait pour le bonheur du ciel.

d) *Le dilemme* (argument à deux cornes ou à deux tranchants): une argumentation dont l'antécédent énonce une disjonction telle que, l'une ou l'autre de ses parties étant posée, la même conclusion s'ensuit.

Soit le fameux dilemme de Tertullien contre le décret de Trajan:

Les chrétiens sont coupables ou innocents.

S'ils sont coupables, pourquoi défendre de les rechercher?

S'ils sont innocents, pourquoi châtier ceux qui sont dénoncés?

En tout cas, le décret est injuste.

Règles du dilemme: 1° La disjonction doit être complète:

Ceux qui enseignent l'erreur ou embrouillent la vérité sont des êtres dangereux.

Or les professeurs enseignent l'erreur ou embrouillent la vérité.

Donc les professeurs sont des êtres dangereux.

Ce dilemme ne vaut pas, car la disjonction n'est pas complète. Il y a des professeurs qui n'enseignent pas l'erreur et qui ont un enseignement clair.

2° Le conséquent partiel doit découler *légitimement* (en bonne conséquence) et *exclusivement* de chaque membre de la disjonction.

Le dilemme du calife d'Omar est un dilemme dont le conséquent ne découle pas *légitimement* de chaque partie de la disjonction:

Les livres de la bibliothèque d'Alexandrie contiennent ou ne contiennent pas la même chose que le Coran.

Dans le premier cas, ils sont inutiles (et doivent être brûlés).

Dans le second cas, ils sont mauvais (et doivent être brûlés). Donc il faut les brûler.

Autre dilemme où le conséquent ne découle pas *exclusivement* de chaque membre de la disjonction:

Vous administrerez les affaires publiques bien ou mal.
Si vous les administrez mal, vous plairez aux hommes.
Si vous les administrez bien, vous plairez à Dieu.
Donc vous devez les administrer.

On peut rétorquer:

Si vous les administrez mal, vous déplairez à Dieu.
Si vous les administrez bien, vous déplairez aux hommes.
Donc vous ne devez pas les administrer.

Ne pas confondre entre le syllogisme disjonctif où le conséquent suit d'un membre de la disjonction, et le dilemme où le conséquent suit de chacun des membres de la disjonction. Cette confusion est fréquente.

Ainsi l'on peut dire: «il y a eu des vols dans l'administration d'un tel ministère. Or comment Monsieur le ministre échappera-t-il à ce dilemme: ou ses fonctionnaires l'ont trompé, ou ses fonctionnaires ne l'ont pas trompé. Dans le premier cas, il n'est pas le voleur; dans le second cas, il est le voleur. Or il nous assure que ses fonctionnaires ne l'ont pas trompé. Donc c'est lui le voleur». Ce n'est pas là un dilemme; c'est un syllogisme disjonctif.

ARTICLE III

LE SYLLOGISME CATÉGORIQUE

46 - Les principes suprêmes du syllogisme catégorique. — 1° Le syllogisme catégorique est celui qui est composé de propositions catégoriques. Son principe premier est le suivant:

Deux choses identiques à une même troisième sont identiques entre elles (principe de triple identité); deux choses dont l'une est identique et l'autre n'est pas identique à une même troisième ne sont pas identiques entre elles (principe du tiers séparant).

Ce principe est immédiatement évident et n'est qu'une formule spéciale du principe de contradiction qui est le premier principe de la raison: *il est impossible qu'une chose soit et ne soit pas en même temps sous le même aspect.*

Notons que le principe de triple identité ne s'applique que si deux choses sont identiques à une troisième considérée non seulement matériellement, mais encore formellement — **tertio uni re et ratione.** — Si deux choses sont identiques à une troisième considérée sous des aspects formels différents, le principe ne joue plus.

Ainsi on ne peut dire:

La blancheur a divers degrés d'intensité.

Or la blancheur est une relation.

Donc une relation a divers degrés d'intensité.

La blancheur n'a pas des degrés divers d'intensité, en tant que relation.

2° Comme le moyen terme — *l'uni tertio* — dans le syllogisme est un terme commun — nous parlerons plus tard du syllogisme d'exposition à moyen terme singulier —, le principe premier du syllogisme ne s'applique dans nos raisonnements que moyennant deux autres principes également suprêmes qui concernent le rapport de l'universel à ses inférieurs ou parties subjectives. Ces principes sont les suivants:

a) *Tout ce qui est affirmé universellement d'un sujet, est affirmé de tout ce qui est contenu sous le sujet.* Si l'on affirme universellement de l'homme qu'il a la capacité de rire, par là même on affirme cela de tout individu humain.

On appelle ce principe le **dictum de omni** (quidquid universaliter dicitur de subjecto, dicitur de **omni quod** continetur sub tali subjecto).

b) *Tout ce qui est nié universellement d'un sujet, est nié aussi de tout ce qui est contenu sous ce sujet.* Si l'on nie universellement que l'homme soit une pierre, on doit aussi nier la même chose de tout individu humain.

C'est le principe appelé **dictum de nullo** (quidquid universaliter negatur de aliquo subjecto, negatur et de omni (dicitur de nullo) contento sub tali subjecto).

47 - Les règles du syllogisme catégorique. — Les règles ou lois du syllogisme catégorique indiquent comment il faut procéder pour appliquer convenablement les principes suprêmes que nous venons d'énoncer. Ces règles sont au nombre de huit:

1. Qu'il n'y ait que trois termes: Grand, Moyen et Petit.
2. Que les termes n'aient pas plus d'extension dans la Conclusion que dans les Prémisses.
3. Que le moyen terme n'entre pas dans la Conclusion.
4. Que le moyen terme soit une fois au moins universel.
5. Deux Prémisses négatives ne concluent pas.
6. Si les Prémisses affirment, la Conclusion ne peut nier.
7. La Conclusion suit toujours la moins bonne Prémisse.
8. Aucune conclusion ne suit de deux Prémisses particulières.

Les règles 1, 5 et 8 sont les règles principales de tout bon syllogisme. C'est à elles que se ramènent toutes les lois du syllogisme.

Les quatre premières règles sont les règles des *termes*, tandis que les quatre dernières sont les règles des *propositions*.

Règle 1: elle résulte de la nature même du syllogisme catégorique qui identifie deux termes à un troisième. Notons que les termes doivent avoir partout le même genre de suppléance. Ne pas dire:

L'homme («*suppositio*» *simple*) est une espèce.

Or Pierre est un homme («*suppositio*» *personnelle*).

Donc Pierre est une espèce.

Règle 2: autrement le plus sortirait du moins.

Ne pas dire:

Tous les chevaux sont quadrupèdes.

Or tout cheval est animal («*suppositio*» *particulière*).
Donc tout animal («*suppositio*» *universelle*) est quadrupède

Règle 3 :   elle résulte de la nature du syllogisme qui *compare*, dans les prémisses, le grand et le petit terme avec le moyen terme.
Ne pas dire:
Napoléon fut grand.
Or Napoléon fut un empereur.
Donc Napoléon fut un grand empereur.

Règle 4 :   sinon on pourrait avoir quatre termes, car le moyen terme pourrait suppléer dans un cas pour certains individus ou inférieurs et dans l'autre cas pour d'autres inférieurs.
Ne pas dire:
Des animaux ont des ailes.
Or l'homme est un animal.
Donc l'homme a des ailes.
Le moyen terme est pris deux fois particulièrement. Dans la Majeure il supplée pour les oiseaux, tandis que dans la Mineure il supplée pour les hommes.

Règle 5:   si le grand terme et le petit terme n'ont aucun rapport d'identité à un même troisième, on ne peut ni nier ni affirmer leur identité commune.
Exemple:
L'homme n'est pas une brute.
Or aucune brute n'est une pierre.
. . . .
Il faut toutefois que la négation se porte sur le verbe-copule et que les Prémisses soient réellement négatives.
Ainsi le syllogisme suivant vaut:
Tout ce qui n'est pas homme n'est pas doué de rationalité.
Or la pierre n'est pas homme.
Donc la pierre n'est pas douée de rationalité.
Ce qui n'est pas homme est le sujet dans la Majeure. La Mineure signifie que la pierre *est* ce qui n'est pas homme.

Règle 6 :   application du principe de triple identité.

Règle 7 :   la moins bonne Prémisse est la Prémisse particulière par rapport à l'universelle, et la Prémisse négative par rapport à l'affirmative.

a) Si une Prémisse est négative, on a l'application du principe du tiers séparant: *deux choses dont l'une est identique et l'autre n'est pas identique à une même troisième ne sont pas identiques entre elles.*

b) Si une Prémisse est universelle et l'autre particulière, *ou les deux Prémisses sont affirmatives*: dans ce cas, on a un seul terme universel dans les Prémisses, et ce terme sera le moyen terme (règle 4); le petit terme sera donc particulier dans les prémisses et dans la conclusion (règle 2); *ou l'une des Prémisses est négative et l'autre affirmative*: on a deux termes universels dans les Prémisses, le sujet de la proposition universelle et le prédicat de la proposition négative; l'un de ces termes sera le moyen terme (règle 4), et l'autre, le grand terme, car celui-ci sera le prédicat de la conclusion négative (règle 2). Donc le petit terme sera particulier dans les Prémisses, et devra être particulier dans la Conclusion (règle 4).

Soit les syllogismes suivants:

Quelque homme est savant.

Or tout homme est animal.

Donc quelque animal est savant. *Ne pas dire*: donc tout animal est savant.

Certains hommes sont ignorants.

Or tout homme est animal.

Donc certains animaux sont ignorants. *Ne pas dire*: donc tous les animaux sont ignorants.

Règle 8:   Si les deux Prémisses sont affirmatives, le moyen terme sera deux fois *particulier* (contre la règle 4).

Si une Prémisse est affirmative et l'autre négative, le prédicat de la proposition négative sera le moyen terme; et le syllogisme péchera contre la règle 2, car le grand terme sera particulier dans les Prémisses, et universel dans la Conclusion qui sera négative; ou ce prédicat sera le grand terme, et le moyen terme sera deux fois particulier (contre la règle 4.)

Ne pas dire:

Quelques hommes sont des saints.

Or quelques voleurs sont des hommes.

Donc quelques voleurs sont des saints.

Ou encore:

Quelques hommes sont savants.

Or quelques saints ne sont pas savants.

Donc quelques saints ne sont pas des hommes.

48 - LES FIGURES ET MODES DU SYLLOGISME. — 1° *Les figures du syllogisme.* Nous avons défini la figure du syllogisme, la disposition des termes selon que l'un est prédicat et l'autre sujet. Pour voir combien il peut y avoir de figures du syllogisme, voyons combien il peut y avoir de combinaisons possibles des termes, en considérant la place que le moyen terme peut avoir dans le syllogisme.

Le moyen terme

peut être sujet dans la Majeure et prédicat dans la Mineure;

ou prédicat dans les deux Prémisses;

ou sujet dans les deux Prémisses;

ou encore prédicat dans la Majeure et sujet dans la Mineure.

Dans le premier cas, on a un syllogisme de *première figure;*

dans le second cas, un syllogisme de *deuxième figure;*

dans le troisième cas, un syllogisme de *troisième figure;*

enfin, dans le quatrième cas, on a un syllogisme concluant indirectement, qui se ramène à un syllogisme de *première figure.*

En d'autres termes, on a un syllogisme de première figure concluant indirectement, à cause d'une disposition *grammaticale* — et non logique — diverse des termes.

Soit l'exemple suivant d'un syllogisme concluant indirectement:

Tout homme est vivant. T m

Or tout vivant est une substance. m t

Donc tout homme est une substance. T t

Ce syllogisme se ramène logiquement au suivant qui est de première figure:

Tout vivant est une substance. m T

Or tout homme est vivant. t m

Donc tout homme est une substance. t T

Nous avons donc quatre figures de syllogisme, en comptant comme figure celle du syllogisme concluant indirectement.

Les logiciens expriment ces diverses combinaisons du moyen terme, de la manière suivante:

sub - prae prima: moyen terme sujet dans la Majeure et prédicat dans la Mineure (1ère figure).

bis - prae secunda: moyen terme deux fois prédicat (2e figure).

tertia sub-bis: moyen terme deux fois sujet (3e figure).

prima indirecta prae-sub: moyen terme prédicat dans la Majeure et sujet dans la Mineure (1ère figure indirecte).

2° *Les modes du syllogisme.* Le mode du syllogisme, c'est la disposition des propositions selon leur quantité et leur qualité (affirmation et négation.

La combinaison des propositions selon leur quantité peut varier quatre fois: deux propositions universelles; deux propositions particulières; Majeure universelle et Mineure particulière; Majeure particulière et Mineure universelle.

Chaque combinaison quantitative peut aussi varier quatre fois, si l'on considère la qualité des propositions: Majeure et Mineure affirmatives; Majeure et Mineure négatives; Majeure affirmative et Mineure négative; Majeure négative et Mineure affirmative.

Donc, en multipliant par quatre les quatre combinaisons quantitatives des propositions, nous avons seize modes possibles du syllogisme. Et comme ces modes sont possibles dans chaque figure du syllogisme, nous devons encore les multiplier par quatre. Nous avons ainsi soixante-quatre (4 x4   16 x4   64) modes du syllogisme. Ce nombre comprend tous les modes du syllogisme, qu'il s'agisse de modes parfaits ou imparfaits, utiles ou inutiles, directs ou indirects.

Le mode parfait est celui dans lequel les principes de triple identité et du tiers divisant sont parfaitement observés.

Le mode imparfait est celui dans lequel ces principes ne sont pas parfaitement observés.

Le mode utile est celui qui suit les règles nécessaires en vue d'une bonne conséquence.

Le mode inutile est celui qui n'observe pas ces règles.

Le mode direct est celui d'un syllogisme qui conclut directement: dans la conclusion, le grand terme est prédicat et le petit terme est sujet.

Le mode indirect est celui d'un syllogisme qui conclut indirectement:

dans la conclusion, le grand terme est sujet et le petit terme est prédicat.

3° *Les modes utiles du syllogisme.* Pour connaître les modes utiles du syllogisme, il suffit de considérer les règles de chacune de ses figures. Ces règles ne sont que des applications spéciales des règles générales du syllogisme.

a) Première figure. *La Mineure doit être affirmative, et la Majeure universelle.*

La Mineure doit être affirmative, car si elle était négative, la Conclusion serait négative et la Majeure affirmative: le grand terme serait particulier dans la Majeure, et universel dans la Conclusion (contre la règle 2 du syllogisme).

La Majeure doit être universelle pour que le moyen terme soit universel au moins une fois (règle 4 du syllogisme).

D'après cette règle, on ne peut avoir que les modes suivants dans un syllogisme de première figure: (1)

AAA — EAE — AII — EIO.

b) Deuxième figure. *L'une des Prémisses doit être négative, et la Majeure doit être universelle.*

L'une des Prémisses doit être négative pour que le moyen terme, qui est deux fois prédicat, soit une fois au moins pris universellement (règle 4 du syllogisme).

La Majeure doit être universelle parce que son sujet (grand terme) sera le prédicat d'une conclusion négative (règle 2 du syllogisme).

Dans cette figure, on ne peut donc avoir que les modes suivants:
EAE — AEE — EIO — AOO.

c) La troisième figure. *La Mineure doit être affirmative, et la conclusion particulière.*

La mineure affirmative: comme pour la première figure.

La conclusion particulière: le petit terme qui est particulier

---

(1) Nous désignons les propositions à l'aide de symboles:
  A: proposition universelle affirmative.
  E: proposition universelle négative.
  I : proposition particulière affirmative.
  O: proposition particulière négative.

dans les Prémisses — il est prédicat de la Mineure affirmative — sera aussi particulier comme sujet de la conclusion (règle 2 du syllogisme).

Seuls donc ls modes suivants seront utiles:

AAI — EAO — IAI — OAO — EIO.

d) La première figure indirecte.

La Majeure peut être particulière et la Mineure affirmative.

Dans la conclusion du syllogisme en figure indirecte, le grand terme est sujet et le petit terme est prédicat. Ce syllogisme n'observe pas les lois du syllogisme en général et les lois de la première figure directe en particulier. Mais il est valable, parce qu'il peut se changer en un syllogisme de première figure directe. Pour cela, il suffit d'intervertir l'ordre des prémisses: la Majeure devient la Mineure, et la Mineure devient la Majeure.

On peut donc avoir les modes suivants:

AAI — EAE — AII — AEO — IEO.

Il ne reste donc que dix-neuf modes possibles du syllogisme.

Les logiciens ont groupé ces dix-neuf modes utiles du syllogisme en quatre vers composés de mots conventionnels. Les trois premières voyelles de ces mots conventionnels représentent dans l'ordre la Majeure, la Mineure et la Conclusion, sous les symboles A, E, I ou O.

Voici ces vers:

1ère figure: Barbara, Celarent, Darii, Ferio.

1ère figure indirecte: Baralipton, Celantes, Dabitis, Fapesmo, Frisesomorum.

2ème figure: Cesare, Camestres, Festino, Baroco.

3ème figure. Darapti, Felapton, Disamis, Datisi, Bocardo, Ferison..

ARTICLE IV

LE SYLLOGISME D'EXPOSITION

49 - LE SYLLOGISME D'EXPOSITION.— Le syllogisme d'exposition (syllogismus expositorius) est celui dont le moyen terme est un terme singulier.

Le syllogisme d'exposition n'a que l'apparence extérieure du syllogisme. Il n'est pas un véritable syllogisme, car il ne fait pas passer l'intelligence d'une vérité à une autre. Il ne fait qu'exposer ou que présenter une chose aux sens. Exemple: *Pierre est celui qui court. Or Pierre est blanc. Donc celui qui court est blanc.*

Ce syllogisme est en troisième figure (le moyen terme est deux fois sujet). Et le syllogisme d'exposition est généralement un syllogisme de troisième figure, car le terme singulier est plutôt sujet que prédicat. On peut cependant avoir des syllogismes d'exposition en première et seconde figure. Les règles du syllogisme d'exposition sont les suivantes:

a) Le moyen terme doit être parfaitement singulier. Ainsi le syllogisme suivant est mauvais: *Dieu est le Père. Dieu est le Fils. Donc le Père est le Fils.* Pourquoi? Parce que Dieu ici n'est pas parfaitement singulier, mais désigne l'essence divine qui est communicable au Père, au Fils et au Saint-Esprit.

b) Le moyen terme doit désigner le même individu. Ainsi nous ne pouvons dire: *Cet animal est un cheval* (en désignant ce cheval). *Or cet animal est un homme* (en désignant Pierre). *Donc cet homme est un cheval.*

c) La mineure ne doit pas être négative, car le syllogisme d'exposition est en troisième figure. Faux le syllogisme suivant: *Pierre est un homme. Or Pierre n'est pas Paul. Donc Paul n'est pas un homme.*

ARTICLE V.

L'INDUCTION

50 - L'INDUCTION COMME ARGUMENTATION. — L'induction a trois sens: elle peut se rapporter soit à la simple appréhension, soit au jugement, soit au raisonnement.

a) Prise dans le premier sens, l'induction signifie l'abstraction d'un concept universel à partir du singulier. Exemple: *lorsque je vois Pierre et le conçois comme homme*. Cette abstraction de l'universel peut comporter de multiples démarches de l'intelligence, et être réglée par des lois logiques: l'abstraction de la nature spécifique dans son genre et sa différence ultime (voir plus bas la manière de trouver une définition).

b) Prise dans son second sens, l'induction signifie la connaissance immédiate d'une *proposition connue de soi* — d'un principe —, connaissance qui présuppose l'expérience. Ainsi si je prends un crayon et si je le divise en plusieurs parties, je puis dire immédiatement: *le tout est plus grand que sa partie*. J'ai abstrait la notion du tout et celle de la partie en m'appuyant sur la connaissance sensible. Mais la valeur de ma proposition ne repose pas sur l'exemple sensible ou sur tous les exemples sensibles que je pourrais poser. Ma proposition vaut universellement parce que j'ai saisi immédiatement le rapport *purement intelligible* qui existe entre le prédicat et le sujet: le tout est plus grand que sa partie, parce que *la partie*, de par sa notion même, dit quelque chose de plus petit que le tout.

Nous disons cependant que la connaissance immédiate d'une proposition connue de soi, se fait *par induction*, parce que l'exemple sensible (ou les exemples sensibles) pousse, conduit (*induit*) l'intelligence à saisir le lien purement intelligible entre le prédicat et le sujet.

c) Prise dans son troisième sens, l'induction signifie une argumentation qui, dans son conséquent, attribue un prédicat à un sujet universel. uniquement parce que l'expérience nous apprend que ce prédicat convient à des singuliers contenus sous cet universel.

Exemple: *ce feu brûle, ce feu brûle, etc. Donc le feu brûle.*

On saisit par là la définition de l'argumentation inductive: *une ar-*

gumentation qui va de singuliers suffisamment énumérés à l'universel (a singularibus sufficienter enumeratis ad universale progressio).

L'universel auquel conduit l'induction comme argumentation, n'est pas l'ensemble des singuliers, mais un *concept universel* qui se réalise dans les singuliers. En d'autres termes, l'induction ne fait pas passer de quelques-uns à *tous*, mais de quelques-uns à *tout*: ce feu, ce feu brûlent. Donc tout feu brûle.

51 - DIVISION DE L'ARGUMENTATION INDUCTIVE. — 1° L'induction, comme argumentation, se divise en induction à *énumération complète* (induction complète) et en induction à *énumération incomplète* (induction incomplète), selon que l'on énumère *complètement* ou *incomplètement* les parties contenues sous l'universel qui est sujet da la conclusion.

Exemple d'énumération complète:

La vue, le toucher, l'ouïe, le goût, l'odorat sont des facuités organiques. Or l'universel qui représente la vue, le toucher, l'ouïe, le goût, l'odorat est: le sens externe. Donc tout sens externe est une faculté organique.

2° L'induction à énumération incomplète se subdivise en induction à énumération *suffisante*, ou *insuffisante*, selon que l'énumération suffit ou non pour faire passer à l'universel. Il va de soi que l'induction à énumération complète est toujours une induction à énumération suffisante.

Puisque l'énumération de tous les singuliers — ou de tous les inférieurs — d'un universel est la plupart du temps impossible, on se sert le plus souvent de l'induction à énumération incomplète. Et cette énumération doit être suffisante pour que l'intelligence puisse passer légitimement à l'universel.

52 - LA CONSÉQUENCE ET LE PRINCIPE DANS L'ARGUMENTATION INDUCTIVE. —

1° La conséquence ou l'inférence dans l'induction n'est pas aussi parfaite que dans le syllogisme. Le syllogisme unit dans l'antécédent deux termes avec un troisième. Cette union *force* l'intelligence à unir les deux termes entre eux dans le conséquent. L'induction ne procède pas par une connexion de termes; elle infère une proposition universelle de singuliers connus par l'expérience. Elle introduit à l'universel.

En d'autres termes, dans le syllogisme, la conséquence, lorsqu'elle est bonne, a une valeur absolue. Dans l'induction, lorsque l'énumération des singuliers est suffisante, la conséquence peut encore être déficiente; mais elle suffit pour introduire à l'universel, pour permettre de conclure à une proposition universelle.

On peut donc dire que l'induction ne conduit pas à une certitude absolue. Sa conclusion demeure toujours dans la sphère de la probabilité.

Si parfois l'induction conclut avec certitude, comme c'est le cas de l'induction complète, ce n'est pas formellement en tant qu'induction, mais c'est en vertu d'une autre forme de raisonnement qu'une telle induction comporte d'une manière parfois voilée.

Ainsi l'induction complète comporte un raisonnement de l'équivalent à l'équivalent (ab aequivalenti ad aequivalens), et c'est par là qu'elle fonde la certitude: tous les singuliers équivalent à l'universel qui les contient comme parties.

2° On voit, par la structure même de l'induction, que son principe n'est pas celui de la triple identité ou du tiers séparant le principe: dictum de omni (de nullo.) Le principe de l'induction est le suivant: *Ce qui est affirmé ou nié de singuliers (ou d'inférieurs) suffisamment énumérés, est aussi affirmé ou nié de l'universel sous lequel ces singuliers (ou ces inférieurs) sont contenus.* Il ne faut pas dire que le principe suprême de l'induction est le suivant: *la nature dans les mêmes circonstances produit les mêmes effets.* Ce principe présuppose la théorie du déterminisme dans la nature, théorie qui doit être rejetée, comme nous le verrons dans la Philosophie naturelle.

53 - LE MOUVEMENT DE DESCENTE DANS L'INDUCTION.— L'induction dans son mouvement principal *monte* des singuliers à l'universel. Mais elle peut aussi opérer un mouvement de descente. Supposons que nous disons: *l'homme est mortel,* uniquement parce que nous savons par expérience que tous les hommes meurent. Nous pouvons poser cette proposition comme *Majeure,* et établir la Mineure suivante: or Pierre est un homme. Nous concluons: donc Pierre est mortel. Nous aurons alors non pas un syllogisme, mais une induction dans son mouvement de descente.

L'emploi de l'induction dans son mouvement de descente est très fréquent dans *les sciences*, et il est fécond en résultats. Car, lorsqu'une science a établi une loi par induction, elle applique cette loi aux cas concrets et individuels. L'application de cette loi fait voir que la loi n'explique pas tout, qu'elle est incomplète ou qu'elle souffre des exceptions. De là une nouvelle recherche, de nouvelles hypothèses et de nouvelles théories.

54 - L'INDUCTION ET LE SYLLOGISME.— L'induction et le syllogisme sont deux espèces d'argumentations irréductibles l'une à l'autre. Le syllogisme procède par connexion des termes et se déroule sur le plan purement intelligible. L'induction prouve qu'un prédicat convient à un sujet universel, uniquement parce que l'expérience montre que ce prédicat convient aux singuliers contenus sous cet universel: elle va du sensible à l'intelligible.

Dans l'induction, il ne peut donc y avoir de moyen terme comme dans le syllogisme catégorique. Au lieu du moyen terme, l'induction pose *une énumération de singuliers.*

Les prémisses et la conclusion de l'induction sont donc essentiellement différentes des prémisses et de la conclusion du syllogisme.

Dans le syllogisme, la Majeure affirme un prédicat d'un sujet, parce que l'intelligence saisit le lien intelligible et nécessaire qui les unit.

Dans l'induction, la Majeure affirme ou nie un prédicat d'un sujet, parce que l'expérience permet cette affirmation (ou négation). L'on dit, par exemple, que les corps a, b, c, etc., conduisent l'électricité, parce que l'expérience nous l'a appris.

Dans le syllogisme, la Mineure unit un sujet et un prédicat en vertu de leur connexion intelligible.

Dans l'induction, la Mineure emploie un universel comme prédicat, uniquement parce que cet universel supplée pour des singuliers. Lorsque nous disons que les corps a, b, c, etc., sont des métaux, l'universel *métal* ne désigne pas une nature intelligible; il n'est qu'un terme exprimant un élément commun à tous les singuliers à qui il convient.

Enfin la conclusion du syllogisme est absolument certaine. Dans cette conclusion, le prédicat est affirmé (ou nié) du sujet en vertu du lien intelligible manifesté par les prémisses.

La conclusion de l'induction n'est que probable. Dans cette conclusion, l'intelligence affirme (ou nie) un prédicat d'un sujet universel, uniquement parce que l'expérience prouve que ce prédicat convient aux singuliers que désigne cet universel.

En d'autres termes, la conclusion du syllogisme exprime une vérité philosophique et absolument certaine; la conclusion de l'induction exprime une vérité infra-philosophique et probable.

LOGIQUE MATÉRIELLE

55 - Préliminaires.— La logique matérielle étudie la matière de l'art logique. Nous-la diviserons en cinq chapitres. Dans un premier chapitre, nous étudierons certaines questions préliminaires qui nous aideront à mieux connaître la Logique elle-même. Dans un second chapitre, nous considérerons l'universel. Enfin, dans les trois autres chapitres, nous examinerons la démonstration, l'argumentation dialectique et le sophisme.

Chapitre   I.—   Logique préliminaire.

Chapitre   II.— L'universel.

Chapitre   III.—La démonstration.

Chapitre   IV.—L'argumentation dialectique.

Chapitre   V.— Le sophisme.

CHAPITRE PREMIER

—

LOGIQUE PRÉLIMINAIRE

56 - La nécessité de la Logique.— a) Distinguons entre la logique naturelle et la logique artificielle.

La logique naturelle est celle de l'intelligence qui se sert spontanément des premiers principes évidents pour raisonner.

La logique artificielle est cet ensemble de règles logiques que nous étudions présentement.

Nous parlons ici de la nécessité de la logique artificielle.

b) Nous devons aussi distinguer entre la science *à l'état imparfait* et la science *à l'état parfait*.

● Dans le premier cas, l'intelligence, par la démonstration, a une connaissance certaine et évidente de l'objet, mais cette connaissance est encore embryonnaire. Dans le second cas, l'intelligence a une connaissance complète de ce qui se rapporte à l'objet d'une science, de telle sorte qu'elle puisse répondre aux objections et écarter les erreurs.

c) La science, ou plutôt la connaissance, est encore dite *pratique*, si elle enseigne comment agir ou comment faire quelque chose, et *spéculative*, si elle est ordonnée uniquement à connaître.

d) C'est l'art qui montre comment faire quelque chose — une oeuvre d'art —, comme c'est la prudence qui dirige l'agir humain. La Logique ne dirige donc pas les connaissances pratiques. Elle est cependant *simplement* nécessaire pour acquérir les sciences spéculatives à l'état parfait. Car pour acquérir une science à l'état parfait, il faut raisonner facilement, promptement et sans danger d'errer. Or c'est la Logique qui apprend à raisonner facilement, promptement et sans danger d'errer. Donc...

57 - La Logique est une science et un art.— a) Une science est un ensemble de connaissances acquises par la démonstration. Et nous appelons démonstration une argumentation qui donne une preuve certaine et évidente d'une vérité. La Logique démontre. Elle prouve, par exemple, que deux contradictoires ne peuvent pas être vraies en même temps à l'aide du principe: ce qui est ne peut pas en même temps n'être pas. Elle est donc une science.

b) L'art se définit: «recta ratio operum faciendorum», la détermination droite des choses à faire.

L'art requiert deux choses:

une matière à diriger, ou à informer, qui contient une certaine marge d'indétermination: si une matière est déterminée, comme par exemple l'acte de vision, elle ne peut être dirigée par l'art;

des règles certaines et déterminées qui mesurent l'œuvre sur laquelle l'art s'exerce: si une opération n'est pas mesurée par des règles certaines et déterminées, elle tombe alors sous l'empire de la prudence qui, elle, dirige les actes humains concrets selon les circonstances multiples et variées

Les œuvres que l'art dirige peuvent être externes, comme une statue, une peinture — on a alors un art mécanique; ou internes — on a alors un art libéral.

c) La Logique est un art véritable: la matière qu'elle dirige, ce sont les opérations de l'intelligence qui peuvent atteindre les objets soit sans errer, soit en errant, et qui sous cet aspect ont une marge d'indétermination suffisante pour recevoir une détermination artistique: de plus les règles qu'établit la Logique sont des règles certaines, déterminées et immuables, comme il est évident après ce que nous avons vu en Logique formelle. La Logique remplit donc toutes les conditions d'un art véritable.

Elle est un art libéral, car les œuvres qu'elle dirige sont les opérations internes de l'intelligence; elle est de plus un art spéculatif, car elle est entièrement tournée vers la connaissance.

58 - L̲a̲ L̲o̲g̲i̲q̲u̲e̲ e̲s̲t̲ u̲n̲e̲ s̲c̲i̲e̲n̲c̲e̲ p̲u̲r̲e̲m̲e̲n̲t̲ s̲p̲é̲c̲u̲l̲a̲t̲i̲v̲e̲. — La connaissance spéculative est celle qui connaît la vérité pour la connaître, pour fuir l'ignorance. La connaissance pratique est celle qui connaît le vrai afin d'agir ou d'exécuter une œuvre. La fin de la connaissance spéculative est donc la contemplation; la fin de la connaissance pratique est une œuvre à faire, une action à poser, — mais une action qui n'est pas la contemplation de la vérité.

Considérons maintenant les principes de la Logique et la matière sur laquelle elle s'exerce, et nous verrons qu'elle est une science purement spéculative.

Les principes de la Logique sont purement spéculatifs: les principes de triple identité, du tiers excluant, etc., qui ne sont pas les principes d'une oeuvre à faire, mais les principes du vrai.

La matière de l'art logique, ce sont les opérations de l'esprit, les concepts, les propositions, en tant qu'exprimant la vérité, c'est-à-dire en tant qu'ordonnés à la connaissance de la vérité. La Logique est donc une science purement spéculative; elle a cependant un certain aspect pratique, car elle donne les règles pour *construire* une proposition, un syllogisme, une induction, etc.

59 - L'OBJET DE LA LOGIQUE.— L'objet d'une science —et d'une faculté— est dit *matériel* et *formel*.

L'objet *matériel* comprend toutes les choses qu'une science peut atteindre d'une manière ou d'une autre.

L'objet *formel*, c'est cette détermination — cet aspect — sous laquelle une science atteint ses objets matériels.

Exemple de la vue qui connaît une pierre: la pierre est l'objet matériel de la vision; la pierre *en tant que colorée* est son objet formel. Les choses visibles constituent l'objet matériel de la vue; le coloré est son objet formel.

Les opérations de l'intelligence à diriger, les termes, les propositions constituent l'objet matériel de la Logique.

L'objet formel de la Logique, c'est l'ordre entre les choses selon qu'elles existent dans l'intelligence, ou encore l'ordre entre les concepts — ce qui comporte l'ordre entre les termes, l'ordre entre les propositions.

L'ordre entre les concepts est aussi appelé *l'intention seconde*. Les intentions secondes sont les propriétés qui conviennent aux choses non pas telles qu'elles existent en elles-mêmes, mais telles qu'elles existent dans l'intelligence: les concepts d'espèce, de genre, etc.

Ces intentions secondes sont des *êtres de raison*. Nous allons donc voir en quoi consiste l'être de raison.

60 - L'ÊTRE DE RAISON.— 1° L'être de raison pris dans toute son ampleur signifie ce qui dépend de la raison, d'une manière ou d'une autre.

Une chose peut dépendre de la raison, parce qu'elle est un effet produit par la raison: l'oeuvre d'art qui est conçue et produite par la raison;

parce qu'elle existe dans la raison comme dans son sujet: la connaissance, la science;

parce qu'elle n'existe comme *objet* que dans la raison.

Pris dans les deux premiers sens, l'être de raison demeure encore un être réel.

Dans le troisième sens, l'être de raison s'oppose à l'être réel.

L'être de raison au sens strict, selon qu'il s'oppose à l'être réel, se définit donc: *l'être ayant une existence objective dans la raison, et ne pouvant avoir aucune existence dans la réalité* (ens habens esse objective in ratione, cui nullum esse correspondet in re).

L'être de raison est donc en réalité un non-être qui est conçu *à l'instar* d'un être réel.

2° On peut diviser l'être de raison en considérant l'être réel à l'instar duquel il est conçu, ou en considérant ce qui est conçu à l'instar d'un être réel. Sous le premier aspect, l'être de raison peut se diviser d'après tous les genres suprêmes. Une chimère est conçue à l'instar d'une substance; le vide, à l'instar de la quantité, etc.

Sous le second aspect, l'être de raison se divise,— et c'est là sa division essentielle ou formelle —, en *négation* et en *relation*.

En effet, l'être de raison s'oppose à l'être réel,— bien qu'il soit conçu à l'instar d'un être réel —, et est incapable d'existence. Or ce qui est conçu comme incapable d'exister peut être *positif* ou *négatif*.

Une négation — ou une privation —, comme une chimère, la cécité, est incapable d'existence, puisqu'elle nie et détruit la forme ou la nature.

Ce qui est positif peut être soit *absolu*, soit *relatif*.

Un positif absolu est conçu comme existant en soi — une substance —, ou comme existant dans un *autre* — un accident absolu, comme la quantité. Et comme les concepts d'une chose existant en soi ou dans un autre n'excluent pas une existence possible, un *positif absolu* ne peut être pris comme un être de raison.

Par contre, dans le *positif relatif* ou la *relation*, on a deux aspects: l'aspect *dans* (esse in) par lequel la relation est un accident réel, et l'aspect *vers* (esse ad) par lequel la relation dit rapport à un terme extérieur, et ne dit pas ordre à l'existence. Si donc on conçoit la relation uniquement sous son aspect *vers*, en niant son existence dans un sujet, on la conçoit comme un être de raison.

L'être de raison est donc soit une *négation* (qui comprend aussi la privation), soit une *relation de raison.* Et c'est là sa division essentielle.

3° Les intentions secondes qui constituent l'objet formel de la Logique ne sont pas des *négations*, mais des *relations de raison*. Il est à noter cependant que toute relation de raison n'est pas une *intention seconde*.

La relation de raison présuppose toujours la connaissance,— c'est celle-ci qui la constitue —, mais elle peut *dénommer* une chose dans l'existence que cette chose a en dehors de la connaissance, ou encore convenir à cette chose uniquement dans l'existence qu'elle a dans le connaissant.

Dans le premier cas, la relation de raison n'est pas une intention seconde, puisqu'elle convient à la chose dans son état propre, qui est son état premier. Disons par exemple: Dieu est créateur. Le terme *créateur* signifie une relation de Dieu aux créatures. Mais cette relation n'est pas un accident réel en Dieu — en Dieu, il ne peut y avoir d'accidents réels; elle est uniquement une relation de raison qui s'attribue à Dieu existant dans son état propre, en dehors de notre connaissance.

Dans le second cas, la relation de raison est une intention seconde, parce qu'elle est une propriété de la chose telle qu'elle existe dans la connaissance,— ce qui est pour elle un état second.

Seules les relations de raison qui sont des intentions secondes constituent l'objet formel de la logique.

61 - Lᴀ ᴅɪsᴛɪɴᴄᴛɪᴏɴ. — 1° Comme nous avons parlé de l'être de raison, il convient aussi de parler de la distinction de raison. D'ailleurs la notion de la distinction et de ses divisions nous est nécessaire en Logique.

Notons les nuances entre la *distinction*, la *division*, la *diversité* et la *différence*.

La distinction (ou encore la pluralité, la multitude) s'oppose à l'unité ou à l'identité.

La division (la séparation) s'oppose à l'union, à la continuité.

La diversité signifie une distinction totale: sont diverses les choses qui ne se ressemblent nullement.

La différence dit une distinction partielle: sont différentes les choses qui se ressemblent par certains aspects, et qui se distinguent par d'autres aspects. Exemple: la prudence et la justice sont des vertus différentes.

2° La distinction se divise en distinction *réelle* et en distinction *de raison*.

La distinction réelle est celle qui est donnée dans la réalité, avant toute considération de l'intelligence.

La distinction de raison ou distinction logique est celle qui est faite par l'intelligence et qui n'est pas donnée dans la réalité.

a) La distinction réelle se divise en distinction *réelle absolue* et en distinction *réelle modale*.

La distinction réelle absolue (realis simpliciter) est la distinction entre deux choses: la distinction entre Pierre et Paul, entre la quantité et la qualité.

La distinction réelle modale ou *formelle* est la distinction entre une chose et son mode, comme par exemple la distinction entre une table et sa forme ronde; ou encore la distinction entre deux modes réels d'une seule et même chose.

b) La distinction de raison se divise en distinction *de raison raisonnante* et en distinction *de raison raisonnée*.

La distinction de raison raisonnante est celle qui n'a pas de fondement dans la chose. Exemple: Pierre est Pierre.

La distinction de raison raisonnée est celle qui a un fondement dans la chose: la distinction entre la nature et les attributs de Dieu.

Il ne suffit pas simplement de connaître une même chose deux fois pour avoir une distinction de raison raisonnante. Si cela suffisait, le sens qui verrait Pierre deux fois, ferait cette distinction, ce qui est absurde.

Pour faire une distinction de raison raisonnante, l'intelligence doit comme dédoubler le même objet en faisant une comparaison. Ainsi lorsque je dis: Pierre est Pierre, je conçois Pierre comme sujet et comme prédicat, et je le compare avec lui-même.

La distinction de raison raisonnante peut aussi venir de notre manière imparfaite de connaître une chose. Et ceci arrive lorsque nous posons une distinction de raison dans une chose, uniquement parce que nous la connaissons par comparaison à une chose extrinsèque où cette distinction est réelle. Ainsi nous pouvons distinguer l'intelligence divine de l'intellection divine, la volonté divine du vouloir divin. Ces distinctions n'ont pas leur fondement en Dieu lui-même. Nous les faisons uniquement parce que nous connaissons Dieu au moyen des créatures où la distinction entre les facultés et leurs actes est réelle. Les distinctions entre l'intelligence divine et l'intellection divine, entre la volonté divine et le vouloir divin sont donc des distinctions de raison raisonnante.

Par contre la distinction de raison raisonnée a un double fondement: a) notre manière imparfaite de connaître une chose; b) la supériorité ou l'excellence de cette chose identifiant dans l'unité, des perfections, des natures (rationes) qui sont distinctes dans les autres choses. Pour cette raison, cette chose est dite contenir une distinction virtuelle qui fonde la distinction de raison raisonnée.

Ainsi la distinction entre la justice et la miséricorde de Dieu est de raison raisonnée, car elle a un fondement dans la perfection infinie de Dieu qui comporte dans son unité et sa simplicité absolue, ces deux perfections.

Pour mieux faire ressortir la différence entre la distinction de raison raisonnante et la distinction de raison raisonnée, disons que la première ne détruit ni l'identité matérielle, —car alors la distinction serait réelle—, ni l'identité formelle de l'objet, parce que les deux concepts objectifs dont elle se sert ne sont pas essentiellement différents: les concepts de Pierre comme sujet et de Pierre comme prédicat. La seconde par contre, tout en laissant intacte l'identité matérielle de l'objet, détruit son identité formelle: les concepts de justice et de miséricorde sont des concepts formellement distincts. Donc, lorsque nous concevons Dieu comme juste et comme miséricordieux, nous l'atteignons sous des aspects formellement distincts et nous posons une distinction de raison raisonnée.

CHAPITRE II

L'UNIVERSEL

ARTICLE PREMIER

L'UNIVERSEL EN GÉNÉRAL.

62 - Notion de l'universel.— L'universel s'oppose au singulier. D'après son étymologie, il signifie ce qui dit un rapport à plusieurs choses (unum versus alia). Pris dans son sens très général, l'universel peut être tel soit par sa signification, soit par sa causalité, soit par sa possibilité d'exister dans des inférieurs et de leur être attribué comme prédicat.

L'universel par sa signification (universale in significando) est le signe universel. Exemple: un terme commun qu'on peut appliquer à plusieurs choses, comme le terme *homme*, le terme *animal*.

L'universel comme cause (universale in causando) est une cause qui peut produire plusieurs effets essentiellement distincts, ex.: Dieu.

L'universel comme prédicable (universale in essendo seu praedicando) est celui qui peut exister dans plusieurs inférieurs et qui peut leur être attribué comme prédicat. Il se définit: *une chose apte à exister dans plusieurs et à leur être attribuée comme prédicat* (unum aptum inesse pluribus et praedicari de illis).

Nous parlons ici de l'universel comme prédicable.

63 - L'UNIVERSEL MÉTAPHYSIQUE, L'UNIVERSEL LOGIQUE.— Pour comprendre la division de l'universel en métaphysique et logique, considérons une nature comme elle existe dans l'intelligence et comme elle existe dans les singuliers. C'est la même nature qui existe dans l'intelligence et dans les singuliers, mais cette nature existe dans l'intelligence *à l'état d'abstraction*, et dans les singuliers *à l'état de singularité*.

  Voici un tableau:

  Comme la nature conçue par l'intelligence est la nature qui existe dans le singulier, l'intelligence peut donc considérer la nature qu'elle a abstraite et trouver qu'elle dit *relation* aux singuliers, en tant qu'elle peut exister dans les singuliers et leur être attribuée comme prédicat.

  Dans l'universel, il faut donc considérer trois choses:

    la nature ou la chose;

    l'état d'abstraction sous lequel cette nature existe dans l'intelligence;

  la relation d'universalité que l'intelligence met entre cette nature abstraite et les singuliers.

  De là la distinction entre l'universel *métaphysique* et l'universel *logique*.

  a) *L'universel méthaphysique* (l'universel direct ou l'universel de première intention) est une nature, une chose abstraite par l'intelligence, et dénuée de son *état de singularité*: l'homme.

  L'universel méfaphysique se subdivise lui-même en universel *quant à la chose conçue*, et en universel *quant à la manière d'après laquelle la chose est conçue* (universale quoad rem conceptam et quoad modum concipiendi.)

  L'universel métaphysique quant à la chose conçue, c'est l'universel considéré en tant qu'étant une chose, une nature.

  L'universel métaphysique quant à la manière d'après laquelle la chose est conçue, c'est la chose, la nature considérée formellement comme abstraite, comme existant à l'état d'abstraction.

b) *L'universel logique* (l'universel réflexe, formel, ou l'universel de seconde intention), c'est la nature abstraite considérée formellement dans la relation d'universalité aux singuliers. C'est la nature abstraite considérée par l'intelligence *comme* apte à exister dans les singuliers et à leur être attribuée comme prédicat.

Il faut distinguer entre l'aptitude de l'universel à devenir le prédicat d'un singulier, et l'attribution actuelle de l'universel comme prédicat à un singulier. Celle-ci est l'oeuvre du jugement; celle-là est l'oeuvre de la simple appréhension qui compare l'universel et les singuliers. Elle est une relation de raison ou une intention seconde que l'intelligence pose dans l'universel métaphysique comme une propriété. Et c'est cette intention seconde qui constitue formellement l'universel logique.

L'universel métaphysique *quant à la chose conçue* existe dans les singuliers et s'identifie avec eux: Pierre est un *homme*.

L'universel métaphysique *quoad modum concipiendi*, et l'universel *logique* n'existent que dans l'intelligence. Nous traiterons de ces problèmes plus au long en Métaphysique.

64 - L'UNIVERSEL EST UN UNIVOQUE. — L'univoque se distingue de l'analogue.

Le *concept univoque* est celui qui représente plusieurs inférieurs pris un à un, sous une notion ayant une unité absolue et parfaite: le concept *homme* représente Pierre, Paul, Jean, etc. Mais il les représente en tant qu'ils ont tous la nature humaine.

Le *concept analogue* est celui qui représente plusieurs inférieurs pris un à un, sous une notion n'ayant qu'une unité de proportion ou de proportionnalité: l'animal, la nourriture, la couleur sont dits *sains*, parce que l'animal a la santé, et que la nourriture et la couleur ont une relation comme cause ou comme signe à la santé de l'animal.

L'universel est *une* chose, *une* nature (est aliquid unum). Il doit donc être attribué comme prédicat à ses inférieurs de la même manière (modo uno).

Voilà pourquoi l'universel *parfait* doit être un *univoque*.

L'analogue se dit des inférieurs d'une manière qui n'est que proportionnellement la même — modo uno secundum quid, sed simpliciter diverso. Il est donc un universel *imparfait*.

65 - LA DISTINCTION ENTRE LES DEGRÉS MÉTAPHYSIQUES. — On entend par *degrés métaphysiques* les prédicats supérieurs et inférieurs qui sont attribués essentiellement à un sujet. Ces prédicats sont appelés *degrés,* parce que l'un est plus universel que l'autre. Par suite, il y a comme un mouvement de descente et de montée dans la connaissance que nous en avons. Exemple: nous pouvons dire de Pierre qu'il est un *homme,* un *animal,* un *corps,* une *substance.*

Entre les prédicats essentiels d'un singulier, il n'existe qu'une distinction de raison, et non une distinction réelle, car ces prédicats expriment tous une seule et même nature. Pierre, par la même nature, est *homme, animal, vivant, etc.*

La distinction de raison qui existe entre les prédicats est cependant une distinction de raison raisonnée, car elle a son fondement dans la nature du singulier qui peut être conçue par des concepts *formellement distincts.*

A R T I C L E   I I

LES PRÉDICABLES.

66 - Notion et division des prédicables.— 1° L'universel logique consiste formellement dans la relation d'un prédicat universel à un sujet. Mais cette relation varie, ou revêt des modes divers selon que le prédicat universel exprime ou n'exprime pas la nature —l'essence, la quiddité— du sujet. On appelle ces modes divers, les prédicables.

Les prédicables se définissent donc: *les modes divers d'après lesquels un prédicat peut être attribué à un sujet.*

2° Les prédicables sont au nombre de cinq. Car un universel peut désigner la nature d'un sujet:

a) d'une manière complète: c'est l'*espèce*. Ex.: Pierre est un *homme;*

b) d'une manière incomplète et comme déterminable: c'est le *genre.* Ex.: Pierre est un *animal;*

c) d'une manière incomplète et comme déterminante: c'est la *différence.* Ex.: Pierre est *raisonnable;*

ou encore l'universel peut désigner quelque chose qui n'est pas la nature du sujet,

d) mais qui résulte nécessairement de la nature: c'est le *propre.* Ex.: la capacité de rire résulte nécessairement de la nature de l'être raisonnable;

e) ou qui ne résulte pas nécessairement de la nature du sujet, mais qui l'accompagne d'une manière contingente: c'est l'*accident*. Ex.: un homme est *blanc.* La blancheur ne résulte pas nécessairement de la nature humaine et ne constitue pas cette nature.

67 - Définition de chaque prédicable.— 1° *Le genre*: c'est l'universel qui peut s'affirmer de plusieurs sujets spécifiquement distincts, par mode de prédicat substantif et essentiel, exprimant incomplètement leur nature (unum aptum inesse pluribus specie differentibus et praedicari de illis in quid incomplete). Ex.: l'homme et la brute sont des *animaux.*

Dans cette définition, trois choses sont à noter:

a) L'inférieur immédiat du genre est l'espèce: il se dit de sujets spécifiquement distincts.

b) Le genre est un prédicat substantif et essentiel: par là il se distingue de la différence qui est un prédicat essentiel, mais qualificatif.

c) Le genre exprime la nature d'une manière incomplète: par là il se distingue de l'espèce.

2° *L'espèce*: c'est l'universel qui peut s'affirmer de plusieurs individus par mode de prédicat substantif et essentiel, exprimant leur essence d'une manière complète (unum aptum inesse pluribus numero differentibus et praedicari de illis in quid complete): Pierre et Paul sont des *hommes*.

L'espèce désigne donc toute la nature du sujet, et ses inférieurs immédiats sont les individus.

3° *La différence*: c'est l'universel qui peut s'affirmer de plusieurs inférieurs par mode de prédicat essentiel et qualificatif (unum aptum inesse pluribus et praedicari de illis in quale quid): Pierre et Paul sont *raisonnables*.

La différence dit rapport a) au genre qu'elle détermine; b) à l'espèce qu'elle constitue en déterminant le genre; c) aux individus à qui elle est attribuée comme une qualité essentielle.

4° *Le propre*: c'est un universel qui peut être affirmé de plusieurs sujets par mode de prédicat *qualificatif* et *nécessaire* (in quale necessario): le pouvoir de rire est une propriété de l'homme — homo est risibilis. Pour rire, en effet, il faut percevoir par l'intelligence un rapport comique, et exprimer cette perception par les traits du visage: il faut être animal raisonnable.

Le propre n'est pas la nature ou l'essence du sujet, mais il résulte nécessairement de cette essence.

5° *L'accident*: c'est un universel qui peut être ou ne pas être affirmé d'une chose sans préjudice pour l'essence de cette chose: l'homme peut être blanc et ne pas être blanc, tout en gardant sa même nature. L'accident s'affirme donc de plusieurs sujets d'une manière qualitative, et d'une manière contingente (in quale contingenter).

A R T I C L E   I I I

LES PRÉDICAMENTS.

68 - NOTION DU PRÉDICAMENT. — Nous définissons des choses par leur essence. Or les universaux qui se rapportent à l'essence sont soit le genre, soit l'espèce, soit la différence. Le logicien doit donc séparer et ordonner les genres, les espèces et les différences afin de préparer le terrain pour la définition. Cette mise en ordre des genres, espèces et différences constitue ce que nous appelons les *prédicaments* ou les *catégories*.

Le prédicament se définit donc: *la série ordonnée des genres, des espèces sous un même genre suprême.*

Considéré sous cet aspect, le prédicament est appelé *prédicament logique*, car il est l'ordination de l'universel logique, c'est-à-dire des universaux considérés dans leurs relations de supériorité et d'infériorité.

Mais si l'on considère le prédicament dans ce qu'il exprime, il signifie alors différents modes d'être de la réalité, et revêt un aspect métaphysique.

Les prédicaments métaphysiques se définissent: *les modes réels propres de l'être fini.* En Logique, nous traiterons brièvement des prédicaments. Nous en reparlerons dans la Philosophie naturelle et dans la Métaphysique.

Pour qu'un universel puisse entrer sous un prédicament, il doit être un prédicat *univoque,*— l'analogue n'exprime pas une nature unique —, représentant:

un *être réel*: l'être de raison n'a qu'une nature fictive et n'a pas de genres et d'espèces au sens propre;

une seule essence (unum per se): le terme complexe *homme blanc* signifie deux natures ou essences: la nature humaine et la nature du blanc, et sous ces deux aspects il entre sous des prédicaments distincts;

un *être fini*: l'être infini comme Dieu n'a pas d'espèce ou de genre.

69 - LE NOMBRE DE PRÉDICAMENTS. — Puisque les prédicaments sont les séries ordonnées des genres et des espèces sous un même genre suprême, il y a autant de prédicaments que de genres suprêmes.

On peut trouver les genres suprêmes en partant du concept le plus général qui soit, le concept d'être.

L'être n'est pas un genre, car il est analogue. Il se divise immédiatement en substance et en accident. La substance est un univoque et par suite un genre suprême. L'accident est un analogue et n'est pas un genre; mais il se divise immédiatement en neuf genres suprêmes: la quantité, la qualité, la relation, l'action, la passion, l'ubi, le quando, le site, l'habit. Il y a donc dix prédicaments.

Un distique permet de les graver plus facilement dans la mémoire:

Substance	quantité	relation	qualité	action
Arbor	sex	servos	ardore	refrigerat

passion	ubi	quando	situs	habitus
ustos.	Ruri	cras	stabo	sed tunicatus ero

70 - LA NOTION DE CHAQUE PRÉDICAMENT. — 1° *La substance*: le mot *substance* peut signifier l'essence ou la quiddité d'une chose. Pris en ce sens, il s'étend à tous les prédicaments, car toute entité a son essence.

Le mot *substance* s'oppose au mot *accident*: sous cet aspect, il désigne un genre suprême spécial.

La substance comme genre suprême se définit: *un être existant en soi*, ou encore: *une chose ou une quiddité à qui il appartient d'exister en soi et non dans un autre comme dans son sujet d'inhérence*, ex.: l'homme, Pierre.

L'accident prédicamental: *c'est un être existant dans un autre (ens in alio)*, ou encore *une chose ou une quiddité à qui il appartient d'exister dans un autre comme dans son sujet d'inhérence*, ex.: la couleur, la quantité.

Le sujet d'inhérence est le sujet qui, ayant son existence propre, soutient une autre entité: l'homme est le sujet d'inhérence de la couleur.

Si une entité existe dans une autre entité pour constituer avec elle une nature, elle est dite exister dans un sujet d'adhérence: l'âme de la brute existe dans la matière comme dans son sujet d'adhérence.

Notons la distinction entre *l'accident prédicable* et *l'accident prédicamental.*

L'accident prédicable est la relation de raison qui existe entre un prédicat universel et son sujet, en tant que cette relation est contingente et non nécessaire. L'accident prédicable est donc un être de raison, et s'oppose au propre.

L'accident prédicamental est le concept d'un être réel, ou encore c'est un être réel, si on considère l'accident prédicamental au point de vue de ce qu'il exprime. Il s'oppose à la substance, et non pas au propre.

2° *La quantité*: c'est un accident qui étend la substance en parties.

3° *La qualité*: c'est un accident qui modifie ou détermine la substance en elle-même, ex.: la santé, la vertu, le vice.

a) Comme *accident modifiant* la substance, la qualité se distingue de la quantité qui ne modifie pas la substance, mais l'étend en parties; b) et comme accident modifiant la substance *en elle-même*, elle se distingue des autres accidents, la relation, l'action, la passion, etc., qui déterminent le sujet par rapport à quelque chose d'extérieur.

4° *La relation*: elle dit *rapport, ordre*. Elle est *ce qui est pour quel-que* chose.

La relation peut être *transcendantale*. Elle se définit alors: *l'entité même d'une chose absolue selon qu'elle dit rapport à une autre chose*: l'âme dit un ordre transcendantal au corps, l'accident à la substance, la matière à la forme, la forme à la matière. Sous cet aspect, la relation n'est pas un genre suprême, mais elle dépasse tous les genres, car elle se trouve en réalité dans tous les genres.

Comme *genre suprême spécial* ou comme *prédicament*, la relation se définit: *un accident réel qui consiste formellement dans un pur rapport*, ex.: la paternité, la filiation.

5° *L'action* se définit d'une manière générale: *l'acte second d'une puissance active.*

Prise dans son sens général, l'action ou l'opération se divise en opération immanente et en action transitive.

L'opération immanente, encore appelée opération *métaphysique*, est celle qui de sa nature n'est pas ordonnée à produire un terme, mais qui, comme acte second, n'est ordonnée qu'à perfectionner l'agent, comme l'opération de connaître ou de vouloir. L'intellection, par exemple, de sa nature ne comporte pas une production d'un terme, mais elle est une contemplation d'un objet. Elle *dispose* le sujet, et voilà pourquoi l'opération immanente est une *qualité*. Elle entre sous le prédicament *qualité*.

L'action transitive constitue un genre suprême spécial, et est dite l'action prédicamentale. Elle se définit: *l'action, ou l'acte second d'un agent, qui de sa nature est ordonnée à la production d'un terme ou d'un effet*, ex.: construire une maison

6° *La passion*: c'est l'acte second de la puissance passive, ou encore *l'accident par lequel le sujet est constitué comme recevant actuellement l'effet imprimé par l'agent*: être construit. La passion répond donc à l'action.

7° *L'«ubi» ou «l'où»*: c'est l'accident par lequel une chose est dans un lieu, ou encore *l'accident par lequel une chose est déterminée à être dans un lieu plutôt que dans un autre*. Le corps en effet de soi est indifférent à tel lieu plutôt qu'à tel autre. Donc, pour être dans tel lieu, il a besoin d'une détermination accidentelle appelée *l'ubi*.

8° *Le «quando»* (le quand): *un accident résultant dans les choses de ce qu'elles sont mesurées par un temps plutôt que par un autre*. À noter que le *quando* n'est pas le temps, pas plus que *l'ubi* n'est le lieu.

9° *Le site ou la situation* est la disposition des parties dans un lieu. Le site se distingue donc de *l'ubi*, parce que celui-ci fait abstraction de la disposition des parties dans le lieu, tandis que celui-là la signifie formellement: un homme dans un même lieu peut avoir des situations différentes; il peut être *assis, debout, couché*.

10° *L'habitus* (l'habit) se définit: *un accident résultant dans un sujet de la manière dont il est couvert*. Il résulte, comme une détermination, du vêtement, des armes. Il n'est donc ni le vêtement, ni l'arme.

71 - L'ARBRE DE PORPHYRE. — Chacun des dix genres suprêmes se divise et se subdivise en genres inférieurs jusqu'à l'espèce et l'individu. Nous aurons l'occasion d'étudier ces divisions et subdivisions, au moins pour les principaux genres suprêmes, dans la Philosophie de l'être réel. Qu'il nous suffise ici d'énumérer la série du genre substance. Cette série est appelée l'arbre de Porphyre, du nom du logicien qui l'a proposée.

<pre>
                        Substance
  matérielle   immatérielle (ange)
                  corps
  animé   inanimé (inorganique)
                  vivant
  sensitif   non sensitif (plante)
                  animal
  raisonnable   irraisonnable (brute)
                  homme
</pre>

Pierrre - Paul, etc.

En considérant l'arbre de Porphyre, on peut facilement saisir les distinctions suivantes:

Le genre suprême est celui qui n'a aucun autre genre au-dessus de lui, comme la *substance*.

Le genre infime est celui qui n'a aucun autre genre au-dessous de lui, comme l'*animal*.

Le genre subalterne est celui qui tient le milieu entre l'*infime* et le *suprême*: corps, vivant.

L'espèce suprême est celle qui est placée immédiatement après le *genre suprême*: corps.

L'espèce infime est celle qui n'a aucune espèce au-dessous d'elle: homme.

L'espèce subalterne est celle qui tient le milieu entre l'espèce *infime* et l'espèce *suprême*: *animal* par rapport à *vivant* et *homme*.

Notez: le genre subalterne est genre par rapport à ses inférieurs et espèce par rapport à ses supérieurs: *animal* est espèce par rapport à *vivant*, et genre par rapport à *homme*.

La différence suprême est celle qui n'a aucune différence au-dessus d'elle: *matérielle* et *immatérielle* par rapport à la substance.

La différence infime ou *ultime* est celle qui n'a aucune différence au-dessous d'elle: *la rationalité.*

La différence subalterne ou *moyenne* est celle qui est intermédiaire entre la *suprême* et *l'infime: sensitif.*

LA RECHERCHE DE LA DÉFINITION.

72 - LA RECHERCHE DE LA DÉFINITION.— Nous avons dit que la connaissance des prédicaments est ordonnée à la définition.

La définition, puisqu'elle est un mode de connaître, nous fait passer d'une notion obscure à une notion claire et distincte d'une chose.

Posons les distinctions nécessaires.

Un concept obscur est celui qui représente une essence d'une manière très générale, de telle sorte qu'il ne fasse pas distinguer une essence des autres essences: si nous concevons par exemple l'homme comme *substance*.

Un concept clair est celui qui permet de distinguer une chose des autres choses.

Le concept clair peut être *distinct* (essentiel) ou *confus* (non essentiel).

Le concept distinct est celui qui représente les prédicats essentiels (genre infime et différence ultime) d'une chose: lorsque nous concevons l'homme comme un animal raisonnable.

Le concept confus est celui qui décrit une chose par ses propriétés, l'ensemble de ses accidents, ou encore par ses causes extrinsèques; ex.: l'homme est animal *bipède*.

La définition essentielle nous fait donc passer du concept obscur ou encore du concept confus d'une chose à un concept distinct.

Aristote indique deux méthodes ou deux voies pour trouver la définition essentielle: la voie descendante et la voie ascendante.

1) *La voie descendante:*

a) Au moyen de la notion obscure ou confuse qu'on possède d'une chose, on cherche son genre suprême.

b) On procède ensuite en divisant le genre suprême.

Cette division doit être

formelle, et non accidentelle;

immédiate et ordonnée; elle doit passer du genre suprême à ses différences immédiates, et descendre jusqu'à l'espèce infime sans omettre l'ordre des espèces ou genres subalternes.

(Voir comme exemple l'arbre de Porphyre).

2)   *La voie ascendante:*

a)   Par la notion nominale, on détermine l'objet à définir.

b)   On examine ensuite les sujets qui répondent à cette définition nominale, et l'on cherche leurs notes dominantes.

Ainsi, si je veux définir l'homme, je trouve dans Pierre, Paul et Jean, plusieurs notes qui leur sont communes: la liberté, la capacité de recevoir un enseignement, la faculté de discourir ou de connaître une nouvelle vérité au moyen d'une vérité connue. C'est cette dernière caractéristique — la rationalité — qui explique les autres notes.

c)   On examine ensuite une classe d'êtres qui selon le sens commun est très rapprochée de la classe des êtres que nous cherchons à définir, et, par le même procédé, on recherche sa note dominante ou sa caractéristique. Par rapport à l'homme par exemple, on considérera le singe que les Matérialistes appellent l'ancêtre de l'homme. Et la note dominante du singe, c'est son aptitude à l'imitation.

d)   On cherche enfin si les notes dominantes des deux classes d'êtres se rattachent de par leurs notions mêmes — par un lien purement intelligible — à une même nature. *Dans l'affirmative,* ces deux classes d'êtres ont la même nature spécifique, et nous avons atteint la différence spécifique que nous cherchions. *Dans la négative,* ces deux classes d'êtres ont des natures spécifiquement distinctes, et nous avons les notions des deux différences spécifiques.

Il restera alors à chercher si les notes communes à ces deux classes d'êtres se ramènent à la même nature, toujours en vertu de leurs notions mêmes. Et l'on trouvera ainsi la nature générique commune à ces deux classes d'êtres.

Chez l'homme par exemple, la capacité de passer par le discours d'une vérité connue à une autre vérité suppose nécessairement *une nature raisonnable.* C'est là sa différence spécifique. L'aptitude à l'imitation chez le singe ne présuppose pas une nature raisonnable. Il est donc irraisonnable. Par ailleurs l'homme et le singe ont en commun la *sensation.* Ils sont donc tous deux des animaux (nature générique).

L'homme est donc un *animal raisonnable.*

Le singe est un *animal irraisonnable.*

A noter que si l'on dit: le singe est un animal irraisonnable *qui imite*, on n'indique pas, par la dernière détermination, une *différence spécifique*. Pourquoi? C'est parce que la capacité d'imiter ne manifeste pas dans l'ordre *de pure intelligibilité* une nature spécifique distincte. Pour imiter, il suffit d'avoir une vie sensitive un peu développée: il suffit d'être *animal*. En disant que le singe est un animal qui *imite*, nous demeurons dans le domaine de la définition descriptive. Et c'est ce qui arrive toujours dans toutes les sciences autres que la Philosophie.

CHAPITRE III

LA DÉMONSTRATION

Art. I. La démonstration.

Art. II. L'effet de la démonstration ou la science.

ARTICLE PREMIER

LA DÉMONSTRATION.

73 - NOTION DE LA DÉMONSTRATION.— La démonstration, considérée par rapport à son effet ou sa fin, se définit: *un syllogisme qui engendre la science ou qui fait savoir.*

a) Comme syllogisme, la démonstration se distingue de l'induction.

b) Parce qu'elle engendre la science, c'est-à-dire la connaissance certaine et évidente de la conclusion, la démonstration se distingue du syllogisme sophistique qui engendre l'erreur, et du syllogisme probable qui engendre l'opinion.

Essentiellement, par rapport à la matière qui la compose, la démonstration se définit: *un syllogisme composé de prémisses nécessairement et évidemment vraies.* Il faut en effet que les prémisses d'une démonstration soit nécessairement et évidemment vraies pour que la conclusion puisse être elle-même évidente et absolument certaine.

La définition qu'Aristote donne de la démonstration est plus détaillée et plus complète: c'est un syllogisme composé de prémisses vraies, premières, immédiates, antérieures, plus connues, et qui sont causes de la conclusion. Les trois premières épithètes: vraies, premières, immédiates, concernent les prémisses prises en elles-mêmes; les trois dernières: antérieures, plus connues, causes concernent les prémisses dans leur comparaison avec la conclusion et avec d'autres propositions.

Les prémisses doivent être:

a) **vraies**: car la vérité ne se prouve pas par le faux:

b) **premières et immédiates**: les prémisses doivent être des **propositions connues par elles-mêmes** (voir plus bas). Une proposition connue par elle-même est **immédiate**, parce qu'elle n'est pas démontrée par un **moyen terme**; elle est **première**, parce qu'elle jouit d'une certaine primauté à l'égard des propositions qu'elle peut démontrer;

c) **antérieures, plus connues et causes de la conclusion**: les prémisses font connaître la conclusion. Elles **causent** donc la conclusion, et pour cette raison elles doivent être antérieures à la conclusion, — toute cause est antérieure à l'effet —, et **plus connues**.

74 - Division de la démonstration.— 1° La démonstration se divise d'abord en *démonstration du pourquoi* (demonstratio propter quid) et *démonstration de la simple existence de la vérité* (demonstratio quia).

La démonstration du pourquoi (propter quid) est celle qui donne la cause propre et immédiate d'une chose pour la prouver. Elle désigne ce *pour quoi* le prédicat de la conclusion s'accorde avec le sujet.

La démonstration de la simple existence de la vérité (quia) est celle qui prouve l'accord du prédicat de la conclusion avec le sujet, sans cependant en donner la cause propre: elle donne simplement une raison qui *indique que* le prédicat convient au sujet; cette raison peut être soit une cause éloignée, soit un effet par rapport à une cause, etc.

2°   La démonstration est encore dite *à priori* ou *à posteriori*.

La démonstration à priori est celle qui va des causes aux effets, de l'essence aux propriétés.

La démonstration à posteriori est celle qui va des effets aux causes, des propriétés à l'essence.

La démonstration *du pourquoi* (*propter quid*) est toujours *à priori;* la démonstration *de la simple existence de la vérité* (*quia*) peut être soit *à priori*, soit *à posteriori*.

3°   Enfin la démonstration est soit *directe*, soit *indirecte*.

La démonstration directe ou *ostensive* fait voir positivement la vérité d'une conclusion.

La démonstration indirecte est celle qui fait voir la vérité d'une conclusion par les absurdités qui résulteraient de la négation de cette conclusion. Elle a le plus souvent la forme conditionnelle.

Exemples:

Une démonstration *du pourquoi* (*propter quid*) qui est en même temps
    à priori et *directe.*

    Tout être immuable est éternel.

    Or Dieu est immuable.

    Donc Dieu est éternel.

Une démonstration *quia* et *à posteriori.*

    Tout animal qui peut recevoir un enseignement, est raisonnable.

    Or l'homme est un animal qui peut recevoir un enseignement.

    Donc l'homme est raisonnable.

Une démonstration *indirecte.*

    Si l'âme n'est pas immortelle, Dieu est injuste.

    Or Dieu n'est pas injuste.

    Donc l'âme est immortelle.

75 - LES CONNAISSANCES QUE PRÉSUPPOSE LA DÉMONSTRATION.— Parce qu'elle
infère une conclusion de principes, la démonstration présuppose la
connaissance de ces principes. Or ces principes sont des propositions
qui se composent d'un sujet et d'un prédicat. Et par là nous pouvons
établir le nombre de connaissances présupposées à la démonstration.

1° Pour démontrer, il faut d'abord savoir que les principes — ou
prémisses — sont vrais.

2° Et comme la démonstration *du pourquoi* prouve qu'une propriété
convient à un sujet, en s'appuyant sur l'essence de ce sujet, elle présuppose donc la connaissance de la quiddité du sujet — quid sit —
c'est-à- dire la définition essentielle du sujet. Et comme on ne peut définir un sujet dans sa quiddité sans en même temps connaître qu'il est
possible, *à fortiori* la démonstration *du pourquoi* présuppose qu'on con-
naisse si le sujet exprime une nature possible (de subjecto oportet
præcognoscere *quid sit* et *an sit* saltem possibile). Dans la démonstration quia, il suffit de connaître la définition nominale du sujet et
sa possibilité, car, dans une telle démonstration, l'essence du sujet ne
joue pas le rôle de moyen terme.

Quant au prédicat, il suffit de connaitre sa définition nominale.
Car la démonstration *du pourquoi* conclut en prouvant que la chose exprimée par le prédicat est, dans sa quiddité, une propriété du sujet.

Elle ne présuppose donc pas la connaissance quidditative de ce prédicat. Elle conduit à cette connaissance quidditative.

- **LES PROPOSITIONS CONNUES PAR ELLES-MÊMES.** — La démonstration présuppose nécessairement l'existence de propositions connues par elles-mêmes, car autrement la démonstration n'aurait jamais un point de départ fixe. Elle présupposerait toujours une autre démonstration, et ce serait la ruine de toute certitude.

1° *La proposition connue par elle-même (per se nota)* est celle où le lien entre le prédicat et le sujet n'est pas manifesté par un moyen terme: *un tout est plus grand que sa partie.* En d'autres mots, dans la proposition connue par elle-même, le lien entre les deux termes,— le sujet et le prédicat —, est manifesté immédiatement par la seule notion des termes.

La proposition suivante: **Paul est malade,** n'est pas une proposition connue par elle-même, bien qu'elle soit une proposition immédiate. Car le lien entre le prédicat et le sujet de cette proposition n'est pas connu par leurs seules notions, mais par l'**expérience.** Toute proposition immédiate n'est donc pas une proposition connue par elle-même, bien que toute proposition connue par elle-même soit immédiate.

Dans la proposition connue par elle-même, le prédicat s'accorde par lui-même avec le sujet. Mais pour comprendre ces derniers mots, il est bon de savoir que, comme le dit Aristote, une chose peut se rapporter par elle-même à une autre, de quatre manières:

a) La définition ou une partie de la définition se disent par elles-mêmes du défini.

b) La première propriété se dit par **elle-même** du sujet. Par exemple, une substance spirituelle a par elle-même l'intelligence, mais elle n'a pas par elle-même la volonté, puisque la volonté suit l'intelligence et est une propriété seconde.

c) La substance a l'existence par elle-même.

d) La cause a par elle-même sa propre opération: le **chanteur chante.**

Toute proposition dont le prédicat exprime la définition essentielle du sujet est une proposition connue par elle-même.

Toute proposition dont le prédicat exprime une première propriété du sujet est connue par elle-même, si le sujet est défini essentiellement.

Par exemple: **tout animal raisonnable a la capacité de rire.**

Si le sujet n'est pas défini essentiellement, la proposition n'est pas connue par elle-même, car alors on peut prouver que le prédicat appartient au sujet en se servant de la définition essentielle du sujet, comme d'un moyen terme. Par exemple: **l'homme a la capacité de rire, parce qu'il est un animal raisonnable.**

La substance a l'existence par elle-même, en tant que singulière: on est donc ici dans la ligne de l'existence et non pas dans la ligne du prédicat.

De même la cause a par elle-même son opération propre dans la ligne de la causalité. Mais, si l'on se place dans la ligne du prédicat, l'opération propre est comme la propriété du sujet. Alors on retombe dans la deuxième manière de rapporter un prédicat à un sujet. Et l'on peut avoir sous cet aspect une proposition connue par elle-même.

2° La proposition est connue par elle-même *quant à elle seulement* ou *par rapport à nous* (nota per se quoad se vel quoad nos).

La proposition connue par elle-même quant à elle seulement est celle dont le prédicat exprime l'essence du sujet ou une propriété première du sujet, sans que nous puissions le percevoir par la notion même des termes.

La proposition connue quant à elle et pour nous est celle dont les termes nous révèlent le lien essentiel qui existe entre le prédicat et le sujet.

Dieu est, voilà une proposition connue par elle-même, car l'existence divine s'identifie à l'essence divine; cependant elle n'est point connue par elle-même pour nous, car nous ne connaissons pas assez clairement l'essence de Dieu pour savoir immédiatement qu'elle s'identifie à son existence; mais cette proposition: *le tout est plus grand que sa partie*, est connue par elle-même pour nous, parce que, par la notion que nous avons du tout, nous voyons immédiatement que le tout excède sa partie.

3° La proposition connue par elle-même *pour nous,* se subdivise en proposition *connue pour les savants seulement,* et en proposition *connue pour tous.*

La proposition connue par elle-même pour tous est celle dont le sujet et le prédicat sont exprimés par des termes qui révèlent immédiatement à tous leur connexion essentielle, parce que ces termes sont très généraux et par suite très connus: *le tout est plus grand que sa partie.*

La proposition connue par elle-même pour les savants seulement est celle dont le sujet et le prédicat sont exprimés par des termes qui révèlent leur connexion immédiate et essentielle, mais qui comme tels ne sont connus que par des spécialistes en telle ou telle science. Exemple: *toute substance corporelle est composée de matière première et de forme substantielle.* Le prédicat de cette proposition exprime l'essence de la substance corporelle. Cette proposition est donc connue par elle-même, non pas pour tous, mais seulement pour les *savants* qui ont une notion suffisante de la substance corporelle et de la composition de matière première et de forme substantielle.

77 - La démonstration circulaire.— On appelle *cercle* dans une démonstration le mouvement à partir des principes vers les conclusions, et le retour aux principes à partir des conclusions.

Le mouvement circulaire de la démonstration peut être *uniforme* et *difforme.*

Le mouvement circulaire uniforme est le retour aux principes à partir des conclusions comme connues par les principes. Ce mouvement circulaire est illégitime, parce qu'il prouve la conclusion par les principes, et les principes par la conclusion. Serait, par exemple, illégitime la démonstration qui, après avoir prouvé que l'homme a la capacité de rire *comme propriété* parce qu'il est un animal raisonnable, établirait ensuite que l'homme est un animal raisonnable parce que *sa propriété* est d'être capable de rire.

Le mouvement circulaire difforme est le retour aux principes à partir des conclusions, mais non comme connues par les principes.

La démonstration circulaire difforme est légitime, parce qu'elle procède des principes aux conclusions et des conclusions aux principes par des voies diverses. Elle est d'un usage fréquent en Philosophie. Nous pouvons, par exemple, prouver à partir de l'ordre du monde que Dieu est son ordonnateur intelligent. Mais lorsque nous avons montré que Dieu est un acte pur et est l'Intelligence subsistante, nous pouvons redescendre vers la création et conclure que le monde, qui est son oeuvre, doit être ordonné.

La connaissance circulaire est d'un emploi régulier. Nous nous en servons sans le remarquer. Ainsi nous pouvons, à partir de la capacité de rire qui nous apparaît par l'expérience comme une note commune à tous les hommes, arriver à définir l'homme: un animal raisonnable. Mais une fois que nous avons défini l'homme un animal raisonnable, nous pouvons conclure que la capacité de rire est une propriété de l'homme: car qui dit animal raisonnable, dit un être capable de rire.

ARTICLE II

LA SCIENCE.

78 - NOTION DE LA SCIENCE.— La science peut être considérée comme ensemble systématique, comme opération et comme vertu —ou habitus— intellectuelle.

a) La science comme ensemble systématique est ce complexe logique de concepts constituant les définitions, les divisions, les argumentations se rapportant à une même matière scientifique. Exemple: la métaphysique.

b) Comme opération, la science se définit: *une connaissance (actuelle) certaine d'une chose par ses causes*, que ce soient les causes dans l'ordre de l'être (comme dans la démonstration du pourquoi) ou les causes dans l'ordre de connaître seulement (comme dans la démonstration quia). L'acte de science présuppose donc des prémisses certaines et requiert que le lien entre les prémisses et la conclusion soit nécessaire et infaillible.

c) Comme vertu intellectuelle,— comme qualité ou habitus —, la science est *une vertu de l'intelligence qui a pour objet des conclusions connues au moyen de propositions universelles, nécessaires et immédiates.*

79 - LA SCIENCE ET LES AUTRES QUALITÉS INTELLECTUELLES.— Pour mieux saisir la nature de la science comme vertu, comparons-la aux autres qualités intellectuelles.

Aristote énumère cinq qualités intellectuelles qui disposent *toujours* l'intelligence au vrai; et deux qualités qui la disposent au vrai et au faux.

Les cinq premières sont: l'art, la prudence, la science, *l'intelligence* et la sagesse.

Les deux dernières, dont nous ne nous occupons pas ici, sont: l'opinion et la foi humaine.

L'art et la prudence ordonnent l'intelligence à la vérité pratique. Nous en parlerons plus tard.

L'intelligence, c'est *l'habitus* des principes spéculatifs, ou encore la qualité spéciale par laquelle l'homme connaît naturellement les principes indémontrables dans l'ordre spéculatif. Il ne s'agit évidemment pas ici de l'intelligence comme *faculté*. A distinguer de l'intelligence, la *syndérèse* qui est l'habitus des principes pratiques, et l'*habitus* des principes probables.

La science au sens strict, c'est la qualité de l'intelligence - faculté, qui a pour objet les conclusions déduites des principes indémontrables dans un ordre donné. Exemple: la Philosophie de la nature. La science présuppose donc l'intelligence comme *habitus*, si elle est spéculative, ou *la syndérèse*, si elle est pratique.

La sagesse, c'est la qualité de l'intelligence-faculté qui a pour objet les choses connues par les causes absolument premières et les principes absolument premiers. La Métaphysique est une sagesse.

La sagesse, parce qu'elle procède des principes les plus universels, doit par un mouvement de réflexion revenir sur ses principes et sur les principes des autres sciences, non pas pour les prouver,— car ces principes sont indémontrables —, mais pour les expliquer et les défendre.

On comprend ainsi les distinctions suivantes:

Si l'on prend la science au sens générique, comme connaissance discursive, la sagesse est une science, car elle prouve par des principes indémontrables.

Si l'on prend la science au sens strict, comme connaissance qui déduit des conclusions à partir de principes indémontrables mais non absolument premiers — comme le sont, par exemple, les principes de l'être en tant que mobile—, la sagesse se distingue alors de la science. Elle ajoute à celle-ci en donnant une connaissance par les principes absolument premiers.

Et sous cet aspect elle inclut d'une manière éminente la science prise au sens strict.

Elle contient aussi éminemment l'intelligence, car en défendant et expliquant les premiers principes, elle comporte une adhésion plus ferme à ces principes.

80 - **LA SCIENCE PRATIQUE ET LA SCIENCE SPÉCULATIVE.**— La science humaine est dite pratique ou spéculative d'après sa fin.

La science spéculative est celle qui a comme fin la contemplation de la vérité. La science pratique est celle qui ordonne la connaissance de la vérité à l'action, à la *praxis*: la philosophie morale.

Les sciences pratiques sont spécifiées par leurs fins. Voilà pourquoi nous avons trois sciences pratiques essentiellement distinctes:

l'*Ethique individuelle*, qui considère la fin de l'homme comme individu;

l'*Ethique familiale*, qui traite de la famille;

la *Politique*, appelée Morale ou Ethique Sociale.

Notons brièvement que la science pratique n'est pas comme science une vertu intellectuelle parfaite. Elle se rapporte plutôt à la prudence. La prudence est une vertu qui existe dans la raison, mais elle requiert la rectification de la volonté ou de l'appétit en général par rapport aux fins de l'agir. La science pratique, c'est la prudence sans cette rectification de l'appétit, c'est la prudence selon qu'elle est dans la raison seulement. (Ethica ad Nicomachum, Liber VI, lectio VII s. Thomae, n. 1200).

81 - LA SPÉCIFICATION ET LA DIVISION DE LA SCIENCE SPÉCULATIVE.— 1° a) On prend ici la science dans son sens générique, et non pas dans son sens strict, en tant qu'elle se distingue de la sagesse.

b) Une science a pour objet des choses (objet matériel) qui sont telles (objet formel *quod*), et qui sont connaissables de telle manière (objet formel *quo*).

L'objet matériel d'une science est donc constitué par toutes les choses que cette science considère.

L'objet formel *quod* est cet aspect de l'objet matériel *que* (ratio quae) la science atteint tout d'abord. Nous disons par exemple que l'objet formel *quod* de la vue, c'est le coloré, parce que la vue connaît les choses en tant que colorées.

L'objet formel *quo* est cette formalité dernière sous laquelle (ratio sub qua) une science atteint les choses, formalité qui adapte les choses à la connaissance ou les rend connaissables.

c) Comme la science est une vertu intellectuelle et que l'intelligence est une faculté immatérielle, ce qui adaptera les choses à la connaissance, ou ce qui rendra les choses connaissables, ce sera l'immatérialité.

Disons donc que l'*objet formel quo* d'une science est le degré d'immatérialité sous lequel elle atteint ses objets, et que ce degré d' imma-

térialité, ou cet objet formel *quo,* est ce qui spécifie une science: c'est en effet ce qui rend les objets connaissables de telle manière plutôt que de telle autre.

2° Il faut maintenant chercher quels peuvent être les divers degrés d'immatérialité d'un objet.

Qui dit immatérialité dit *abstraction* de la matière.

L'abstraction elle-même est une certaine séparation, et peut être soit *totale,* soit *formelle.*

On appelle *abstraction totale* celle par laquelle l'universel est abstrait de ses inférieurs, le commun des individus.

On appelle *abstraction formelle* celle par laquelle un objet est purifié de la matière.

Par l'abstraction formelle, un objet est situé sur le plan de la pure intelligibilité; par l'abstraction totale, il devient plus universel, mais il n'est pas plus intelligible. Exemples: si nous disons: *l'homme est mortel,* parce que nous saisissons la nature de l'homme et que nous savons qu'elle inclut une composition de matière et de forme en vertu de laquelle elle exige la corruptibilité, nous avons fait une abstraction formelle. Si au contraire nous disons que l'homme est mortel, uniquement par induction,— parce que nous savons par expérience que tous les hommes meurent —, nous n'avons qu'une abstraction totale. Nous n'avons pas en effet placé notre objet sur le plan de la pure intelligibilité, où nous voyons le lien nécessaire entre la notion du sujet et la notion du prédicat.

Nous pouvons apporter un autre exemple plus frappant d'abstraction totale. Nous disons que l'Africain est noir. Le concept-sujet: Africain ne désigne pas une nature intelligible qui fait abstraction complètement de la matière individuelle. Au contraire l'Africain est noir, non pas en vertu d'une nature, mais en vertu de la matière singulière. C'est comme individu, c'est en vertu d'une modification de sa matière individuelle que chacun des Africains est noir. Le concept d'Africain, bien qu'universel, représente donc ce qui a rapport aux individus qu'il représente, en tant qu'individus. Il contient de la matière singulière, et n'est universel que par abstraction totale.

Notons de plus que l'abstraction totale peut jouer à l'intérieur même de l'abstraction formelle. Les concepts **homme et animal,** sont au même degré d'abstraction formelle, comme nous allons le voir à l'instant. Le concept: **animal** est cependant plus universel par abstraction totale que le concept **homme.** L'animal est le genre, tandis que l'homme est l'espèce.

L'abstraction formelle a trois degrés:

Le premier degré est celui où l'objet est purifié de la manière individuelle, mais non pas de toute matière sensible: l'homme, l'animal, la brute sont des composés d'os et de chair, mais leurs concepts ne disent pas ces os et cette chair.

Le second degré est celui où l'objet fait abstraction de la matière tant individuelle que sensible, mais non pas de toute matière: la quantité considérée non pas en tant qu'existant dans un être sensible, maiś considérée abstraitement en tant que disant des relations de proportion et de mesure. Lorsqu'on considère la quantité abstraite, on omet tout ce qui peut la rendre sensible, comme la couleur, le mouvement, la résistance, etc.

Le troisième degré est celui où l'objet est dénué ou fait abstraction de toute matière: Dieu, l'ange, l'être en tant qu'être, le vrai, le bon, la substance.

3° Par l'abstraction formelle, l'objet est rendu connaissable ou immatériel. Mais le degré d'immatérialité peut encore varier dans un seul et même degré d'abstraction formelle: la Théologie surnaturelle atteint Dieu d'une manière plus immatérielle que la Métaphysique. Celle-ci l'atteint à la lumière des principes naturels de la raison, celle-là l'atteint à la lumière plus élevée de la Révélation divine.

Disons donc que les trois degrés d'abstraction formelle ne sont *que des points de départ* qui nous donnent les degrés génériques d'immatérialité de l'objet; mais que les degrés spécifiques d'immatérialité, ceux qui en dernier lieu spécifient les sciences, sont les degrés d'immatérialité que l'intelligence atteint *à son point d'arrivée*, et qui peuvent varier à l'intérieur d'un même degré générique d'abstraction formelle.

Voyons quels sont ces degrés spécifiques d'immatérialité.

Dans le troisième degré d'abstraction, nous avons une double immatérialité: l'immatérialité positive de l'être réel, et l'immatérialité *négative* de l'être de raison qui est seconde intention. Nous avons donc deux sciences spécifiquement distinctes: la *Métaphysique* qui traite de l'être réel, et la *Logique* qui traite de la seconde intention.

Dans le second degré d'abstraction, les Anciens mettaient la Mathématique. Et ils ajoutaient qu'il y avait à ce degré une double immatérialité spécifiquement distincte: l'immatérialité de la quantité discontinue, objet de l'Arithmétique, et l'immatérialité de la quantité continue, objet de la Géométrie.

L'objet de la Mathématique a plus d'extension chez les Modernes que chez les Anciens. Mais chaque fois qu'en Mathématique on traite de la quantité abstraite, on demeure au second degré d'abstraction et sur un plan purement logique, semble-t-il.

Dans le premier degré d'abstraction, nous n'avons, semble-t-il, que l'immatérialité de l'être spatio-temporel en tant qu'objet de la Philosophie de la nature.

Il n'y a donc que trois sciences spéculatives philosophiques:

      la Logique;

      la Métaphysique;

      la Philosophie naturelle.

82 - LA PHYSIQUE MODERNE.— Nous entendons par Physique moderne toutes les sciences dites expérimentales, comme la Physique, la Chimie, l'Astronomie, les Sciences naturelles, la Biologie, la Psychologie expérimentale, etc.

Certains scolastiques prétendent que l'objet de la Physique se situe au premier degré d'abstraction formelle. Il faut dire au contraire que l'objet de la Physique moderne est un universel qui demeure dans l'abstraction totale. La Physique, en effet, n'abstrait pas des natures purement intelligibles. Son objet n'est pas situé sur le plan de pure intelligibilité où il se manifeste à l'intelligence dans une connexion nécessaire de termes.

Voilà pourquoi la Physique moderne ne réalise pas le type pur de science qui se définit: *la connaissance certaine par les causes.*

La Physique moderne n'est pas une connaissance par les causes dans l'ordre de l'être (per causas in essendo) . Son objet est *le mesurable*, comme le montrent avec évidence les instruments de mesure dont elle se sert. Elle ne déchiffre pas la constitution ontologique de l'être pour le rattacher à ses causes propres. Elle considère tout à un point de vue *métrique*.

Même dans l'ordre du connaître (per causas in cognoscendo), la Physique moderne n'est pas une connaissance *certaine* par les causes.

Les principes dont elle se sert *causent* ses conclusions, mais non d'une manière absolument certaine,

premièrement, parce que ces principes ne sont pas absolument certains, mais contiennent toujours une marge de probabilité: ils ne sont pas connus immédiatement par la simple connexion des termes; en d'autres mots, le mouvement discursif de la Physique ne part pas de *l'habitus* des principes absolument certains appelé *l'intelligence*, mais de principes probables;

deuxièmement, parce que le mouvement discursif de la Physique qui est inductif *suffit* pour inférer la conclusion, mais ne l'infère pas comme une vérité absolue (n. 52).

83 - LES MODES DE CONCEPTUALISER DANS LES DIVERSES SCIENCES.— Les objets des sciences, parce qu'ils sont immatériels à des degrés divers, sont connaissables de manières différentes. Voilà pourquoi le mode de *conceptualiser* et de définir est différent dans chaque science: un objet dont le concept comporte la matière individuelle ne peut être défini comme un objet dont le concept fait abstraction de cette matière. Notons donc une fois pour toutes que les différentes sciences, en se servant parfois des mêmes mots, ne signifient pas le même objet. Les mots de *nature, substance, corps, matière* par exemple ne signifient pas les mêmes objets en Philosophie de la nature et en Physique.

CHAPITRE IV

L'ARGUMENTATION DIALECTIQUE

84 · La dialectique.— Comme nous l'avons déjà dit, la Logique matérielle se divise en démonstrative, dialectique et sophistique.

La dialectique se définit: *une méthode qui nous permet d'argumenter sur tout problème en partant de probabilités, et d'éviter, au cours de la soutenance, de rien dire qui leur répugne.*

a) *Une méthode*, c'est-à-dire un instrument, car la dialectique est une partie de la Logique.

b) *Qui nous permet d'argumenter sur tout problème.* Dans la dialectique, comme dans la logique démonstrative, il y a la doctrine et l'usage ou l'application.

Mais tandis que la logique démonstrative est appliquée par chaque science qui s'en sert pour étudier un objet déterminé, l'application de la dialectique demeure encore dans l'ordre logique et ressortit à la dialectique elle-même.

Distinguons donc entre la dialectique pure ou doctrinale et la dialectique appliquée.

La dialectique pure ou doctrinale détermine avec certitude le mode d'inférer des conclusions probables dans la matière de n'importe quelle science. Elle est une science véritable qui montre comment construire un syllogisme probable.

La dialectique appliquée n'infère que des conclusions probables. Sous cet aspect, la dialectique n'est plus une science, au sens strict du mot. Elle n'atteint pas le réel qui fonde la certitude, mais demeure dans l'ordre logique — quoiqu'elle s'efforce d'atteindre le réel à travers l'ordre logique. Et comme l'être logique a autant d'extension que l'être réel — l'être de raison a en effet son fondement dans l'être réel et lui est coextensif — , il suit que la dialectique appliquée peut traiter de tout problème tant logique que réel, tant spéculatif que pratique.

c) *En partant de probabilités.* Distinguons d'abord deux sortes de probabilités: la probabilité *réelle* et la probabilité *logique*.

La probabilité réelle se trouve dans les choses indépendamment de la connaissance, comme par exemple la probabilité d'un événement qui n'est pas entièrement prédéterminé dans ses causes. Cette probabilité peut causer une certitude. Il est en effet certain que tel événement non entièrement prédéterminé dans ses causes est actuellement probable.

Cette certitude ne regarde pas ce qui arrivera en fait.

La probabilité logique n'a pas son fondement dans les choses. Elle dépend uniquement de l'indétermination de l'intelligence humaine qui passe de la puissance à l'acte.

Cette probabilité retient l'intelligence dans l'ordre logique, quoiqu'elle tende indéfiniment à la rapprocher de la réalité, sans jamais la lui faire atteindre.

Posons comme exemple la proposition suivante: l'âme est *probablement* immortelle. Cette proposition demeure dans l'ordre logique, car il est impossible que l'âme ne soit dans la réalité que probablement immortelle. Cette proposition est cependant tournée vers le réel, car elle est plus vraie que ces autres propositions: *il est faux* que l'âme soit immortelle; *il est douteux* que l'âme soit immortelle.

La probabilité logique est elle-même soit *directe*, soit *oblique*.

La probabilité *directe* n'affecte que la manière dont le prédicat convient au sujet, comme dans la proposition: l'âme est probablement immortelle.

La probabilité *oblique* affecte même les termes de la proposition. Elle existe lorsqu'on emploie des termes indéterminés et communs comme s'ils étaient déterminés et propres. C'est ce qui arrive dans les lois et les hypothèses scientifiques dont les termes, comme les concepts fondamentaux de matière et d'énergie par exemple, varient constamment à mesure que l'évolution des théories, dans leurs substitutions successives, nous rapproche de la réalité.

La dialectique part de probabilités logiques.

d) *Et d'éviter, au cours même de la soutenance, de rien dire qui leur répugne.* L'argumentation dialectique est en effet correcte. Bien qu'elle parte de conclusions probables et n'aboutisse qu'à une conclusion probable, elle infère légitimement la conclusion des prémisses.

85 - LA DIVISION DE L'ARGUMENTATION DIALECTIQUE.— L'argumentation dialectique se divise en syllogisme et en induction dialectique.

Le syllogisme dialectique infère une conclusion de prémisses probables en se servant d'un moyen terme.

Le syllogisme dialectique procède donc par connexion de termes. Sa conclusion suit nécessairement des prémisses données, bien qu'elle ne soit que probable à cause de la probabilité des prémisses.

L'induction dialectique est une argumentation qui n'aboutit qu'à la généralisation des singuliers. Comme nous l'avons déjà expliqué, elle ne procède pas par connexion de termes, mais remplace le moyen terme par une énumération de singuliers. Elle n'infère pas nécessairement l'universel des singuliers, mais n'est que suffisante pour introduire à un universel imparfait. Sa conclusion demeure toujours probable. (n. 54).

86 - LA PROPOSITION DIALECTIQUE.— Une proposition est dite scientifique, au sens aristotélicien du mot, lorsqu'elle est certaine, c'est-à-dire lorsque l'affirmation qu'elle pose exclut absolument la négation et vice versa.

Elle est dialectique, lorsqu'elle n'est que probable, c'est-à-dire lorsque l'affirmation qu'elle pose n'exclut pas absolument la négation et vice versa. En d'autres termes, par la proposition dialectique, l'intelligence adhère à une partie de l'alternative sans exclure la possibilité de l'autre partie. Lorsque par exemple l'intelligence juge que l'âme est probablement immortelle, elle n'exclut pas sa mortalité.

87 - LA DÉFINITION ET LE TERME DIALECTIQUE.— 1° *La définition dialectique*. Les définitions sont essentielles, descriptives et causales (n. 21). Les définitions descriptives expliquent une chose par ses accidents propres ou par ses accidents communs.

La définition dialectique est celle qui explique une chose par ses accidents communs, ex.: l'homme est un animal bipède sans plume.

2° *Le terme dialectique*. Toute l'essence du nom consiste à signifier un concept, et par le concept la chose. Or le concept peut atteindre une chose soit dans son essence, soit dans ses accidents propres ou communs. Dans chacun de ces cas, l'essence du nom est conservée et connue. Ainsi on peut dire que le nom *homme* désigne soit animal risible, soit animal bipède sans plume, soit cet objet que l'on indique du doigt, et dans chacun de ces cas l'essence du nom *homme* est suffisamment manifestée.

Lorsqu'un nom signifie une chose par un accident commun conçu comme un propre, et le nom et la conception sont dialectiques. Et ceci arrive chaque fois que l'on assigne comme une propriété propre à une chose un accident qui n'est pas manifestement connu comme tel. Ainsi lorsque nous décrivons l'homme comme un animal bipède sans plume, nous concevons *bipède sans plume* comme un propre de l'homme.

Et cependant nous ne connaissons pas ce propre déterminément, puisque nous ne pouvons montrer qu'il découle nécessairement et exclusivement de la nature raisonnable, comme nous ne pouvons pas concevoir l'impossibilité d'un animal bipède sans plume qui ne serait pas un homme.

Quand un nom signifie une chose par un accident commun conçu comme un propre, notre conception est dite dialectique, parce qu'elle demeure dans l'ordre logique, bien qu'elle soit tournée vers le réel.

Pour comprendre cette affirmation, rappelons-nous que l'être logique ou l'être de raison est soit une négation, soit une relation.

La négation peut être appliquée soit à l'être dans toute son universalité, soit à un inférieur quelconque de l'être.

Dans le premier cas, la négation détruit toute réalité, ex.: non-être détruit tout être.

Dans le second cas, la négation pose un terme indéterminé, ayant une unité logique, qui comporte un mélange d'être et de non-être, mélange que l'on désigne par un nom infini. Ainsi la négation de *homme* pose *non-homme*. Et *non-homme* peut se dire à la fois de ce qui est et de ce qui n'est pas. L'arbre est non-homme, ainsi que la chimère et l'impossible. Et cette unité d'être et de non-être n'est pas selon la nature, mais uniquement selon la raison.

C'est ce qui arrive lorsque le nom commun est employé comme s'il était un nom spécifique ou un nom propre. Par son indétermination ou sa *négation* de détermination, ce nom dépasse l'espèce ou le propre. D'autre part, à cause précisément de son indétermination, il peut embrasser dans une unité logique des choses qui ont des natures spécifiquement distinctes.

Exemple: le terme «intelligence», tel qu'il est employé en psychologie expérimentale, signifie un sujet caractérisé par des propriétés que l'on conçoit comme des propres.

Mais ces propriétés, telles qu'elles sont définies en psychologie expérimentale, ont-elles un rapport nécessaire avec l'intelligence telle que nous l'entendons en philosophie? Plusieurs propriétés considérées autrefois comme propres à l'intelligence humaine ont pu dans la suite être attribuées aux sens. Et le terme «intelligence» de la psychologie expérimentale s'est appliqué et aux hommes et aux brutes.

Les propriétés considérées aujourd'hui comme des propres de l'intelligence humaine le sont-elles vraiment? On ne pourra l'affirmer tant que la psychologie expérimentale n'aura pas atteint des propriétés absolument propres de l'intelligence humaine, et cela suivant la méthode qui la distingue de la psychologie philosophique. En attendant, le terme «intelligence» demeurera toujours dialectique, parce qu'indéterminé.

Par le terme dialectique, l'intelligence tend vers le réel, sans jamais l'atteindre adéquatement. Et en se servant d'un tel terme, elle peut construire au sujet du réel des propositions et des arguments qui ne seront jamais certains, mais qui seront cependant réellement probables.

88 - LES INSTRUMENTS DIALECTIQUES.— 1° Les *instruments dialectiques* sont des moyens généraux qui nous procurent en abondance des raisonnements dialectiques. Ils sont au nombre de quatre:
  a) le choix et la position des propositions;
  b) la distinction des divers sens d'un nom;
  c) la recherche des différences;
  d) la recherche des ressemblances.

Les trois derniers instruments sont ordonnés au premier, c'est-à-dire à l'art de choisir les propositions.

2° La *distinction des divers sens d'un nom.*— Comme le dialecticien ne connaît pas l'essence ou les propriétés propres des choses, il choisira le nom commun qui lui paraît le plus rapproché de l'essence ou des propriétés propres.

3° La *recherche des différences et des ressemblances.*— La connaissance confuse du tout est antérieure à la connaissance distincte.

L'analyse du tout consiste à trouver, autant qu'on le peut, la distinction des parties et leurs différences. L'analyse accomplie, l'on cherche les ressemblances des parties en les ramenant les unes aux autres, afin d'arriver à une connaissance distincte du tout. Exemple: soit le phénomène P qui se produit à des intervalles réguliers. Dans la connaissance confuse, on le considère comme le même phénomène qui apparaît à des intervalles réguliers. L'analyse fait ressortir qu'en fait nous ne connaissons qu'une série de phénomènes distincts, bien qu'ils soient semblables. Est-ce le même phénomène qui se produit? Dans la synthèse, l'on s'efforce d'établir soit l'unité des parties dans le tout, soit leur identité, et cela soit par une hypothèse, soit par l'expérience.

89 - L'UTILITÉ DE LA DIALECTIQUE POUR LA PHILOSOPHIE.— «Pour ce qui est . . . de l'étude des sciences philosophiques, la possibilité d'apporter aux problèmes des arguments dans les deux sens nous fera découvrir plus facilement la vérité et l'erreur dans chaque cas. — Autre avantage encore, en ce qui regarde les principes premiers de chaque science: il est, en effet, impossible de raisonner sur eux en se fondant sur des principes qui sont propres à la science en question, puisque les principes sont les éléments premiers de tout le reste; c'est seulement au moyen des opinions probables qui concernent chacun d'eux qu'il faut nécessairement les expliquer. Or c'est là l'office propre, ou le *plus* approprié, de la Dialectique: car en raison de sa nature investigatrice, elle nous ouvre la route aux principes de toutes les recherches, sans avoir elle-même aucun objet déterminé.» (Aristote, Les Topiques, L. I. Tricot).

90 - LA NATURE DIALECTIQUE DE LA SCIENCE EXPÉRIMENTALE ET DE LA MATHÉMATIQUE.— 1° La science expérimentale, telle qu'on la conçoit aujourd'hui, est de nature dialectique. Les définitions les plus fondamentales changent au cours de l'évolution de la science. Les hypothèses fondamentales qui permettent d'unifier les lois en un vaste tout cohérent sont provisoires. Toutes les constructions successives de la science expérimentale se rapprochent toujours plus du réel, mais ne l'atteignent jamais adéquatement.

2° La mathématique qui se donne comme sujet non la quantité prédicamentale mais un être de raison, tel le nombre logique, est une mathématique logique. Mais cette mathématique qui tend d'une part à rejoindre des principes toujours plus généraux, et d'autre part à rejoindre la quantité proprement dite, est aussi dialectique.

CHAPITRE V

LE SOPHISME

91 - Le sophisme.— Le syllogisme, avons-nous déjà dit, est un raisonnement dans lequel, certaines prémisses étant posées, une conclusion autre que ce qui a été posé découle nécessairement, par le moyen des prémisses posées.

Cette définition regarde la *forme* du syllogisme, c'est-à-dire l'ordre des conséquences aux prémisses. Mais outre la forme qui ne varie pas, il faut dans les syllogismes considérer la matière, c'est-à-dire les trois termes et les propositions, d'après lesquels le syllogisme se distingue en démonstratif, dialectique et sophistique.

Le syllogisme démonstratif est celui dont la conclusion est inférée de prémisses vraies et certaines.

Le syllogisme dialectique est celui qui conclut à partir de prémisses probables et qui n'infère qu'une conclusion probable.

Le syllogisme sophistique est celui qui conclut à partir de prémisses qui paraissent probables mais qui en réalité ne le sont pas, ou qui paraît conclure à partir de prémisses soit réellement probables, soit apparemment probables, et qui cependant ne conclut pas.

Le syllogisme sophistique pèche donc soit en raison de sa matière— s'il part de prémisses qui paraissent probables et ne le sont pas—; soit en raison de sa forme — s'il paraît conclure et ne conclut pas.

Le syllogisme sophistique qui pèche en raison de sa matière est un véritable syllogisme, qui n'est approprié qu'en apparence à la chose dont il s'agit. Il appartient à la science qui traite de cette chose, de le réfuter. Le syllogisme sophistique qui pèche en raison de sa forme, est un syllogisme apparent ou un *paralogisme*. C'est le sophisme dont s'occupe la Logique.

Le sophisme se définit donc: *un syllogisme qui paraît conclure à partir de prémisses probables, mais qui en réalité ne conclut pas, parce qu'il pèche par sa forme.*

Ce qui permet à un syllogisme qui part de prémisses probables de paraître conclure quand il ne conclut pas, c'est précisément l'indétermination des termes (mots et concepts) qui constituent les propositions probables. Ces termes en effet, à cause de leur indétermination, peuvent paraître signifier la même chose, quand en réalité ils signifient des choses distinctes. Et ceci ne peut arriver dans le syllogisme démonstratif qui va de l'essence aux propriétés ou des propriétés à l'essence.

Ajoutons que le sophisme est l'argument de celui qui n'est pas sage, mais qui veut paraître sage. Son auteur s'en sert donc *intentionnellement* pour tromper, pour réfuter, ou pour pousser au paradoxe, etc.

92 - LA SOPHISTIQUE.— La sophistique est cette partie de la Logique qui a pour objet le syllogisme apparent ou le sophisme.

La sophistique, tout comme la dialectique, se divise en sophistique pure ou doctrinale (docens), et en sophistique appliquée (utens).

La sophistique pure ou doctrinale montre comment faire un sophisme et comment le réfuter. Elle est une science véritable.

La sophistique appliquée paraît conclure à partir de prémisses probables et ne conclut pas. Elle peut, comme la dialectique appliquée, argumenter sur tout problème et n'est pas une science véritable.

93 - DIVISION DES SOPHISMES.—   Les sophismes se ramènent à deux classes: les sophismes qui tiennent au discours et les sophismes *indépendants des mots*.

I   Les sophismes en dépendance du discours sont au nombre de six: *l'homonymie, l'amphibologie, le sophisme du sens composé* et celui *du sens divisé, le sophisme de l'accent, le sophisme de la figure*.

a)   *L'homonymie* ou l'équivoque est une erreur provenant d'un mot équivoque, ex.: le chien aboie; or le chien est une constellation; donc une constellation aboie.

b)   *L'amphibologie* a lieu quand on donne un seul sens à une proposition qui peut avoir plusieurs sens, ex.: les choses qui doivent être sont des biens; or les maux doivent être; donc les maux sont des biens. *Ce qui doit être* a un double sens: il peut signifier ce qui est inévitable, comme les maux, ou encore ce qui est dû à titre de perfection. comme le bien.

c)   Le sophisme de *composition* ou du *sens composé* consiste à entendre dans un sens simultané, ce qui n'est vrai que dans un sens successif ou pris séparément, ex.: les aveugles voient, dit Notre-Seigneur; or Paul est aveugle; donc Paul voit.

Le mot aveugle signifie un sujet et une privation: un sujet capable de voir et la privation de la vue. La proposition, les aveugles voient, est vraie si elle s'entend du sujet sans la privation actuelle, c'est-à-dire du sujet qui a été aveugle, non pas du sujet avec la privation actuelle de la vue.

d)   Le sophisme de *division* ou du *sens divisé* consiste à prendre pour vrais séparément des termes qui ne le sont que s'ils sont réunis, ex.: un homme en santé ne peut être malade; or Paul est un homme en santé; donc Paul ne peut être malade.

La proposition un **homme en santé ne peut être malade**, est vraie, si elle s'entend au sens composé: un homme qui est sain n'est pas malade, quand il est sain; elle est fausse si elle s'entend au sens divisé: le sujet qui est en santé peut devenir malade.

e) Le sophisme *d'accent* (sophisme possible surtout en latin et en grec) a lieu quand un mot prend divers sens selon l'accent dont il est affecté, ex.: *occìdit* et *occidit*, lepôres et lepores.

f)   Le sophisme de *figure* a lieu lorsqu'on emploie des mots semblables ayant divers sens, comme s'ils n'avaient qu'un seul et même sens, ex.: tu as mangé ce que tu as acheté; or tu as acheté des viandes crues; donc tu as mangé des viandes crues.

Ce que dans ce raisonnement ne désigne pas la qualité de la chose achetée, mais uniquement la chose elle-même.

II Les sophismes indépendants du discours sont les sophismes de *l'accident*, du *passage du relatif à l'absolu*, de *l'ignorance de la réfutation*, de la *fausse conséquence*, de la *pétition de principe*, de la *fausse cause*, de *l'interrogation*.

a) Le sophisme de *l'accident* a lieu quand on croit qu'un attribut quelconque appartient de la même façon à son sujet et à son accident, ex.: Socrate est blanc; or le blanc est une couleur dissociante de la vue; donc Socrate est une couleur dissociante de la vue.

b) Le passage du *relatif à l'absolu* a lieu quand une expression employée particulièrement est prise comme employée absolument, ex.: si le non-être est objet d'opinion, le non-être est.

Le non-être peut être objet d'opinion sans être absolument.

c) *L'ignorance de la réfutation* a lieu parce qu'on n'a pas défini ce qu'est la preuve ou la réfutation, ou parce qu'on a laissé échapper quelque chose dans leur définition, ex.: une chose peut être à la fois double et non-double, parce que deux est le double de un et n'est pas double de trois.

d) *La fausse conséquence*: on suppose la relation de la conséquence «réciprocable», ex.: si A est, B nécessairement est; donc si B est, A nécessairement est. S'il a plu, le sol devient humide; si le sol est humide, c'est donc qu'il a plu.

e) La *pétition de principe*: on prend pour principe de l'argument cela même qui doit être prouvé, ex.: la pensée est un produit du cerveau; donc la pensée est un attribut de la matière inorganique.

f) La *fausse cause*: ce sophisme a lieu quand on considère comme cause ce qui n'est qu'un antécédent, ou comme cause totale ce qui n'est qu'une cause partielle, ex.: Pierre voit avec ses lunettes. Or un aveugle a des lunettes. Donc un aveugle voit.

Pierre voit avec sa vue, et ses lunettes ne font que l'aider à mieux voir.

g) Le sophisme de l'*interrogation* consiste à poser plusieurs interrogations comme si elles n'en formaient qu'une, ex.: la terre est-elle la mer ou le ciel? — Pierre et Paul est-il un homme? — Oui. — Donc si je frappe Pierre et Paul, je frappe un homme.

LA PHILOSOPHIE DE LA NATURE

94 - Notion de la philosophie de la nature.— La Philosophie de la nature se définit: la science qui a pour objet l'être mobile en tant qu'être mobile. ou encore l'être spatio-temporel en tant que spatio-temporel.

L'objet matériel de la Philosophie de la nature est tout être mobile d'un mouvement proprement dit, c'est-à-dire d'un mouvement sensible: l'être inorganique, la plante, la brute, l'homme.

Et comme tout être mobile est spatio-temporel — le mouvement sensible se déroule dans l'espace et le temps —, on peut dire que l'objet de la Philosophie de la nature est tout être spatio-temporel.

L'objet formel *quod* de la Philosophie de la nature est l'être mobile en tant qu'être mobile ou en tant que spatio-temporel.

Son objet formel *quo* est cette immatérialité sous laquelle l'objet apparait. lorsqu'il est placé au premier degré d'abstraction formelle.

On voit par là comment la Philosophie de la nature se distingue de la Physique ou de toute science expérimentale.
L'objet *quod* de la Physique est l'être spatio-temporel comme mesurable: le physicien mesure la chaleur avec un thermomètre.

Son objet formel *quo* est l'immatérialité infime sous laquelle tombe un objet qui n'est universel que par l'*abstraction totale*.

Il suit de là que la Physique est une science *inductive*, tandis que la Philosophie est une science *déductive*.

Cette dernière étudie l'être spatio-temporel dans ses causes soit intrinsèques. soit extrinsèques, tandis que la première demeure dans les limites de la mesure.

C'est donc une erreur de penser que les sciences expérimentales doivent servir d'introduction ou de fondement à la Philosophie de la nature. Les premières ont une orientation purement *métrique*, tandis que la seconde est *ontologique*: elle est une science de l'être.

La Philosophie de la nature cependant peut et doit. après qu'elle s'est constituée comme *science*, exercer son rôle de *sagesse* envers les sciences expérimentales en expliquant. en défendant ou encore en jugeant leurs principes, leurs méthodes et leurs théories. La Philosophie de la nature exerçant ainsi son rôle sapiential à l'égard des connaissances inférieures est ce qu'on appelle aujourd'hui *la Philosophie des sciences.*

95 - DIVISION DE LA PHILOSOPHIE DE LA NATURE.— La Philosophie de la nature est une science spécifiquement une. Elle se divise en deux parties principales:

a) La partie générale, qui traite de l'être spatio-temporel en général, ou de l'être mobile en tant que mobile;

b) La partie spéciale, qui traite de l'être spatio-temporel ou mobile en tant que vivant.

La première partie est communément appelée *la Cosmologie*, et la seconde partie *la Psychologie*.

Nous conservons cette terminologie, quoiqu'elle soit impropre, Car la Cosmologie, d'après son étymologie, signifie la science du monde, et la Psychologie, la science de l'âme.

COSMOLOGIE

96 - Préliminaires.— La Cosmologie a pour objet, avons-nous dit, l'être
mobile en tant que mobile. Nous étudierons donc l'être mobile en soi,
et les propriétés de l'être mobile.
Nous aurons donc la division suivante:

Chapitre   I. L'être mobile en soi.

Chapitre II. Les propriétés de l'être mobile.

CHAPITRE PREMIER

—

L'ÊTRE MOBILE EN SOI

ARTICLE PREMIER

LES PRINCIPES DE L'ÊTRE MOBILE

1. Les principes en général.

97 - L'ACTE ET LA PUISSANCE.— 1° *Origine de ces notions.*— En Philosophie de la nature, nous considérons l'être en tant que soumis au mouvement. Or le mouvement nous manifeste immédiatement et avec évidence deux notions fondamentales en philosophie : les notions d'*acte* et de *puissance.*

En effet ce qui meut ou change acquiert, par le fait même, une *actualité,* une *détermination* qu'il *pouvait* réellement acquérir: un homme qui marche acquiert, par le fait de marcher, une détermination nouvelle; mais le fait de marcher suppose chez lui *un pouvoir réel,* une *puissance réelle* de marcher.

2° *Description de l'acte et de la puissance.—* . Nous pouvons immédiatement décrire l'acte et la puissance.

L'acte, c'est une détermination, une actualité ou une perfection.

La puissance, c'est une capacité, une aptitude, une imperfection, ou mieux au sens concret, c'est quelque chose d'imparfait et de perfectible.

3° *Division de l'acte.—* a) L'acte est soit *entitatif,* soit *formel.*

L'acte entitatif (l'acte de l'existence, l'acte dans l'ordre de l'existence), c'est l'existence elle-même (*l'esse*).

L'acte formel (l'acte de l'essence ou l'acte dans l'ordre de l'essence), c'est l'acte par lequel une chose est constituée dans la perfection de son espèce propre. Ex.: l'âme humaine est l'acte formel de l'homme.

b) L'acte formel est soit *premier,* soit *second.*

L'acte premier est celui qui ne présuppose pas un acte antérieur, mais qui attend un acte subséquent. C'est l'acte substantiel de l'être comme, par exemple, l'âme humaine.

L'acte second, c'est l'acte qui suppose un acte antérieur: l'acte accidentel ou l'accident. L'intelligence, par exemple, suppose que l'homme a cet acte premier qui s'appelle l'âme humaine.

Parfois l'acte premier et l'acte second sont pris dans un sens tout relatif. L'intelligence, par exemple, peut être dite acte premier par rapport à l'intellection qui est dite acte second.

c) Enfin l'acte est *mixte* ou *pur.*

L'acte pur, c'est celui qui exclut tout mélange de potentialité: c'est Dieu.

L'acte mixte, c'est l'acte qui est reçu dans une puissance, ou qui est en puissance à un acte d'un autre ordre.

4° *Division de la puissance.—* a) La puissance est soit *objective,* soit *subjective.*

La puissance objective, c'est la simple possibilité à l'existence, possibilité qui se dit d'une chose qui n'existe pas encore. En d'autres termes, c'est une pure non-répugnance à exister. Ex.: un homme qui ne naîtra pas est possible.

On appelle cette puissance objective la *possibilité logique.*

La puissance subjective, qu'Aristote définit *le principe d'agir ou de recevoir*, est la capacité réelle d'un sujet réel à un acte. Ex.: l'intelligence chez l'homme.

b) La puissance subjective ou réelle est *passive, active, prochaine, éloignée, pure ou mixte.*

La puissance active est la puissance ou capacité d'agir.

La puissance passive est la capacité de recevoir.

La puissance prochaine est la puissance qui peut passer immédiatement à l'acte.

La puissance éloignée est celle qui est disposée à l'acte par degrés divers.

La puissance pure est celle qui de soi est dénuée de toute actualité. Nous verrons que la matière première est pure puissance.

La puissance mixte est celle qui n'exclut pas toute actualité.

La puissance mixte est acte et puissance sous divers aspects. Elle est acte, parce qu'elle est une détermination; elle est puissance par rapport à un acte qu'elle appelle. Ainsi la puissance du bois à devenir statue est une détermination ou un acte du bois. Elle est cependant uniquement puissance par rapport à la forme de statue. Le bois qui peut devenir statue n'est pas une statue imparfaite. Il a uniquement la puissance à devenir une statue.

5° *Relations de l'acte et de la puissance.*— a) *La puissance et l'acte sont réellement distincts.* La puissance subjective est un perfectible réel, et l'acte une perfection réelle. Or le perfectible réel et la perfection réelle sont réellement distincts. Donc.... Ceci est aussi évident par l'expérience. Car l'expérience nous montre que l'acte est parfois séparé de la puissance. La faculté ou la puissance active existe sans son acte. Le bois qui a la puissance de devenir statue n'a pas toujours l'acte par lequel il est statue.

b) *L'acte est ordonné à la puissance par une relation transcendantale et vice versa.* L'acte en effet, par tout ce qu'il est, est ordonné à déterminer la puissance, comme la puissance est ordonnée, par tout son être, à être déterminée par l'acte.

c) *La puissance est dans le même ordre que l'acte qui la spécifie.* C'est-à-dire si l'acte spécificateur est substantiel, la puissance est aussi substantielle; si l'acte spécificateur est accidentel, la puissance est aussi accidentelle. Et ceci est évident, car toute la réalité de la puissance est d'être potentiellement ce qu'est l'acte actuellement. Exemples: l'intellection est un acte accidentel: la puissance qu'elle spécifie, c'est-à-dire l'intelligence, est aussi un accident. L'âme humaine est un acte substantiel; la matière qu'elle actue et spécifie doit aussi être substantielle.

d) *A toute puissance passive correspond une puissance active.*

Une puissance passive est faite pour être actuée. Et elle ne peut être actuée que par un être qui a la puissance active de l'actuer ou de la faire passer à l'acte. Si donc à une puissance passive ne correspondait pas une puissance active, la puissance passive, qui est faite pour être actuée, serait destinée par la nature à ne jamais être actuée: ce qui est contradictoire.

e) *Un même acte ne peut être multiplié que s'il est reçu dans des puissances distinctes.* — La figure de Jupiter, qui est l'acte par lequel une statue est la statue de Jupiter, n'est multipliée que lorsqu'elle est reçue dans des sujets différents, dans ce bois, ce marbre, etc.

On prouve cet axiome *a priori*. La multiplication comporte la distinction. Or un seul et même acte n'est pas distinct de lui-même par lui-même: la figure de Jupiter ne peut être distincte par elle-même de la figure de Jupiter. Autrement elle ne serait plus la figure de Jupiter. Donc un seul et même acte ne peut être multiplié qu'en étant reçu dans des puissances distinctes.

98 - LA COMPOSITION ESSENTIELLE DE L'ÊTRE MOBILE.— 1° On appelle essence, ce par quoi une chose est ce qu'elle est, ou encore ce par quoi une chose est constituée dans une espèce déterminée. L'accident, comme la substance, a son espèce déterminée. On peut donc parler de l'essence de l'accident et de l'essence de la substance. Lorsque nous parlons de l'essence de l'être mobile, nous entendons par là l'essence substantielle.

2° C'est par la considération de l'opposition incluse dans la notion de l'*être mobile* que l'on arrive à établir la composition de son essence. L'*être* dit la stabilité ou l'identité; *mobile* suggère l'opposé de la stabilité, c'est-à-dire le changement, la mutabilité.

Ne sachant comment concilier cette opposition, des philosophes ont nié soit l'existence de l'être pour dire que la seule réalité était le mouvement — Héraclite, Bergson, Le Roy, James—, soit la réalité du mouvement pour admettre l'existence d'un seul être immobile — Parménide.

Aristote a su résoudre la difficulté par les notions d'acte et de puissance. Pour lui, tout être mobile est essentiellement constitué d'un acte appelé *forme substantielle,* et d'une *puissance* appelée *matière première.*

On nomme matière *première,* la puissance qui constitue essentiellement l'être mobile, pour la distinguer de l'être mobile déjà constitué que les philosophes appellent matière *seconde.*

3° Cette proposition — tout être mobile est essentiellement composé de matière première et de forme substantielle — est immédiatement évidente à qui sait pénétrer le sujet et le prédicat.

On peut cependant l'exposer sous une forme syllogistique en considérant dans l'être mobile soit le changement substantiel, soit l'existence dans le temps, soit la multiplicité numérique à l'intérieur d'une même espèce.

Voici donc cet exposé:

a) Tout ce qui change est composé de puissance et d'acte. Or l'essence de l'être mobile change réellement. Donc l'essence de l'être mobile est composée d'une puissance appelée la *matière première,* et d'un acte appelé la *forme substantielle.*

A la majeure. — Tout ce qui change acquiert ou perd une perfection ou un acte. Or tout ce qui acquiert ou perd un acte est composé de cet acte acquis ou perdu, et d'une puissance réelle qui, à l'égard de cet acte, est quelque chose de déterminable et de perfectible. Donc tout ce qui change est composé de puissance et d'acte.

A la mineure. — Des propriétés réellement diverses et opposées indiquent des essences distinctes. Or, dans certains cas, les propriétés de l'être mobile, avant et après le changement, sont réellement diverses et opposées. Ex.: lorsque le vivant devient non vivant, lorsque le non-vivant devient une partie du vivant par l'assimilation. Donc, dans ces cas, avant et après le changement, l'essence de l'être mobile est réellement distincte: elle a changé.

b) Un être qui est temporel est essentiellement composé de forme substantielle et de matière première. Or l'être mobile est dans le temps. Donc l'être mobile est essentiellement composé de matière première et de forme substantielle.

A la majeure.— Un être temporel est un être dont l'existence s'écoule d'une manière continue. Et comme l'existence est proportionnée à l'essence, il doit avoir une essence demeurant toujours la même qui, elle aussi, s'écoule d'une manière continue.

En d'autres termes, l'être temporel en demeurant toujours le même, change d'une manière continue ou devient toujours *autre*. Or un être qui, demeurant le même, devient toujours autre, est essentiellement composé d'un acte ou d'une forme substantielle par laquelle il est toujours le même, et d'une puissance, appelée matière première, par laquelle il peut toujours devenir autre. Donc . . . . . .

A la mineure.— L'être mobile est l'être spatio-temporel.

c) Un être qui peut être multiplié numériquement sous une même espèce, est essentiellement composé de matière première et de forme substantielle. Or l'être mobile peut être multiplié numériquement sous une même espèce. Donc l'être mobile est essentiellement composé de matière première et de forme substantielle.

La mineure est évidente: Pierre, Paul, Jean sont des individus de même espèce.

A la majeure.— La multiplication numérique d'individus sous une même espèce comporte deux choses: une similitude d'essence et une distinction numérique, c'est-à-dire un acte déterminant l'essence ou une forme substantielle et sa multiplication numérique. Or l'acte constituant l'essence ne peut être multiplié par lui-même: autrement il serait par lui-même dissemblable dans cet individu et dans cet autre, et constituerait des essences différentes. Il doit donc être multiplié par sa réception dans une puissance appelée matière première.

99 - LES PRINCIPES DE LA GÉNÉRATION.— On appelle principe en général tout ce dont une chose procède d'une manière quelconque: l'aurore est le principe du jour.

Les principes peuvent être logiques ou réels, extrinsèques (cause efficiente ou finale) ou intrinsèques (cause matérielle ou formelle.)

On parle ici des principes réels (ou physiques) et premiers qui constituent intrinsèquement l'être mobile. Ils se définissent: *ceux qui ne sont pas faits d'autre chose et qui ne se font pas entre eux, mais ceux dont tout se fait.*

a) Ils ne se font pas d'autre chose, autrement ils ne seraient plus principes, mais résulteraient de principes.

b) Ils ne se font pas entre eux: l'un n'est pas constitué par l'autre.

c) Tout se fait d'eux: c'est-à-dire tous les êtres mobiles.

La génération substantielle est un changement par lequel une nouvelle substance est produite d'un sujet antérieur.

Les principes qui constituent la substance de l'être mobile sont *la matière première* et *la forme substantielle*.

Mais les principes de la génération sont au nombre de trois. En effet, pour qu'une nouvelle substance soit engendrée, il faut d'abord *le sujet* ou la *matière première;* deuxièmement, *la forme substantielle* qui est acquise par la génération; troisièmement, *la privation* de cette forme substantielle dans le sujet ou *la matière première:* car, si cette forme substantielle existait déjà dans la matière première, elle ne pourrait être acquise par la génération, puisqu'elle existerait déjà. Donc les trois principes de la génération sont: *la matière première, la forme substantielle* et *la privation.*

100 - L'EXISTENCE, LA GÉNÉRATION ET LA CORRUPTION DES PRINCIPES. 1° On décrit l'existence ou l'*esse: l'acte ultime d'une chose,* ou encore, l'acte par lequel une chose est mise en dehors de ses causes et du néant.

Le génération et *la corruption* en général se définissent: *des changements quant à la forme substantielle.*

La génération se définit spécialement: *le changement de la privation d'une forme substantielle à l'acquisition de cette forme, changement qui a pour sujet la matière première. La corruption* au contraire est le *changement de la possession de la forme à la privation.*

La génération et la corruption sont intimement liées. La production d'une nouvelle forme substantielle comporte la destruction d'une forme antérieure, tout comme la destruction d'une forme appelle la production d'une autre forme, car la matière première n'existe jamais sans être actuée par une forme. De là viennent ces axiomes généraux: *la génération de l'un est la corruption de l'autre; la corruption de l'un est la génération de l'autre.*

2° La matière première et la forme substantielle sont des entités réelles; elles existent réellement. Mais elles ne sont pas des natures complètes; elles sont seulement des principes. Par suite, elle n'existent pas comme des êtres qui existent (non ut quod) ; mais elles existent seulement comme des principes *par lesquels* est constitué l'être mobile (ut quo). L'être mobile seul existe comme *ce qui existe* (ut quod).

Une exception est à faire pour la forme substantielle spirituelle, c'est-à-dire pour l'âme humaine. L'âme humaine est subsistante. Par suite, elle existe en même temps comme principe (ut quo) et comme être qui existe (ut quod).

Puisque la matière première et la forme substantielle ne sont pas des essences complètes, elle n'entrent donc pas directement sous le prédicament — elles ne constituent pas par elles-mêmes des espèces—; mais elles sont placées sous le prédicament uniquement *par réduction,* c'est-à-dire comme parties physiques d'une essence complète.

3° La génération a pour terme la production d'un être mobile *qui* existe, tout comme la corruption a pour terme la disparition d'un être mobile *qui* existe; car ce qui est engendré ou corrompu est *ce qui* existe. La génération, en effet, est un acheminement vers une existence, tout comme la corruption est un acheminement vers la disparition de l'existence. C'est un homme qui est engendré; c'est un homme qui meurt.

Par conséquent le principe n'est pas *ce qui* est engendré ou *ce qui* est corrompu; il ne peut être terme de la génération et de la corruption que comme *ce par quoi* est constitué l'être engendré et corrompu. Un exemple sensible fera comprendre ces subtilités: on peut construire ou détruire une maison. *Ce qui* est construit ou détruit, c'est la maison. La forme de la maison est cependant un terme de la construction ou de la destruction, comme *ce par quoi* est constitué formellement la maison.

A cet exposé général il faut ajouter certaines précisions.

La matière première ne peut être ni corrompue ni engendrée. Elle est en effet le sujet premier de toute génération et de toute corruption. La matière première est produite par création, et une fois produite, elle est incorruptible. Si l'on considère la matière première en tant que soumise à la privation, on peut dire que sous cet aspect elle se corrompt par accident; car la production de la forme dont elle est privée, fait disparaître cette privation.

101 - LES FAUX SYSTÈMES.— La doctrine que nous avons exposée sur la constitution de l'être mobile s'appelle l'*hylémorphisme*. Divers systè-mes ont eu cours pour expliquer le même problème. Les principaux sont *l'atomisme* et le *dynamisme.*

En général l'atomisme enseigne que les premiers principes des corps sont des atomes qu'on décrit comme des particules corporelles, minimes, étendues, indivisibles ou au moins indivisées, immuables substantiellement.

L'atomisme est soit *mécanique,* soit *dynamique.*

L'atomisme mécanique enseigne que les atomes n'ont aucune activité intrinsèque, mais qu'ils peuvent recevoir de l'extérieur le mouvement local et se le communiquer les uns aux autres. (Thalès, Anaximandre (7° s. A. C.), Anaximène, Héraclite, Anaxagore (6° s. A.C.) chez les anciens, et Secchi, s. j., Descartes chez les modernes.

L'atomisme dynamique attribue aux atomes une force intrinsèque soit attractive, soit répulsive, soit de résistance (Epicure 270 A. C), Gassendi (1656).

Certains atomistes prétendent que les atomes ont tous la même nature; d'autres, comme le P. Tongiorgi, s. j., affirment qu'ils ont des natures spécifiques distinctes.

Le dynamisme enseigne que les premiers principes des corps sont des forces inétendues.

D'après Leibnitz, ces forces sont des "monades". Les monades sont en nombre infini, inétendues, essentiellement distinctes les unes des autres, douées d'activité immanente seulement.

D'après le P. Boscovich, s. j., les premiers principes sont des points inétendus, doués de force attractive et répulsive (Kant enseigne à peu près la même théorie).

Le dynamisme et l'atomisme ont jadis été présentés comme des explications *philosophiques* de la nature corporelle.

En réalité, ils ont toujours été des explications des corps sous leur aspect métrique, et n'ont jamais pu de soi avoir une portée ontologique ou philosophique.

2. La matière première et la forme substantielle.

102 - La matière première.— 1° *Notion.—* a) La matière première est ainsi décrite négativement par Aristote: *La matière n'est pas quelque chose, ni la qualité d'une chose, ni sa quantité, ni quoi que ce soit des*

choses qui déterminent l'être. Il voulait par là exprimer que la matière première n'est d'elle-même aucune espèce d'être déterminé; elle
n'est ni une substance complète, ni une quantité, ni une qualité, ni aucun des prédicaments.

b) On la définit encore: *le premier sujet duquel est faite toute
chose d'une manière non accidentelle.*
Sujet: exclusion de la forme qui est attachée au sujet;
duquel est faite: la matière est le sujet dont est constitué l'être mobile,
tandis qu'une chose est faite *par la* cause efficiente et *pour* la cause
finale;
toute chose: tout être mobile;
d'une manière non accidentelle: pour distinguer la matière de la privation, car l'être mobile est produit à partir de la privation; mais la privation n'est pas un constitutif de l'être mobile, et par suite elle est accidentelle par rapport à la chose comme produite.

c) La matière première se définit plus brièvement: *une puissance
substantielle qui est pure puissance.*

Elle est une puissance substantielle, car elle est dans l'ordre de
la substance. Elle est de plus pure puissance en ce sens que par elle-
même, elle n'a ni actualité dans l'ordre de l'essence, ni existence.

L'acte d'essence ou *l'acte formel* est celui par lequel une essence
est établie sous une manière déterminée d'être et sous une espèce déterminée.

L'acte d'existence, au contraire, est celui par lequel une essence,
une fois déterminée, est mise en dehors des causes et du néant.

La matière dans son entité ne renferme aucun acte d'essence. Elle
est une pure puissance dans le genre de l'être, indifférente par elle-
même à tous les modes spécifiques d'êtres, dans l'ordre de la substance
matérielle.

Prouvons cette assertion:

Le sujet de la forme substantielle est une pure puissance ne renfermant aucun acte d'essence. Or la matière première est le sujet de la
forme substantielle. Donc la matière première est une pure puissance
ne renfermant aucun acte d'essence.

La mineure est évidente.

A la majeure.— La forme substantielle est l'acte premier: car si
elle était acte second, elle serait forme accidentelle. L'accident, en effet,
est un acte second déterminant un sujet déjà en acte. Or, si la matiè-

re première était déjà en acte dans l'ordre de l'essence, la forme substantielle serait un acte second, comme il est évident. Donc.

La matière première de plus n'a de soi aucune existence, c'est-à-dire n'a aucune existence indépendamment de la forme substantielle. *Car* la matière première est à la forme substantielle comme la matière seconde à la forme artificielle. Or la matière seconde n'a aucune existence dans la ligne de l'art, indépendamment de la forme artistique: une statue n'a pas l'existence de la statue avant de recevoir la forme de statue. Donc la matière première n'a aucune existence avant d'être actuée par la forme substantielle, et elle ne peut exister que si elle est actuée par cette forme. Elle est de soi pure puissance dans la ligne de l'existence.

2° *L'appétit de la matière première.*— *L'appétit* est l'inclination ou la tendance et l'ordre d'une chose à ce qui lui convient.

L'appétit est *inné* ou *élicite*.

L'appétit inné est celui qui suit la nature d'une chose sans aucune connaissance antécédente, par mode de disposition naturelle.

L'appétit élicite est celui qui suit la connaissance: l'homme par un appétit élicite désire les honneurs.

La matière première a un appétit inné, non pas par mode de *tendance actuelle*, mais par mode *de capacité passive*, pour la forme: car elle est transcendantalement ordonnée à la forme comme à sa perfection ou à son complément.

Et comme toute chose désire principalement ce qui est sa perfection la plus grande, nous devons dire que la matière première est principalement ordonnée à l'âme humaine, qui est la forme la plus parfaite qui puisse être unie à la matière. L'appétit de la matière se porte sur l'âme humaine comme sur sa fin ultime. L'homme est la fin dernière intrinsèque de toutes les générations qui ont la matière première comme siège. La matière n'existe sous des formes inférieures qu'en vue de l'homme qui, lui-même, est ordonné immédiatement à Dieu comme à la fin dernière de toute la création.

103 - LA FORME SUBSTANTIELLE.— 1° *Notion.*— La forme, prise dans le sens le plus général, est ce qui donne une certaine manière d'être, ou ce qui détermine l'essence à une certaine manière d'être. Car être *formé*, c'est être déterminé à un certain mode de perfection.

La forme s'appelle aussi *un acte*, parce qu'elle constitue tel ou tel être en acte. Le nom d'acte est cependant plus commun que celui de forme.

On dit aussi de la forme qu'elle est *l'espèce*, parce qu'elle détermine une chose à son espèce.

La forme est *extrinsèque* — la forme imitée, comme l'idée —, ou *intrinsèque* — la forme déterminant par la communication de son entité.

La forme intrinsèque est *subsistante*— celle qui peut à elle seule soutenir son être et exister sans la société d'un sujet qui la reçoit, comme l'ange —, ou *informante* — celle qui perfectionne un sujet qui la reçoit. L'âme humaine est à la fois subsistante et informante.

La forme informante est *accidentelle* ou *substantielle*.

La forme accidentelle est celle qui donne un être secondaire et additionnel au premier être substantiel: *la science* chez l'homme, *la couleur* d'un corps. Elle se définit: *un acte second*.

La forme substantielle est celle qui donne l'être premier et fondamental, l'être qui n'est ajouté à aucun autre et auquel les autres s'ajoutent et s'unissent. On la définit: *l'acte premier de la matière*. On dit d'abord *acte*, pour la distinguer de la matière, qui est une pure puissance; on dit ensuite *premier*, parce qu'après cette forme viennent et *l'existence*, qui est l'acte dernier d'être, et *les formes accidentelles*, qui sont seulement des actes secondaires présupposant l'acte substantiel. On ajoute, *de la matière*, pour la distinguer des *formes subsistant* par elles-mêmes, telles que les anges qui sont des actes et des formes, mais qui ne sont pas enfermés dans la matière.

2° *Division des formes substantielles*.— Les formes substantielles sont matérielles ou immatérielles. On n'entend pas par forme matérielle ou immatérielle, une forme quantitative ou non quantitative. La forme substantielle de soi n'est jamais quantitative.

La forme substantielle matérielle est celle qui, dans son être, dépend de la matière de telle sorte qu'elle ne puisse pas exister en dehors de la matière. Les formes substantielles matérielles sont: la forme de l'être inorganique, l'âme végétative et l'âme sensitive.

La forme substantielle immatérielle est celle qui peut exister en dehors de la matière; c'est celle qui ne dépend pas intrinsèquement et subjectivement de la matière: l'âme humaine.

3° *Les formes substantielles matérielles sont extraites ou tirées de la puissance de la matière.* — Etre tiré est le corrélatif d'*être contenu.* Or une chose peut être contenue dans une autre de deux manières: en acte et en puissance. Elle est contenue en acte, quand elle est possédée par l'autre dans sa propre entité, comme l'épée dans le fourreau. Elle est contenue en puissance, lorsqu'elle est possédée par un autre, non dans son entité actuelle, mais dans sa possibilité. Elle y est contenue en ce sens qu'elle en peut être extraite. Sa possibilité est contenue dans les bornes de la puissance de l'autre.

Comme la puissance est *active* ou *passive*, une chose peut être contenue en puissance dans une autre soit *activement*, en tant qu'elle peut être faite par cette autre, soit *passivement*, en tant qu'elle peut sortir d'elle, comme la statue est dans le bois et peut sortir de la transformation du bois.

Un acte est tiré d'une puissance passive, quand il est produit et existe en dépendance de cette puissance, de telle sorte que cet acte dépende, dans son existence et sa production, de la causalité de cette puissance. Or c'est ce qui arrive pour les formes substantielles matérielles. Ces formes en effet dépendent de la matière dans leur existence. Et comme le *devenir* est proportionné et ordonné à l'être, ces formes dépendent aussi de la causalité de la matière dans leur devenir ou leur production. Elles se font par la transformation de la matière. Voilà pourquoi on dit qu'elles sont extraites de la puissance de la matière.

4° *L'unité de la forme substantielle.* — La forme substantielle est *une*, en ce sens qu'elle exclut la présence de toute autre forme substantielle dans un être *un*, dans un être qui a une essence substantielle, comme Pierre, cette brute, cette plante.

Avicenne, s. Albert le Grand, s. Bonaventure ont enseigné la pluralité des formes substantielles dans un seul être.

Scot prétend que, dans un être vivant, il y a la forme de corporéité, par laquelle le vivant est un corps, et une autre forme par laquelle le corps est vivant.

S. Thomas a définitivement prouvé qu'il n'existe qu'une forme substantielle dans chaque être mobile. Sa doctrine est aujourd'hui communément admise.

Prouvons son affirmation:

Dans tout être mobile qui n'a qu'une essence substantielle, la forme substantielle est une ou unique. Or tout être mobile n'a qu'une essence substantielle. Donc, dans tout être mobile, la forme substantielle est une ou unique.

A la majeure.— La forme substantielle est l'acte qui détermine l'essence ou constitue l'être sous une espèce déterminée. Donc là où il y a plusieurs formes substantielles, il y a plusieurs essences substantielles distinctes.

A la mineure.— Là où il y a plusieurs essences substantielles, il y a plusieurs êtres.

3. Le principe d'individuation.

104 - L'INDIVIDU ET LE PRINCIPE D'INDIVIDUATION.— 1° L'individuation peut se prendre au sens métaphysique, logique ou physique.

Métaphysiquement, l'individuation est le dernier des degrés métaphysiques ou la différence individuelle qui détermine l'espèce.

Logiquement, c'est la relation par laquelle une chose peut être sujet par rapport à des prédicats supérieurs, mais ne peut être prédicat qu'à l'égard d'elle-même: Pierre est homme, Pierre est Pierre.

Physiquement, c'est l'unité numérique qui rend une chose indivisée en elle-même et distincte de toute autre chose.

L'individu est donc ce qui est complètement un en lui-même et ce qui est en même temps distinct des autres.

L'ange, l'accident, la substance matérielle sont des individus.

Nous parlons ici de l'individuation *physique* de la substance matérielle.

La substance matérielle, comme individu, comporte deux *choses*: l'unité complète qui la rend incommunicable à un sujet —par là l'individu se distingue de l'espèce dont l'unité n'exclut pas la communication à plusieurs sujets—; la distinction par rapport à d'autres individus de même espèce, que ces individus existent en fait ou puissent seulement exister.

2° Le principe d'individuation dans la substance matérielle est donc la première racine de l'unité numérique substantielle.

Ce principe doit être intrinsèque à l'être, et il doit être substantiel, puisqu'il explique l'individuation dans la ligne de la substance.

Il faut distinguer le principe d'individuation des notes individuantes. Celles-ci sont cet ensemble d'accidents qui, pris ensemble, désignent ou peuvent désigner une substance individuée.

Les notes individuantes sont au nombre de sept, renfermées dans les vers suivants:

Forma, figura, locus, tempus, stirps, patria, nomen.
Haec ea sunt septem quae non habet unus et alter.

Ce qui veut dire en français:
Forme, figure, lieu, temps, sang, patrie, nom, en voilà sept qui étant dans l'un ne sont pas les mêmes dans l'autre.

2° a) S. Thomas affirme que la matière première signée par la quantité est le premier principe d'individuation dans les substances matérielles. La matière est dite signée par la quantité, non pas parce qu'elle est déterminée par la quantité comme un sujet par un accident — le sujet de la quantité est le composé —, mais parce qu'elle dit une relation transcendantale à la quantité comme divisant ou séparant les parties de la matière.

On comprend que la quantité entre comme élément dans l'individuation des substances matérielles, car la quantité est un accident qui étend les parties de la substance, qui par suite distingue la partie de la partie et exerce ainsi par lui-même un rôle d'individuation.

La quantité n'est cependant pas un principe ou un co-principe d'individuation: elle est une condition posée pour que la matière puisse être principe d'individuation.

b) Suarez affirme que chaque chose est individuée par sa propre entité. Scot enseigne que l'individuation est produite par quelque chose d'extrinsèque à la nature, qu'il appelle l'"haecceitas".

D'autres auteurs enfin ont soutenu que le principe d'individuation est soit la forme seule, soit la matière première, soit la matière actuée par la forme.

Prouvons la doctrine de saint Thomas:

Le principe d'individuation est la matière signée par la quantité.

Le premier principe qui rend plusieurs substances d'une même espèce incommunicables à des inférieurs et qui en même temps explique leur multiplicité purement numérique, est la matière signée par la quantité. Or le principe d'individuation est le premier principe qui explique l'incommunicabilité des substances et leur distinction purement numérique à l'intérieur d'une même espèce. Donc le principe d'individuation est la matière signée par la quantité.

La mineure est évidente, car l'individu comporte deux choses:

a) l'incommunicabilité à des inférieurs;   b) la distinction numérique à l'égard d'autres individus de la même espèce.

A la majeure.— a) *La matière rend une substance incommunicable à des sujets.*— Parce qu'une substance composée de forme et de matière est incommunicable en raison même de sa matière. En effet la matière, étant pure puissance, ne peut être reçue, comme une détermination ou un acte, dans un sujet.

b) *La matière signée par la quantité explique la multiplicité purement numérique.*— La matière ordonnée à telle quantité est distincte de la matière ordonnée à telle autre quantité.   Les formes reçues dans cette matière ou cette autre, ne sont pas distinctes comme formes et comme principes de l'espèce, mais d'une manière purement numérique ou matérielle en raison de la matière qu'elles actuent. Et ainsi les substances composées de matière et de forme sont distinctes l'une de l'autre non pas spécifiquement, mais d'une manière uniquement numérique.

Remarques. 1° Les accidents sont individués par leur sujet, c'est-à-dire par la substance qu'ils actuent.

2° Les anges, qui sont des substances immatérielles, sont actués par leur forme, c'est-à-dire par leur propre essence. Voilà pourquoi il ne peut y avoir plusieurs anges sous une même espèce. Chaque ange est distinct de l'autre non seulement *numériquement*, mais encore *spécifiquement.*

105 - LA PERMANENCE DES ÉLÉMENTS.— Les scolastiques ont longtemps discuté le problème suivant: un composé chimique, comme l'homme par exemple, est *un* être. D'autre part, chaque élément semble constituer à lui seul un individu distinct, *un* être ayant sa nature propre. Comment alors expliquer l'existence de plusieurs éléments dans un être qui est un? Un être ayant une nature ne peut être un aggrégat de plusieurs êtres.

Ils ont résolu le problème en disant que dans le composé les éléments ne demeuraient pas *formellement,* c'est-à-dire avec leurs formes substantielles propres, mais *virtuellement,* c'est-à-dire en tant qu'actués par l'unique forme substantielle du tout.

Si l'on considère que les éléments ne sont que les *parties métriques* d'un objet mesuré, on voit que les scolastiques ont posé, à leur sujet, un pseudo-problème. On ne peut considérer l'élément comme un être, ni parler de sa forme substantielle.

ARTICLE II

LA NATURE ET LES CAUSES

106 - OBJET DE CET ARTICLE.— Jusqu'ici nous avons parlé des principes intrinsèques des être mobiles. Mais puisque la nature nous apparaît comme un principe, nous devons traiter maintenant de la nature. De plus, comme la nature nous dit que tout ce qui est produit est produit par des causes, nous devrons étudier les causes.

La nature s'oppose au surnaturel, au libre, au violent et à l'artificiel. Il n'appartient pas au Philosophe de la nature de considérer le surnaturel et le libre comme opposés à la nature, puisque le surnaturel et le libre ne dépendent pas du mouvement sensible. Il doit par contre analyser le violent et l'artificiel qui, eux, se rapportent aux choses sensibles.

Nous traiterons donc de la nature, de l'art, de la violence et des causes.

1. La nature, la violence, et l'art.

107 - LA NATURE.— a) *Notion.*— Le nom de *nature* vient du verbe *naître*. Il a été d'abord employé pour signifier *la nativité.* Il a ensuite été étendu au terme de la génération et a pris plusieurs sens.

La nature peut signifier:

1) Tout ce qui est intelligible;

2) La substance: ce qui peut agir ou souffrir la passion.

3) L'essence spécifique.

4) L'ensemble des essences: la nature universelle; en ce sens, on dit que le lion existe dans la nature.

5) Le premier principe du mouvement et du repos. C'est en ce dernier sens que nous considérons la nature en Philosophie de la nature, et nous la définissons: *le principe et la cause du mouvement et du re-*

pos pour la chose en laquelle elle réside premièrement, par elle-même et non par accident.

Expliquons cette définition. Nous disons:

principe, c'est-à-dire racine et première origine;

cause, parce que la nature a une influence véritable;

du mouvement et du repos, à savoir de cette vicissitude selon laquelle les choses sont à l'état de mouvement ou d'arrêt;

pour la chose en laquelle elle réside: la nature est une cause interne et cachée dans la chose qui est en mouvement ou en repos;

premièrement: la nature est le premier principe du mouvement: par suite, les qualités acquises ou infuses, comme les vertus, ne sont pas des natures;

par elle-même et non par accident: la nature étant principe essentiel ne peut être par accident dans la chose où elle est principe. Il peut arriver qu'un principe interne du mouvement soit accidentel. Ainsi un médecin peut se guérir, mais il ne reçoit pas la guérison en tant que médecin. C'est par accident qu'un homme, sujet d'une guérison, est médecin.

2° *La division de la nature.*— Comme la nature est le premier principe du mouvement, il suit que la nature est soit *la matière,* qui est toujours le premier principe passif du mouvement, soit la *forme,* qui est est principe actif des mouvements vitaux.

L'essence complète de l'être mobile peut aussi s'appeler d'une certaine façon *nature,* parce qu'elle est un principe de ses mouvements; mais au sens rigoureux, elle n'est pas la nature, car elle est un composé de la *nature,* à savoir de la matière et de la forme.

108 - LA VIOLENCE.— La violence se définit: *ce qui n'a pas son principe à l'intérieur de la chose, et qui produit le mouvement sans que le sujet y coopère.*

Deux choses sont donc nécessaires à la violence: a) son principe doit être extérieur, c'est-à-dire qu'il ne doit pas découler de l'essence de la chose, mais y être introduit du dehors comme son ennemi; b) ce principe répugne à l'inclination de la chose. Et pour qu'il y ait opposition à l'inclination de la chose, pour que le sujet ne coopère pas à l'action violente, il faut dans ce sujet ou une résistance active qui èpuise l'action de l'agent violent, ou au moins une passivité dont l'inertie résiste à l'impression donnée. Si le sujet est dans un état d'indifférence à l'action, il apporte à cette action une soumission tranquille, et par suite il prête son concours à l'agent. Ce n'est plus de la violence.

109 - L'ART.— L'art se définit: *recta ratio factibilium*. C'est une certaine disposition résidant dans la raison et la dirigeant quand l'homme exécute ou fait une œuvre. On appelle artificiel tout ce que la raison de l'homme opère dans la matière. L'artificiel se définit donc: *ce qui prend son principe en dehors du sujet, dans la raison pratique ordonnant la matière.*

On voit par là comment se différencient le *naturel*, le *violent* et l'*artificiel*.

Le *naturel* est ce dont le principe est au dedans.

L'*artificiel* est ce dont le principe est au dehors, c'est-à-dire dans la raison de l'ouvrier.

Le *violent* est ce dont le principe est au dehors, mais qui de plus est opposé à l'inclination naturelle. C'est pourquoi on dit que le violent est opposé à la nature, tandis que l'artificiel, comme tel, loin de contrarier la nature, cherche à l'imiter. *L'art imite la nature.*

2. Les causes.

a) Les causes en général.

110 - NOTION GÉNÉRALE DE LA CAUSE.— La cause en général se définit: *une chose dont dépend l'être d'une autre chose.* Deux conditions sont donc nécessaires pour qu'un être soit cause: a) une distinction entre la cause et l'effet, parce que l'effet qui est amené du non-être à l'être ne peut être le même que la chose par laquelle il est amené à l'être; b) une dépendance de l'être de l'effet vis-à-vis de la cause. Cette dépendance n'est pas une dépendance logique ou une dépendance d'ordre, mais une dépendance réelle qui comporte une influence réelle de la cause sur la production et l'existence de l'effet.

111 - DIVISION DES CAUSES.— La division des causes apparaît immédiatement par la considération de l'être mobile. L'être mobile est constitué de puissance et d'acte. La puissance est *la cause matérielle*, tandis que l'acte est la *cause formelle*.

Mais la puissance ne peut devenir en acte que sous l'influence d'un être déjà en acte, c'est-à-dire d'un agent: c'est la cause *efficiente*.

L'agent lui-même ne peut agir qu'en vue d'un effet déterminé ou d'une fin: c'est la *cause finale*.

On a donc quatre genres de causes:

la cause matérielle;

causes intrinsèques.

la cause formelle;

la cause efficiente;

causes extrinsèques.

la cause finale.

b) La cause matérielle et formelle.

112 - LA CAUSE MATÉRIELLE ET LA CAUSE FORMELLE.— 1° a) *Notion et division de la cause matérielle.* — La cause matérielle se définit: *la cause dont l'être est fait, et qui lui est intérieure.* L'être est fait de la cause matérielle, comme la statue est faite de marbre; et la cause matérielle demeure dans l'être produit, à l'opposé de la privation qui ,elle aussi, est à l'origine de l'être, mais qui s'évanouit quand l'être est produit. En effet la forme de l'être produit enlève la *privation* de cette forme dans la matière.

La cause matérielle est tout d'abord la matière première. On nomme aussi cause matérielle les accidents qui disposent la matière à recevoir une forme — cause matérielle dispositive —, et tout sujet qui soutient un acte.

b) *Notion et division de la cause formelle.*— La cause formelle se définit: *un principe intrinsèque par lequel les choses sont déterminées à un certain mode d'être, et ont leur espèce propre.* Ainsi la cause formelle se distingue des causes extrinsèques — cause finale et efficiente — et de la cause matérielle qui est indéterminée et non déterminante.

Au sens strict la cause formelle est soit *la forme substantielle* qui est l'acte de la matière première, soit la *forme accidentelle* qui actue la matière seconde.

Tout acte reçu dans une puissance peut se ramener à la cause formelle, comme, par exemple, l'intelligence.

c) *La matière et la forme sont causes par leur propre entité.*— La matière est cause parce qu'elle peut être actuée par la forme, et la forme est cause parce qu'elle peut actuer la matière. Or la matière par sa propre entité est une puissance qui peut être actuée par la forme; et la forme par sa propre entité est un acte qui peut actuer la matière. Donc ....

d) *La causalité de la matière et de la forme n'ajoute rien à leur entité.*— La causalité de la forme consiste précisément en ce qu'elle informe la matière, et la causalité de la matière, en ce qu'elle soutient la forme. Or c'est par leur propre entité que l'une actue la matière et que l'autre soutient la forme. Donc chacune d'elles cause par elle-même, et leur causalité n'ajoute rien à leur entité.

e) *Les conditions pour que la matière et la forme exercent leur causalité.*— Il faut d'abord l'influence d'un agent qui applique la forme à la matière. Il faut de plus que la matière soit disposée à recevoir la forme: car la matière, étant de soi indifférente à toutes les formes, a besoin de quelque chose qui la détermine à recevoir une forme plutôt qu'une autre: c'est le rôle des dispositions tant éloignées que prochaines.

f) *L'effet de la cause matérielle et de la cause formelle.*— L'effet propre et adéquat de la matière et de la forme est le composé tout entier. Ceci est évident, car de l'union de la forme et de la matière résulte le composé.

On peut cependant distinguer plusieurs effets inadéquats de la matière et de la forme.

La matière cause la génération par mode de sujet; elle cause aussi la forme par mode de puissance dont la forme est tirée, si cette forme est matérielle, ou par mode de puissance dans laquelle la forme est reçue, s'il s'agit d'une forme immatérielle comme l'âme humaine.

La forme cause la génération par mode de terme partiel; elle actue en plus la matière et chasse de la matière l'ancienne forme qu'elle remplace.

113 - LA CAUSE FORMELLE EXTRINSÈQUE.— La cause formelle extrinsèque ou la cause exemplaire est celle que la chose imite. C'est *l'idée*.

L'idée se définit: *une forme imitée d'après l'intention de l'agent prenant cette forme pour sa fin*. C'est ce que l'artiste a en vue dans son oeuvre.

La cause exemplaire ou l'idée ne se dit pas seulement de cette ressemblance que l'artiste préconçoit dans son esprit, mais encore d'un objet extérieur qu'il se propose d'imiter.

L'idée se réduit le plus exactement possible au genre de cause formelle, car elle détermine l'oeuvre produite en tant que cette oeuvre imite l'idée.

Elle peut aussi se ramener d'une certaine manière à la cause efficiente, parce qu'elle détermine l'agent lui-même qui est cause efficiente; et à la cause finale, parce que l'oeuvre à exécuter est destinée à reproduire l'idée à l'extérieur.

c) La cause efficiente

114 - LA CAUSE EFFICIENTE.— 1° *Notion*.— La cause efficiente se définit: *un principe extrinsèque, positif et premier du mouvement*.

Nous disons:

un principe, comme toute cause;

extrinsèque, pour distinguer la cause efficiente de la matière et de la forme qui sont des principes intrinsèques;

positif, par opposition à la privation qui est présupposée d'une façon purement négative au mouvement;

premier, pour la distinguer de la cause finale qui est la dernière dans l'ordre de l'exécution.

2° *Division* I) La cause efficiente se divise *d'abord* en *cause par soi* et en *cause par accident*.

La cause *par soi* est celle qui produit un effet auquel elle est ordonnée par sa nature: le feu brûle.

La cause *par accident* est celle qui produit un effet auquel elle n'est pas ordonnée naturellement. Et ceci peut arriver de deux manières: *d'abord* du côté de la cause, quand une qualité est accidentellement jointe à la qualité par laquelle cette cause agit: par exemple si un médecin chante, le chant qu'il fait entendre ne se rapporte qu'accidentellement à sa qualité de médecin; *ensuite* du côté de l'effet,

quand à l'effet d'une cause vient se joindre accidentellement un autre effet: si par exemple un homme trouve un trésor en creusant une
fosse, il est *cause par accident* de la découverte du trésor parce que
cette découverte a été accidentellement unie au travail de creuser la
fosse.

2) La cause efficiente se divise encore en cause *principale* et en
cause *instrumentale*.

La cause principale est celle qui agit par sa vertu propre: ainsi
un arbre produit un arbre par sa vertu propre.

La cause instrumentale est celle qui agit par la vertu d'une autre
cause: ainsi un pinceau produit un objet d'art par la vertu de l'artiste.

3) La cause efficiente se divise en *cause première* et en *cause seconde*.

La cause première est celle qui non seulement ne reçoit pas d'une
autre son pouvoir d'agir, mais encore qui ne dépend d'aucune autre
cause dans l'exercice de son action: c'est Dieu.

La cause seconde est celle qui reçoit sa propre vertu et l'exercice de cette vertu du dehors. Toutes les créatures reçoivent leurs
facultés de Dieu qui les meut et les applique à l'action chaque fois
qu'elles agissent.

4) La cause efficiente se divise en *universelle* et *particulière*.

La cause particulière est celle qui ne produit qu'une seule espèce d'effets: l'animal produisant l'animal.

La cause universelle est celle dont la vertu s'étend à différentes
espèces d'effets, comme Dieu qui produit tous les êtres.

5) La cause efficiente se divise en *cause univoque*, qui produit un
effet semblable à elle-même spécifiquement, comme le singe produit
un autre singe, et en *cause analogue*, qui produit un effet semblable à
elle-même d'une certaine façon, mais non spécifiquement.

6) Elle se divise en *cause prochaine* influant immédiatement sur
l'effet, ou en *cause éloignée*, qui n'influe sur l'effet que d'une manière
lointaine.

7) Elle se divise en *cause libre* et en *cause nécessaire*.

La cause libre est celle qui agit par délibération et domine son action, pouvant la produire et la suspendre à son gré. Ex.: l'agent intellectuel.

La cause nécessaire est celle qui n'agit pas par délibération, mais qui agit par l'influence de la nature: un singe.

8) Elle se divise en *cause totale*, qui totalement et seule dans son ordre produit son effet, et en *cause partielle*, qui a besoin de l'alliance d'une autre cause de même ordre pour produire un effet. Ainsi plusieurs chevaux qui traînent une même voiture sont des causes partielles.

9) Elle se divise en *cause physique* et en *cause morale*.

La cause physique est celle qui agit par un mouvement réel.

La cause morale est celle qui coopère par un conseil, une suggestion, etc. L'homme qui encourage l'incendiaire est cause morale de l'incendie.

10) La cause efficiente se divise en cause *quant au devenir et à l'être* ou en cause quant au *devenir seulement*.

La cause quant au devenir seulement est celle de qui l'effet dépend quant à sa production, mais non quant à la permanence de son existence. Ex.: un tableau est produit par un artiste, mais, une fois produit, il peut exister sans l'influence de l'artiste.

La cause quant au devenir et à l'être est celle dont l'action est nécessaire non seulement pour la production d'un effet, mais encore pour la permanence de l'effet dans l'existence. Ainsi les créatures sont créées par Dieu et ne peuvent être conservées dans l'existence sans l'action continuée de Dieu.

11) La cause efficiente est enfin *essentiellement* ou *accidentellement subordonnée*.

La cause efficiente essentiellement subordonnée est celle qui ne peut agir que si elle est appliquée à son action par une cause supérieure. Toute créature a besoin d'être appliquée à son action par Dieu.

La cause efficiente accidentellement subordonnée est celle qui n'est pas subordonnée à une autre cause par son action, mais par un autre lien. L'action du fils se produit indépendamment de l'influence actuelle de son père; mais le fils, quant à son existence, dépend du père.

3° *La substance n'est pas immédiatement opérative.*— La forme substantielle est le premier principe partiel de l'opération. La substance du composé est la première source totale de l'opération. Ici l'on cherche si la substance de l'être mobile, et en général de tout être fini, peut produire l'action immédiatement par elle-même, ou si entre cette substance et l'opération, il doit nécessairement exister une puissance opérative, une faculté réellement distincte de la substance.

Pour saint Thomas, Dieu seul opère immédiatement par lui-même. La substance de l'être fini a besoin pour agir de facultés réellement distinctes d'elle-même. Scot et Suarez affirment au contraire que, pour agir, l'être fini n'a pas nécessairement besoin de facultés réellement distinctes de sa substance.

Prouvons l'affirmation de s. Thomas.

Une substance dont le pouvoir d'agir ou la puissance active est un accident, n'opère pas immédiatement par elle-même. Or la puissance active de la substance de l'être fini est nécessairement un accident. Donc la substance de l'être fini n'opère pas immédiatement par elle-même.

À la majeure.— Si la substance opère par l'intermédiaire d'un accident, elle n'opère pas immédiatement par elle-même.

A la mineure.— Toute puissance est du même ordre que son acte spécificateur. Or l'opération qui spécifie comme acte la puissance active de l'être fini est un accident: l'être fini ne change pas substantiellement, lorsqu'il suspend ses opérations. Donc. . . . .

4° *La causalité de la cause efficiente est l'action ou l'agir.*— La causalité de la cause efficiente est ce par quoi elle cause en acte. Or c'est par son action, par l'agir que la cause efficiente cause en acte. Donc. . . . . . .

5° *Conditions pour que la cause efficiente produise son effet.*—
La cause efficiente doit être présente à l'effet au moins par son influence, c'est-à-dire par son action. Il n'y a donc pas d'action à distance, en ce sens que la cause efficiente ne peut produire un effet sans l'atteindre par son action.

L'effet de la cause efficiente est la chose produite.

115 - Y A-T-IL DES CAUSES EFFICIENTES DANS LA NATURE?— Ceux qui admettent l'existence de Dieu et des anges affirment en général que Dieu et les anges sont des causes efficientes réelles.

Les doutes s'élèvent quand il s'agit des êtres de nature. Y a-t-il dans la nature des causes efficientes?

Avicebron, parmi les anciens, a soutenu que tous les effets produits dans la nature avaient pour cause une certaine substance spirituelle.

Descartes enseigne que les corps n'ont que le pouvoir de transmettre le mouvement reçu à l'origine, et qu'ils n'ont pas d'activité réelle.

Pour Malebranche, les créatures n'ont d'autre rôle que de fournir à Dieu l'occasion d'exercer sa causalité. Seul Dieu agit réellement. C'est *l'occasionnalisme*.

Plusieurs auteurs, en Physique moderne, nient aussi l'existence de la causalité efficiente. Pour eux, il n'y a pas dans la nature de lien causal proprement dit, mais seulement des relations entre des antécédents et des conséquents. Comme le concept de cause est un concept purement philosophique, ces auteurs ne devraient pas nier le concept de cause, mais simplement *l'ignorer*.

Tous les scolastiques affirment que les êtres de nature et que tous les êtres finis sont des causes efficientes réelles.
Prouvons leur assertion:

Tout être en acte peut agir. Or tout être de nature et en général tout être fini est en acte. Donc tout être de nature et en général tout être fini peut agir, ou est cause efficiente réelle.

A la majeure.— Agir, c'est actuer un autre être. Or actuer un autre être est le propre de ce qui est déjà en acte, comme il est évident. Donc agir est le propre de ce qui est déjà en acte, et tout être en acte peut agir.

La mineure est évidente, car tout être, par le fait même qu'il est, est déterminé et est en acte.

116¹-LA CAUSE INSTRUMENTALE.— 1° *Notion.*- La cause instrumentale se définit: *une cause agissant par la vertu d'une autre*, c'est-à-dire de la cause principale.

L'instrument agit par une *vertu étrangère*, tandis que la cause principale agit par sa vertu propre.

Une cause agit par sa vertu propre,

a) quand la vertu d'agir est la propriété de l'agent;

b) quand la puissance prochaine d'agir, n'étant pas sa propriété, est cependant subordonnée à une autre vertu d'agir qui est sa propriété: ainsi dans la vision béatifique, la lumière de Gloire est subordonnée à l'intelligence du bienheureux, et le bienheureux voit Dieu comme cause principale;

c) quand la vertu d'agir est reçue dans l'agent comme dans un sujet, et lui est appropriée; l'eau reçoit du feu la vertu d'échauffer; mais l'eau, quand elle est chaude, produit la chaleur comme cause principale.

Une cause agira donc par la vertu d'une autre quand elle participera d'une manière incomplète et passagère à la vertu de la cause principale.

2° La puissance active de l'instrument.— Deux notes caractérisent la cause instrumentale: a) elle produit ou du moins peut produire un effet qui la dépasse ou lui est supérieur; b) elle agit par la vertu d'une autre. C'est cette seconde note qui, d'après les Thomistes, constitue formellement la cause instrumentale comme telle. Voilà pourquoi ils distinguent dans l'instrument une double puissance active, ou une double vertu:

a) *la puissance active préalable;*

b) *la puissance active proprement instrumentale.*

La puissance active préalable se définit: *celle qui est antérieure à la puissance active instrumentale et qui ordonne l'agent, qui est instrument, à une action (et à un effet) qui lui est proportionnée.* Ex.: l'action propre de la scie est de scier du bois.

La nécessité de cette puissance active préalable est évidente. La cause instrumentale n'est pas un intermédiaire pur et simple, elle est une véritable cause efficiente inférieure dont se sert la cause principale. Elle doit donc avoir sa puissance active propre.

La puissance active instrumentale se définit: *la motion passagère reçue de la cause principale, qui change intrinsèquement l'instrument et lui fait produire un effet qui le dépasse.*

Suarez nie l'existence de la force ou puissance instrumentale entendue dans un tel sens. Son existence s'impose pourtant. Car, pour que l'instrument puisse produire un effet qui le dépasse, il doit être intrinsèquement changé et surélevé dans ses puissances d'action. Il doit avoir une puissance active proportionnée à l'effet à produire. D'autre part cette puissance active ne peut être permanente, car la puissance active permanente est celle qui est propre à la cause principale. Elle est la motion passagère reçue de la cause principale, et c'est en ce sens que l'instrument agit par la vertu de la cause principale.

3° *L'action de l'instrument.*— L'instrument a nécessairement une double action: l'action qui correspond à la puissance active propre, par laquelle il agit comme cause principale, et l'action qui répond à sa vertu instrumentale.

Parfois l'action propre et l'action instrumentale sont réellement distinctes; dans d'autres cas, ces deux actions ne se distinguent que modalement: la scie, par une seule et même action, coupe le bois et produit sous l'influence de la cause principale, une oeuvre d'art.

Il n'est pas nécessaire non plus que l'action propre de l'instrument produise un effet qui soit une disposition à l'effet de l'action instrumentale. Il suffit qu'elle modifie le mode d'opérer de la cause principale. Ainsi la purification par l'eau dans le baptême n'est pas une disposition à l'infusion de la grâce baptismale; mais parce que Dieu a déterminé que la grâce baptismale serait donnée par l'eau, l'eau devient pour la cause principale un instrument dans la production de la grâce.

4° *Division de l'instrument.*— a) L'instrument est *moral* ou *physique.*

L'instrument moral est celui qui n'est mû que moralement par la cause principale, comme on l'est par un ordre, un pacte, un règlement, etc.

L'instrument physique est celui qui reçoit de la cause principale la force d'agir physiquement: le marteau de l'ouvrier.

b) L'instrument est *subjectif* (instrumentum quod) et *médiateur* (instrumentum quo).

Le premier est un être *qui* est et *qui* agit, mis au service de la cause principale: l'esclave par rapport à son maître.

Le second est soit la vertu instrumentale de l'instrument, soit la puissance active ou la faculté de la cause principale considérée par rapport à sa substance: l'intelligence est l'instrument dont l'âme humaine se sert pour poser son acte d'intellection.

c) L'instrument est *artificiel*, s'il est un produit de l'art; *naturel*, s'il provient de la nature et est ordonné à un effet naturel; *surnaturel*, s'il sert à Dieu pour produire un effet surnaturel; *uni*, s'il est joint à la cause principale, comme les mains à l'homme; *séparé*, s'il n'est pas joint à la cause principale: l'esclave par rapport à son maître.

L'instrument proprement dit que nous avons analysé est *l'instrument physique subjectif* (*instrumentum physicum quod*).

116²-Le principe de causalité efficiente.— Il s'énonce comme suit: *tout être qui est mû, est mû par un autre*. Pourquoi? Parce que le mouvement comporte l'union de puissance et d'acte. Et comme la puissance de soi n'est que puissance, elle ne peut devenir en acte ou être actuée que par un autre qui est en acte.

On peut dire aussi que la formule du principe de causalité est la suivante: *tout ce qui est composé de puissance et d'acte est produit par une cause efficiente*. Et comme l'être composé de puissance et d'acte est un être fini, un être participé, ou un être dont l'essence est réellement distincte de l'existence, le principe de causalité efficiente peut s'énoncer dans les termes suivants:

Tout être fini a une cause efficiente.

Tout être participé a une cause efficiente.

Tout être dont l'existence est réellement distincte de l'essence a une cause efficiente.

On a aussi la formule suivante: *actus simpliciter est prior potentia*: *l'acte est de soi antérieur à la puissance*. En effet, une puissance ne peut être actuée que sous l'action d'un être antérieur qui est en acte.

Dans l'ordre de la génération cependant. la puissance est antérieure dans le temps à l'acte qui va la déterminer formellement. Un homme, avant d'être engendré, doit exister en puissance dans la matière.

Le principe de causalité est une proposition connue par elle-même. Il est donc immédiatement évident et a une valeur absolue. Le lien entre le sujet et le prédicat est manifeste par leur notion. Car la puissance de soi n'est que *puissance*; elle ne peut être en acte que par l'action d'un être en acte, c'est-à-dire d'une cause efficiente.

d) La cause finale.

117 - LA CAUSE FINALE.— 1° *Notion*.- On définit la cause finale: *ce vers quoi tend un appétit*, ou encore *ce pour quoi une chose se fait*.

Il faut donc distinguer la cause finale du terme qui est *la fin* du continu — le point est *la fin* de la ligne; de la cessation, etc. — nous disons que la mort est *la fin* de la vie.

La cause finale est une cause vraie et réelle, car elle influe réellement sur l'effet en attirant et excitant l'appétit: sans la fin, l'agent n'agirait pas et n'actuerait pas la matière.

2° *Division*.— a) La fin se divise en *fin comme objet*, en *fin comme sujet* et en *fin formelle*.

La fin comme objet (finis cujus gratia) est le bien que nous voulons.

La fin comme sujet (finis cui) est le sujet pour qui nous voulons ce bien. Ainsi, quand un père travaille pour enrichir son fils, les richesses sont la fin *objective* du travail, et le fils en est la fin *subjective*.

La fin formelle est l'acte par lequel nous atteignons et possédons la fin comme objet: la *possession* des richesses est la fin formelle de l'avare.

b) La fin se divise ensuite en fin *dernière* et en fin *intermédiaire* ou *prochaine*.

La fin dernière est la fin que nous recherchons pour elle-même, et à laquelle nous ordonnons toutes les autres fins.

La fin dernière peut être *relativement* dernière, lorsqu'elle est dernière dans un ordre donné, et *absolument* dernière, lorsqu'elle est dernière dans tous les ordres.

La fin prochaine est celle que nous recherchons pour elle-même, mais que nous ordonnons à une autre fin. Ainsi un homme. pour plaire à Dieu, mortifie son corps en vue de la pratique de la vertu. Sa fin *dernière* est Dieu, sa fin *prochaine* ou *intermédiaire* est la pratique de la vertu.

c) La fin se divise en *fin de l'oeuvre* ou en *fin de l'ouvrier* ou de l'agent.

La fin de l'oeuvre est celle vers laquelle l'oeuvre tend de sa nature.

La fin de l'agent est celle qu'un agent libre détermine à son gré. *La fin de l'oeuvre* dans l'aumône est le soulagement du pauvre; la fin *de celui qui fait l'aumône* est quelquefois Dieu, quelquefois la vaine gloire.

Parfois la fin de l'ouvrier peut être la fin de l'oeuvre, et parfois elle peut en être distincte.

d) La fin se divise en *fin principale* et en *fin secondaire*.

La fin principale est celle qui est envisagée premièrement et directement.

La fin secondaire est celle qui est envisagée comme par conséquence et comme *accessoire*. La fin principale d'un artiste peut être la production d'une oeuvre d'art, et la fin secondaire, les richesses.

e) La fin peut être *naturelle*, si elle ne dépasse pas les forces naturelles, ou *surnaturelle*, si elle ne peut s'acquérir que par les secours de la Grâce.

3° *La fin est un bien soit réel, soit apparent.* La fin ne peut donc jamais être le mal pris comme mal. Car une chose est fin en tant qu'elle est l'objet de l'appétit. Or le bien seul est objet de l'appétit ou est désirable: c'est là la définition du bien. Donc le bien seul peut être fin.

Parfois le bien n'attire l'appétit que s'il est connu. C'est le cas lorsque la fin est objet de l'appétit élicite. Mais la connaissance du bien n'est pas ce qui constitue formellement le bien comme cause finale; la connaissance est uniquement une condition pour que le bien, qui est fin par lui-même, exerce sa fonction de cause finale.

4° *La causalité de la fin.*— La fin exerce sa causalité en acte par l'amour ou le désir qu'elle excite dans l'appétit. L'amour ou le désir peut se prendre en deux sens: comme acte de l'appétit procédant de l'appétit, ou comme modification introduite dans l'appétit par le bien. Dans le premier sens, l'amour est l'effet de l'appétit; dans le second sens, il procède de la cause finale. Et c'est sous cet aspect qu'il constitue la causalité en acte de la fin.

118 - **LE PRINCIPE DE FINALITÉ.**— La fin est ce qui attire l'appétit. On peut la considérer sous un double aspect: a) selon qu'elle excite l'agent à agir; b) ou selon qu'elle répond à l'appétit de la puissance. On a donc deux formules du principe de finalité.

La première est la suivante: *Tout agent agit pour une fin*. Et cette proposition est une proposition connue par elle-même, car tout agent est un agent déterminé. Il agit donc *pour* une opération déterminée. Et si son opération est ordonnée à la production d'un effet, il agit *pour* un effet déterminé. Donc tout agent agit pour une fin.

La seconde formule s'énonce comme suit: *toute puissance est pour l'acte*, ou toute puissance désire l'acte comme *son bien ou sa fin*. Cette proposition est encore une proposition connue par elle-même, car la puissance dit un ordre transcendantal à l'acte. Elle est donc *pour* l'acte, elle désire l'acte comme sa fin.

119 - Les différentes manières d'agir pour une fin.— La fin renferme deux choses: la bonté et les rapports de cette bonté avec les moyens pour l'obtenir.

Or l'agent intellectuel saisit la bonté de sa fin et la proportion de la fin aux moyens qu'il prend pour l'obtenir. Il agit donc proprement ou *formellement* pour la fin.

L'animal irraisonnable appréhende et sent, pour ainsi dire, la bonté de la fin, mais il ne saisit pas les rapports de cette fin avec les moyens. Il agit pour la fin d'une façon purement matérielle, c'est-à-dire *appréhensivement*.

Les êtres naturels, ceux qui n'ont pas la connaissance, ne connaissent rien de leur fin. Ils n'agissent pas d'eux-mêmes pour la fin, mais sont plutôt dirigés vers la fin. On dit qu'ils agissent pour une fin seulement *passivement et exécutivement*, parce qu'ils accomplissent certains actes tendant à cette fin.

120 - La finalité dans la nature.— a) Quelques anciens, comme Démocrite, Leucippe, Epicure, ont enseigné que le mouvement de la nature ne tendait pas à une fin certaine, mais que tous les effets naturels provenaient du hasard.

Certains savants modernes ont aussi nié l'existence de la finalité dans la nature. Ces savants ont oublié que le concept de finalité est un concept philosophique. Ils auraient pu l'ignorer dans leur sphère — qui est la sphère des sciences expérimentales; ils n'auraient pas dû le nier.

Les plus illustres philosophes, comme Aristote, Platon, Socrate, Pythagore, etc, ont reconnu l'existence de la finalité dans la nature.

b) Nous pourrions par induction, à partir de l'expérience, montrer que la finalité existe dans la nature. Mais ici nous prouvons par un argument purement philosophique, que tout agent naturel agit pour une fin. Par agent naturel, nous entendons un agent privé de connaissance. Mais l'argument vaut aussi pour les agents doués de connaissance, et pour tout être en général.

Prouvons notre affirmation.

Tout agent déterminé agit pour une fin. Or tout agent naturel est un agent déterminé. Donc tout agent naturel agit pour une fin.

À la majeure.— Tout agent déterminé a une opération déterminée, et par suite un effet déterminé. Il est donc évident qu'il agit *pour* une opération déterminée et *pour* un effet déterminé, ou qu'il agit pour une fin.

A la mineure.— Tout agent naturel est en acte. Donc il est déterminé, car l'acte signifie la détermination.

e) Le hasard.

121 - LE HASARD.— 1°Le hasard se définit: *une cause naturelle agissant par accident et dont les effets sont peu fréquents.* Nous disons:

a) *Une cause naturelle,* par opposition à une cause intellectuelle. Car si la cause agissant par accident est intellectuelle, nous avons alors *la fortune.* La fortune se distingue donc du hasard parce que la première a lieu lorsque la cause est un agent intellectuel, et le second lorsque la cause est un agent non intellectuel. C'est par une bonne fortune qu'un homme trouve un trésor en creusant une fosse; c'est par hasard qu'un monstre est engendré.

b) *Agissant par accident,* c'est-à-dire n'agissant pas pour une fin à laquelle sa nature l'ordonne. En produisant un effet par hasard, l'agent n'agit donc pas pour une fin, mais il agit accidentellement, en dehors de sa ligne de finalité.

c) *Dont les effets sont peu fréquents:* les effets de hasard ne peuvent être fréquents, car autrement l'agent serait déterminé à ces effets; il n'agirait plus par hasard.

2° Le problème du hasard se rapporte au problème du *déterminisme* et de l'*indéterminisme* dans la nature, problème vivement agité encore aujourd'hui.

Certains savants enseignent que les lois de la nature sont rigoureusement déterminées, de telle sorte que la nature est toujours ordonnée à produire les mêmes effets. C'est le déterminisme. D'autres au contraire soutiennent que les lois de la nature ne sont pas rigoureusement déterminées. La nature est ordonnée à produire les mêmes effets dans la plupart des cas seulement, mais non toujours.

Beaucoup de scolastiques, surtout les modernes, affirment que les lois de la nature sont hypothétiquement nécessaires. Si l'agent naturel n'atteint pas par son opération la fin à laquelle il tend, ce n'est pas un indice que les lois de la nature soient défectibles de soi, mais ce n'est que dans l'hypothèse où il existe des empêchements extérieurs. Donc, pour eux, de soi l'agent naturel est déterminé, d'une manière indéfectible, à produire toujours les mêmes effets. Ces scolastiques sont des partisans du *déterminisme* dans la nature.

Pour Aristote et saint Thomas, la nature ne peut apporter des empêchements à l'action d'un agent naturel qui obéit à des lois nécessaires ou indéfectibles. Car, dans ce cas, elle se contredirait elle-même. Donc si l'agent naturel agit parfois par hasard, c'est que les lois de la nature de soi ne sont pas indéfectibles.

L'agent naturel, en vertu de sa nature même, n'agit de la même manière que dans la plupart des cas. Il est fait pour agir parfois accidentellement ou par hasard, c'est-à-dire pour produire un effet auquel il n'est pas ordonné. C'est ainsi que s'explique par exemple la génération des monstres. Aristote et saint Thomas ont donc reconnu l'existence de *l'indéterminisme* dans la nature.

Prouvons l'affirmation d'Aristote et de saint Thomas.

Un agent qui n'est pas complètement déterminé agit parfois par hasard. Or l'agent naturel n'est jamais complètement déterminé. Donc l'agent naturel agit parfois par hasard.

A la majeure.— Un agent agit pour une fin en tant qu'il est ordonné à des opérations et à des effets déterminés, c'est-à-dire en tant qu'il est déterminé lui-même. Donc, s'il n'est pas complètement déterminé, il peut par accident ne pas agir pour une fin, et produire des effets de hasard.

A la mineure.— L'agent naturel est composé de matière première et de forme substantielle. Et la forme substantielle qui détermine, ne peut jamais déterminer complètement et entièrement la matière première: car la matière, comme pure puissance, a une potentialité indéfinie, et la forme substantielle a une actualité limitée. Donc l'agent naturel n'est jamais complètement déterminé.

Remarques 1° La racine première du hasard est donc la matière première.

2° L'indétermination de la nature ne s'étend pas seulement aux effets du hasard. Elle joue même dans les actions naturelles qui sont faites en vue d'une fin. Ainsi un animal peut, dans les mêmes circonstances, ne pas agir d'une manière tout à fait identique. Et cela, non pas parce qu'il est libre, mais parce que son action n'est pas rigoureusement déterminée par la nature.

3° Il est donc faux de dire que la nature produit toujours les mêmes effets, même si les circonstances demeurent les mêmes.

CHAPITRE II

—

LES PROPRIÉTÉS DE L'ÊTRE MOBILE

Article I.— La quantité,

Article II.— Le mouvement, l'action, la passion et le temps.

ARTICLE PREMIER

LA QUANTITÉ

122 - L'ESSENCE DE LA QUANTITÉ.— 1° La quantité apparaît à l'expérience comme ce qui est mesurable. Elle contient aussi d'autres notes: l'étendue par rapport à un lieu ou l'occupation d'un lieu déterminé; la divisibilité en parties; l'impénétrabilité, par laquelle un être quantitatif s'approprie un lieu, et n'admet aucun autre être quantitatif au partage de ce lieu; enfin l'extension des parties ou l'ordre qui distingue une partie d'une autre partie.

2° L'essence de la quantité est celle de ces diverses notes qui est la première et qui explique toutes les autres.

Selon les Thomistes, l'essence de la quantité consiste dans l'extension des parties, ou dans *l'ordre des parties dans le tout.*

L'ordre ici signifie la distinction qui pose une partie en dehors d'une autre partie, selon l'avant et l'après.

On entend par parties, des parties *homogènes*, c'est-à-dire des parties semblables ou de même nature, comme par exemple les diverses parties d'une masse d'eau.

Les parties hétérogènes d'un tout ne se distinguent donc pas comme telles, par la quantité. Les anges sont des parties hétérogènes de l'univers spirituel. Ils se distinguent entre eux non pas par la quantité, mais par leurs natures.

3° Prouvons la doctrine thomiste.

L'essence d'une chose est ce qui est la première racine de toutes les propriétés qu'on peut attribuer à cette chose. Or l'extension des parties dans le tout est la racine première de toutes les propriétés qu'on attribue à la quantité. Donc l'essence de la quantité consiste dans l'extension du tout en parties.

La majeure est la notion même de l'essence.

La mineure apparaît aussi évidente, car une quantité est mesurable, divisible, étendue dans un lieu et impénétrable parce qu'elle a d'abord en elle-même des parties distinctes les unes des autres.

Ajoutons, pour pénétrer davantage cette conclusion, que dans la Sainte Eucharistie, le corps de Notre - Seigneur possède sa *quantité interne*: ses membres sont réellement distincts entre eux. Et cependant le corps de Notre - Seigneur n'a pas d'extension locale, car il est tout entier dans chaque parcelle des *espèces*: il ne peut être divisé actuellement, car il n'est point divisé quand les espèces le sont; il ne peut être mesuré, car il est tout entier dans la plus petite parcelle; enfin il n'est pas impénétrable, puisqu'il est dans le même lieu que la *quantité* du pain. Il apparaît donc que l'essence de la quantité consiste dans l'extension en parties.

123 - La quantité est réellement distincte de la substance.— a) La distinction réelle est une absence d'identité, qui est antérieure à toute considération de l'intelligence.

Nous disons que la quantité est réellement distincte de la substance de l'être mobile, c'est-à-dire du composé résultant de la forme substantielle et de la matière première.

b) Les Nominalistes ont nié la distinction réelle entre la quantité et la substance. Les Epicuriens semblent avoir partagé la même opinion. Descartes enfin enseigne explicitement que *l'étendue* est *l'essence même de la *substance* corporelle. Ce sont là des erreurs.

Aristote nous dit: *La longueur, la largeur et la profondeur sont des quantités, mais ne sont pas la substance: la quantité n'est pas la substance.* De plus, la Foi nous enseigne que, dans la Sainte Eucharistie, la substance du pain et du vin est changée, et que seules les espèces ou les accidents demeurent. Et nous voyons que l'Hostie consacrée conserve encore sa quantité. Nous pouvons donc déduire que la quantité n'est pas la substance.

c) Nous pouvons enfin prouver la distinction réelle par un argument de raison:

Un accident réel est réellement distinct de la substance de l'être mobile. Or la quantité est un accident réel. Donc la quantité est réellement distincte de la substance de l'être mobile.

La majeure est évidente.

A la mineure.— La quantité est quelque chose de réel, car elle est quelque chose de positif existant dans la réalité; elle est de plus un accident, car elle étend le tout en parties. Et pour être étendu en parties, le tout doit d'abord exister. Donc la quantité n'est qu'une détermination d'un être qui existe déjà; elle est un *acte second,* c'est-à-dire un accident.

Tirons deux conséquences de cette doctrine:

1° La substance de l'être mobile est par elle-même *intégralement simple,* bien qu'elle soit *essentiellement* composée de matière première et de forme substantielle.

Une chose est *intégralement simple,* quand elle n'a pas de parties homogènes distinctes. Et ceci peut avoir lieu de deux manières: *par mode de privation,* quand cette chose est encore dans l'ordre de la quantité, comme le point; *par mode de négation,* quand cette chose est en dehors de l'ordre de la quantité.

La substance de l'être mobile par elle-même est intégralement simple, non pas à la manière d'un point qui est principe de la ligne et qui par suite demeure dans le genre *quantité,* mais *par mode de négation.* Et la raison en est évidente. Car, par elle-même, la substance de l'être mobile ne se rapporte pas au prédicament quantité; elle est *substance.*

Donc, par elle-même, la substance de l'être mobile n'est pas dans un lieu; elle fait abstraction du lieu, tout comme l'ange; elle n'est ni mesurable, ni divisible, etc.

2° *Par la quantité, la substance de l'être mobile est réellement étendue en parties.* Dans un être mobile, les diverses parties homogènes ne sont pas uniquement des parties quantitatives, mais aussi des parties substantielles. Ainsi le cou, la tête, le coeur sont des parties intégrales et substantielles de l'animal.

En effet, c'est le propre de l'accident de déterminer la substance et de produire son effet formel et premier dans la substance. Or l'effet premier et formel de cet accident qu'on appelle la quantité, est l'extension en parties. Donc, par la quantité, la substance de l'être mobile est réellement étendue en parties.

124 - LE LIEU.— 1° *Notion.-* Aristote définit le lieu: *la surface première, immobile d'un corps ambiant.*

La surface remplit le rôle de genre; les autres termes indiquent les différences.

On dit la surface *première* d'un corps ambiant, car le lieu est la surface seule qui, dans la capacité de sa concavité, contient *immédiatement* un corps. Ainsi la surface de l'air qui circonscrit et contient immédiatement mon corps s'appelle mon *lieu.*

Cette surface est dite immobile, non pas *matériellement comme être,* mais *formellement en tant que surface contenant.*

La surface en effet peut être prise de deux manières: d'abord *matériellement,* comme étant la surface de telle quantité d'air ou d'eau, et sous cet aspect elle n'est pas immobile; ensuite *formellement,* en tant qu'elle contient, c'est-à-dire en tant qu'elle indique telle situation dans l'univers, par exemple telle distance des pôles ou du centre du monde, ou de n'importe quel autre corps en repos. En ce sens elle est immobile et est le lieu.

2° *L'impénétrabilité des corps.—* L'impénétrabilité est cette propriété en vertu de laquelle deux corps ne peuvent occuper en même temps le même lieu pris au sens strict.

Au sujet de l'impénétrabilité des corps, il y a trois opinions:

La première nie son existence.

La seconde l'admet d'une manière absolue. Elle affirme que deux corps ne peuvent occuper le même lieu, même par miracle. Telle est l'opinion de Durand et de plusieurs Rationalistes.

La troisième affirme que deux corps ne peuvent *naturellement* se pénétrer ou être dans le même lieu, mais que cela peut arriver par miracle.

C'est cette dernière opinion qui est la vraie. Nous le prouvons:

a) *Deux corps ne peuvent être naturellement dans un seul et mê-*

me lieu en même temps. La distinction des corps quant aux lieux est un effet naturel de la quantité. Car la quantité distingue les parties homogènes entre elles, et de cette distinction résulte naturellement la distinction par rapport aux surfaces ambiantes, c'est-à-dire aux lieux.

b) *Par miracle, deux corps peuvent être dans un même lieu.* Le rapport au lieu n'est pas de l'essence de la quantité, mais n'est que son effet secondaire. Dieu peut donc par sa puissance suspendre cet effet secondaire et naturel. Ainsi, par miracle, deux corps peuvent être dans un seul et même lieu en même temps.

3° *La multilocation.*— La multilocation se définit: la présence simultanée d'un même corps dans plusieurs lieux distincts.

La multilocation peut se prendre au sens propre, comme *quantitative*, ou au sens impropre, comme *non quantitative*.

La multilocation *quantitative* serait la présence strictement locale d'un même corps en plusieurs lieux. Et la présence est strictement locale quand les dimensions d'un corps sont mesurées ou circonscrites par les dimensions du lieu.

La multilocation *non quantitative* serait la présence d'un même corps en plusieurs lieux, non par la multiplication de présences locales, mais par la multiplication de relations de ce corps à des termes occupant des lieux différents. Ainsi le corps du Seigneur se rapporte à l'Hostie, par la conversion du pain. Le corps du Seigneur n'est présent localement qu'au ciel; il est cependant présent réellement dans toutes les hosties consacrées, non pas localement, c'est-à-dire non pas en mesurant ses dimensions aux dimensions du lieu, mais par la relation qu'il a à l'Hostie, en vertu de la conversion du pain.

S. Thomas enseigne que la multilocation quantitative est impossible, même par miracle. Saint Bonaventure, saint Anselme, Vasquez soutiennent la même opinion. Scot, Suarez et plusieurs théologiens affirment que la multilocation quantitative est possible.

Prouvons l'affirmation de saint Thomas:

La multilocation quantitative exigerait l'existence de deux quantités numériquement distinctes dans un seul et même être spatio-temporel. Or l'existence de deux quantités numériquement distinctes dans un seul et même être spatio-temporel est absolument impossible. Donc la multilocation quantitative est absolument impossible.

A la majeure.— La multilocation quantitative exigerait une quantité par laquelle un corps serait dans un lieu, et une autre quantité par laquelle ce même corps serait dans un autre lieu.

A la mineure.— La quantité est un accident. Or l'accident est individué par l'être dans lequel il est reçu. Donc, dans un seul et même être, il ne peut exister qu'une seule quantité numérique.

La multilocation non quantitative n'est cependant pas absolument impossible. Un corps peut être dans un lieu localement, et dans plusieurs autres lieux non localement, *mais à la manière d'une substance.* La substance en effet par elle-même fait abstraction du lieu, du temps et de l'espace. Elle peut donc avoir un rapport avec des termes qui sont dans divers lieux et ainsi être réellement présente dans divers lieux. sans qu'elle soit distante d'elle-même. C'est ce qui arrive dans le Très Saint Sacrement où le corps du Seigneur dit relation aux Hosties consacrées.

125 - LES DIVERSES MANIÈRES D'ÊTRE DANS UN LIEU.— Une chose peut être dans un lieu *localement* ou *non localement.*

Une chose est dans un lieu *localement* (ou d'une manière propre, d'une manière circonscrite) quand elle mesure ses dimensions aux dimensions du lieu.

Une chose est dans un lieu *non localement* (d'une manière impropre) quand ses dimensions ne sont pas circonscrites par les dimensions du lieu. Et ceci peut arriver de trois manières:

lorsqu'une chose est dans un lieu *comme une forme* (informative), c'est-à-dire lorsqu'elle est la forme d'un corps qui est dans un lieu localement, comme l'âme humaine:

lorsqu'une chose est dans un lieu *par son opération* seulement, (operative), c'est-à-dire quand elle applique son opération à une chose qui est dans un lieu: si par exemple un ange meut localement un corps;

enfin *sacramentellement.* comme le corps du Seigneur est dans l'Hostie consacrée.

126 - L'ESPACE.— On définit communément l'espace: *l'étendue indéfinie qui contient tous les êtres étendus.* Il ne faudrait cependant pas concevoir l'espace comme un réceptacle vide. Ce serait là faire oeuvre de pure imagination.

L'espace est constitué par la quantité elle-même. La quantité comporte la distinction des parties homogènes selon l'avant et l'après. **En** d'autres termes, la quantité pose une partie homogène en dehors de l'autre. De cette position des parties homogènes résulte, entre elles, une relation de distance ou de proximité. L'espace est formellement constitué par la relation de distance. Il comporte donc deux choses: a) la distinction des parties homogènes; b) une relation de distance entre ces parties homogènes.

127 - Coordination de la quantité comme prédicament.— La quantité comme prédicament est l'étendue en dimension. Elle se distingue de la quantité *prise métaphoriquement*, qui signifie l'excellence d'une perfection.

La quantité comme prédicament se divise d'abord en quantité *continue* et en quantité *discrète*.

La quantité continue est l'étendue en parties existant ensemble et unies l'une à l'autre.

La quantité discrète est l'étendue en parties existant ensemble, mais séparées l'une de l'autre. C'est le *nombre*.

La quantité continue se divise en *ligne, surface, corps*.

La quantité discrète ou le nombre se divise en *pair* et *impair*. Au-dessous de ceux-ci sont des espèces à l'infini. Chaque nombre constitue une espèce distincte.

ARTICLE II

LE MOUVEMENT, L'ACTION ET LA PASSION.

128 - Le mouvement.— 1° *Notion*— Le mouvement peut se prendre dans un sens large, dans un sens plus restreint et dans son sens propre.

Au sens large, le mouvement signifie toute *opération*. C'est en ce sens qu'on peut dire de Dieu qu'il se meut lui-même.

Au sens restreint, le mouvement signifie tout changement. On dit par exemple que Dieu est *immobile* pour dire qu'il est immuable, et que les créatures sont *mobiles* pour signifier qu'elles sont sujettes au changement.

Au sens propre, le mouvement exprime le changement sensible qui appartient spécialement aux corps. Il se définit alors: *l'acte de l'être en puissance, en tant qu'il est en puissance.*

On dit:

l'acte, parce que le mouvement est une détermination et par suite un acte;

d'un être en puissance, parce que cet acte est reçu dans un être en puissance;

en tant qu'il est en puissance, parce que le mouvement ou le devenir n'actue un être que pour le faire tendre à une autre forme définitive et stable qui est son actualité dernière. Le mouvement n'actue donc pas un être en puissance pour le rendre en acte, mais pour le rendre en puissance à un acte ultérieur. Et c'est là ce qui constitue formellement le mouvement.

Faisons deux observations au sujet de cette définition:

a) Le mouvement est *instantané* ou *successif*. Le premier a lieu quand, par le changement, une chose acquiert sa forme en un instant. Ainsi, dans la génération et la corruption, la forme substantielle est acquise ou perdue en un instant.

Le second a lieu quand une chose acquiert une forme par un changement successif et graduel, comme par exemple lorsque le bois s'échauffe, l'enfant grandit.

La définition du mouvement s'entend tout d'abord du mouvement successif. Elle peut aussi s'appliquer au mouvement *soudain* ou instantané. Car dans ce mouvement on peut distinguer, par la pensée, deux états ou deux instants de nature: l'un pendant lequel la forme se fait, et l'autre où elle est faite. En considérant le premier instant comme un acheminement vers le second, on peut conserver la définition du mouvement.

b) La définition du mouvement ne peut s'appliquer aux opérations immanentes comme le sont les actes de voir, d'entendre, de comprendre. Car ces actes sont pour eux-mêmes: on voit pour voir. Ils ne sont pas en vue de la production d'un autre acte ou d'une autre forme.

2° Les termes du mouvement et sa distinction.— Le mouvement est la progression successive du point de départ au point d'arrivée. Il est donc nécessaire qu'entre ces deux points il y ait un milieu ou un espace intermédiaire à parcourir; que ces deux termes soient positifs, car entre le non-être et l'être, il n'y a pas de milieu; enfin que ces deux termes soient opposés et contraires d'une certaine façon, car l'acquisition du point d'arrivée est l'abandon du point de départ.

Par suite, trois prédicaments seulement peuvent par eux-mêmes terminer le mouvement: la quantité, la qualité et l'ubi, parce que seuls ils ont toutes les conditions requises pour exercer ce rôle.

D'abord ils comportent une certaine étendue à parcourir successivement: entre deux quantités dont l'une est moindre et l'autre plus grande, entre deux lieux, entre les divers degrés d'une qualité, il y a une certaine latitude ou une étendue à parcourir progressivement.

Ensuite ces trois prédicaments ont des termes positifs comme points de départ et point d'arrivée, termes qui s'opposent contrairement entre eux.

Il n'y a pas de mouvement au sens strict vers la substance, car entre deux formes substantielles, il n'y a pas de milieu: l'une succède à l'autre immédiatement. La relation, le site, l'habitus, le quando ne peuvent pas être les termes du mouvement.

La distinction spécifique du mouvement se prend de son terme. Car le mouvement est ordonné à son terme, et ce qui est ordonné à une chose comme à son terme, en tire sa distinction spécifique.

La distinction numérique du mouvement se tire des trois unités du sujet, du terme, et du temps.

Car le mouvement dit trois choses: a) un accident; b) une tendance au terme; c) une certaine continuité.

Comme accident, il requiert l'unité du sujet; comme tendance, il veut l'unité du terme; comme continu, il veut l'unité du temps, car l'unité du continu est détruite par l'interruption provenant de la division du temps.

129 - L'ACTION ET LA PASSION.— 1°*Notions.*- L'action, prise dans son sens général, se définit: *toute actualité d'une puissance active ou opérative.* Elle se divise en action *immanente* et en action *transitive.*

L'action immanente est celle qui n'est pas ordonnée à la production d'un terme, mais qui par elle-même n'est qu'un acte second dont tout le rôle consiste à perfectionner l'agent. Ex.: les actes de connaissance. L'action immanente est plutôt appelée *opération*, et ne constitue pas un prédicament spécial. Elle est une *qualité.*

L'action transitive est celle qui est ordonnée à produire un terme, comme par exemple l'action de construire une maison.

L'action transitive est un prédicament spécial. On l'appelle l'action prédicamentale.

A l'action prédicamentale répond la passion qui se définit: *un accident qui constitue un sujet comme recevant l'action de l'agent.* Tandis que l'action est l'acte de la puissance active de l'agent, la passion est l'acte de la puissance passive du sujet.

2° *L'action et la passion ne sont pas des entités distinctes du mouvement.*— Ceci est évident, car une seule et même entité, comme la caléfaction, peut être considérée comme sortant du feu, et ce sera l'action du feu; comme reçue dans le bois qu'elle transforme, et ce sera la passion du bois; et comme la route ou l'acheminement vers un terme, et ce sera le mouvement.

L'action et la passion sont cependant deux modes distincts du mouvement, car l'action est le mouvement comme provenant de l'agent, et la passion est le mouvement comme reçu dans le patient. Il y a donc entre l'action, la passion et le mouvement une distinction modale.

3° *Le sujet de l'action transitive.*— Si l'on considère l'action transitive comme action ,il faut dire qu'elle existe dans l'agent comme dans son sujet. Car sous cet aspect, elle est l'acte second de l'agent; elle est sa causalité.

Si l'on considère l'action comme mouvement, il faut dire qu'elle existe dans le mobile ou le patient. Car le mouvement est l'acte du mobile. C'est en ce sens que les scolastiques disent: *actio est in passo*: l'action est dans le patient.

130 - LE TEMPS.— 1° *Le temps comme durée.-* Le temps se présente à l'esprit comme une durée. La durée se définit: *la permanence d'une chose dans l'être.* Cela va de soi, car une chose dure tant qu'elle persévère dans l'existence.

Dans cette définition, le mot permanence s'entend par opposition à la cessation de l'être, et non par opposition à la variation.

Il y a trois sortes de durée: *l'éternité, l'éviternité, le temps.*

L'éternité est la durée d'un être complètement immuable: c'est la durée de Dieu.

L'éviternité est la durée d'un être muable dans son opération, mais immuable dans sa substance: c'est la durée de l'ange.

Le temps est la durée d'un être muable dans son être et dans son opération. Il est la durée de l'être soumis au mouvement proprement dit. Et comme le mouvement proprement dit est continu et successif, le temps peut se définir: *une durée continue et successive.*

2° *Le temps comme mesure.—* Le temps peut être considéré comme mesure du mouvement, et, sous cet aspect, il se définit: *le nombre ou la mesure du mouvement selon l'avant et l'après.* On dit:

le nombre, non pas le nombre nombrant, car dans ce cas tout nombre serait le temps, mais le nombre nombré, compté, ou le mouvement mesuré;

du mouvement, principalement du mouvement local qui accompagne tous les autres mouvements sensibles, et qui est plus manifeste et plus uniforme;

selon l'avant et l'après: le mouvement local a lieu dans la quantité qui a des parties en dehors des parties, ou une partie avant et une partie après. Le temps se mesure selon que le mouvement a lieu antérieurement dans une partie de la quantité, et postérieurement dans une autre partie de la quantité.

Voilà pourquoi *l'avant et l'après* entrent dans la définition du temps selon qu'ils sont pris de la quantité, et non selon que le mouvement est mesuré par le temps. Il n'y a donc pas de cercle vicieux dans la définition du temps.

3° *La division du temps.*— a) Le temps est *continu* ou *discontinu*. *Le temps continu* est la durée successive non interrompue.

Le temps discontinu ou *le temps spirituel* qui est propre aux anges, est la succession d'opérations qui se succèdent sans être liées l'une à l'autre par un point intermédiaire, comme le sont les parties d'une quantité matérielle.

b) Le temps comme mesure se divise en temps *intrinsèque* ou *extrinsèque.*

Le temps intrinsèque est la durée intrinsèque d'un mouvement mesuré selon l'avant ou l'après.

Le temps extrinsèque est la durée intrinsèque d'un mouvement prise comme mesure de la durée d'un autre mouvement. Ainsi la durée du mouvement de l'horloge peut être prise pour mesurer la durée d'un travail, d'une course, d'une marche, etc.

PSYCHOLOGIE

—

131 - Préliminaires.— La Psychologie est cette partie de la Philosophie naturelle qui a pour objet l'être mobile qui se meut d'un mouvement vital.

D'après son étymologie, la Psychologie veut dire la science de l'âme. En réalité cependant, elle ne traite pas seulement de l'âme, mais de tout l'être animé.

Nous parlerons donc de l'être animé en considérant d'abord la vie en général et brièvement la vie végétative. Nous étudierons ensuite plus longuement la vie sensitive et la vie intellective. Nous aurons donc la division suivante:

Chapitre 1.— La vie en général.

Chapitre II.— La vie sensitive.

Chapitre III.— La vie intellective.

CHAPITRE PREMIER

—

LA VIE EN GÉNÉRAL

Article   I.— Le vivant et l'âme.

Article II.— Les puissances de l'âme.

Article III.— La vie végétative.

ARTICLE PREMIER

LE VIVANT ET L'ÂME.

132 - LE VIVANT EN GÉNÉRAL. — 1° *Notion.*- Le concept de la vie nous est connu par l'expérience soit externe, soit interne. Nous savons que l'animal est vivant parce qu'il se meut lui-même. Dès qu'il ne peut plus se mouvoir, nous disons qu'il n'a plus de vie.

Et chacun de nous sait qu'il est vivant parce qu'il est *un être* capable de se mouvoir. Nous posons des opérations vitales quand nous marchons, nous élevons les bras, nous parlons, etc. . . . . .

La vie consiste donc formellement dans *l'automotion. Et l'automotion* requiert que le mouvement vienne du vivant comme de l'agent, et qu'il demeure dans le vivant. Car, par l'opération vitale, *le vivant se meut lui-même.* En d'autres termes, la vie est un mouvement *immanent* (qui demeure dans le vivant = manere in).

On a un mouvement immanent quand l'agent produit, par une opération transitive, un terme qui demeure en lui, ou encore quand il pose une opération proprement immanente, c'est-à-dire une opération qui ne produit pas un terme, mais qui, de sa nature, est une perfection de l'agent.

On définira donc le vivant: *un être qui, par sa nature, a la capacité de se mouvoir lui-même.*

a) *Un être, c'est-à-dire une substance.* Donc, à ce point de vue, une machine n'est pas un vivant, parce qu'elle n'est pas *une substance, un* être.

b) Le vivant se meut par lui-même soit *par une action transitive* qui produit un terme demeurant en lui, comme il arrive dans toutes les opérations de la vie végétative où le vivant se change, se transforme lui-même; soit *par une opération immanente*, comme dans la vie sensitive et intellective.

2° *La distinction entre le vivant et le non-vivant.*— La distinction entre le vivant et le non-vivant est essentielle. Et on appelle distinction *essentielle*, le manque d'identité quant à la nature spécifique.

Cette distinction entre le vivant et le non-vivant apparaît comme une donnée immédiate. En général tous les philosophes l'admettent. Mais elle est niée par la *Pampsychisme*, théorie qui prétend que tous les corps sont vivants. La Pampsychisme a revêtu diverses formes: a) l'hylozoïsme de Haekel, qui considère la vie comme une propriété essentielle de la matière; b) le panthéisme des Stoïciens, qui regardent le monde comme un organisme unique dont la divinité serait l'âme; c) les différentes doctrines de Leibniz, de Schopenhauer, de Wundt, etc...., qui voient dans toute activité la manifestation d'une force vitale unique.

Prouvons l'affirmation du sens commun:

Un être dont l'activité procède d'un principe interne est essentiellement distinct d'un être dont le mouvement dépend d'un principe extérieur. Or le vivant est un être dont l'activité procède d'un principe interne, tandis que dans le non-vivant le mouvement dépend d'un principe extérieur. Donc le vivant est essentiellement distinct du non-vivant.

La mineure s'appuie sur les notions mêmes du vivant et du non-vivant.

A la majeure.— Le premier principe interne de l'activité est la forme substantielle. Donc dans l'être qui se meut lui-même, la forme substantielle est par elle-même plus parfaite que dans l'être qui ne se meut pas lui-même. Et comme la forme substantielle est le principe spécificateur, le premier est essentiellement distinct du second.

133 - Les espèces de vivants.— Distinguons la vie en *acte premier* et la vie en *acte second*. La vie en acte second, c'est l'opération vitale. La vie en acte premier, c'est la substance du vivant. En ce dernier sens, la vie signifie d'une manière abstraite ce que le vivant signifie d'une manière concrète.

L'opération vitale est un mouvement par lequel un être se meut lui-même. Or dans le mouvement il faut considérer trois choses: le principe du mouvement, son exécution et sa fin. Donc plus un vivant aura la capacité de se mouvoir lui-même par rapport à ces trois choses, plus il sera parfait.

Il existe un vivant qui ne fait qu'exécuter son mouvement vital. Le principe et la fin de son mouvement lui sont donnés par la nature. C'est le *vivant végétatif* ou *la plante*.

Il existe un autre vivant qui non seulement exécute de lui-même son mouvement vital, mais qui de plus peut acquérir par lui-même des formes qui sont principes d'opérations vitales. Tel est le cas de la brute qui acquiert des formes intentionnelles qui déterminent sa connaissance. Dans la brute cependant, la fin de l'opération est fixée par la nature. La brute ne choisit pas sa fin. C'est le *vivant sensitif*.

Un autre vivant non seulement exécute son opération vitale et acquiert par lui-même le principe de cette opération, mais il se détermine sa fin. Il n'est pas *uniquement mû* par une fin qui lui est déterminée par la nature, mais il agit *proprement* pour une fin, car il choisit sa fin. C'est le *vivant intellectif*.

Il y a donc trois espèces de vivants, et trois espèces de vies: la vie *végétative*, la vie *sensitive*, la vie *intellective*.

134 - L'ÂME.— 1° *Son existence.*- L'âme se définit nominalement: *le premier principe de la vie dans les vivants qui nous entourent*. Nous appelons en effet *animés*, les vivants, et *objets inanimés*, les êtres qui n'ont pas la vie.

Certains matérialistes, tant anciens que modernes, enseignent que l'âme n'est qu'une réalité corporelle. D'autres philosophes, comme William James, prétendent qu'elle est une collection de phénomènes. Les disciples d'Aristote ont toujours affirmé que l'âme est un *acte*, une *forme substantielle*.

Prouvons cette affirmation.

Le corps n'est pas vivant en tant que corps, —autrement tout corps le serait, — mais en tant que tel corps. Or ce qui donne à un corps d'être tel corps, est son acte ou sa forme substantielle. Donc ce qui d'abord rend le corps vivant est sa forme substantielle qui, par suite, est le premier principe de vie: c'est l'âme.

Comme l'âme est la forme substantielle, et que dans tout être spatio-temporel il ne peut exister qu'une forme substantielle, il suit que dans chaque être vivant il n'y a pas d'autre forme substantielle que l'âme, et qu'il n'y a qu'une âme.

2° Définition de l'âme.— L'âme se définit: *l'acte premier d'un corps physique, organique, ayant la vie en puissance.* On dit:

l'acte premier, c'est-à-dire une forme substar.tielle, et non une forme accidentelle qui est un acte second;

d'un corps physique, c'est-à-dire naturel, et non artificiel ou mathématique;

organique, c'est-à-dire naturellement disposé en instruments ou organes variés;

ayant la vie en puissance, c'est-à-dire capable d'exécuter des opérations vitales.

L'âme se définit encore: *le premier principe par lequel nous vivons, nous sentons, nous pouvons nous mouvoir et nous comprenons.*

Dans cette définition *nous* s'entend de nous, *les corps vivants.*

Les verbes: nous vivons, nous sentons, etc, sont pris au sens suivant: principe par lequel nous vivons, *ou* nous sentons, *ou* etc. De plus vivre signifie avoir la vie végétative, et se mouvoir, aller d'un lieu à un autre.

135 - L'HÉTÉROGÉNÉITÉ DU VIVANT.— On appelle parties hétérogènes d'un tout, les parties qui sont dissemblables.

Dans le vivant, l'hétérogénéité est *accidentelle* et *substantielle.*

L'hétérogénéité accidentelle consiste en ce que chaque partie doit avoir ses qualités accidentelles diverses.

L'hétérogénéité substantielle comporte une actuation ou une information distincte par l'âme, pour chaque organe.

L'hétérogénéité accidentelle se conçoit facilement, parce qu'on la connaît par expérience; l'hétérogénéité substantielle est aussi nécessaire pour expliquer la première: car la diversité accidentelle s'explique par la diversité substantielle.

Le corps vivant doit avoir des parties hétérogènes. En effet l'âme n'est pas unie au corps uniquement comme un moteur est uni à un mobile pour le mouvoir. L'âme ne fait que constituer formellement l'être vivant. Par suite, le corps vivant est un être qui se meut. Or pour qu'un corps, qui est *un être*, puisse se mouvoir, il doit avoir des parties dont les unes sont en acte pour mouvoir, et les autres en puissance pour être mues. Il doit donc avoir des parties dissemblables ou hétérogènes.

ARTICLE II

LES PUISSANCES DE L'ÂME.

136 - LEUR DISTINCTION DE L'ÂME.— On appelle puissances de l'âme les facultés vitales.

Une faculté vitale prise au sens large se définit: *le pricipe prochain par lequel un vivant opère vitalement.* On dit:

principe prochain par lequel, pour distinguer la faculté de la forme substantielle qui est *le premier* principe de la vie;

opère vitalement, pour distinguer la faculté de *l'habitus* qui est le principe prochain non pas de l'opération comme telle, mais de l'opération comme bonne ou mauvaise. Ainsi la vertu fait *bien* agir, tandis que le vice fait *mal* agir.

Nous avons déjà prouvé contre Scot et Suarez, que la substance n'opère pas immédiatement par elle-même. Nous appliquons cette même doctrine à l'âme et nous disons que les facultés vitales sont réellement distinctes de l'âme, c'est-à-dire qu'elles ne sont pas identiques à l'âme, même avant toute considération de l'intelligence. Nous le prouvons de deux manières:

a) Si les facultés vitales n'étaient pas réellement distinctes de l'âme, elles seraient toujours en acte d'opérer. Or les facultés vitales ne sont pas toujours en acte d'opérer. Donc elles sont réellement distinctes de l'âme.

A la majeure.— Si les facultés vitales s'identifiaient à l'âme, elles seraient toujours en acte, car l'âme est de sa nature *un acte:* c'est elle qui constitue le vivant en acte. Or si les facultés vitales étaient toujours en acte, elles opéreraient toujours, car l'acte de la faculté, c'est son opération. Donc.

A la mineure.— Les facultés vitales ne sont pas toujours en acte d'opérer puisque parfois le vivant n'agit pas.

b) L'accident se distingue réellement de la substance. Or les facultés vitales sont des accidents, tandis que l'âme est une substance. Donc les facultés vitales sont réellement distinctes de l'âme.

La majeure est évidente.

A la mineure.— Aucun doute pour l'âme qui est la forme substantielle du vivant. Il nous reste à prouver que les facultés vitales sont des accidents.

Une puissance dont l'acte propre et spécificatif est un accident, est elle aussi un accident. Or l'opération, qui est l'acte propre et spécificatif de cette puissance qu'on appelle faculté vitale, est un accident: car les opérations du vivant apparaissent, cessent ou changent sans que sa substance change. Donc les facultés vitales sont des accidents.

137 - Spécification et division des facultés vitales.— 1° *La spécification* n'est pas autre chose que la détermination à un certain mode d'être, et le spécificatif est ce qui constitue une nature sous une espèce déterminée.

Notons que certaines choses sont pour elles-mêmes, comme toute substance complète, et que d'autres sont relatives.

Les choses absolues sont spécifiées par leur forme intrinsèque.

Les choses relatives sont faites en vue d'une autre chose; elles sont de leur nature ordonnées à un autre terme. Elles sont donc déterminées dans leur mode d'être par leur relation à une autre chose. Voilà pourquoi elles ont un double spécificatif: un spécificatif *intrinsèque* et un spécificatif *extrinsèque*.

Le spécificatif intrinsèque est leur différence spécifique.

Le spécificatif extrinsèque est cette chose extérieure pour laquelle elles sont constituées et qui détermine leur mode d'être.

Les facultés vitales sont ainsi extrinsèquement spécifiées par leurs opérations d'une manière prochaine, et par leurs objets formels d'une manière éloignée ou médiate.

L'opération est l'acte second de la faculté.

L'objet formel est l'aspect sous lequel une faculté atteint son objet matériel.

Preuve:

Ce qui de sa nature est ordonné à une autre chose, est spécifié extrinsèquement par cette autre chose. Or les facultés vitales sont de leur nature ordonnées à leurs actes, et par leurs actes, à leurs objets formels. Donc les facultés sont extrinsèquement spécifiées par leurs actes d'une manière prochaine, et par leurs objets formels d'une manière éloignée.

La majeure est connue par l'état de question.

La mineure est aussi évidente par la notion même de la faculté. La faculté est pour l'opération, et par l'opération elle atteint l'objet.

2° *Division des facultés vitales.* — a) Il y a cinq genres de facultés vitales: les facultés *végétatives, sensitives, intellectives, appétitives* et *locomotrices.* En voici la raison: La diversité des facultés vitales provient des objets, comme nous venons de le voir. Or il y a cinq genres d'objets auxquels se rapportent les facultés vitales. Donc il y a cinq genres de facultés vitales.

A la mineure.— L'objet des facultés vitales doit être uni à l'âme, car l'opérant doit être uni à l'objet de son opération. Or une chose peut être unie à l'âme et atteinte par elle de cinq manières: 1) *dans l'ordre physique,* comme la matière est unie à l'agent qui la transforme: et tel est l'aliment que le vivant s'assimile; on a ainsi le genre *végétatif;* 2) *dans l'ordre de la connaissance,* et si cet objet est le corps sensible comme tel, on a le genre *sensitif:* si cet objet est l'être pris dans son universalité, on a le genre *intellectif;* 3) *dans l'ordre de l'appétit,* parce que l'âme tend vers une chose comme vers son bien; on a ainsi le genre *appétitif;* 4) *enfin dans la ligne du mouvement local,* lorsque le vivant se rapproche dans l'espace de la chose qu'il recherche: on a ainsi la *faculté locomotrice.*

Il y a donc cinq genres de facultés vitales: les facultés *végétatives, sensitives, intellectives, appétitives et locomotrices.*

b) D'une autre manière, les facultés vitales se divisent en facultés *actives* ou *passives, organiques* ou *spirituelles.*

Par rapport à l'opération, toute faculté vitale est active; mais par rapport à l'objet, elle est dite active ou passive.

Une faculté active est celle qui agit sur son objet et le change: les facultés de la vie végétative.

Une faculté passive est celle que l'objet détermine ou meut à l'opération: le sens, l'intelligence, la volonté.

Une faculté organique est celle qui existe dans le composé de matière et de forme comme dans son sujet propre: le sens.

Une faculté spirituelle est celle qui existe dans l'âme spirituelle comme dans son sujet propre: l'intelligence.

ARTICLE III

LA VIE VÉGÉTATIVE.

138 - Opérations et facultés.— 1° Les facultés vitales dans la vie végétative sont la faculté *nutritive*, la faculté *augmentative* et la puissance *génératrice*.

La faculté nutritive est *une puissance, une force qui change l'aliment en la substance de l'être qui se nourrit*. La nutrition est l'oeuvre de cette force, et se définit: *le changement de l'aliment en la substance de l'être qui se nourrit*.

La faculté augmentative se définit: *le principe immédiat de l'accroissement vital*. C'est la faculté au moyen de laquelle l'être vivant acquiert par l'aliment une augmentation de quantité. L'augmentation se définit: *le mouvement vital d'une quantité moindre à une quantité plus grande*.

La puissance génératrice est *la faculté de convertir l'aliment en un nouvel être semblable*. La génération de l'être vivant se définit: *la production d'un être vivant par un autre vivant qui lui est semblable en nature*.

La génération requiert que l'acte de celui qui engendre tende par sa nature même à produire un vivant de même nature. Si l'homme au moyen de l'art pouvait produire un autre homme, ce ne serait pas une génération, car l'art n'est pas de soi ordonné à produire un effet de même nature que l'agent.

2° Les facultés végétatives sont des facultés vitales, car elles sont ordonnées à des actions vitales. Elles se distinguent donc réellement des forces qu'on trouve dans la matière inorganique.

Un problème intéressant est le suivant: quelles relations existent entre les facultés végétatives et l'énergie physico-chimique dont parlent les chimistes et les biologistes.

Pour l'école de Montpellier (Stahl, Bichat) qu'on a appelée l'école du vitalisme exagéré, il y a opposition entre les facultés végétatives et l'énergie physico-chimique: les facultés végétatives tendent à la conservation du vivant, l'énergie physico-chimique tend à sa désagrégation.

Certains scolastiques modernes, comme Maritain, prétendent au contraire qu'une telle opposition n'existe pas, mais que l'énergie physico-chimique est subordonnée à la faculté végétative, de telle sorte que celle-ci se sert de celle-là comme d'un instrument pour accomplir son opération propre.

Il faut donner une autre solution à ce problème. L'énergie physico-chimique n'est pas une faculté au sens philosophique du mot; elle est plutôt la matière physique en mouvement.

Il ne faut donc pas rechercher la relation entre cette énergie et les facultés végétatives. Il suffit simplement de dire que le philosophe et le physicien considèrent la vie végétative sous des aspects totalement différents.

Le premier étudie sa structure *ontologique*, et traite des facultés, du premier principe de vie, c'est-à-dire de l'âme, et du changement substantiel; le second ne fait que mesurer *métriquement* les phénomènes de la vie végétative.

On voit par là l'erreur du biologiste ou du médecin qui nient l'existence de l'âme et des facultés vitales. Le biologiste comme tel ne devrait pas nier, mais dire simplement que l'âme et les facultés vitales n'entrent pas dans le domaine de sa science, puisque celle-ci a pour objet *le mesurable*, et que l'âme n'est pas une *entité métrique*.

Le biologiste, comme *homme*, peut et doit cependant reconnaître l'existence de l'âme et des facultés vitales .

CHAPITRE II

—

LA VIE SENSITIVE

ARTICLE PREMIER

LA CONNAISSANCE, L'ESPECE IMPRESSE ET EXPRESSE.

139 - LA CONNAISSANCE EN GÉNÉRAL.— 1° *La racine de la connaissance.-*

a) La connaissance apparaît à l'expérience interne comme un *acte vital par lequel le connaissant se présente à lui-même une chose qui existe en dehors de lui.* Or, pour se représenter une chose qui existe en dehors de lui, le connaissant doit posséder en lui-même les perfections ou la forme de cette chose. Nous n'avons qu'à pénétrer cette première donnée pour dire que connaître, *c'est avoir la forme de l'autre en tant que cette forme demeure celle de l'autre.*

Insistons sur cette formule.

Le non-connaissant peut aussi avoir la forme d'une autre chose. Mais cette forme ne lui représente pas comme objet une chose distincte de lui. Il n'a ou ne reçoit cette forme que pour la faire sienne, que pour constituer avec elle un composé nouveau, un *tertium quid.* Ainsi la cire peut recevoir la forme du sceau. Par cette forme, la cire ne possède pas le sceau comme objet. La cire reçoit la forme du sceau, uniquement comme *une cause matérielle* reçoit une détermination, un acte. En d'autres termes, elle la reçoit uniquement pour constituer avec elle un composé nouveau, un *tertium quid.*

Le connaissant, au contraire, reçoit et possède la forme de l'autre de telle sorte que cette forme demeure encore la forme de l'autre comme objet. Il ne fait pas cette forme *sienne;* il ne la reçoit pas pour constituer avec elle un composé nouveau; il la possède plutôt pour devenir l'autre en tant qu'autre. C'est ainsi qu'Aristote dit souvent: *l'âme, en connaissant, devient toutes choses, et celui qui connaît s'identifie à l'objet connu.*

b) La racine de la connaissance se définit: *la condition requise pour qu'un être puisse connaître.*

Pour qu'un être puisse connaître, il doit pouvoir posséder et recevoir une forme ou un acte non à la manière d'une *cause matérielle* qui reçoit l'acte pour le faire *sien,* mais d'une manière supérieure, c'est-à-dire d'une manière *immatérielle.*

L'immatérialité est donc la racine de la connaissance. Et l'on entend par immatérialité non pas uniquement la spiritualité pure, mais tout degré de perfection qui élève un être au-dessus des conditions de la matière. La matière en effet est la cause matérielle en son sens premier.

Prouvons notre assertion:

L'immatérialité est la racine de la connaissance.

Pour qu'un être puisse connaître, il doit pouvoir posséder et recevoir la forme de l'autre en tant que cette forme demeure celle de l'autre. Or pour qu'un être puisse posséder et recevoir la forme de l'autre en tant que cette forme demeure celle de l'autre, il doit être immatériel. Donc, pour qu'un être puisse connaître, il doit être immatériel; ou, en d'autres termes, l'immatérialité est a racine de la connaissance.

La majeure est évidente par la notion même de la connaissance telle que nous venons de l'exposer.

A la mineure.— Un être ne peut posséder et recevoir la forme de l'autre sans la faire sienne, mais en la laissant la forme de l'autre, que s'il reçoit cette forme non pas comme une cause matérielle reçoit un acte, mais d'une manière supérieure, c'est-à-dire d'une manière immatérielle.

2° *Les degrés de connaissance*.— Puisque l'immatérialité est la racine de la connaissance, les degrés de connaissance répondront aux degrés de l'éloignement de la matière.

La connaissance sensitive constitue le degré infime de la connaissance. La brute, qui a la connaissance sensible, a une forme substantielle plus parfaite que celle de la plante. Sous cet aspect, elle possède un certain degré de perfection qui l'éloigne de l'imperfection de la matière première, et lui permet de connaître.

Au-dessus de la connaissance sensible, on a *la connaissance intellectuelle ou l'intellectualité*, qui exigera la spiritualité, au sens strict, dans l'être qui connaît. Mais la connaissance intellectuelle se diversifiera elle-même selon les divers degrés de spiritualité.

L'homme a une âme spirituelle unie à la matière première. L'intellectualité humaine est donc au degré infime d'intellectualité. Au-dessus de l'intellectualité humaine, il y a l'intellectualité des anges qui ne sont pas des êtres matériels, mais qui comportent encore une composition de puissance et d'acte, puisque l'existence de l'ange est réellement distincte de son essence. L'intellectualité angélique elle-même se diversifie d'après la perfection spécifique de chaque ange.

Enfin au sommet existe l'intellectualité de l'être qui est acte pur et qui exclut toute potentialité, c'est-à-dire l'intellectualité divine.

140 - L'espèce impresse.— La connaissance est un acte second et vital par lequel le connaissant s'assimile ou devient semblable à l'objet connu, dans l'ordre cognoscitif ou *intentionnel* (On appelle l'ordre de connaissance l'ordre intentionnel, parce que par la connaissance le connaissant *tend vers* (tendere in) l'objet). Or la faculté qui connaît ne peut s'assimiler à l'objet *en acte second*, dans l'ordre intentionnel, si dans le même ordre elle n'est pas déjà déterminée *en acte premier* à devenir cet objet: car autrement le connaissant ne serait pas déterminé à connaître tel objet plutôt que tel autre.

Parfois le connaissant est déjà par lui-même déterminé en acte premier à connaître. Ainsi l'ange — et l'âme séparée du corps — est déterminé par lui-même à se connaître, car étant une substance immatérielle, il est identique à lui-même non seulement dans l'ordre physique, mais encore dans l'ordre immatériel, qui fonde l'ordre intentionnel ou l'ordre de la connaissance. Dieu, qui est acte pur ou immatérialité pure, est par le fait même la Connaissance subsistante: il est la Pensée qui se pense, et il connaît toutes choses en lui-même, parce qu'il les contient toutes dans la causalité universelle de sa pensée ou de sa connaissance.

Mais *généralement* le connaissant a besoin d'être déterminé à connaître par l'objet. Et l'objet ne peut déterminer le connaissant immédiatement par lui-même, dans *l'ordre intentionnel*: il doit le faire médiatement par une *forme*, une *similitude* de lui-même qu'il imprime dans le connaissant. Cette forme ou cette similitude s'appelle *l'espèce impresse ou imprimée*.

L'espèce impresse se définit donc: *la forme intentionnelle ou la similitude de l'objet qui actue la faculté cognoscitive et la détermine à connaître l'objet.*

L'espèce impresse est *sensible* ou *intelligible* selon qu'elle actue le sens ou l'intelligence.

Prouvons donc la dotcrine suivante:

En général une espèce impresse est nécessaire dans la connaissance.

Une espèce impresse est nécessaire dans la connaissance chaque fois que le connaissant ne peut en acte premier devenir l'objet connu que par la similitude de l'objet. Or généralement le connaissant ne peut en acte premier devenir l'objet connu que par la similitude de l'objet. Donc en général une espèce impresse est nécessaire dans la connaissance.

A la majeure. — La connaissance est un acte second par lequel le connaissant s'assimile dans l'ordre intentionnel à l'objet connu. Voilà pourquoi il doit déjà au préalable être cet objet en acte premier, dans le même ordre; et quand cette assimilation se fait par la similitude de l'objet, elle se fait par l'espèce impresse.

A la mineure. — Généralement le connaissant n'est pas par lui-même l'objet connu en acte premier. C'est ce qui arrive quand un ange connaît un autre ange, quand un homme connaît un objet quelconque, quand le sens connaît un sensible. Et l'objet ne peut actuer par lui-même le connaissant ou la faculté qui connaît: car l'objet est souvent matériel et ne peut par lui même actuer un sujet dans l'ordre intentionnel, comme cela est nécessaire pour la connaissance: ainsi, par exemple, le feu, même s'il touche l'organe, ne peut par lui-même actuer le sens du toucher dans l'ordre intentionnel; et si l'objet est immatériel, il ne peut être immédiatement par lui-même la forme d'un autre, car il est en lui-même un être limité et incommunicable: un ange, par exemple, ne peut être par lui-même la forme d'un autre ange ou de tout être qui peut connaître. Donc, en général, le connaissant ne peut être en acte premier l'objet connu que par la similitude de cet objet.

Note: L'espèce impresse est un accident qui actue le connaissant. Sous ce rapport elle n'exerce pas formellement son rôle d'espèce. Elle actue comme tout accident actue un sujet. Mais en tant que similitude de l'objet, elle rend l'objet présent dans la faculté qui connaît, et assimile en acte premier le connaissant à l'objet. C'est sous ce dernier aspect qu'elle remplit formellement sa fonction propre.

141 - L'ESPÈCE EXPRESSE.— La connaissance tend à l'objet comme à son terme. Mais parfois l'objet n'est pas physiquement présent à la connaissance; ou s'il est physiquement présent, il ne termine pas la connaissance en tant que physiquement présent, comme, par exemple, lorsque dans Pierre nous considérons l'idée universelle de l'homme.

Dans ce cas, le connaissant doit former en lui-même la similitude de la chose connue dans laquelle il contemple son objet.

Cette similitude s'appelle une *espèce expresse*. Elle s'appelle une espèce, parce qu'elle est l'image de la chose connue; et cette espèce est dite *expresse*, parce qu'elle est exprimée par le connaissant dans son acte de connaître.

L'espèce expresse se définit donc: *la similitude intentionnelle de l'objet que le connaissant produit dans l'acte même de connaissance et dans laquelle il connaît ou contemple l'objet.*

L'espèce expresse est donc *ce dans quoi* (*in quo*) l'objet est connu. Elle est le terme (dans lequel) de la connaissance, tandis que l'espèce impresse est un principe de connaissance.

L'espèce expresse est soit *sensible*, soit *intelligible*, selon qu'elle termine la connaissance sensitive ou intellective.

L'espèce expresse intelligible s'appelle le *concept subjectif*, le *concept formel*, ou *le verbe mental*.

Prouvons ce qui suit:

L'espèce expresse est souvent nécessaire pour terminer la connaissance.

L'espèce expresse est nécessaire dans la connaissance, lorsque celle-ci ne se termine pas à l'objet comme physiquement présent. Or, souvent, la connaissance ne se termine pas à l'objet comme physiquement présent. Donc, souvent, l'espèce expresse est nécessaire dans la connaissance.

A la majeure.— Si la connaissance ne se termine pas à l'objet comme physiquement présent, elle doit se terminer à l'objet représenté intentionnellement par l'espèce expresse.

A la mineure.— L'objet est parfois physiquement absent. Ou s'il est physiquement présent, il ne termine pas la connaissance comme tel. Ceci a lieu par exemple lorsque l'intelligence considère les prédicats universels d'un singulier.

142 - L'ACTE DE CONNAÎTRE.— Il y a donc souvent dans la connaissance une production d'une espèce expresse. Le problème est de savoir si l'acte de la connaissance consiste à produire une espèce expresse, ou s'il ne produit cette espèce que par accident. En d'autres termes, il s'agit de savoir si l'acte de connaître est une action transitive ou prédicamentale, ou s'il est une opération immanente.

Les Suaréziens affirment que l'acte de connaître est de sa nature ordonné à la production d'une espèce expresse. Donc, pour eux, connaître, c'est produire la similitude intentionnelle de l'objet.

Les Thomistes soutiennent au contraire que la connaissance est essentiellement une opération immanente. Si elle produit un terme ou si elle est transitive, ce n'est pas en raison de sa nature, mais ce n'est que par accident, à cause de l'objet qu'elle doit rendre présent et proportionné à la faculté qui connaît.

Donc, pour les Thomistes, la connaissance ne consiste pas à produire une similitude de l'objet; elle est uniquement et essentiellement un acte par lequel le connaissant devient l'autre en tant qu'autre, dans l'ordre intentionnel.

Prouvons la thèse suivante:

L'acte de connaître est une opération immanente.

Une opération qui parfois ne produit pas de terme, ou qui, si elle produit un terme, n'est pas de sa nature ordonnée à cette production,. n'est pas une action transitive, mais une opération immanente. Or l'acte de connaître est une opération qui parfois ne produit pas de terme, ou qui, lorsqu'elle produit un terme, n'est pas de sa nature ordonnée à cette production. Donc l'acte de connaître n'est pas une action transitive, mais plutôt une opération immanente.

La majeure est évidente par la distinction déjà donnée entre l'action transitive et l'opération immanente.

A la mineure.— a) La connaissance ne produit pas d'espèce expresse ou de terme quand elle se termine à l'objet comme physiquement présent, ainsi qu'il arrive dans la connaissance des sens externes, par exemple. b) La connaissance, si elle produit un terme ou une espèce expresse, n'est pas en vue de cette production, car lorsque cette espèce est produite, la connaissance ne cesse pas; au contraire, c'est à ce moment qu'elle a lieu. Il faut donc dire que la production de l'espèce expresse est en vue de la connaissance, et non que la connaissance est en vue de la production de l'espèce expresse.

ARTICLE II

143 - Les sens externes. — 1° *Notion.* - On appelle sens les facultés qui ont pour opération propre la connaissance sensitive.

Les Scolastiques divisent le sens en sens *interne* et en sens *externe*.

Le sens externe est *celui qui atteint son objet sans la connaissance préalable d'un autre sens.*

Le sens interne, au contraire, suppose au préalable la connaissance du sens externe, et n'atteint son objet que si cette connaissance est déjà donnée.

2° *Le sensible.*— L'objet du sens externe est le *sensible* particulier, présent, localement étendu et placé à une distance voulue.

Le sensible se divise en *sensible par soi* et en *sensible par accident.*

a) *Le sensible par soi* est celui que le sens atteint réellement. Il se divise en *sensible propre* et en *sensible commun.*

Le *sensible propre* est l'objet immédiat et spécificateur de chaque sens: la couleur par rapport à la vue, le son par rapport à l'ouïe, etc.

Le *sensible commun* est l'objet médiat du sens. Il est réellement atteint par le sens, mais au moyen du sensible propre. Il est appelé commun, parce qu'il est un objet secondaire commun à plusieurs sens. Il y a cinq sortes de sensibles communs: le *mouvement*, le *repos*, la *figure*, le *nombre*, la *dimension*. A ces cinq sortes de sensibles communs se rapportent le *temps* (qui est la mesure du mouvement), la *position*, l'*unité*, la *distance*, la *proximité*.

Le *sensible par accident* est ce qui de soi n'est pas objet du sens, mais qui est immédiatement connu par le sujet à l'occasion d'une sensation. Le sensible par accident devient objet du sens par le truchement du sujet sentant.

Le sensible par accident peut être tel soit à l'égard de tous les sens, soit à l'égard d'un sens particulier.

Le sensible par accident à l'égard de tous les sens est la substance et en général tout ce qui est immédiatement connu par l'intelligence à l'ocasion d'une sensation. Ainsi, lorsque nous voyons un coloré, notre intelligence saisit immédiatement que ce coloré est une substance, un vivant, un être, etc.

Le sensible par accident à l'égard d'un sens particulier est ce qui de soi n'est pas l'objet propre à ce sens, mais qui cependant est immédiatement uni par le sujet à l'objet propre de ce sens. Lorsque nous voyons une pomme, nous pouvons immédiatement connaître sa saveur. Dans ce cas la saveur devient un sensible par accident pour la vue, c'est-à-dire un visible par accident.

3° *La sensation et la perception.*— Puisque nous connaissons la distinction entre le sensible de soi et le sensible par accident, nous pouvons comprendre que la *sensation* diffère de la *perception*.

La sensation est la connaissance du sens selon qu'elle atteint le sensible par soi.

La perception est la connaissance par laquelle le sujet sentant unit des sensibles par accident au sensible par soi qu'il connaît.

En général nos sensations sont toujours accompagnées de perceptions. La sensation à l'état pur se trouve chez l'enfant.

4° *La division des sens externes.*— Nous ne pouvons pas établir la division des sens externes d'une manière purement philosophique. En effet, nous ne connaissons pas suffisamment les différences spécifiques qui déterminent l'objet formel de chaque sens. Nous ne savons pas, par exemple, si l'odeur a une nature spécifique distincte de la saveur. Voilà pourquoi nous devons ici nous contenter des données plutôt vagues de l'expérience.

Les Scolastiques nous ont livré la division suivante: les sens externes sont:

la *vue*, qui a pour objet le coloré;

l'*ouïe*, qui a pour objet le son;

l'*odorat*, qui a pour objet l'odeur;

le *goût*, qui a pour objet la saveur;

le *toucher*, qui est un sens générique contenant deux sens spécifiquement distincts: a) *le toucher pris spécifiquement*, qui a pour objet, semble-t-il, la différence de pression exercée par les corps extérieurs sur le sujet sentant; b) *le sens de la température*, dont l'objet propre semble être la différence entre la température extérieure et la

!empérature du corps sentant.

Les modernes s'efforcent de prouver l'existence de plusieurs autres sens externes. Ces sens seraient: le sens *cénesthésique*, qui nous renseigne sur l'état de nos organes, sur les besoins et les fonctions de notre vie végétative; le sens *cinesthésique* ou *musculaire*, qui nous renseigne sur la position des différentes parties de notre corps et sur nos mouvements; le sens de *l'orientation* et le sens *de la douleur*.

L'existence de ces sens spéciaux ne semble pas prouvée. Ainsi le sens musculaire semble se ramener au toucher, qui perçoit la pression qu'exercent les unes sur les autres les diverses parties de l'organisme; le sens cénesthésique et le sens de la douleur semblent aussi être le même sens du toucher qui saisit une pression désagréable dans l'organisme. Enfin le sens de l'orientation semble être le toucher et la vue qui reçoivent le secours d'un sens interne appelé le sens commun.

Certains Scolastiques ont appelé le sens de la vue et celui de l'ouïe *les sens supérieurs*, et les autres sens, *les sens inférieurs*.

Les sens supérieurs sont ceux qui se rapportent à leur objet *d'une façon toute objective*.

Les sens inférieurs sont ceux qui se rapportent à leur objet *d'une façon à la fois objective et subjective*. Ils atteignent l'objet selon qu'il affecte le sujet d'une façon agréable, désagréable, douloureuse, etc.

Il est à noter qu'aucun sens externe ne produit d'espèce, puisqu'il atteint toujours un objet physiquement présent comme tel.

5° *Le siège de la sensation externe*. Descartes (qui considère le cerveau comme le lieu propre de l'âme sensitive), presque tous les physiologistes modernes, plusieurs néo-scolastiques, comme Fröbes, De la Vaissière, affirment que la sensation externe a lieu dans le cerveau.

D'autres scolastiques soutiennent au contraire que la sensation externe doit se faire à la périphérie de l'organisme.

Aristote et saint Thomas, en s'appuyant sur les données de leur temps, disaient que l'organe de la vue et celui de l'odorat se trouvaient près du cerveau. Leur opinion se rapprochait donc beaucoup de celle des physiologistes modernes.

Le problème du siège de la sensation est de peu d'importance en Psychologie rationnelle. Il doit être résolu par l'expérience, et est peut-être insoluble.

144 - LES SENS INTERNES.— 1° *Notion*.- On appelle internes les *sens qui n'atteignent leur objet que par l'intermédiaire préalable des sens externes*. Ceux-ci sont, pour ainsi dire, des entrées vers ceux-là.

2° *Division*. Les sens internes sont: *le. sens commun, l'imagination, l'estimative, la mémoire sensible*.

a) Le sens commun se définit: *la puissance de percevoir et de discerner les objets sensibles et les sensations externes*.

L'existence du sens commun est nécessaire. En effet, non seulement l'animal perçoit des objets sensibles, mais il distingue entre les divers objets sensibles et les diverses sensations. Or ce discernement ne peut être le fait de ses sens externes; car chaque sens externe ne fait que percevoir son objet, et ne perçoit pas l'objet propre d'un autre sens externe. Donc il doit exister un sens interne qui a pour objet toutes les sensations et tous les objets des sens externes. Ce sens interne s'appelle le *sens commun*, et son acte propre est un acte de conscience sensible.Le sens commun ne produit pas *d'espèce expresse*.

b) L'imagination se définit: *le sens qui représente et perçoit les choses absentes*. L'imagination conserve les espèces sensibles, les reproduit en l'absence des choses représentées; et dans l'homme, elle forme de nouvelles images à l'aide d'images qu'elle a conservées.

L'imagination produit *une espèce expresse*, appelée image ou *phantasme*.

c) L'estimative se définit: *le sens interne qui perçoit et distingue les choses non senties ou non perçues par les sens externes*: comme, par exemple, l'injure et le bienfait, l'amitié et l'inimitié, l'utilité ou l'inutilité.

Les sens externes connaissent les choses amies ou ennemies de l'animal, mais ils ne perçoivent pas les qualités concrètes d'amitié ou d'inimitié, d'utilité ou d'inutilité. C'est à l'estimative, dirigée par un jugement et un instinct naturels, qu'il appartient de percevoir et discerner ces choses non senties.

L'estimative, dans l'homme, a une activité supérieure à cause de sa liaison avec l'intelligence. Elle s'appelle alors la *cogitative* ou la *raison particulière*, parce qu'elle procède non plus par instinct, mais par des comparaisons et des rapprochements, et par une sorte de raisonnement d'après des signes, des expériences et des effets.

d) La mémoire sensible se définit: *le sens qui nous fait reconnaî-*

tre le passé de notre conscience en le faisant revivre.

La mémoire sensible garde les connaissances acquises par l'estimative, en particulier *l'impression du déjà perçu.* L'objet propre de la mémoire sensible est donc une sensation déjà sentie qui, comme telle, ne peut être l'objet du sens externe. Voilà pourquoi la mémoire sensible ne se confond pas avec l'imagination qui a pour rôle de reproduire les choses absentes, sans les localiser dans le passé.

Chez l'homme, la mémoire ne rappelle pas seulement le passé; mais sous l'empire de l'intelligence et de la volonté, elle déduit, à partir d'un point, une série de faits connexes. L'homme voit dans son souvenir une longue série de faits et de conséquences qu'une première pensée lui a suggérés. Voilà pourquoi l'acte de la mémoire sensible chez l'homme reçoit un nom spécial: celui de *réminiscence.*

145 - LE SIÈGE DES SENS INTERNES.— On dit généralement que les sens internes ont leur siège dans le cerveau. Le lieu spécial de chaque sens dans le cerveau est difficile à déterminer.

ARTICLE III

L'APPÉTIT SENSITIF ET LES PASSIONS.

146 - L'APPÉTIT SENSITIF.— 1° *Notion.*- Toute forme est suivie d'une inclination qui lui est proportionnée. Ceci est manifeste par l'expérience. Nous voyons en effet que les natures diverses ont des inclinations diverses.

La même chose se prouve par la raison. La forme dit perfection. Et toute chose est inclinée vers sa perfection de telle sorte qu'elle se repose en elle, si elle la possède, ou qu'elle tende vers elle, si elle ne la possède pas.

Les formes sont soit naturelles, soit acquises par la connaissance.

La forme naturelle est suivie de l'appétit naturel qui se définit: *la relation transcendantale d'une chose à la perfection qui lui convient.*

La forme acquise est suivie de l'appétit élicite qui se définit: *la tendance de celui qui connaît au bien connu.*

L'appétit élicite suit donc, non pas la forme naturelle, mais une forme acquise par l'acte vital de la connaissance. Il doit être proportionné à la forme qu'il suit, et par conséquent doit être une *faculté vitale.*

Cette faculté vitale est aussi distincte des facultés de connaissance, car son acte vient après la connaissance.

L'appétit élicite est soit sensitif, soit intellectif, selon qu'il se porte sur un bien connu par les sens ou par l'intelligence.

L'appétit sensitif se définit donc: *une inclination vers le bien connu par les sens, ou une faculté vitale par laquelle l'animal tend au bien connu par les sens.*

2° *Division de l'appétit sensitif.—* L'appétit sensitif se divise en appétit *concupiscible* et en appétit *irascible.*

L'appétit concupiscible se définit: *la faculté par laquelle l'animal désire le bien connu par les sens et prend horreur du mal contraire.*

L'appétit irascible se définit: *la faculté par laquelle l'animal est porté à vaincre les difficultés qui s'opposent à l'acquisition d'un bien.*

L'appétit irascible est une faculté réellement distincte de l'appétit concupiscible. En effet, tandis que l'objet de celui-ci est un bien qui convient à l'animal, l'objet de celui-là est un bien qui convient d'une manière spéciale, c'est-à-dire un bien supérieur aux difficultés qui empêchent son acquisition. Par suite l'appétit irascible ne fuit pas le mal, comme l'appétit concupiscible, mais il se porte sur lui afin de le vaincre et de l'éliminer.

147 - LES PASSIONS DE L'ÂME.— Il faut distinguer entre les passions du corps et les passions de l'âme que certains appellent les passions *animales*.

Les passions corporelles comportent une modification agréable ou désagréable du corps et la saisie de cette modification par la connaissance sensible, c'est-à-dire par le sens du toucher, ou encore par le sens de la douleur, comme le prétendent certains modernes.

Les passions de l'âme se définissent: *les mouvements de l'appétit sensitif résultant de la connaissance sensible et comportant un changement ou un état passif du corps.*

La passion est donc formellement un acte de l'appétit sensitif: elle contient le changement corporel comme un élément matériel.   ,

Dans l'appétit concupiscible, il existe six passions: *l'amour*, la *haine*, le *désir*, l'*aversion*, la *joie* et la *tristesse*.

L'amour est l'inclination au bien connu comme bien.

La haine est le mouvement d'éloignement à l'égard du mal.

Le désir est l'inclination au bien absent mais possible.

L'aversion (fuga) est la répugnance à l'égard du mal absent mais possible.

La joie est le repos dans le bien possédé.

La tristesse est la souffrance morale causée par l'existence actuelle d'un mal.

Dans l'appétit irascible, il existe cinq passions: *l'espérance*, le *désespoir*, la *crainte*, l'*audace* et la *colère*. L'objet de cet appétit est en effet un bien difficile à obtenir ou un mal à surmonter.

S'il y a possibilité d'obtenir le bien et d'éliminer la difficulté, nous avons l'espérance; s'il y a impossibilité, nous avons le désespoir. Si les maux qui empêchent la possession du bien sont grands sans paraître insurmontables, nous avons l'audace; s'ils apparaissent insurmontables, nous avons la crainte. Si les maux menaçants viennent d'un ennemi vivant et sensitif, nous avons la colère, qui est le désir de vengeance contre un ennemi.

148 - Le sujet des facultés sensitives.— On appelle facultés sensitives les sens externes et internes et le double appétit sensitif.

Ces facultés sont dites facultés de l'âme, parce qu'elles émanent de l'âme en tant qu'elle est le premier principe de vie.

Ici l'on cherche si ces facultés existent dans l'âme comme dans leur sujet, ou plutôt dans le composé.

On appelle sujet des facultés sensitives cette substance qu'elles déterminent et dans laquelle elles existent comme des accidents.

Le composé est le vivant sensitif lui-même qui est constitué par l'âme et la matière première; ou encore c'est l'être mobile informé par l'âme sensitive.

Cette question est importante, car si l'âme sensitive est le sujet propre des facultés sensitives, elle n'est plus seulement un principe, mais elle est une substance subsistante et, par suite, elle est spirituelle.

Platon, Descartes, Rosmini et d'autres ont affirmé que l'âme sensitive était le sujet propre de ses facultés.

Les scolastiques en général ont toujours enseigné que seul le composé était le sujet propre des facultés sensitives. Prouvons cette dernière assertion.

Toute faculté sensitive est organique. Or le sujet de toute faculté organique est le composé. Donc le composé est le sujet des facultés sensitives.

La mineure est évidente, car l'organe est une partie intégrale du composé.

A la majeure.— Une faculté dont l'objet propre est corporel est elle-même corporelle ou organique, car la faculté est toujours proportionnée à son objet. Or l'objet propre d'une faculté sensitive est toujours corporel: les sens saisissent toujours un objet étendu comme étendu concrètement, etc. Et l'appétit sensitif se porte toujours sur un bien sensible comme sensible d'une manière concrète. Donc. . . .

La majeure est aussi évidente par l'expérience. Car nous savons par expérience que nos facultés sensitives exercent leurs opérations par nos organes.

ARTICLE ·IV

L'ÂME SENSITIVE

149 - L'EXISTENCE ET LA NATURE DE L'ÂME SENSITIVE.— 1° *L'existence.* Descartes a nié l'existence d'une âme sensitive dans la brute.

L'existence de cette âme ne peut cependant pas être mise en doute. La brute a la sensation, comme le démontrent ses organes et ses mouvements divers qui indiquent l'existence de la connaissance sensitive.

Cette âme sensitive est de plus la forme substantielle de la brute. Car l'âme sensitive est le premier principe de vie sensitive. Et le premier principe de vie dans tout être spatio-temporel qui vit est sa forme substantielle.

Enfin l'âme sensitive est l'unique forme substantielle dans la brute. Ceci découle de la doctrine que nous avons établie précédemment au sujet de l'unité de forme substantielle dans tout être spatio-temporel.

2° *La nature de l'âme sensitive.*— Il s'agit de savoir si l'âme sensitive est une forme subsistante ou spirituelle, ou plutôt une forme non subsistante, c'est-à-dire matérielle.

Une forme substantielle subsistante ou spirituelle est celle qui peut exister sans être unie à la matière: l'âme humaine.

Une forme substantielle non subsistante ou matérielle est celle qui n'existe que par son union à la matière.

La première a son existence propre. Elle est un principe, elle existe ut *quo,* parce qu'elle peut informer la matière pour constituer un composé —l'âme humaine informe la matière pour constituer l'homme; mais elle a aussi ce privilège de pouvoir exister sans la matière. En fait l'existence du composé n'est que l'existence de la forme substantielle subsistante communiquée à la matière.

La seconde n'a pas son existence propre. Elle n'existe que par l'existence du composé. Elle existe non pas comme une chose qui peut exister (*ut quod*) mais uniquement comme un principe *par lequel* (*quo*) est constitué ce qui existe.

Les Platoniciens ont toujours considéré l'âme sensitive comme un être subsistant.

Prouvons contre eux que l'âme sensitive est matérielle. Nous donnerons deux preuves:

a) L'âme dont l'opération spécifique est organique, est matérielle. Or l'opération spécifique de l'âme sensitive est organique. Donc l'âme sensitive est matérielle.

A la majeure.— L'opération spécifique d'un être manifeste sa nature. Si une âme est spirituelle ou si elle a son existence propre, elle exercera son opération spécifique par elle-même. Si elle est matérielle et n'existe que par l'existence du composé, l'opération spécifique dont elle est le principe sera exercée par le composé: elle sera organique.

A la mineure.— L'opération spécifique de l'âme sensitive est la sensation. Et la sensation est organique, puisque les sens, qui sont ses principes prochains, sont des facultés organiques.

b) Si l'âme sensitive est subsistante, la brute est douée d'intelligence. Or la brute n'est pas douée d'intelligence. Donc l'âme sensitive n'est pas subsistante, mais elle est matérielle.

A la majeure. Si l'âme sensitive est subsistante, elle est spirituelle. Or une âme spirituelle est principe d'une faculté de connaissance spirituelle, c'est-à-dire d'une intelligence. Donc si l'âme sensitive est subsistante, la brute, dont elle est la forme substantielle, est douée d'intelligence.

A la mineure.— a) La brute a tendance à manifester ses affections et possède des organes aptes à exprimer des paroles. Cependant, elle ne parle pas, c'est-à-dire elle n'exprime pas, par des sons, des concepts universels et des jugements. Elle ne forme donc pas des concepts universels, des jugements. C'est dire qu'elle n'a pas l'intelligence.

b) La brute ne progresse pas dans les arts et les sciences, comme l'homme le fait à l'aide de son intelligence. Les développements que peut manifester la brute sont déterminés et unilinéaires. Ils s'expliquent par l'évolution des sensations et par des associations purement empiriques.

150 - LA GÉNÉRATION ET LA CORRUPTION DE L'ÂME SENSITIVE.— La génération est le passage de la non-existence à l'existence par l'union de la forme à la matière.

La corruption est le passage de l'existence à la non-existence par la séparation de la forme et de la matière.

Une chose peut être engendrée et corrompue directement (per se) ou par accident.

Une chose est engendrée ou corrompue directement, quand elle est subsistante ou a son existence propre: tout être spatio-temporel.

Une chose est engendrée ou corrompue par accident, quand elle n'existe que comme principe physique du composé. Elle est dans ce cas engendrée ou corrompue quand le composé dont elle fait partie est directement engendré ou corrompu.

L'âme sensitive est certainement engendrée et corrompue. En effet, elle est une forme matérielle, et comme telle elle est tirée de la puissance de la matière, et elle cesse d'exister par le fait de la corruption du composé dont elle fait partie. Nous prouvons ici qu'elle est engendrée et corrompue par accident.

Toute forme matérielle est engendrée et corrompue par accident. Or l'âme sensitive est une forme matérielle. Donc l'âme sensitive est engendrée et corrompue par accident.

A la majeure.— Une forme matérielle est produite en dépendance de la matière et n'existe que par l'existence du composé. Donc elle est engendrée par le fait de la génération du composé, c'est-à-dire par accident.

De même, par le fait de la corruption du composé, elle est aussi corrompue, car elle n'existe que par l'existence de celui-ci.

CHAPITRE III

—

LA VIE INTELLECTIVE

ARTICLE PREMIER

L'INTELLIGENCE HUMAINE

I. Sa spiritualité et sa passivité.

151 - La nature de l'intelligence humaine. — 1° En parlant de l'intelligence humaine, les philosophes distinguent entre l'intellect agent et l'intellect possible.

Nous parlerons plus bas de l'intellect agent.

Nous entendons ici par intelligence humaine l'intellect possible que nous définissons: *une faculté de connaître par laquelle l'homme saisit l'universel, juge et raisonne.* L'expérience nous manifeste l'existence de cette faculté en nous.

Il s'agit de prouver qu'elle est une faculté spirituelle.

2° Une faculté se définit: *le principe prochain par lequel un être peut opérer.*

Une faculté spirituelle est celle qui est subjectivement et intrinsèquement indépendante de la matière. En d'autres termes, une faculté spirituelle est celle dont le sujet propre est l'âme seule et non le composé de matière et de forme.

Les matérialistes ont nié la spiritualité de l'intelligence humaine. Mais de grands philosophes, comme Anaxagore, Platon, Aristote. Plotin, Descartes et tous les scolastiques. l'ont affirmée.

Nous prouverons cette affirmation par deux arguments.

1) Une faculté dont l'opération est spirituelle, est elle-même spirituelle. Or, l'intelligence humaine est une faculté dont l'opération est spirituelle. Donc, l'intelligence humaine est une faculté spirituelle.

À la majeure. — Toute faculté est spécifiée par son opération.

À la mineure. — Une opération dont l'objet est spirituel, est elle-même spirituelle. Or, certains objets de l'intelligence humaine sont spirituels: nous connaissons en effet la sagesse, la vérité, Dieu, etc. Donc . . . . .

2) Une faculté qui connaît l'universel est spirituelle. Or, l'intelligence humaine connaît l'universel. Donc, l'intelligence humaine est une faculté spirituelle.

À la majeure.— Une faculté qui n'est pas spirituelle mais organique, ne peut posséder la forme de l'autre que d'une manière étendue, et par suite ne peut connaître que le singulier et le concret: car tout étendu est singulier et concret.

À la mineure.— Par l'expérience interne, nous percevons que nous avons un double genre de connaissances: la connaissance sensitive par laquelle nous saisissons le singulier, et la connaissance intellective par laquelle nous saisissons l'universel. Lorsque par exemple nous disons: Pierre est un homme, nous savons que Pierre est un singulier connu par les sens, mais que l'homme est un universel qui peut se dire de Pierre, Paul, Jean, etc.

152 - La passivité de l'intelligence humaine.— Toute faculté est dite active par rapport à son acte. Mais à l'égard de son objet, elle peut être soit active, soit passive. Elle est active, quand elle agit sur un objet et le change. Elle est passive, quand elle est actuée par son objet.

Sous ce dernier aspect, l'intelligence humaine est une faculté passive. En voici la raison:

Par la connaissance, le connaissant devient son objet. Or l'objet de la connaissance intellectuelle est l'être universel. Donc si une intelligence n'est pas actuée par son objet, mais si elle est par elle-même en acte par rapport à son objet, elle est par elle-même l'être universel. Elle est donc infinie. Et nous savons que l'intelligence humaine n'est pas infinie, puisqu'elle est la faculté d'un être fini. L'intelligence humaine est donc une faculté passive. Elle a besoin d'être actuée par l'espèce intelligible ou la représentation intentionnelle de son objet.

Si nous considérons que l'intelligence humaine est la dernière dans la hiérarchie intellectuelle et la plus éloignée de l'Intelligence divine qui est l'acte pur, nous devons dire que l'intelligence humaine par elle-même est une pure puissance à l'égard des intelligibles, tout comme la matière première est une pure puissance à l'égard des formes substantielles. Voilà pourquoi au commencement elle est comme une tablette où il n'y a rien d'écrit, selon l'image d'Aristote.

2. L'objet formel, adéquat et propre de l'intelligence humaine.

153 - L'OBJET FORMEL.— L'objet formel de l'intelligence est l'objet qui spécifie l'intelligence comme intelligence. Il est l'aspect sous lequel l'intelligence atteint tout ce qu'elle connaît.

Nous disons que l'être est l'objet formel de l'intelligence humaine comme intelligence. Nous n'entendons pas signifier par là que l'intelligence humaine n'atteint que l'aspect universel d'être dans les choses qu'elle connaît. Nous voulons dire que l'intelligence ne connaît une chose qu'en autant que celle-ci est un être. Par suite, l'intelligence humaine peut connaître toutes les déterminations spéciales de l'être, parce que celles-ci sont toujours des participations ou des contractions de l'être.

Prouvons par deux arguments que l'être est l'objet formel de l'intelligence humaine.

a) Dans la simple appréhension, le concept représente *ce qu'est* l'objet, c'est-à-dire sa quiddité. Bien plus le concept, en représentant l'essence d'une chose, représente cette essence comme la *raison d'être* des propriétés.

Dans le jugement, nous affirmons que deux concepts objectifs s'identifient ou ne s'identifient pas dans *le même être*, par le verbe-copule: *est*. Lorsque par exemple nous disons que l'homme est raisonnable, nous affirmons que l'homme est le *même être* que le raisonnable.

Dans le raisonnement, l'intelligence s'appuie toujours sur les principes d'identité ou de contradiction, principes qui énoncent les lois suprêmes *de l'être*.

Donc l'être est ce qui est atteint dans les trois opérations de l'intelligence humaine: il est son objet formel.

b) L'intelligence humaine peut connaître tout ce qui existe. Or l'objet formel d'une faculté qui peut connaître tout ce qui existe, c'est l'être. Donc l'être est l'objet formel de l'intelligence humaine.

A la majeure.— L'immatérialité est la racine de la connaissance, de telle sorte que la capacité de connaître est en proportion de l'immatérialité. Or l'intelligence humaine est purement immatérielle: elle est spirituelle. Donc elle a une capacité absolue de connaître: elle peut tout connaître.

À la mineure.— L'être est l'aspect commun de tout ce qui existe. Il est donc l'aspect sous lequel tout ce qui existe peut être atteint.

154 - L'OBJET ADÉQUAT.— 1°Il faut d'abord distinguer entre l'objet *proportionné* et l'objet *extensif* d'une intelligence.

L'objet proportionné est celui qu'une intelligence peut atteindre par sa vertu propre ou naturelle.

L'objet extensif est celui qu'une intelligence peut atteindre par une vertu qui lui est surajoutée: les vérités surnaturelles que notre intelligence connaît à la lumière de la foi, sont des objets extensifs de notre intelligence.

L'objet adéquat est formé de l'objet proportionné et de l'objet extensif. Il peut donc être défini: *tout ce que l'intelligence humaine peut atteindre soit par sa vertu propre, soit par une vertu surajoutée.*

2° La distinction entre l'objet proportionné et l'objet adéquat de l'intelligence humaine provient de la distinction entre sa capacité passive et sa vertu propre ou connaturelle.

L'objet adéquat répond à la capacité de l'intelligence considérée comme puissance passive.

L'objet proportionné répond à la vertu, à la lumière de l'intelligence humaine selon qu'elle est actuée par son espèce connaturelle.

3) L'objet adéquat de l'intelligence humaine, c'est *tout être*, que ce soit un être sensible, une créature spirituelle, ou Dieu connu par les créatures, ou encore connu face à face dans la vision béatifique.

Nous prouverons cette assertion par deux arguments:

a) Une faculté de connaissance dont l'objet formel est l'être, a pour objet adéquat tout être. Or l'objet formel de l'intelligence humaine, c'est l'être. Donc son objet adéquat est tout être.

À la majeure.— La capacité d'une intelligence est mesurée par son objet formel.

La mineure a été démontrée plus haut.

b) L'objet adéquat d'une faculté spirituelle de connaissance, c'est tout ce qui est intelligible, c'est tout être. Or l'intelligence humaine est spirituelle. Donc son objet adéquat, c'est tout ce qui est intelligible, c'est-à-dire tout être.

A la majeure.— Pour qu'une faculté de connaître puisse s'assimiler à un objet intelligible, il suffit qu'elle soit spirituelle, car la spiritualité est la racine de l'intellectualité. Donc par le fait même de sa spiritualité, une faculté de connaître peut être actuée par tout ce qui est intelligible.

155 - L'OBJET PROPRE.— 1) L'objet proportionné de l'intelligence humaine, avons-nous dit, est celui qu'elle peut atteindre par sa vertu propre, par ses forces naturelles.

L'objet proportionné se divise en objet *propre* ou *principal* et en objet *secondaire*.

L'objet propre, c'est le premier objet proportionné. Il se définit: l'objet que l'intelligence par ses forces naturelles connaît en raison de lui-même et par un premier regard (per se primo).

L'objet secondaire, c'est celui que l'intelligence atteint par ses forces naturelles, mais d'une manière indirecte, au moyen de son objet propre. En ce sens, lorsque nous connaissons Dieu par les créatures, nous l'atteignons comme objet secondaire de notre connaissance intellectuelle.

2) L'objet propre de l'intelligence humaine dans l'état d'union, c'est la *quiddité des choses matérielles présentées par l'imagination, en tant qu'elle est abstraite ou universelle.*

L'état d'union signifie l'état de vie terrestre où l'âme est unie au corps.

La quiddité ne s'entend pas seulement de la substance prédicamentale, mais aussi des accidents, des modes, de l'existence.

L'imagination désigne ici les trois sens internes les plus élevés, c'est-à-dire l'imagination proprement dite, la cogitative et la mémoire sensible.

La quiddité des choses matérielles est dite *abstraite*, quand elle est dégagée des conditions matérielles dont font abstraction les choses spirituelles, comme les conditions du temps, du lieu, etc., qui se rattachent à la matière individuelle.

Prouvons notre thèse par trois arguments.

a) Ce que l'intelligence humaine connaît tout d'abord (per se primo) dans l'état d'union, c'est la quiddité abstraite des choses matérielles présentées par l'imagination. Or l'objet propre de l'intelligence humaine est ce qu'elle connaît tout d'abord (per se primo). Donc l'objet propre de l'intelligence humaine dans l'état d'union, c'est la quiddité abstraite des choses matérielles présentées par l'imagination.

La mineure n'est que la définition de l'objet propre.

À la majeure.— Elle se prouve *a posteriori*. L'expérience nous montre que la connaissance intellective est rivée par son objet aux choses sensibles telles que présentées par l'imagination.

Si l'imagination ne peut agir, comme dans le sommeil, l'état d'ébriété, ou par le fait d'une lésion organique dans le cerveau, la connaissance intellectuelle devient impossible.

Nous formons toujours en nous des images de ce que nous connaissons. Et nous nous servons encore d'images pour expliquer quelque chose à un autre.

De plus, c'est toujours par comparaison avec ce que nous connaissons par nos sens que nous comprenons par notre intelligence. L'aveugle, par exemple, ne peut se faire une idée de la couleur qu'en se servant d'une comparaison prise des choses qu'il perçoit par les sens. Il conçoit le rouge comme un son très fort.

Enfin, nous ne connaissons les choses immatérielles qu'en les comparant aux choses matérielles. Un être spirituel pour nous est *immatériel*: il nie la matière. Tout cela montre que notre intelligence atteint tout d'abord la quiddité des choses matérielles. Et cette quiddité est abstraite, car les quiddités singulières, individuelles nous sont cachées. Nous ne connaissons pas, par exemple, les différences individuelles de la nature de Pierre, de Paul, etc.

b) L'objet propre d'une faculté est celui qui lui est tout d'abord proportionné. Or l'intelligible tout d'abord proportionné à l'intelligence humaine dans l'état d'union, c'est la quiddité abstraite des choses matérielles représentées par l'imagination. Donc l'objet propre de l'intelligence humaine dans l'état d'union, c'est la quiddité des choses matérielles représentées par l'imagination.

À la majeure.— Elle est évidente, surtout lorsqu'il s'agit d'une faculté qui connaît. Le connaissant en effet devient le connu. Son objet propre sera donc celui qui lui est tout d'abord proportionné.

À la mineure.— L'intelligence humaine, dans l'état d'union, est la faculté d'une âme spirituelle qui existe dans un corps sensitif. Elle est donc une chose spirituelle qui existe dans du sensible. De même la quiddité abstraite des choses matérielles présentées par l'imagination est une chose *spiritualisée,* qui existe dans du sensible ou du sensitif. Il y a là une proportion parfaite.

c) L'objet que l'intelligence humaine atteint tout d'abord en vertu de l'union de l'âme au corps est son objet propre. Or l'objet que l'intelligence humaine atteint ou connaît tout d'abord en vertu de l'union de l'âme au corps, c'est la quiddité abstraite des choses matérielles présentées par l'imagination. Donc la quiddité abstraite des choses matérielles présentées par l'imagination, est l'objet propre de l'intelligence humaine dans l'état d'union.

A la majeure.— L'union de l'âme au corps est naturelle. Et comme l'inférieur est toujours en vue de ce qui est supérieur, cette union est en vue de la perfection de l'âme, perfection qui sera soit son existence, soit son opération propre. Or le corps ne donne pas l'existence à l'âme, car celle-ci a son existence propre. Il doit donc l'aider à acquérir cette perfection qui est son opération propre, c'est-à-dire son intellection. En d'autres termes, il doit l'aider à atteindre son objet propre.

A la mineure.— L'âme ne peut être unie au corps pour comprendre au moyen d'un organe, car l'intellection est une opération spirituelle. Elle est unie au corps afin que l'imagination lui présente les choses matérielles dont elle abstrait la quiddité.

156 -L'ORIGINE DE LA CONNAISSANCE INTELLECTIVE.— Toute connaissance intellective a son point de départ dans le sens, parce que c'est le sens qui présente à l'intelligence la matière dont elle extrait son objet propre.

Il ne faudrait cependant pas confondre la connaissance intellectuelle et la connaissance sensible.

L'intelligence atteint son objet d'une manière beaucoup plus profonde que le sens. Le sens ne connaît que les accidents extérieurs, concrets d'une chose, tandis que l'intelligence pénètre jusqu'à l'essence. Elle connaît la quiddité. De plus, l'intelligence n'atteint pas uniquement la quiddité abstraite des choses matérielles. Par raisonnement, par réflexion, elle monte, à partir de cette quiddité, à la connaissance de l'âme, des êtres spirituels, de Dieu lui-même.

Les divers noms de l'intelligence humaine.— L'intelligence humaine ne se divise pas en facultés distinctes. Puisqu'elle a pour objet l'être, elle ne peut se différencier par des objets formels distincts. L'être comprend tous les objets possibles.

L'intelligence humaine reçoit cependant des noms divers, selon qu'elle peut poser des actes distincts. Elle s'appelle *mémoire, intelligence spéculative, intelligence pratique, raison, raison supérieure, raison inférieure.*

La mémoire, c'est l'intelligence selon qu'elle conserve les espèces intelligibles.

L'intelligence est dite *spéculative,* quand elle connaît la vérité pour la connaître ou pour fuir l'ignorance.

L'intelligence est dite *pratique,* quand elle cherche à connaître en vue de rectifier une opération humaine ou en vue de faire une oeuvre.

L'intelligence est dite *raison,* quand elle va d'une vérité connue à une vérité inconnue.

La raison est dite *supérieure,* quand elle s'élève aux choses divines et par elles juge les choses humaines.

Elle est *inférieure,* quand elle considère les choses humaines.

3. L'intellect agent.

157 - L'EXISTENCE DE L'INTELLECT AGENT.— a) La connaissance de l'intelligence humaine a son point de départ dans le sens. L'imagination présente à l'intelligence ou intellect possible les choses sensibles. Mais comme l'intellect possible est une faculté passive, il a besoin d'être déterminé par une espèce intelligible.

La chose sensible ne peut pas par elle-même produire une espèce intelligible. Car la chose sensible est matérielle, tandis que l'espèce intelligible est immatérielle.

L'âme doit donc posséder une faculté, une vertu, une force spirituelle qui peut abstraire l'espèce intelligible de l'image que présente l'imagination.

Cete faculté s'appelle l'intellect agent et se définit: *une faculté immatérielle et active de l'âme qui abstrait les espèces intelligibles (impresses) des images.*

Cette faculté est active, parce qu'elle agit sur son objet. Par suite, l'intellect agent est une faculté réellement distincte de l'intellect possible: celui-ci est en effet une faculté *passive.*

b) L'espèce intelligible impresse est produite à la fois par l'intellect agent et par l'image ou le *phantasme*: par l'intellect agent comme par sa cause principale, par l'image comme par sa cause instrumentale. Et parce qu'elle provient de l'intellect agent, elle est immatérielle; parce qu'elle provient de l'image, elle est la similitude de l'objet représenté par l'imagination.

c) Tous ceux qui n'admettent pas la dépendance objective de l'intelligence humaine relativement au sens, nient l'existence de l'intellect agent, c'est-à-dire tous les intellectualistes exagérés comme les Platoniciens, les Augustiniens, les partisans des idées innées, les Ontologistes pour qui Dieu est l'objet propre de l'intelligence humaine. Tous ceux qui identifient l'intelligence et le sens nient aussi l'existence de cette faculté.

Aristote, s. Thomas et tous leurs disciples ont toujours affirmé l'existence de l'intellect agent.

Prouvons la vérité de cette assertion.

Dans l'état d'union de l'âme au corps, l'espèce intelligible qui actue l'intellect possible doit être produite par l'image de l'imagination. Or cette image ne peut produire l'espèce intelligible qu'avec le secours de l'intellect agent. Donc l'intellect agent existe.

À la majeure.— L'intellect possible est une faculté passive qui doit être actuée par son objet. Or son objet propre, c'est la quiddité de la chose matérielle qui existe dans l'imagination. Donc. . . . . . .

À la mineure.— L'image ne peut actuer l'intellect possible, ni produire à elle seule l'espèce intelligible, car elle est matérielle et n'est pas intelligible en acte. Elle doit donc être rendue intelligible en acte par une faculté active de l'âme qui l'immatérialise, c'est-à-dire par l'intellect *agent.*

158 - LES RÔLES DE L'INTELLECT AGENT. 1° Il abstrait l'espèce intelligible impresse des images. Cette abstraction est une *production* de l'espèce intelligible, avec le secours de l'image.

2° Il illumine les images, parce qu'il les rend intelligibles.

3° Il renforcit l'intellect possible, parce qu'il l'actue par l'espèce intelligible.

4° Il montre l'évidence des premiers principes, non pas parce qu'il abstrait les premiers principes ou les connaît, mais parce que l'intellect possible, déterminé par l'espèce intelligible produite par lui, saisit immédiatement les premières notions et, à l'aide de ces notions, formule immédiatement les premiers principes.

4. L'objet secondaire de l'intelligence humaine.

On entend par objet secondaire de l'intelligence humaine le singulier matériel, les choses spirituelles et l'âme elle-même. Nous indiquerons comment l'intelligence atteint ces objets.

159 - LA CONNAISSANCE DU SINGULIER MATÉRIEL.— a) Le singulier matériel est une chose existant sous des conditions matérielles et singulières: c'est l'être spatio-temporel pris comme individu, comme Pierre, Paul, cette plante, ce cheval.

Le singulier matériel s'oppose à l'universel qu'on a déjà défini: la quiddité de la chose sensible abstraite de ses conditions matérielles.

Le sens connaît le singulier matériel. A ce sujet, il ne peut y avoir de doute. Il est de même évident que l'intelligence connaît le singulier matériel, puisqu'elle peut former des propositions dont le sujet et même le prédicat représentent des singuliers. Exemple: *Pierre est* un homme; *Pierre* n'est pas *Paul*.

b) Nous cherchons de quelle manière l'intelligence peut atteindre le singulier matériel. Celui-ci, de lui-même, n'est pas intelligible en acte, non pas parce qu'il est singulier, mais parce qu'il est matériel. La matière est un obstacle à l'intelligibilité de l'objet.

Et nous disons, avec les Thomistes, que dans l'état d'union, l'intelligence humaine ne connaît directement que l'universel, et qu'elle n'atteint le singulier qu'indirectement.

Par connaissance directe, nous entendons ici une connaissance qui ne comporte pas une réflexion, un retour de l'intelligence sur son acte ou sur l'acte d'une autre faculté de connaître.

Par connaissance indirecte, nous entendons un acte de connaissance qui implique le retour de l'intelligence sur les images de l'imagination.

Prouvons d'abord que *l'intelligence humaine, dans l'état d'union, n'atteint directement que l'universel.*

L'intelligence humaine, dans l'état d'union, n'atteint directement que l'objet représenté par l'espèce intelligible impresse. Or l'espèce intelligible impresse, telle qu'elle est acquise dans l'état d'union, ne représente directement que l'universel. Donc l'intelligence humaine, dans l'état d'union, ne connaît directement que l'universel.

À la majeure.— L'intelligence humaine est déterminée à connaître son objet par l'espèce impresse qui est la similitude de l'objet. Elle connaîtra donc l'objet tel qu'il est représenté par cette espèce.

À la mineure.— L'espèce impresse, dans l'état d'union, est abstraite du singulier par l'intellect agent. Elle est immatérialisée et ne représente directement que la quiddité abstraite, c'est-à-dire l'universel.

Prouvons de plus que *l'intelligence humaine, dans l'état d'union, connaît indirectement le singulier matériel.*

Une intelligence, qui ne connaît l'universel qu'en se retournant vers les images de l'imagination, connaît indirectement le singulier matériel. Or, dans l'état d'union, l'intelligence humaine ne connaît l'universel qu'en se retournant vers les images de l'imagination. Donc, dans l'état d'union, l'intelligence humaine connaît indirectement le singulier matériel.

À la majeure.— Une telle intelligence atteint l'universel qu'elle connaît directement, dans le singulier que l'image de l'imagination représente. Donc, en connaissant directement l'universel, elle connaît indirectement le singulier matériel.

À la mineure.— L'objet propre de l'intelligence humaine, dans l'état d'union, est la quiddité abstraite de la chose sensible représentée dans l'imagination.

160 - La connaissance des choses spirituelles.— Les choses spirituelles sont celles qui sont subjectivement et intrinsèquement indépendantes de la matière, comme l'âme humaine, les anges et Dieu.

Dans l'état d'union, l'intelligence humaine connaît directement les choses sensibles dans leur nature spécifique. Mais elle ne peut avoir qu'une connaissance analogique des choses spirituelles. Cette connaissance est dite analogique parce qu'elle n'atteint pas directement les natures spécifiques des choses spirituelles en elles-mêmes; elle n'atteint ces natures que par comparaison (ou analogie) aux choses matérielles et d'une manière imparfaite.

Cette connaissance analogique procède surtout par *voie de négation*: elle nie des choses spirituelles les imperfections qui sont propres aux choses matérielles en tant que matérielles.

Il est à noter que cette **voie négative** n'est pas purement négative, car en niant une imperfection de la chose spirituelle, nous lui attribuons une perfection positive que nous ne pouvons connaître que négativement. Ainsi, en disant que l'ange n'a pas de matière, nous affirmons qu'il est spirituel, et nous lui attribuons une perfection positive: un être spirituel est beaucoup plus parfait qu'un être matériel.

La connaissance analogique procède encore par *voie d'affirmation* et *par voie d'excellence*. Elle attribue d'une manière éminente aux choses spirituelles les caractères généraux qu'elles peuvent avoir en commun avec les choses matérielles: l'ange est un être comme l'homme, mais il est un être supérieur à l'homme. Il est *plus être* que l'homme.

Ces caractères généraux cependant ne peuvent être des caractères *spécifiques* communs aux choses matérielles et spirituelles, puisque celles-ci sont spécifiquement distinctes de celles-là.

Preuve de notre affirmation.

Une intelligence qui connaît les choses spirituelles au moyen des choses matérielles, ne les connaît que par analogie et d'une manière imparfaite. Or, dans l'état d'union, l'intelligence humaine connaît les choses spirituelles au moyen des choses matérielles. Donc, dans l'état d'union, l'intelligence humaine ne connaît les choses spirituelles que par analogie, et d'une manière imparfaite.

À la majeure.— Une telle intelligence connaît les choses spirituelles uniquement en les comparant aux choses matérielles . Or cette comparaison ne peut donner qu'une connaissance imparfaite des choses spirituelles: car celles-ci sont très différentes des choses matérielles, bien qu'elles puissent leur être semblables sous des aspects très généraux. Donc. . .

À la mineure.— L'intelligence humaine, dans l'état d'union, a pour objet propre la quiddité abstraite des choses matérielles. Elle ne peut donc connaître les choses spirituelles qu'en passant par cet objet, c'est-à-dire indirectement.

161 - COMMENT L'ÂME HUMAINE SE CONNAÎT-ELLE?— 1° *L'âme humaine ne se connaît pas par son essence.*- En parlant de la connaissance que l'âme a d'elle-même, nous pouvons parler de la connaissance que l'âme peut avoir de son existence et de son essence. Ici nous traitons ce problème sous ces deux aspects.

La connaissance que l'âme a d'elle-même peut être soit *habituelle*, soit *actuelle*.

La connaissance habituelle a lieu quand l'âme est disposée d'une manière prochaine à se connaître.

La connaissance actuelle a lieu quand l'âme se connait en acte.

Il s'agit ici de la connaissance actuelle.

Et nous disons que l'âme humaine ne se connaît pas elle-même en acte *par son essence*. L'expression: *par son essence* ne signifie pas que l'âme humaine ne peut pas atteindre son essence comme objet connu — d'une manière imparfaite; mais elle signifie que l'âme n'est pas déterminée par son essence, comme *par une espèce intelligible impresse,* à se connaître elle-même.

Cet enseignement, qui est celui de saint Thomas et de ses disciples, nie la doctrine de saint Augustin et de Descartes.

Prouvons notre assertion.

Si l'âme humaine se connaissait en acte par son essence, elle se connaîtrait toujours en acte, et aucune erreur ne serait possible au sujet de sa nature. Or, dans l'état d'union, l'âme humaine ne se connaît pas toujours en acte, et il existe beaucoup d'erreurs au sujet de sa nature. Donc, dans l'état d'union, l'âme humaine ne se connaît pas en acte par son essence.

A la majeure.— Si l'âme humaine se connaissait en acte par son essence, elle serait toujours déterminée en acte à se connaître, puisque l'âme est un acte. Elle se connaîtrait donc toujours en acte. De plus, aucune erreur ne serait possible au sujet de la nature de l'âme, car elle serait parfaitement déterminée à se connaître elle-même par son essence comme par une espèce intelligible. Ceci est évident.

A la mineure.— Il est aussi évident que, dans l'état d'union, l'âme ne se connaît pas toujours elle-même en acte. Nous ne pensons pas toujours à notre âme. Et les erreurs sont nombreuses au sujet de la nature de l'âme, puisque certains la considèrent comme un corps, d'autres comme une force, etc.

2° *L'âme humaine ne connaît pas son existence et son essence de la*

même manière.- Elle connaît son existence immédiatement par ses actes. Il suffit en effet qu'un homme pose un acte vital, comme un acte de connaissance sensible ou intellectuelle, pour qu'il perçoive immédiatement en lui l'existence d'un premier principe qui lui permet de vivre, de connaître, etc., c'est-à-dire l'existence d'une âme.

En connaissant son existence, l'âme atteint son essence ou sa nature d'une manière obscure. Mais elle ne peut acquérir une connaissance claire et distincte de son essence que par le raisonnement, en considérant ses actes et l'objet de ses actes.

5. Le verbe mental, le premier connu et les trois actes de l'intelligence.

162 - Le verbe mental.— 1° *L'existence du verbe mental.*- Le verbe mental, c'est l'espèce expresse intelligible. On le nomme encore *concept mental, concept subjectif ou formel, terme mental,* etc.

Il se définit: *la similitude intentionnelle de l'objet que l'intellect possible produit par son acte de connaissance.* Cette similitude intentionnelle de l'objet est posée comme le terme intrinsèque de l'intellection ou de la pensée.

Dans la vision intuitive que les bienheureux ont de Dieu, il n'y a pas de verbe mental, nous disent les théologiens. Mais, dans tout acte naturel de connaissance, l'intelligence humaine produit toujours un verbe mental.

En effet, si elle atteint un objet physiquement absent, elle doit se le représenter intentionnellement ou le poser en elle-même comme terme de sa pensée.

Si son objet est physiquement présent, comme peut l'être un singulier matériel, elle ne l'atteint pas directement comme singulier, mais sous un état d'abstraction ou d'universalité. Elle doit donc encore se le représenter intentionnellement comme terme de sa pensée.

Donc, dans les deux cas, elle produit un verbe mental.

2° *La nécessité du verbe mental.*— Les auteurs comme Suarez, Molina, etc·, qui conçoivent la connaissance comme une action prédicamentale, affirment que le verbe mental est exigé par la nature même de la pensée ou de la connaissance intellective. Pour eux, en effet, la connaissance, parce qu'elle est une action, produit nécessairement un terme.

Les Thomistes, qui considèrent l'intellection comme une opération strictement immanente, affirment que la production du verbe mental est exigée par l'objet, ou encore par la richesse de l'intelligence.

L'objet exige parfois la production du verbe mental pour qu'il soit rendu présent à la pensée comme terme connu, s'il est absent, ou encore pour qu'il soit immatérialisé et posé comme connu en acte dans l'intelligence, s'il est physiquement présent.

La richesse de l'intelligence peut aussi exiger la production du verbe mental, parce que l'intelligence a tendance à se manifester, à se dire son objet dans une représentation. Ainsi, en Dieu, le Verbe, seconde personne de la Très Sainte Trinité, procède de la richesse de l'intelligence divine.

3° *Le verbe mental est un signe formel.-* Le signe est ce qui *représente, à la faculté qui connaît, une chose autre que soi.* Le signe est *instrumental* ou *formel.*

Le signe instrumental est celui qui ne représente une autre chose que lui qu'en étant préalablement connu lui-même. Exemple: une image extérieure.

Le signe formel est celui qui représente à la faculté qui connaît une chose autre que lui sans être préalablement connu lui-même.

Tous les idéalistes conçoivent le verbe mental comme un signe instrumental. Pour eux, en effet, l'intelligence n'atteint immédiatement que la représentation de l'objet, représentation qu'elle forme en elle-même. Et pour établir l'objectivité de la connaissance, il faut prouver que cette représentation correspond à l'objet extérieur.

Il faut dire, avec les Thomistes, que le verbe mental est un signe formel. Tout son rôle en effet est de rendre la chose connue et présente à l'intelligence. Donc, par lui, l'intelligence atteint immédiatement l'objet comme terme de sa pensée.

4° *La production du verbe mental.—* La production du verbe mental s'appelle la *diction.* La diction n'est pas une opération distincte de l'intellection, puisque c'est en connaissant que l'intelligence produit son verbe mental.

Il faut cependant noter avec soin que l'intellection de soi n'est pas une opération transitive, mais bien une opération immanente. L'intellection, comme toute connaissance, est essentiellement une contemplation. Si elle produit un terme, ou si elle est une action transitive, ce n'est que par accident ou virtuellement.

163 - Le premier connu.—Il s'agit ici du premier objet atteint par l'intelligence, et non du premier objet atteint par les sens.

Certains philosophes enseignent que le premier objet atteint par l'intelligence est soit le singulier matériel — Durand, soit la nature spécifique du singulier — Scot.

Les Thomistes affirment que le premier objet atteint par l'intelligence humaine, c'est la quiddité de la chose matérielle sous son aspect le plus commun ou le plus confus qui est celui de l'être. En d'autres termes, comme le dit Cajetan, le premier connu de l'intelligence humaine, c'est l'être appliqué à la quiddité sensible — *ens concretum quidditati sensibili.*

L'être ainsi connu est abstrait non pas *positivement,* mais plutôt *négativement.*

L'abstraction positive de l'être est celle par laquelle l'intelligence distingue la notion universelle *d'être* des notions inférieures. Elle comporte une comparaison entre l'être et ses inférieurs.

L'abstraction négative de l'être est celle par laquelle l'intelligence enveloppe dans la notion d'être tous les prédicats qui peuvent convenir à la quiddité sensible. L'être connu de cette manière est donc une notion très confuse, et il est très facile à abstraire. Car abstraire l'être négativement équivaut presque à connaître simplement *qu'une chose est.*

L'affirmation des Thomistes se prouve par la considération de la nature de l'intelligence humaine. Cette intelligence est, dans l'ordre de la connaissance, une puissance pure. Elle doit donc d'abord connaître son objet propre, c'est-à-dire la quiddité sensible, d'une manière très imparfaite, puisqu'elle n'acquiert sa perfection que peu à peu ,en passant de la puissance à l'acte. Or connaître la quiddité sensible d'une manière imparfaite, c'est la connaître sous son aspect le plus confus possible. Et cet aspect, c'est celui de l'être abstrait d'une manière négative. Donc le premier objet atteint par l'intelligence humaine, dans l'état d'union, c'est la quiddité sensible sous l'aspect confus d'être, ou c'est l'être appliqué à la quiddité sensible.

164 - LES TROIS ACTES DE L'INTELLIGENCE HUMAINE.— L'intelligence humaine acquiert et perfectionne sa connaissance par trois actes: la simple appréhension, le jugement et le raisonnement.

Le jugement chez l'homme comporte une composition (ou une division) de termes, comme le raisonnement comporte une composition de vérités.

La nécessité de ces trois actes provient toujours de la nature de l'intelligence humaine qui va de la puissance à l'acte ou de l'imparfait au parfait. Puisqu'elle n'atteint pas immédiatement tout ce qui peut convenir à une chose — car elle ne peut pénétrer une chose d'un seul regard —, elle la saisit successivement selon ses divers aspects qu'elle unit ensuite soit par le jugement, soit par le raisonnement.

Dans une intelligence parfaite comme celle de Dieu, ou même comme celle de l'ange, il y a pas de composition. Dieu et l'ange, par un seul acte, appréhendent et jugent sans unir un prédicat et un sujet et sans raisonner. Car Dieu et l'ange, d'un premier regard, connaissent parfaitement l'objet à connaître.

ARTICLE II

LA VOLONTÉ HUMAINE

1. Existence, objet et perfection de la volonté.

165 - EXISTENCE DE LA VOLONTÉ.— La volonté se définit: *l'appétit élicite qui a pour objet le bien connu par l'intelligence.*

L'expérience interne nous manifeste l'existence de cet appétit en nous. Nous voulons ici prouver cette existence *a priori*, et montrer que la volonté n'est pas antérieure à l'intelligence, mais plutôt qu'elle la présuppose. Notre proposition ainsi comprise est contre tous ceux qui font dépendre de la volonté la valeur de l'intelligence. En d'autres termes, nous réfutons ceux qui, comme les Modernistes, nient la valeur de la pensée spéculative et affirment que notre connaissance n'est pas ordonnée à atteindre une vérité, mais plutôt à nous faire tendre vers une fin *utile.*

Prouvons notre proposition.

Un être doué d'intelligence possède une volonté. Or l'homme est doué d'intelligence, puisqu'il est un animal raisonnable. Donc l'homme possède une volonté.

À la majeure.— Une inclination proportionnée accompagne et suit toujours la forme, car chaque chose tend vers sa forme ou sa perfection si elle ne la possède pas, et se repose en elle si elle la possède. Or l'être doué d'intelligence connaît en acte par une forme intelligible qui l'actue. Donc, en vertu de cette forme, l'être intelligent tend vers le bien qu'il connaît. Et cette tendance est vitale et spirituelle, puisqu'elle résulte d'une forme spirituelle possédée vitalement. Donc l'être doué d'intelligence possède une volonté.

Difficulté.— Contre la preuve de la majeure, on peut soulever une difficulté. En effet on peut se demander pourquoi l'être doué d'intelligence a-t-il une inclination vers le bien connu en vertu de la forme intelligible. Ne faudrait-il pas plutôt dire qu'il a une inclination à la forme intelligible elle-même, et non pas au bien?

A cela il faut répondre que la forme intelligible de sa nature est **objective**: elle n'est pas pour elle-même, mais elle représente l'objet. Donc l'inclination qui en résulte ne se portera pas sur la forme intelligible elle-même, mais sur l'objet ou le bien présenté par la forme intelligible.

166 - L'OBJET DE LA VOLONTE.— L'objet de la volonté est *matériel* ou *formel*.

L'objet matériel désigne tout ce vers quoi peut tendre la volonté.

L'objet formel est cet aspect sous lequel la volonté atteint son objet matériel.

Certains Nominalistes ont prétendu que la volonté pouvait désirer une chose comme mauvaise.

Nous affirmons que l'objet formel de la volonté est le bien, et le bien universel.   En d'autres termes, nous disons que la volonté ne peut désirer le mal pour lui-même, et qu'elle ne désire les biens particuliers qu'en autant qu'ils participent à la raison universelle de bien.

Prouvons d'abord que *l'objet formel de la volonté est le bien ou le bon* (bonum).

L'objet formel de tout appétit est le bien. Or la volonté est un appétit. Donc l'objet formel de la volonté est le bien.

À la majeure.— L'objet formel de l'appétit est ce qui lui convient ou ce qui est appétible. Or ce qui convient à l'appétit, c'est le bien. Donc. . . . .

Prouvons ensuite que *le bien universel est l'objet formel de la volonté.*

L'objet formel d'un appétit qui suit l'intelligence est le bien universel, car un tel appétit se porte sur le bien comme connu par l'intelligence, c'est-à-dire sur le bien connu comme universel. Or la volonté est un appétit qui suit l'intelligence. Donc.

167 - OBJECTIONS.— a) L'objet formel d'un appétit dont certaines opérations sont spécifiées par le mal, ne peut être le bien. Or certaines opérations de la volonté sont spécifiées par le mal, comme par exemple la crainte. Donc l'objet formel de la volonté ne peut pas être le bien.

λ la majeure: Dont certaines opérations sont spécifiées par le mal comme objet de désir, je concède; sont spécifiées par le mal comme objet d'aversion, en tant que le mal est la privation du bien aimé et désiré, je nie.

λ la mineure: Certaines opérations de la volonté sont spécifiées par le mal comme objet du désir, je nie; sont spécifiées par le mal comme objet d'aversion, parce que le mal est la privation du bien aimé et désiré, je concède.

b) L'objet formel d'un appétit qui se porte sur le mal, ne peut être le bien. Or la volonté est un appétit qui se porte sur le mal, comme par exemple dans le cas du péché, du suicide, etc. Donc l'objet formel de la volonté n'est pas le bien.

À **la majeure**: Qui se porte sur le mal en tant que mal, **je concède**; qui se porte sur le mal selon qu'il est considéré comme un bien, **je nie**.

À **la mineure**: Est un appétit qui se porte sur le mal comme mal, **je nie**; qui se porte sur le mal selon qu'il est considéré comme un bien, **je concède**.

La volonté ne désire pas le mal comme mal; elle peut cependant désirer un mal réel qui lui apparaît comme un bien. En d'autres termes, elle désire le mal réel selon qu'il se présente à elle comme un bien apparent.

168 - La supériorité de l'intelligence sur la volonté.— Une faculté peut être plus noble qu'une autre soit *absolument*, soit *sous un certain rapport* ou *d'une manière accidentelle*.

Une faculté est plus noble qu'une autre absolument, quand elle est telle par sa nature.

Une faculté est plus noble qu'une autre sous un certain rapport, quand elle est telle par rapport à un objet déterminé.

Tous les volontaristes, comme saint Bonaventure, Scot, enseignent que la volonté est une faculté absolument supérieure à l'intelligence.

S. Thomas, au contraire, affirme que l'intelligence de sa nature est supérieure à la volonté, mais que sous un certain rapport la volonté peut être supérieure à l'intelligence.

Prouvons d'abord que, de soi et absolument, l'intelligence est une faculté plus noble que la volonté.

a) La nature d'une faculté est déterminée par son objet. Or l'objet de l'intelligence est de soi et absolument plus noble que celui de la volonté. Donc l'intelligence a une nature plus noble que la volonté: de soi et absolument, elle est plus noble que la volonté.

La majeure est évidente.

À la mineure.— Plus un objet est abstrait et universel, plus il est noble et parfait. Or l'objet de l'intelligence qui est l'être, est plus abstrait et universel que l'objet de la volonté qui est le bien: car le bien comporte un rapport de convenance à l'appétit, tandis que l'être fait abstraction de ce rapport. Donc. . . .

b) Une faculté qui atteint son objet d'une manière plus parfaite qu'une autre est de soi et absolument plus noble que cette autre faculté. Or l'intelligence atteint son objet d'une manière plus parfaite que la volonté. Donc, de soi et absolument, l'intelligence est une faculté plus noble que la volonté.

À la majeure.— Le mouvement d'une faculté révèle sa nature.

À la mineure.— Avoir en soi et attirer à soi une chose, une perfection est plus parfait que de céder à l'attraction de cette chose ou de cette perfection. Or l'intelligence, par sa connaissance, attire à elle les choses, car par la connaissance la chose connue pénètre dans l'intelligence; au contraire *la volonté*, par son acte, est attirée vers la chose, car l'amour est comme un poids, une inclination vers une chose. Donc l'intelligence atteint son objet d'une manière plus parfaite que la volonté.

Prouvons enfin que sous un certain rapport la volonté peut être plus noble que l'intelligence.

La volonté peut atteindre les choses spirituelles d'une manière plus élevée que l'intelligence. Donc, sous ce rapport, la volonté est plus noble que l'intelligence.

À l'antécédent.— La volonté se porte sur les choses spirituelles telles qu'elles sont en elles-mêmes; l'intelligence ne les atteint qu'analogiquement, telles qu'elles sont connues par comparaison aux choses matérielles. Voilà pourquoi il est plus parfait d'aimer Dieu dans cette vie que de le connaître. Dans l'autre vie cependant, où nous connaîtrons Dieu tel qu'il est en lui-même, l'acte de connaissance sera plus parfait que l'acte d'amour.

2. La liberté et le volontaire nécessaire.

169 - LA LIBERTÉ.— 1° La liberté, d'après le sens commun, est opposée à la nécessité ou à la détermination d'une action.

La nécessité qui détermine un sujet à agir peut provenir de *l'extérieur* ou de *l'intérieur*.

La liberté opposée à la détermination provenant de l'extérieur, consiste pour un sujet à n'être ni déterminé à agir, ni empêché d'agir par une force extérieure. C'est à cette liberté, appelée liberté de toute contrainte, que se ramènent la liberté *physique* de l'homme: liberté de ses mouvements; la liberté *civile*: pouvoir pour une personne de faire reconnaître ses droits devant les tribunaux; la liberté *politique*: capacité pour les citoyens de coopérer au gouvernement de la communauté; la liberté de *conscience*: pouvoir de pratiquer publiquement la religion.

La liberté opposée à la nécessité provenant de l'intérieur consiste pour un homme en ce qu'il est l'arbitre (libertas arbitrii) de l'acte qu'il choisit de lui-même.

C'est de cette liberté que nous parlons ici.

Pour mieux connaître cette liberté, comparons-la à la nécessité.

Est nécessaire ce qui est déterminé en un seul sens (*ad unum*) d'une manière fixe et immuable.

Le nécessaire, comme fixe et immuable, est opposé au contingent: il exclut le hasard, le défectible.

Le nécessaire, comme déterminé en un seul sens, est opposé à la liberté, qui inclut une certaine indifférence par rapport a des objets divers ou à des directions opposées.

L'indifférence elle-même peut être soit *passive*, soit *active*.

L'indifférence passive ou de potentialité provient de l'imperfection du sujet. Elle n'est pas une source d'activité; elle est plutôt un obstacle à l'action, car tout agent agit en tant qu'il est en acte.

L'indifférence active est l'indifférence de la faculté comme faculté. Elle provient de la perfection de l'agent.

Cette indifférence est double.

La première est celle qui permet seulement à une faculté de poser des actes spécifiquement distincts: elle se trouve même dans les causes nécessaires. Ainsi l'intelligence peut poser des actes spécifiquement distincts, comme des actes de sagesse, de science, de simple intelligence.

La seconde, qu'on appelle indifférence de souveraineté ou de domination, non seulement permet à la volonté de poser des actes distincts, mais de plus lui donne la maîtrise de son acte, de telle sorte qu'elle puisse à son gré le poser ou ne pas le poser. C'est dans cette indifférence que consiste la liberté.

Et la volonté peut ainsi dominer son acte parce qu'elle a le pouvoir ou la maîtrise sur le jugement pratique qui la meut, c'est-à-dire parce qu'elle peut accepter ou refuser ce jugement.

Le jugement pratique s'oppose au jugement spéculatif.

Le jugement spéculatif est celui par lequel quelqu'un juge une chose comme un bien d'une manière abstraite, c'est-à-dire en faisant abstraction des circonstances et des dispositions dans lesquelles il se trouve.

Le jugement pratique est celui par lequel quelqu'un juge une chose comme bien d'une manière pratique, c'est-à-dire comme un bien répondant à ses dispositions propres.

La liberté peut donc se définir: *l'indifférence active par laquelle la volonté domine son acte parce qu'elle domine le jugement pratique qui la guide, en ce sens qu'elle peut changer ce jugement.*

Ou plus brièvement: *le pouvoir de choisir entre des biens proposés par un jugement pratique que la volonté peut changer.*

Ce pouvoir appartient à la volonté, et le libre arbitre n'est pas une faculté réellement distincte de la volonté.

2° L'existence de la liberté se prouve par l'expérience interne, par le témoignage universel des peuples et à priori.

L'expérience interne nous affirme avec évidence l'existence de notre liberté avant, pendant et après l'acte. Avant l'acte, nous délibérons avec la conscience de pouvoir le poser ou ne pas le poser; pendant l'acte, nous percevons que nous pouvons cesser d'agir; enfin, après l'acte, nous savons que nous aurions pu ne pas le poser.

Le témoignage universel de tous les peuples affirme catégoriquement l'existence de la liberté. Car, chez tous les peuples, on trouve l'existence de lois, de contrats, de sanctions, de récompenses, etc., c'est-à-dire de faits sociaux qui présupposent une conviction inébranlable dans l'existence de la liberté. Et le témoignage universel doit être accepté dans le cas, car il porte sur un fait immédiatement évident à la conscience.

La preuve *à priori* s'énonce comme suit:

Un appétit qui suit un jugement pratique indifférent, est libre. Or la volonté est un appétit qui suit un jugement pratique demeurant indifférent à l'égard des biens particuliers. Donc la volonté est libre à l'égard des biens particuliers.

À la majeure.— Si un appétit suit une connaissance ou un jugement pratique indifférent à l'égard d'un bien, — un jugement qui peut considérer une chose comme un bien et un non-bien,— il demeure aussi indifférent en face de ce bien, car il est réglé par ce jugement .Il peut donc accepter ou ne pas accepter ce jugement, choisir ou rejeter ce bien. Il demeure donc libre.

À la mineure. L'intelligence, comme faculté spirituelle, peut réfléchir sur son acte et juger son jugement. Par suite, son jugement pratique au sujet d'un bien particulier demeure indifférent, car non seulement l'intelligence connaît un bien particulier comme un bien, mais elle peut aussi le considérer comme un non-bien ou un mal, en le comparant au bien universel dont il ne remplit pas toutes les conditions. Ainsi un acte de vertu est en soi un bien; mais il peut être considéré comme un mal par un jugement pratique, parce qu'il est opposé aux inclinations de l'appétit sensitif, c'est-à-dire parce qu'il ne possède pas cette capacité de rassasier l'appétit sensitif. Or la volonté est un appétit qui suit le jugement pratique de l'intelligence. Donc la volonté est un appétit qui suit un jugement pratique demeurant indifférent à l'égard des biens particuliers.

170 - Le volontaire nécessaire.— Pour connaître l'extension de la liberté, il faut savoir sur quels objets la volonté se porte soit librement, soit nécessairement.

Notons immédiatement que le nécessaire dans l'activité de la volonté ne détruit pas le volontaire.

Le volontaire se définit: *un acte provenant d'un principe intrinsèque et présupposant la connaissance de la fin.*

Pour qu'un mouvement ou un acte soit volontaire, il doit donc être le fruit d'une inclination intérieure à l'être qui se meut. Par suite, il ne peut pas provenir d'un principe extrinsèque. Voilà pourquoi l'acte volontaire ne peut subir la violence.

L'acte ou le mouvement volontaire présuppose de plus la connaissance de la fin. Car autrement il ne serait plus le fruit d'une inclination intérieure, mais serait ordonné, quant à sa fin, par un agent extérieur doué d'intelligence.

Si l'agent qui pose l'acte est un animal irraisonnable, on a le volontaire imparfait; car l'animal irraisonnable ne connaît pas la fin formellement comme fin, c'est-à-dire comme raison d'être des moyens; il ne connaît que la chose qui est fin.

Si, au contraire, l'agent est doué d'intelligence et connaît la fin formellement comme fin, on a le volontaire parfait.

Il y a une nécessité dans la volonté quand celle-ci se porte vers un objet ou un acte de tout son poids. Cette inclination totale provient de la volonté elle-même et présuppose, loin de l'exclure, une connaissance entière de l'objet ou de la fin. Un acte nécessaire de la volonté est donc entièrement et pleinement volontaire — sans être libre.

Distinguons encore la nécessité dans l'ordre de la spécification, qui exclut la liberté de contrariété, et la nécessité dans l'ordre de l'exercice, qui exclut la liberté de contradiction.

La nécessité dans l'ordre de la spécification se prend de l'objet. Elle a lieu quand la volonté ne peut pas récuser ou détester un objet, parce qu'il ne peut sous aucun aspect se présenter comme un mal.

Par suite, la liberté de contrariété est la possibilité pour la volonté d'aimer ou de ne pas aimer un objet.

La nécessité dans l'ordre de l'exercice se prend du sujet ou de la volonté. Elle a lieu si la volonté ne peut pas suspendre son acte lorsque un objet lui est présenté.

Par suite, la liberté de contradiction est la possibilité pour la volonté de vouloir ou de ne pas vouloir, de poser un acte ou de ne pas le poser.

A l'aide de ces notions, nous pouvons comprendre les propositions suivantes:

1) *Dans l'ordre de la spécification, la volonté est nécessairement déterminée par le bien universel ou le bonheur.*

Donc la volonté ne jouit pas de la liberté de contrariété par rapport au bonheur. Elle ne peut pas détester le bonheur.

Nous entendons par le bien universel ou le bonheur, non pas le bien universel concret qui est Dieu, mais la raison universelle de bien.

Et nous prouvons notre proposition comme suit:

La volonté, dès qu'elle agit, ne peut pas ne pas se porter vers son objet formel et spécificateur; car autrement elle sortirait des limites de sa spécification, et détruirait sa propre nature. Or l'objet formel et spécificateur vers lequel la volonté se porte par son amour, c'est le bien universel ou le bonheur: la volonté en effet est une inclination au bien tel que connu par l'intelligence, c'est-à-dire au bien universel. Donc, dans l'ordre de la spécification, la volonté est nécessairement déterminée par le bien universel ou le bonheur.

Elle ne peut pas détester le bonheur, pas plus qu'elle ne peut détester ce qui est nécessaire au bonheur, comme l'existence ou la vie. Et si quelqu'un se suicide, ce n'est pas parce qu'il déteste l'existence et la vie; c'est uniquement parce qu'il déteste les maux qui rendent la vie malheureuse.

2) *Dans l'ordre de l'exercice, la volonté est uniquement déterminée par Dieu connu intuitivement ou en soi.* En effet, Dieu est le bien infini ou universel concret. Lorsque Dieu lui est proposé tel qu'il est en soi, la volonté ne peut donc pas retenir son acte d'amour. Car autrement elle se détournerait du bien universel qui lui est donné dans l'exercice de cet acte, et cela est impossible, puisqu'elle est spécifiée par le bien universel.

La volonté garde cependant sa liberté d'exercice ou de contradiction par rapport à Dieu connu imparfaitement, au moyen des créatures. En effet, dans ce cas, Dieu ne lui apparaît pas d'une manière positive comme bien universel, tel qu'il est en soi; il ne lui apparaît que d'une manière limitée, comme ne possédant pas les imperfections des créatures.

171 - LA LIBERTÉ DE FAIRE LE MAL.— D'après l'école libérale, la capacité de faire le mal (moral) ou de pécher est une partie essentielle de la liberté. Par suite, l'autorité civile ne doit pas s'occuper des actes des citoyens sous leur aspect moral ou religieux. Tout citoyen, par exemple, doit avoir le droit d'enseigner *publiquement* les opinions religieuses ou antireligieuses qui lui plaisent.

Il faut dire, au contraire, que la puissance de faire le mal n'est ni la liberté, ni une partie de la liberté, mais uniquement une imperfection de la liberté, car faire le mal ou pécher, c'est pour la volonté tendre vers un bien apparent. Or tendre vers un bien apparent qui est un mal réel, est une imperfection pour une faculté qui, de sa nature, est ordonnée au bien. Car par là elle se détourne du bonheur réel auquel elle tend de sa nature. Donc la capacité de faire le mal est une imperfection de la liberté.

On peut dire cependant que cette capacité est un signe de la liberté.

172 - OBJECTIONS CONTRE L'EXISTENCE DE LA LIBERTÉ.— 1° Contre le témoignage de la conscience.

a) Pour avoir conscience de notre liberté, nous devrions avoir conscience de posséder une faculté qui peut agir et ne pas agir. Or nous ne pouvons avoir conscience de posséder une faculté qui peut agir et ne pas agir. Donc nous ne pouvons avoir conscience de notre liberté.

À la **majeure**.— En connaissant cette faculté soit directement, soit par son acte, **je concède**; en connaissant cette faculté directement seulement, je **nie**.

À la **mineure**.— En connaissant cette faculté directement, **je concède**; en connaissant cette faculté par son acte; je **nie**.

Nous n'avons pas une connaissance directe de nos facultés, puisqu'elles sont des **puissances**. Nous ne les connaissons que par nos actes. Nous ne pouvons donc pas directement connaître en nous l'existence d'une faculté libre. Mais nous avons conscience de l'existence de cette faculté, lorsque nous avons conscience de poser des actes libres.

b) Nous avons conscience d'être libres, parce que nous ignorons la cause qui détermine nécessairement l'acte de notre volonté. Or cette cause peut exister. Donc le témoignage de notre conscience au sujet de la liberté est illusoire.

À la **majeure**.— Parce que nous ignorons la cause qui détermine nécessairement la volonté, je **nie**; parce que nous savons positivement que cette cause n'existe pas, je **concède**.

À la **mineure**.— Et nous ignorons si cette cause existe, je **nie**; nous savons qu'elle n'existe pas, je **concède**.

2° Les objections du déterminisme.

a) La même cause dans les mêmes circonstances produit les mêmes effets. Or si la volonté était libre, elle pourrait produire des effets ou des actes divers dans les mêmes circonstances. Donc la volonté n'est pas libre.

À la **majeure**.— Une cause qui est déterminée dans un seul sens d'une manière indéfectible, je **concède**; une cause qui n'est pas déterminée dans un seul sens d'une manière indéfectible, je **nie**.

À la **mineure**.— Et la volonté est déterminée dans un seul sens d'une manière indéfectible, je **nie**; elle n'est pas déterminée de cette manière, je **concède**.

b) Une faculté qui est déterminée par son objet n'est pas libre. Or la volonté dans son opération est déterminée par son objet. Donc la volonté n'est pas libre.

À la **majeure**.— Qui est déterminée nécessairement, je **concède**; qui est déterminée suffisamment pour agir, je **nie**.

À la **mineure**.— Et déterminée nécessairement pour un bien particulier, je **nie**; suffisamment, je **concède**.

c) Or la volonté est nécessairement déterminée par le bien particulier. Donc la difficulté demeure.

L'intelligence est nécessairement déterminée par une vérité particulière. Or le rapport de la volonté à un bien particulier est semblable au rapport de l'intelligence à une vérité particulière. Donc la volonté est nécessairement déterminée par un bien particulier.

À la majeure.— Par une vérité particulière évidente, je concède; par une vérité particulière non évidente, je nie.

À la mineure.— A une vérité particulière évidente, je nie; non évidente, je concède.

Une vérité particulière, dès qu'elle est évidente, est entièrement vraie. Voilà pourquoi elle détermine nécessairement l'intelligence. Un bien particulier n'est pas entièrement et complètement un bien. Il est toujours un mal, en tant qu'il n'est pas le bien universel.

173 - LA STRUCTURE DE L'ACTE LIBRE.— Les actes volontaires sont soit *élicites*, soit *commandés* ou *impérés*.

Les actes élicites sont ceux qui procèdent immédiatement de la volonté elle-même, comme, par exemple, l'acte d'aimer.

Les actes commandés ou impérés sont ceux qui procèdent immédiatement d'une faculté autre que la volonté, bien qu'ils aient leur origine dans la volonté, comme les actes volontaires de regarder, de penser, de marcher, etc.

Ici nous parlons de l'acte libre comme élicite.

Il y a six actes élicites de la volonté dont trois, *la volition simple*, *l'intention* et la *jouissance* ont pour objet la fin, et trois autres, *le consentement*, *l'élection* et *l'usage* ont pour objet les moyens.

La volition simple, l'intention, le consentement et l'élection demeurent encore dans la ligne de l'intention, tandis que l'usage et la jouissance appartiennent à l'ordre de l'exécution.

Comme la volonté est dirigée par l'intelligence, on comprend qu'à chaque acte de la volonté répond un acte de l'intelligence. L'acte humain complet se compose donc de douze actes partiels dont six appartiennent à la volonté et six à l'intelligence.

Faisons un schéma en distinguant l'ordre de l'intention et l'ordre de l'exécution, et en mettant en regard de chaque acte partiel de la volonté l'acte de l'intelligence qui lui correspond.

I L'ORDRE DE L'INTENTION.

Actes de l'intelligence	*Actes de la volonté*
a) Quant à la fin.	
1 *La simple appréhension* du bien.	2 *La volition simple* du bien.
3 *Le jugement* proposant la fin comme convenable.	4 *L'intention de la fin.*

b)   Quant aux moyens.

5 La première phase du *conseil* qui se termine à un jugement proposant des moyens comme convenables.

6 *Le consentement* de la volonté aux moyens proposés.

7 La deuxième phase du conseil qui se termine à un *jugement* qui discerne les moyens.

8 *L'élection* des moyens ou du moyen.

II L'ordre de l'exécution.

9 Le *commandement* ou *l'impérium.*

10 *L'usage actif.*

11 *L'usage passif.*

12 La *jouissance.*

Donnons brièvement une notion de chacun de ces actes.

a) La simple appréhension a lieu quand une chose est perçue comme bonne et proposée à la volonté.

b) La volition simple se définit: une simple complaisance de la volonté dans le bien présenté par l'intelligence.

c) Le jugement proposant la fin comme convenable est cet acte par lequel l'intelligence considère plus profondément la fin, examine sa dignité et la juge possible.

d) L'intention est le désir efficace d'obtenir une fin par des moyens proportionnés.

L'intention considère donc la fin en rapport avec les moyens, tandis que la simple volition, qui n'est qu'une velléité, a pour objet la fin prise en elle-même.

e) La première phase du conseil se définit: une recherche ou une délibération sur les moyens à choisir. C'est un acte de l'intelligence pratique qui procède de l'intention de la fin et qui se termine à un jugement proposant les moyens aptes à obtenir la fin.

f) Le consentement est cet acte de la volonté par lequel elle donne son approbation aux moyens que l'intelligence a proposés commes utiles en vue de la fin.

g) La deuxième phase du conseil est cet acte de l'intelligence qui juge du moyen à choisir. Elle présuppose donc le consentement ou l'approbation de la volonté au sujet de divers moyens aptes à conduire-à la fin, et se termine au jugement pratique indiquant le moyen à choisir.

h) L'élection se définit: l'acceptation avec discernement d'un moyen de préférence à un autre.

C'est par l'élection que la volonté exerce sa liberté.

L'élection suit infailliblement le dernier jugement pratique auquel aboutit la deuxième phase du conseil, car la volonté, puisqu'elle suit l'intelligence, ne peut être déterminée à agir que par celle-ci.

Mais ce jugement pratique n'est en réalité *le dernier* que par l'acceptation de la volonté. En effet, le jugement de l'intelligence portant sur un moyen ou sur un bien particulier est de soi indifférent. Donc si l'intelligence s'arrête à un bien particulier plutôt qu'à un autre, c'est parce que la volonté détermine que ce bien doit être choisi plutôt qu'un autre. Et c'est pour cela que l'élection est libre.

i) Le commandement ou l'impérium peut se définir: l'intimation d'un ordre qui détermine efficacement a agir. Le commandement est un acte de l'intelligence qui présuppose une influence de la volonté.

En effet, dans le commandement, il y a trois choses; a) l'ordonnance à l'acte; b) l'intimation de cette ordonnance; c) la motion à l'acte.

De ces trois choses, les deux premières appartiennent à l'intelligence: c'est l'intelligence qui ordonne et intime ou notifie l'ordonnance.

La motion de l'acte appartient à la volonté qui est la faculté par laquelle l'homme tend vers la fin et qui pour cette raison est la faculté *motrice*. Mais ce qui constitue essentiellement le commandement, c'est l'ordonnance notifiée ou intimée. Le commandement est donc essentiellement un acte de l'intelligence dont l'efficacité motrice dépend de la volonté.

Les Suaréziens identifient l'impérium à l'élection. Cette opinion est fausse, parce que l'élection est un acte de la volonté et le commandement ou l'impérium, un acte de l'intelligence.

L'existence de l'impérium ou du commandement comme acte de l'intelligence apparaît encore clairement si l'on considère que l'élection est le dernier acte de la volonté dans l'ordre de l'intention.

Et comme à tout acte de volonté répond un acte de l'intelligence, entre l'élection et le premier acte de la volonté dans l'ordre de l'exécution doit s'intercaler un acte de l'intelligence qui doit diriger celui-ci, et qu'on appelle l'impérium ou le commandement.

j) L'usage se définit: l'application de la chose à l'opération.

L'usage est soit actif, soit passif.

L'usage actif, c'est l'application considérée du côté de la puissance qui applique. Il est un acte de la volonté, car c'est celle-ci qui applique les autres facultés à leur opération.

L'usage passif est l'application considérée du côté de la faculté qui est appliquée à l'opération.

L'usage passif peut être attribué à toutes les facultés de l'homme. On peut cependant l'attribuer à l'intelligence, parce qu'il comprend tous les actes des facultés appliquées qui se terminent à l'acquisition *consciente* de la fin, ou à la connaissance conciente de cette acquisition, connaissance qui relève de l'intelligence et dirige la jouissance.

k) La jouissance est le repos et la délectation dans la fin et le bien présent. C'est l'acte de la volonté qui couronne l'acte complet délibéré.

ARTICLE III

L'ÂME RAISONNABLE

1. Sa subsistance, sa simplicité et son immortalité.

174 - LA SUBSISTANCE DE L'ÂME RAISONNABLE.— 1° On appelle âme raisonnable le premier principe des opérations intellectuelles chez l'homme.

2° Une chose est subsistante lorsqu'elle peut exister par elle-même, indépendamment d'un sujet dans lequel elle est reçue. Par suite, pour que l'âme raisonnable soit subsistante, elle doit être une substance; et cette substance doit pouvoir exister sans être unie à un sujet, c'est-à-dire à la matière. En effet, un accident ne peut exister par lui-même. De plus, les âmes végétatives et sensitives, bien qu'elles soient des substances, ne sont pas dites subsistantes, parce qu'elles ne peuvent exister que si elle sont unies à la matière; en d'autre termes, elle n'existent que comme principes de l'être mobile.

L'âme humaine au contraire, comme subsistante, n'existe pas seulement comme principe constitutif (ut quo) de l'homme; elle existe aussi comme un être (ut quod).

3° Une forme subsistante est par le fait même spirituelle, car elle est une forme qui ne dépend pas intrinsèquement dans son existence et ses opérations de la matière. Par suite, lorsque nous prouvons que l'âme humaine est une forme subsistante, nous prouvons par le fait même qu'elle est spirituelle.

4° Tous les Matérialistes, qui conçoivent l'intelligence comme une faculté sensible, nient par le fait même la subsistance et la spiritualité de l'âme raisonnable.

Ceux qui ne conçoivent pas l'âme comme une substance, comme Hume, Taine, Wundt, W. James, etc, nient aussi sa subsistance.

Platon, Aristote, les Scolastiques et la plupart des grands philosophes enseignent que l'âme raisonnable est subsistante.

Donnons la preuve de cette affirmation.

L'âme raisonnable est subsistante.

Le premier principe de l'opération intellectuelle est une forme subsistante. Or, l'âme raisonnable est le premier principe de l'opération intellectuelle. Donc, l'âme raisonnable est une forme subsistante.

La mineure n'est que la définition de l'âme raisonnable·

A la majeure.— a) Comme premier principe d'une opération, l'âme raisonnable est une forme substantielle, car l'opération est un accident qui a sa racine première dans la substance.

b) Comme premier principe de l'opération intellectuelle, l'âme raisonnable est une forme substantielle qui peut exister sans être unie à la matière: car l'opération manifeste la nature de son principe. Or l'opération intellectuelle est une opération spirituelle, et non organique, comme le manifestent ses objets: l'être, Dieu, la vérité, etc. Donc l'âme raisonnable, qui est principe d'une telle opération, est spirituelle: elle a une existence indépendante de la matière et elle est subsistante.

175 - Objections.— 1° Une forme substantielle dont l'opération dépend de la matière n'est ni spirituelle, ni subsistante. Or l'âme raisonnable est une forme substantielle dont l'opération dépend de la matière. Donc l'âme raisonnable n'est ni spirituelle ni subsistante.

À la majeure.— Dont l'opération dépend de la matière comme de son sujet, c'est-à-dire dont l'opération est organique, je **concède**; dont l'opération dépend de la matière uniquement par son objet, je nie.

À la mineure.— L'opération de l'âme raisonnable dépend de la matière comme de son sujet, je nie; dépend de la matière par son objet, je concède.

Je nie la conclusion.

L'opération intellectuelle qui est propre à l'âme raisonnable n'est pas organique; par son objet, cependant, dans l'état d'union de l'âme au corps, elle est rivée à la matière, car, comme nous l'avons déjà dit, dans l'état d'union, l'objet propre de l'intelligence humaine est la quiddité abstraite de la chose sensible représentée par l'imagination.

2° Or l'âme raisonnable dépend de la matière comme de son sujet. Donc la difficulté demeure.

Je prouve ma proposition.

L'âme raisonnable ressent les transformations subies par le corps: elle se développe avec le corps; elle vieillit avec lui et subit l'influence de ses dispositions, comme de la santé, de la maladie, etc. Or l'âme raisonnable ne ressentirait pas les transformations subies par le corps, si elle ne dépendait pas de la matière comme de son sujet. Donc l'âme raisonnable dépend de la matière comme de son sujet et n'est pas subsistante.

À la **majeure**.— L'âme raisonnable ressent les transformations subies par le corps, quant à ses facultés organiques de la vie végétative et de la vie sensitive, je **concède**; quant à ses facultés intellectuelles, je **sous-distingue**: quant à ces facultés considérées dans leur entité, je **nie**; quant à ces facultés considérées dans leurs opérations, je **concède**.

À la **mineure**.— L'âme raisonnable ne ressentirait pas les transformations subies par le corps si elle ne dépendait de la matière en aucune manière, c'est-à-dire ni par ses facultés organiques, ni dans l'opération de ses facultés intellectuelles, je **concède**; si elle ne dépendait pas de la matière comme du sujet auquel elle doit être nécessairement unie pour exister, je **nie**.

Les facultés organiques dont l'âme raisonnable est la source première, dépendent de la matière; de plus, son opération intellectuelle est rivée à la matière non pas comme à un sujet, mais par son objet. C'est ce qui explique que l'âme raisonnable est soumise d'une certaine manière aux vicissitudes du corps.

3° Les enfants ressemblent souvent aux parents par leurs qualités intellectuelles et morales. Or cette ressemblance serait impossible si l'âme raisonnable était spirituelle et subsistante: car une âme spirituelle n'est pas engendrée par les parents mais immédiatement créée par Dieu. Donc l'âme raisonnable n'est pas spirituelle et subsistante.

À la **majeure**.— Parce que l'âme raisonnable est adaptée au corps engendré par les parents et parce que l'intelligence et la volonté dépendent par leur objet des dispositions organiques du corps, je **concède**; parce que l'âme dépend intrinsèquement dans son existence de la matière, je **nie**.

À la **mineure**.— Cette ressemblance serait impossible si l'âme raisonnable n'était pas adaptée au corps et si l'intelligence et la volonté ne dépendaient pas objectivement des dispositions organiques, je **concède**; si l'âme raisonnable était spirituelle et subsistante, je **nie**.

176 - La simplicité de l'âme raisonnable.— a) La simplicité ne doit pas se confondre avec la spiritualité. La spiritualité exclut, pour un acte, pour une forme, la dépendance subjective et intrinsèque à l'égard de la matière; la simplicité n'exclut que la composition de parties.

b) L'âme raisonnable est essentiellement simple. En d'autres termes, elle n'est pas constituée d'une forme et d'une matière spirituelle, comme le prétendait saint Bonaventure; car, par son essence même, elle est un acte ou une forme. Elle ne peut donc être un composé d'un acte et d'une matière.

c) L'âme raisonnable est aussi intégralement simple, en ce sens qu'elle exclut toute composition quantitative. Car elle est une forme spirituelle et, par suite, une forme non soumise à la quantité ou à l'extension.

177 - L'IMMORTALITÉ DE L'ÂME RAISONNABLE.— 1° On entend par immortalité l'incorruptibilité d'un être vivant.

L'immortalité est donc opposée à la corruptibilité.

La corruption est le passage de l'existence à la non-existence, provenant d'une séparation de parties.

La corruption est soit directe (per se), soit indirecte (per accidens).

Se corrompt directement le composé qui existe, c'est-à-dire l'être mobile.

Se corrompent indirectement la forme substantielle matérielle et l'accident qui cessent d'exister, quand le sujet dans lequel ils existent se corrompt directement.

Ainsi, quand la brute meurt, son âme sensitive, qui est matérielle, cesse par la fait même d'exister et se corrompt indirectement.

2° L'immortalité est soit *essentielle*, soit *naturelle* ou *intrinsèque*, soit *gratuite*.

L'immortalité essentielle est celle qui est propre à l'Être dont l'essence s'identifie à l'existence.

L'immortalité naturelle ou intrinsèque est celle qui est propre à l'être qui ne peut se corrompre, bien que son existence soit réellement distincte de son essence. C'est l'immortalité de l'ange et de l'âme humaine.

L'immortalité gratuite est l'immortalité attribuée en pur don par Dieu à un vivant naturellement corruptible. Par exemple, l'immortalité donnée à Adam dans l'état d'innocence.

3° Epicure, Démocrate, Pline et tous les Matérialistes nient l'immortalité de l'âme raisonnable.

Tous les grands philosophes, comme Socrate, Platon, Pythagore, etc., ont au moins implicitement reconnu l'immortalité de l'âme, en affirmant qu'après la vie présente les bons seraient récompensés et les méchants punis.

D'après saint Thomas, Aristote aurait explicitement enseigné l'im\-mortalité de l'âme.

Averroès, qui affirmait l'existence d'un seul intellect agent sub\-sistant pour tous les hommes, en a déduit que seul cet intellect agent était immortel et que chaque âme humaine individuelle était cor\-ruptible.

Le *panthéisme* professe que l'âme humaine constitue avec Dieu une seule et même substance, dont elle serait une émanation passagè\-re ou une manifestation. Après la mort, elle irait se réunir au grand Tout où elle ne possèderait plus ni personnalité, ni conscience d'elle-même.

Dans la thèse, nous disons que *chaque* âme raisonnable est in\-trinsèquement immortelle. Et ceci est une vérité de foi, définie par le cinquième Concile du Latran, vérité que tous les philosophes chré\-tiens ont enseignée.

Prouvons donc notre assertion.

Chaque âme raisonnable est intrinsèquement immortelle.

1) Un vivant qui ne peut se corrompre ni directement ni indirec\-tement est intrinsèquement immortel. Or, chaque âme raisonnable est un vivant qui ne peut se corrompre ni directement ni indirectement. Donc, chaque âme raisonnable est intrinsèquement immortelle.

À la majeure.— Un vivant qui ne peut se corrompre d'aucune ma\-nière est naturellement ou intrinsèquement immortel.

À la mineure.— a) Chaque âme raisonnable est essentiellement simple. Elle ne peut donc se corrompre directement, comme un compo\-sé, par la séparation de ses parties.

b) Chaque âme raisonnable est subsistante et spirituelle. Donc, même si le composé qu'elle constitue comme principe formel se cor\-rompt, elle ne perd pas pour cela son existence, car elle existe par elle-même. Donc, chaque âme raisonnable ne peut se corrompre par acci\-dent.

2) Un vivant qui a un désir naturel de toujours exister est intrin\-sèquement immortel. Or chaque âme raisonnable désire naturellement une existence sans fin. Donc chaque âme raisonnable est intrinsèque\-ment immortelle.

À la majeure.— Un désir naturel est l'expression même de la nature. Il serait donc contradictoire qu'un vivant non immortel de sa nature ait une tendance naturelle à l'immortalité .

À la mineure.— Dans tout être qui connaît, le désir est en proportion de la connaissance, car le désir n'est que l'inclination qui suit la forme par laquelle l'être connaît. Or chaque âme raisonnable connaît l'être ou l'existence d'une manière absolue, selon toute l'étendue de la durée. Donc chaque âme raisonnable désire naturellement l'existence d'une manière absolue, selon toute l'étendue de la durée, c'est-à-dire une existence sans fin.

3) La vertu doit recevoir sa récompense, comme le vice doit recevoir sa punition. Or, dans cette vie, la vertu ne peut être adéquatement récompensée, comme le vice ne peut être suffisamment puni. Donc, après cette vie, chaque âme raisonnable doit survivre pour recevoir la récompense des vertus ou la punition des vices. En d'autres termes, chaque âme raisonnable doit être immortelle.

À la majeure.— Si la vertu ne recevait pas sa récompense et le vice sa punition, les actions humaines et toute la vie raisonnable seraient sujettes à un désordre voulu par la nature et par Dieu, l'auteur de la nature: ce qui est absurde.

À la mineure.— Les biens temporels de cette vie ne peuvent récompenser suffisamment la vertu, car ces biens sont d'un ordre inférieur à la vertu, et doivent être méprisés et abandonnés pour la vertu elle-même. De plus, dans cette vie, l'homme vertueux est souvent dans la tribulation, les souffrances et l'indigence.

D'autre part, le pécheur jouit souvent des biens temporels. Et s'il en est privé, cette privation n'est pas une punition suffisante de ses vices, car les biens temporels sont inférieurs au Bien qu'il offense. Donc. . .

178 - OBJECTIONS CONTRE L'IMMORTALITÉ DE L'ÂME. 1° Contre le premier argument.

a) Une forme qui exige des dispositions déterminées dans le corps qu'elle actue, doit se corrompre avec le corps. Or l'âme raisonnable exige des dispositions déterminées dans le corps qu'elle actue. Donc l'âme raisonnable doit se corrompre avec le corps.

À la majeure.— Une forme qui pour exister exige des dispositions déterminées dans le corps, **je concède**; une forme qui n'exige des dispositions déterminées dans le corps que pour l'actuer, **je nie**.

À la **mineure**.— Et l'âme exige des dispositions déterminées du corps pour l'actuer, **je concède**; pour exister, **je nie**.

b) Or l'âme raisonnable est unie au corps pour exister. Donc la difficulté demeure.

Dans l'homme il n'y a qu'une seule existence, c'est-à-dire l'existence de l'homme qui est en même temps l'existence de l'âme. Or lorsque le corps se corrompt, l'existence de l'homme disparaît. Donc lorsque le corps se corrompt, l'existence de l'âme disparaît, et l'âme est unie au corps pour exister.

À la **majeure**.— Et cette existence est communiquée au composé, c'est-à-dire à l'homme, par l'âme, de telle sorte que l'âme raisonnable garde cette existence même lorsqu'elle ne la communique pas au composé, **je concède**; de telle sorte que l'âme raisonnable ne garde pas cette existence lorsqu'elle ne la communique pas, **je nie**;

À la **mineure**.— L'existence de l'homme disparaît de telle sorte que l'âme raisonnable ne conserve pas cette existence, **je nie**; de telle sorte que l'âme raisonnable conserve cette existence, **je concède**.

c) Or l'âme ne peut exister sans être unie au corps. Donc la difficulté demeure.

L'âme raisonnable ne peut exister dans un état où elle ne pourrait agir. Or l'âme raisonnable ne peut agir sans être unie au corps. Donc l'âme raisonnable ne peut exister sans être unie au corps.

À la **majeure**.— Où elle ne pourrait aucunement agir, **je concède**: où elle ne pourrait exercer certaines opérations, **je nie**.

À la **mineure**.— L'âme raisonnable ne peut exercer aucune opération sans être unie au corps, **je nie**; ne peut exercer les opérations de la vie végétative et sensitive, **je concède**.

Dans l'état de séparation du corps, l'âme raisonnable peut encore exercer les opérations de la vie intellective.

d) Or l'âme raisonnable ne peut exercer les opérations de la vie intellective sans être unie au corps. Donc la difficulté demeure.

L'âme raisonnable ne peut poser un acte d'intellection sans faire un retour sur les images de l'imagination. Or, dans l'état de séparation, l'âme raisonnable ne peut faire un retour sur les images de l'imagination. Donc, dans l'état de séparation, l'âme ne peut poser un acte d'intellection.

À la **majeure**.— Dans l'état d'union, **je concède**; dans l'état de séparation, **je nie**.

À la **mineure**.— Et l'âme raisonnable, pour poser un acte d'intellection, doit faire un retour sur ces images, dans l'état de séparation, **je nie**; dans l'état d'union, **je concède**.

2° Objections contre l'argument tiré du désir naturel.

a) Les brutes ont un désir naturel de toujours exister. Or les brutes ne sont pas immortelles. Donc le désir naturel de toujours exister n'est pas un signe d'immortalité.

À la majeure.— Les brutes en vertu de leur nature tendent à leur propre conservation, **je concède**; les brutes ont un désir élicite d'une existence sans fin qu'elles appréhendent par leur connaissance, **je nie**.

À la mineure.— Et elles ont un désir élicite d'une existence sans fin, **je nie**; elles n'ont pas ce désir, **je concède**.

b) Or le désir élicite de l'immortalité n'est pas un signe d'immortalité. Donc la difficulté demeure.

Nous pouvons désirer d'une manière élicite l'immortalité de notre corps. Or notre corps n'est pas immortel. Donc. . . . . .

À la majeure.— Le désir élicite est possible grâce à la nature de notre corps, **je nie**; grâce à la nature de notre âme, **je concède**.

À la mineure.— Et notre désir élicite de l'immortalité n'est pas fondé sur la nature du corps, **je concède**; est fondé sur cette nature, **je nie**.

Notre désir élicite d'immortalité ne peut exister que parce que nous pouvons saisir par la connaissance une existence sans fin. Et comme cette connaissance appartient en propre à l'âme raisonnable, le désir qui suit cette connaissance ne peut être que le signe de l'immortalité de l'âme.

c) Or le désir élicite d'immortalité n'est pas naturel. Donc il n'est pas un signe d'immortalité, et la difficulté demeure.

Un désir naturel ne peut être rejeté. Or le désir élicite d'immortalité peut être rejeté; un homme, par exemple, peut désirer que son âme ne soit pas immortelle. Donc le désir élicite d'immortalité n'est pas naturel.

À la majeure.— Ne peut être rejeté par un acte libre qui est conforme à la nature, **je concède**; ne peut être rejeté par un acte libre qui est opposé à la nature, **je nie**.

À la mineure.— Par un acte libre qui est conforme à la nature, **je nie**; par un acte libre qui est opposé à la nature, **je concède**.

Le désir d'immortalité pour l'âme n'est pas naturel parce qu'il s'impose nécessairement à l'âme humaine, mais parce qu'il a son fondement dans sa nature.

2. L'union de l'âme au corps.

179 - L'union de l'âme au corps. — L'âme raisonnable, quoiqu'elle soit une substance spirituelle, est unie au corps. Ceci ne fait aucun doute. Le problème se pose de savoir *comment* l'âme raisonnable est unie au corps.

Certains philosophes ont conçu cette union comme *accidentelle*.

Ainsi, pour Platon, l'âme est uniquement unie au corps comme un moteur à son mobile.

Descartes, Malebranche et Leibniz conçoivent l'âme humaine et le corps humain comme deux substances ou deux êtres complets par eux-mêmes, dont l'union par suite ne peut être substantielle. Dans une telle conception, il devient difficile d'expliquer les rapports qui existent entre l'âme et le corps (entre le physique et le moral). Pour répondre à cette difficulté, Malebranche et Leibniz ont proposé des solutions aussi peu naturelles que celles de l'occasionnalisme et de l'harmonie préétablie.

D'après l'occasionnalisme de Malebranche, les mouvements de l'âme seraient produits directement par Dieu à l'occasion des mouvements du corps, et inversement.

D'après l'harmonie préétablie de Leibniz, Dieu aurait synchronisé dès l'origine les mouvements de l'âme et ceux du corps — la série des faits psychiques et celle des faits corporels — de telle sorte qu'il y aurait entre eux une harmonie parfaite.

Ces fausses théories ont donné naissance aux erreurs de ceux qui nient soit la réalité de l'âme, comme Hume, soit la réalité du corps, comme Berkeley, ou encore la substantialité du composé humain, c'est-à-dire du corps et de l'âme, comme les Psychologues récents.

Les Scolastiques enseignent que l'âme raisonnable est unie au corps humain comme sa forme substantielle.

Pierre de Jean Olivi (1248-1298) a soutenu que l'âme était composée d'une matière spirituelle et de trois formes, principes respectifs de la vie végétative, sensible et intellectuelle. Il ajouta de plus que la partie intellective de l'âme ne remplit pas vis-à-vis du corps les fonctions de principe *informant*.

Sa proposition fut condamnée par le Concile de Vienne en Dauphiné (1311) qui définit «que l'âme raisonnable et intellective est par elle-même et essentiellement la forme du corps humain».

Prouvons donc la thèse suivante:

L'âme raisonnable est unie au corps comme sa forme substantielle.

1) L'âme raisonnable est unie au corps pour constituer avec lui un animal raisonnable. Or l'âme raisonnable ne pourrait constituer avec le corps un animal raisonnable, à moins d'être la forme substantielle du corps humain. Donc l'âme raisonnable est unie au corps humain comme sa forme substantielle.

À la majeure.— De l'union de l'âme raisonnable et du corps résulte l'homme qui se définit essentiellement: un animal raisonnable.

À la mineure.— Un animal raisonnable est un être absolument un, une substance complète qui a une nature. Or l'âme raisonnable, qui est un acte, ne peut avec le corps constituer un être absolument un, une substance complète, une nature, à moins de l'informer comme forme substantielle. Donc. . . . . .

2) Le premier principe de l'opération spécifique de l'homme est la forme substantielle du corps humain. Or l'âme raisonnable est le premier principe de l'opération spécifique de l'homme. Donc l'âme raisonnable est la forme substantielle du corps humain.

À la majeure.— Le premier principe de l'opération spécifique d'un être spatio-temporel est toujours la forme substantielle.

À la mineure.— L'âme raisonnable est le premier principe de l'opération intellectuelle ou raisonnable. Or l'opération intellectuelle ou raisonnable est l'opération spécifiquement humaine. Donc. . . . . .

180 -Corollaires.— 1° *La multiplication numérique des âmes raisonnables.*— Averroès a affirmé l'existence d'un seul intellect agent subsistant pour tous les hommes. Il est évident au contraire qu'il y a autant d'âmes raisonnables qu'il y a de corps humains. Car la division de la matière fonde la multiplicité numérique des formes substantielles sous une même espèce. Or l'âme raisonnable est la forme substantielle du corps humain. Donc il y a autant d'âmes raisonnables qu'il y a de corps humains.

2° *L'individuation de l'âme raisonnable dépend de la matière signée par la quantité.*— Chaque âme raisonnable répond exactement au sujet matériel dans lequel elle existe. Voilà pourquoi les diverses âmes raisonnables sont plus ou moins parfaites non seulement dans l'ordre accidentel, mais encore dans l'ordre substantiel —non spécifique,— selon la perfection diverse des corps qu'elles informent. En d'autres termes, les âmes raisonnables, quoiqu'elles soient toutes spécifiquement semblables, sont cependant substantiellement diverses.

Puisque l'âme raisonnable est individuée par sa relation au corps qu'elle informe, la métempsychose ou l'existence successive d'une même âme dans plusieurs corps est impossible.

3° *La présence de l'âme dans le corps.*— L'âme raisonnable existe dans le corps humain comme sa forme. On peut se demander si elle est dans tout le corps humain, ou si elle n'existe que dans une partie du corps humain. Platon disait que l'âme intellective existe dans le cerveau; les Stoïciens, dans le coeur, etc.

Aristote et tous les scolastiques affirment que l'âme raisonnable est tout entière dans le corps humain et dans chacune de ses parties, sous le rapport de la totalité de sa perfection et de son essence; sous le rapport de ses puissances, elle n'est pas tout entière dans le corps humain.

Pour comprendre ces distinctions, il faut savoir qu'il y a trois modes de totalité, selon les trois modes de division:

a) un tout peut être divisible en parties quantitatives, comme le tout d'une ligne, d'une étendue;

b) un tout peut se résoudre en divisions logiques, ou en parties essentielles: par exemple, l'objet défini se divise selon les parties de la définition, le composé se divise en matière et forme;

c) il y a encore le tout potentiel, dont les divisions se prennent des divers degrés de puissance.

Le premier mode de totalité ne peut convenir à l'âme raisonnable même d'une manière indirecte, car l'âme raisonnable ne peut être soumise d'aucune manière à la quantité, puisqu'elle est spirituelle.

Mais le second mode de totalité peut lui convenir. Et sous cet aspect, il faut dire que l'âme raisonnable est tout entière dans le corps humain et dans chacune de ses parties. Car, comme forme substantielle, elle informe le corps humain et chacune de ses parties. Elle est dans le corps et dans chacune de ses parties tout entière selon la totalité de son essence et de sa perfection.

Comme tout potentiel ou comme tout ayant des puissances ou des facultés, l'âme raisonnable n'est pas tout entière dans le corps humain, puisqu'elle a des facultés spirituelles ou inorganiques qui n'existent pas dans le corps comme dans leur sujet.

Même par ses facultés organiques, elle n'est pas tout entière dans chacune des parties du corps humain, car la vue, l'ouïe, etc, existent dans des organes déterminés. Il faudrait peut-être excepter la faculté de nutrition qui semble exister dans tout le corps et dans chacune de ses parties.

4° *L'âme raisonnable communique son existence propre au corps humain.*— Toute forme substantielle est principe de l'existence. Mais les formes substantielles non subsistantes, bien que principes d'existence, n'ont cependant pas une existence propre qu'elles possèdent comme sujets. Elles n'existent que par l'existence du composé. La forme substantielle subsistante, comme l'âme raisonnable, a, au contraire, une existence propre. Elle n'existe pas par l'existence du composé, mais c'est plutôt le composé qui existe par l'existence de la forme subsistante.

181 - L'ÂME RAISONNABLE EST L'UNIQUE FORME SUBSTANTIELLE DANS LE COMPOSÉ HUMAIN.— Nous avons prouvé que l'âme raisonnable est la forme substantielle du corps humain.

Ici nous cherchons si l'âme raisonnable est l'unique forme substantielle dans le composé humain.

Certains scolastiques qui ont admis l'union substantielle de l'âme raisonnable et du corps, ont cependant enseigné l'existence de formes substantielles autres que l'âme raisonnable, chez l'homme.

Ainsi Scot affirme que l'âme raisonnable existe dans la matière première déjà déterminée par la forme de *corporéité.* Pour d'autres auteurs, le sujet propre de l'âme raisonnable, c'est la matière première déterminée soit par l'âme végétative, soit par l'âme sensitive, soit par les deux, de telle sorte qu'il existerait dans l'homme plusieurs formes substantielles autres que l'âme raisonnable.

Saint Thomas et tous ses disciples enseignent que l'âme raisonnable est *l'unique* forme substantielle du composé humain. Dans cette conception, la matière première est le sujet immédiat de l'âme raisonnable, laquelle donne à l'homme tous ses degrés essentiels de perfection. En d'autres termes, c'est par l'âme raisonnable que l'homme est homme, animal, vivant, corps, substance et être.

Prouvons l'affirmation de saint Thomas.

L'âme raisonnable est l'unique forme substantielle du composé humain.

1) Si l'homme est un être parfaitement un, l'âme raisonnable est son unique forme substantielle, et par elle l'homme est homme, il est animal, vivant, corps, substance et être. Or l'homme est un être par-

faitement un. Donc l'âme raisonnable est son unique forme substantielle ,et par elle l'homme est homme, il est animal, vivant, corps, substance et être.

A la majeure.— La forme détermine et par suite donne à une réalité son être et son unité, car le principe de l'être est aussi le principe de l'unité: une réalité est être en autant qu'elle est une, et elle est une en autant qu'elle est être. Donc si l'âme raisonnable n'est pas l'unique forme substantielle de l'homme, celui-ci n'est plus un être parfaitement un; il n'est plus une substance, mais il est un composé de plusieurs substances complètes.

A la mineure.— Elle est évidente par l'expérience interne. Lorsque l'homme perçoit son existence, sa vie, sa sensation, ses actes intellectuels, il perçoit que c'est toujours lui qui existe, qui vit, qui pose des opérations sensitives ou intellectives.

2) Si l'homme était être, substance, vivant, corps, animal, homme par des formes diverses, l'on se trouverait en face de l'alternative suivante: ou tous ces prédicats ne seraient attribués qu'accidentellement à l'homme; ou l'homme entrerait dans la définition de l'être, de la substance, du corps etc, comme une propriété. Or les deux membres de cette alternative sont faux. Donc l'homme n'a qu'une forme substantielle qui est l'âme raisonnable.

A la majeure.— Lorsque des prédicats sont empruntés à des formes diverses non ordonnées essentiellement l'une à l'autre, il n'y a entre eux qu'une prédication accidentelle: ainsi le blanc est accidentellement doux; si ces formes sont essentiellement ordonnées l'une à l'autre, le prédicat pris d'une forme postérieure est attribué comme propriété à un sujet constitué par la forme antérieure: si l'on admet que tout étendu est coloré, le prédicat: coloré, qui est emprunté à la couleur, sera attribué à l'étendu comme une propriété. Donc. . . .

A la mineure.— L'homme n'est pas accidentellement un être, une substance, un corps, un vivant, un animal. Tous ces prédicats lui sont attribués essentiellement. De plus, l'homme ne désigne pas une propriété de l'être, de la substance, du vivant, de l'animal. Autrement tout être, toute substance. . . . , tout animal serait un homme.

ARTICLE IV

L'ORIGINE DE L'HOMME

I L'origine de l'âme et son introduction dans la matière.

182 - L'ORIGINE DE L'ÂME RAISONNABLE.— Nous cherchons par qui et comment l'âme raisonnable est produite.

D'après certains auteurs, l'âme raisonnable serait produite d'une semence matérielle (Tertullien) ou spirituelle (saint Augustin qui cependant a toujours proposé son affirmation comme douteuse) provenant des parents. On appelle cette théorie le *traducianisme*.

L'émanatisme enseigne que l'âme raisonnable serait une émanation de la substance divine, soit par division, soit par communication.

Rosmini (1797 - 1859) affirme que les parents engendrent une âme sensible qui devient intellectuelle à l'apparition de l'idée d'être manifestée par Dieu.

Le *créationnisme* soutient que l'âme humaine est créée.

Mais d'après Frohschammer (1821-1893), les parents créent l'âme raisonnable par une force qui leur est communiquée par Dieu.

D'après les Scolastiques et la doctrine catholique, l'âme raisonnable est immédiatement créée par Dieu.

Nous prouverons cette doctrine et nous réfuterons les erreurs.

L'âme raisonnable est immédiatement créée par Dieu.

1) Toute forme subsistante est immédiatement créée par Dieu. Or l'âme raisonnable est une forme subsistante. Donc l'âme raisonnable est immédiatement créée par Dieu.

À la majeure.— Le mode d'après lequel une chose est produite répond à son mode d'existence. Or une forme subsistante a une existence indépendante de la matière. Donc une forme subsistante n'est pas produite en dépendance de la matière; elle n'est produite d'aucun sujet préexistant; elle est créée. Or une chose ne peut être créée que par Dieu immédiatement, car la création est nécessairement l'opération d'une puissance infinie, puisqu'elle fait parcourir à la chose produite une distance infinie, en la faisant passer du néant à l'existence. Donc une forme subsistante est immédiatement créée par Dieu.

À la mineure.— L'opération propre de l'âme raisonnable n'est pas organique. Donc l'âme raisonnable, dans son existence, est indépendante de la matière; elle est subsistante.

2) a) L'âme raisonnable ne peut être produite d'une semence matérielle ou spirituelle. En effet tout ce qui est produit d'une semence doit être composé du sujet d'où il est tiré et d'un acte. Or l'âme raisonnable n'est pas composée, mais est essentiellement simple. Donc.

b) L'âme raisonnable ne peut être produite de la division de la substance divine. Cette substance est absolument simple et ne peut être divisée.

L'âme raisonnable ne peut être la substance divine se communiquant au corps, car la substance divine ne peut informer, à cause de sa perfection absolue, un corps, comme le fait l'âme.

c) L'âme raisonnable ne peut être produite par la transformation de l'âme sensible, car elle ne serait pas subsistante. En effet tout ce qui est produit par transformation ou changement, est produit en dépendance d'un sujet ou d'une matière dont il dépend dans son existence.

d) L'âme raisonnable ne peut être créée par une puissance communiquée par Dieu aux parents. Car une puissance communiquée aux parents serait nécessairement une puissance limitée. Or la puissance créatrice doit être infinie, comme nous venons de la voir. Donc.. . . . .

183 - L'introduction de l'âme raisonnable dans la matière. Nous venons de voir que l'âme raisonnable est immédiatement créée par Dieu. A quel moment est-elle créée?

Certains auteurs, comme Platon, Origène, Leibniz, ont enseigné que les âmes humaines existent avant leur union aux corps.

Il faut au contraire affirmer que l'âme raisonnable n'est créée qu'au moment où elle est introduite dans une matière suffisamment disposée.

La création de l'âme et son introduction dans la matière ont donc lieu en même temps.

Il est d'abord évident que l'âme raisonnable ne peut être introduite que dans la matière disposée à la recevoir, car la matière première, qui est pure puissance, est de soi indifférente à toutes les formes. Pour recevoir une forme déterminée comme l'âme humaine, elle doit donc lui être adaptée par des dispositions suffisantes.

De plus l'âme raisonnable est créée seulement lorsqu'elle est introduite dans une matière suffisamment disposée, et cela pour deux raisons.

Premièrement, parce que toute chose est créée par Dieu dans sa perfection naturelle. Or l'âme raisonnable n'a pas sa perfection naturelle en dehors de la matière, puisqu'elle n'est que la partie du composé humain. Donc l'âme raisonnable doit être créée à l'instant même où elle peut être introduite dans la matière pour constituer le composé humain.

Deuxièmement, les âmes raisonnables sont créées par Dieu dans leur distinction numérique. Or les âmes ne sont distinctes numériquement que par leur relation à telle ou telle partie de la matière dans laquelle elles sont reçues. Il résulte donc qu'elles ne peuvent être créées que lorsqu'elles sont reçues ou introduites dans la matière.

Il est difficile de déterminer exactement à quel moment la matière est suffisamment disposée à recevoir l'âme raisonnable.

D'après l'opinion aujourd'hui assez communément reçue, la matière serait suffisamment disposée à recevoir l'âme humaine au moment même de la conception. L'âme humaine serait donc créée à ce moment.

Il faut dire, au contraire, avec saint Thomas que le foetus a d'abord une vie végétative, qu'il acquiert ensuite la vie sensitive, et qu'il ne reçoit l'âme raisonnable qu'après l'évolution suffisante de sa vie sensitive. Car la matière ne peut être disposée que successivement à recevoir le degré le plus parfait de vie. Elle doit d'abord passer par les degrés inférieurs pour atteindre finalement le degré supérieur.

2. L'origine du premier corps humain.

184 - L'ORIGINE DU PREMIER CORPS HUMAIN.— 1°Comme l'homme, par sa partie matérielle, est en continuité avec toute la nature sensible, poser le problème de l'origine du premier corps humain, c'est poser le problème de l'origine des espèces. En d'autres termes, c'est examiner la question de l'évolution des espèces ou du transformisme.

2° Cette question peut être examinée soit au point de vue scientifique, soit au point de vue philosophique. Ce sont là deux points de vue absolument distincts. Les sciences expérimentales recherchent si *de fait* il y a eu une évolution des espèces. Et lorsqu'elles ont suffisamment vérifié ce fait, elles s'efforcent de l'expliquer par une *théorie scientifique*.

Cette théorie scientifique n'a de soi aucune signification philosophique. D'abord les mots employés en science expérimentale n'ont pas le même sens que les mêmes mots employés en philosophie (n. 83) De plus une théorie scientifique a toujours une portée métrique.

Lorsqu'une théorie scientifique explique le complexe par le simple, elle explique toujours le supérieur par l'inférieur, car le complexe métrique est toujours plus parfait que les éléments simples qui le constituent. Il n'est donc pas étonnant que les sciences expérimentales aient une tendance à faire dériver une espèce supérieure d'une espèce inférieure. Leur point de vue spécial, qui est métrique, le demande.

La philosophie considère le problème de l'évolution d'une toute autre manière. Comme elle est une connaissance par les causes, elle étudiera l'origine des espèces, et en particulier du premier corps humain, par la considération des causes matérielle, formelle, efficiente et surtout finale. Elle cherchera donc à expliquer l'apparition des espèces non seulement par leur cause matérielle (ou inférieure), mais aussi par leurs causes supérieures (finale, formelle et efficiente).

3° Posons d'abord quelques distinctions nécessaires, afin de bien voir comment en philosophie nous devons examiner et résoudre le problème de l'apparition des espèces et du premier corps humain.

a) Il ne faut pas confondre la notion philosophique et la notion scientifique de l'espèce.

L'espèce, prise philosophiquement, est constituée par la différence essentielle. Elle désigne donc une nature constituée par une forme substantielle propre, qui est participée dans plusieurs individus.

Les espèces philosophiques sont au nombre de quatre: l'espèce inorganique, l'espèce végétale, l'espèce sensitive et l'espèce humaine. En effet, les espèces philosophiques sont des espèces nécessaires. Elles doivent donc exister, au moins par leurs traces, dans l'homme qui est un «microcosme» ou un résumé de l'univers. Or, dans l'homme, nous trouvons l'inorganique, la vie végétative, la vie sensitive et la vie raisonnable. Donc, dans l'univers sensible, les espèces doivent se diviser de ces quatre manières.

L'espèce scientifique ou systématique est une notion plutôt ambiguë. Elle ne semble être qu'une détermination de l'espèce philosophique, provenant de la disposition de la matière. Ainsi l'âme sensitive peut être reçue diversement et d'après des modes indéfinis dans la matière première qui est absolument indéterminée. De fait elle est reçue diversement dans le cheval, l'âne, l'oiseau, etc. . . . Ces participations diverses de l'espèce philosophique, une fois stabilisées, constituent ce qu'on appelle les espèces systématiques, connues expérimentalement.

b) L'homme, qui est engendré, est produit par ses parents et par Dieu.

Il est produit par ses parents qui, dans l'ordre de causalité efficiente, disposent la matière première à recevoir l'âme raisonnable.

Il est produit par Dieu, comme être fini et formellement comme homme.

Comme être fini, il est immédiatement créé par Dieu qui seul, comme cause universelle, peut produire un être en tant qu'être.

Formellement comme homme, il est immédiatement créé par Dieu sous deux aspects: *premièrement*, son âme raisonnable qui le constitue formellement homme est immédiatement créée par Dieu et est introduite par lui dans la matière suffisamment préparée sous l'action des parents; *deuxièmement*, son corps ne devient formellement humain que par l'action créatrice de Dieu. En effet, le corps ne devient formellement humain que lorsqu'il est informé par l'âme raisonnable. Et cette information se fait immédiatement par Dieu qui crée immédiatement l'âme raisonnable et l'introduit dans la matière.

Cette opération spéciale et créatrice de Dieu dans la production de tout homme étant mise hors de doute, reste alors le problème suivant: comment la matière première a-t-elle été disposée à recevoir l'âme du premier homme? Cette disposition n'a pu être l'oeuvre de parents, puisqu'il s'agit du premier homme. A-t-elle été l'oeuvre immédiate et exclusive de Dieu qui par sa puissance souveraine aurait immédiatement changé et transformé la matière pour la rendre apte à recevoir la première âme humaine? Ou encore cette disposition a-t-elle été successive et naturelle, de telle sorte que la matière existant d'abord sous la forme inorganique aurait passé, en subissant l'influence des agents naturels, par les échelons de la vie végétative et de la vie sensitive, pour devenir apte à recevoir la première âme humaine?

4° D'après le *fixisme*, théorie appelée imparfaitement le *création-nisme*, Dieu aurait immédiatement produit les premiers types des différentes espèces. Il faut interpréter cette affirmation dans le sens suivant: Dieu aurait immédiatement transformé, sans le concours d'agents naturels, la matière première pour la disposer à recevoir les formes substantielles qui constituent chaque espèce.

Les scolastiques ont généralement adopté la théorie du fixisme.

Certains d'entre eux, il est vrai, n'ont pas adopté entièrement cette théorie, et ont admis une évolution partielle, sans toutefois sauvegarder suffisamment le principe de causalité efficiente: il n'y a pas d'effets supérieurs en perfection à la cause efficiente principale.

Ainsi, d'après ces auteurs, l'évolution serait possible à l'intérieur de la même espèce philosophique, ou encore de la plante à l'animal, sans l'intervention d'une cause supérieure.

Des Thomistes modernes cependant, comme Gardeil (Revue Thomiste, an. 1893 - 1896) et Sertillanges (Saint Thomas d'Aquin, t. 2. p. 20 et ss. édit. 4. — Les grandes thèses de la Philosophie thomiste, chap. VI) ont adopté la théorie de l'évolution des espèces, en l'expliquant par les principes de la philosophie aristotélico-thomiste.

5° Dieu, en vertu de sa toute-puissance, aurait pu changer immédiatement la matière première pour la rendre apte à recevoir les formes spécifiques distinctes, et surtout l'âme raisonnable. Sur ce point, nous ne pouvons entretenir aucun doute. Il le fait d'ailleurs quand il ressuscite un mort.

Mais en philosophie le problème se pose comme suit: l'ordre de la nature exigeait-il que Dieu disposât immédiatement la matière première à recevoir la première âme humaine? Ou plutôt demandait-il que la matière fût disposée à recevoir l'âme humaine par une évolution progressive, sous l'influence d'une cause supérieure.

6° Si nous prouvons que la matière a dû, d'après l'ordre naturel, être disposée par l'évolution à recevoir la première âme raisonnable, nous pouvons encore ajouter ceci: si l'Église, l'interprète authentique de la Révélation, définit que Dieu a immédiatement disposé la matière première à recevoir la première âme raisonnable, nous devons accepter son affirmation. Mais alors nous pouvons dire que cette disposition de la matière première a été faite par un miracle — elle serait en effet une exception à l'ordre de la nature, — et que sous cet aspect le problème de la production du corps d'Adam ne peut plus être résolu par la philosophie.

7° Puisque nous avons bien déterminé le problème de l'origine des espèces et du premier corps humain, nous pouvons poser les principes philosophiques qui nous conduiront à sa solution.

a) *La matière première est ordonnée à l'âme raisonnable comme à sa fin ultime.* L'âme raisonnable est en effet la forme la plus parfaite que la matière première puisse posséder. Et comme toute chose ne tend ou n'est ordonnée à l'imparfait qu'en vue du parfait, il résulte que la matière première n'existe sous les formes inférieures qu'en vue de l'âme raisonnable.

Il ne s'agit pas seulement ici d'une gradation de fait, comme on l'a écrit, mais bien d'une loi ontologique basée sur la matière première qui est nature, et sur l'essence même de l'âme raisonnable. Cette loi n'est qu'une application spéciale du principe de finalité, de telle sorte qu'une intelligence créée extra-cosmique eût pu prévoir l'apparition de l'homme dès la création du premier être spatio-temporel, si elle avait eu assez de pénétration pour saisir la finalité de la matière première.

b) *La matière première n'est pas de soi disposée à recevoir l'âme raisonnable; d'après l'ordre naturel, elle doit y être disposée graduellement, et par des changements intrinsèques.* La matière est en effet de soi pure puissance. Elle doit être adaptée à la forme qu'elle reçoit, par un changement successif et temporel, comme le prouve à l'évidence la génération. La matière première est donc plus disposée à recevoir l'âme raisonnable lorsqu'elle est actuée par l'âme sensitive, que lorsqu'elle est actuée par l'âme végétative.

c) *Les formes inférieures ou matérielles sont éduites de la puissance de la matière.* Elles ne sont donc produites ni par création — si la matière première existe déjà, — ni par le changement d'une forme en une autre forme, mais par le changement du composé.

d) *À toute puissance passive correspond une puissance active.* Ce n'est qu'une formule spéciale du principe de causalité efficiente. La puissance en effet ne peut passer à l'acte que par l'influence causale d'un être en acte.

Puisqu'à l'origine la matière première disait un ordre naturel à l'âme raisonnable comme à son acte dernier, il devait exister une puissance active, c'est-à-dire un agent capable de la disposer naturellement à cet acte. Cet agent capable de disposer la matière première à un acte vital et spirituel comme l'âme raisonnable, devait être lui-même vivant et spirituel.

Cet agent spirituel, qu'il fût Dieu ou l'ange, n'était pas un agent naturel, c'est-à-dire cosmique. Son opération a dû cependant s'exercer naturellement, selon les exigences de la matière. Voilà pourquoi il a dû se servir des agents naturels, et changer la matière progressivement.

8° Ces principes étant posés, nous pouvons maintenant dire que la matière première a été disposée à recevoir l'âme raisonnable par voie d'évolution.

Cette théorie de l'évolution n'est pas à confondre avec la théorie *matérialiste* de l'évolution, opposée à la Foi, qui nie la création du monde et de l'âme raisonnable, et qui affirme la transformation successive des espèces jusqu'au composé humain, sans l'intervention d'une cause supérieure .

9° Établissons notre thèse en plusieurs énoncés.

1) *La matière première a été disposée à recevoir l'âme du premier homme par l'évolution des espèces.* Si la matière première est ordonnée à l'âme raisonnable comme à son acte le plus parfait ou comme à sa fin ultime, elle a été disposée à recevoir l'âme du premier homme par l'évolution des espèces. Or la matière première est ordonnée à l'âme raisonnable comme à son acte le plus parfait ou comme à sa fin ultime. Donc la matière première a été disposée à recevoir l'âme du premier homme par l'évolution des espèces.

À la majeure.— Si la matière première est ordonnée à l'âme raisonnable comme à son acte le plus parfait ou comme à sa fin ultime, elle doit d'abord être informée par ses actes moins parfaits, c'est-à-dire par la forme inorganique, l'âme végétative et l'âme sensitive. Elle est, en effet, de soi pure puissance, et comme telle, n'atteint sa perfection dernière que graduellement. Donc . . . .. .

La mineure est prouvée par les notions données ci-haut.

2) *La matière première a été disposée à recevoir l'âme du premier homme sous l'action d'une cause spirituelle.* Aucune puissance ne peut passer à l'acte sans l'action d'une cause efficiente proportionnée à cet acte. Or seule une cause spirituelle pouvait être proportionnée à l'âme du premier homme et disposer la matière à la recevoir . Donc la matière première a été disposée à recevoir l'âme du premier homme sous l'action d'une cause spirituelle.

À la majeure.— La puissance de soi n'est que puissance. Elle ne peut être actuée que par l'action d'un être déjà en acte. Et comme personne ne donne ce qu'il n'a pas, cet être en acte doit être au moins aussi parfait que l'acte auquel il dispose la puissance.

À la mineure.— L'âme raisonnable est un acte spirituel. Or, dans la production du premier homme, un autre homme n'a pas pu disposer la matière à recevoir cette âme. Donc cette cause a dû être spirituelle.

3) *L'action de cette cause spirituelle a été naturelle.* L'action d'une cause extra-cosmique exigée par l'ordre de la nature est naturelle. Or l'action de la cause extra-cosmique ou spirituelle disposant la matière première à recevoir l'âme du premier homme était exigée par la nature. Donc l'action de la cause spirituelle qui a disposé la matière première à recevoir l'âme du premier homme, a été naturelle.

À la majeure.— C'est évident, car l'action d'une cause extra-cosmique exigée par l'ordre de la nature se conforme à cet ordre. Voilà pourquoi nous ne disons pas que la création d'une âme raisonnable dans la matière disposée par les parents est un *miracle*. Cette création est en effet une action répondant à l'ordre de la nature.

À la mineure.— L'action de la cause spirituelle disposant la matière première à recevoir l'âme du premier homme répondait à l'ordre de la matière première tendant à l'âme humaine comme à sa fin ultime. Elle était donc exigée par la matière première qui est nature.

185 - Corollaires.— 1° Nous avons traité de l'évolution par des principes purement philosophiques, et nous avons distingué le problème philosophique de l'évolution, du problème scientifique. Mais outre le problème strictement philosophique et le problème scientifique, il y a encore le problème de la philosophie des sciences. Dans ce problème, la *Philosophie de la nature*, comme sagesse, examine et juge les affirmations et les théories scientifiques.

2° Il ne faut pas dire que le corps humain est le produit de l'évolution des espèces. Car un corps n'est formellement humain que par l'âme raisonnable qui est créée par Dieu. Il en résulte que tout corps ne devient humain que par une action particulière et créatrice de Dieu.

On ne peut dire non plus que les espèces inférieures ont engendré le premier homme, comme les parents engendrent les enfants. Car les espèces inférieures n'ont pas disposé, en tant que *cause principale*, la matière à recevoir l'âme du premier homme.

Il serait encore faux d'affirmer que le premier homme descend de la brute, à moins d'employer cette expression dans le sens suivant, qui est très restreint: Dieu a créé le premier homme en se servant de la matière déjà disposée, telle qu'elle existait dans une brute très parfaite.

Les fixistes prétendent que Dieu a formé le corps d'Adam en se servant de la matière première d'un être inorganique.

Nous disons contre eux que Dieu s'est servi d'un être plus noble que l'être inorganique pour former le corps de l'homme. Et sur ce point, notre thèse ne renferme rien qui soit contraire à la dignité de l'homme.

3° L'Église a toujours affirmé que Dieu a formé le premier corps humain par *une action particulière*. Cette action particulière de Dieu demeure dans l'évolution telle que nous l'avons exposée.

Premièrement, nous savons par la foi que l'homme, dès l'origine, a été élevé à l'état surnaturel, non seulement dans son âme, mais encore dans son corps qui a été doué d'immortalité, d'impassibilité, etc. Et les théologiens enseignent communément que l'homme a été créé dans cet état. Il en résulte que Dieu a formé le corps d'Adam par une action spéciale, puisqu'en le formant il n'a pas agi seulement comme auteur de la nature, mais encore *comme auteur de l'ordre surnaturel*.

Deuxièmement, comme le corps ne devient humain que par l'information de l'âme raisonnable qui est créée, nous pouvons dire que le corps d'Adam n'est devenu humain que par une action spéciale de Dieu, c'est-à-dire par une action créatrice.

Troisièmement, si l'on pose que c'est Dieu qui a disposé la matière première, par l'évolution des espèces, à recevoir l'âme du premier homme, l'on peut dire alors que Dieu a formé le corps d'Adam par une action spéciale dans le sens suivant: Dieu seul a fait évoluer les espèces, *comme unique cause principale*, pour disposer la matière première à recevoir l'âme raisonnable.

4° Dans l'évolution telle que nous l'avons exposée, nous conservons intacte l'unité du genre humain, telle que l'affirme l'Église. Car après la formation de la première femme qui a été tirée d'Adam, il existait dans l'univers cosmique une cause efficiente — un couple — capable de disposer la matière première à l'âme raisonnable. A partir de ce moment, toute disposition de la matière par une cause extra-cosmique serait un miracle, parce qu'en dehors de l'ordre établi par la nature.

186 -OBJECTIONS.—   1° Si les espèces ont changé, les formes ont changé. Or les formes ne changent pas. Donc les espèces n'ont pas changé.

À la **majeure.**— Les composés ont changé, je concède; les formes ont changé, je distingue: par elles-mêmes, je nie; par accident, je concède.

À la **mineure.**— Les formes ne changent pas par elles-mêmes, je concède, par accident, c'est-à-dire quand le composé change, je nie.

2° Si les espèces ont changé, il faut affirmer que les êtres inférieurs sont ordonnés à leur destruction. Or tout être de sa nature n'est pas ordonné à sa destruction, mais plutôt à sa conservation. Donc les espèces n'ont pas changé.

À la **majeure.**— Que les êtres inférieurs sont de soi ordonnés à leur destruction, je nie; sont par accident ordonnés à leur destruction, je concède.

À la **mineure.**— De soi, je concède; par accident, je nie.

Les êtres de l'ordre inorganique, végétatif ou sensitif ne sont pas pour eux-mêmes dans l'univers sensible. Ils sont en vue de l'homme comme en vue de leur fin. Si donc ils tendent de soi ou par leur forme à leur conservation, par accident, en raison de la matière première qui est ordonnée à l'âme raisonnable comme à son acte le plus parfait, ils tendent à leur corruption.

3° Une espèce nouvelle est ou créée ou engendrée. Or une espèce nouvelle ne peut être engendrée. Donc toute espèce nouvelle est créée et l'évolution des espèces est impossible.

À la **majeure.**— Une espèce nouvelle est créée ou engendrée par voie de génération équivoque, je concède; est créée ou engendrée par voie de génération univoque, je nie.

À la mineure.— Une espèce nouvelle ne peut être engendrée par voie de génération équivoque, **je nie**; par voie de génération univoque, **je concède.**

Dans la génération univoque, l'être qui engendre est de même nature que l'être engendré. Dans la génération équivoque, l'être qui engendre n'a pas la même nature que l'être engendré, mais il est supérieur.

Il est évident qu'une espèce nouvelle ne peut être produite par génération univoque. Elle peut cependant être produite par génération équivoque.

4° L'évolution des espèces ne peut être admise que si elle est confirmée par des faits certains, et que si l'origine des espèces ne peut être expliquée que par une théorie évolutionniste. Or l'évolution des espèces n'est pas confirmée par des faits certains, et l'origine des espèces peut être expliquée par une théorie scientifique qui n'est pas évolutionniste. Donc l'évolution des espèces ne peut être admise.

À la majeure.— Si l'évolution des espèces n'est pas prouvée par des principes philosophiques, **peut-être**; si l'évolution des espèces est déjà prouvée d'une manière certaine par des principes philosophiques, **je nie.**

À la mineure.— L'évolution des espèces n'est pas confirmée d'une manière absolument certaine par les faits, **je concède**; n'est pas suggérée par les faits, et l'origine des espèces peut être expliquée **scientifiquement** par une théorie qui n'est pas évolutionniste, **je nie.**

Pour comprendre la solution de l'objection, il faut noter les points suivants: Premièrement, la philosophie ne dépend pas dans ses principes et dans ses conclusions de la science expérimentale, quoique le philosophe doive être prudent lorsque ses affirmations sont opposées aux conclusions de la science expérimentale; deuxièmement, aucune théorie scientifique ne peut être absolument certaine, comme l'est une démonstration philosophique ou mathématique; troisièmement, seule une théorie évolutionniste peut expliquer **scientifiquement** l'origine des espèces. Le fixisme n'explique rien scientifiquement, mais nie plutôt la possibilité de toute explication scientifique.

Aujourd'hui toutes les théories expliquant l'origine des espèces sont évolutionnistes, quoiqu'elles soient multiples, diverses, et souvent opposées les unes aux autres.

MÉTAPHYSIQUE

INTRODUCTION

187 - Notion générale de la métaphysique.— Dans la Philosophie de la nature, nous avons considéré l'être mobile en tant que mobile. Il nous reste maintenant à étudier l'être sous un aspect plus universel, qui est celui de l'être.

La partie de la Philosophie qui considère l'être en tant qu'être s'appelle la Métaphysique, la Philosophie première ou encore, selon Aristote, la Science divine ou la Théologie.

La Métaphysique, d'après son étymologie, signifie la science de ce qui est *après* ou *par delà* les choses physiques.

Ce nom, suivant la tradition, fut employé, pour la première fois, par Andronicus de Rhodes, et inscrit par lui en tête des quatorze livres d'Aristote, qui viennent après sa Physique et qui traitent de la divinité et de l'être en général.

La Métaphysique est appelée la Philosophie première, parce qu'elle considère les principes premiers et les causes premières de toute réalité.

Aristote employait le mot de Théologie (science de la divinité), parce que Dieu est le sujet principal de la Métaphysique.

188 - L'objet de la métaphysique.— On distingue dans toute science l'objet matériel, l'objet formel *quod*, l'objet formel *quo*.

La Métaphysique a pour objet matériel tous les êtres, l'être en général, l'Etre infini, les êtres finis.

Son objet formel *quod*, c'est l'être en tant qu'être, c'est-à-dire l'aspect universel d'être sous lequel elle envisage toutes les réalités.

Son objet formel *quo*, c'est l'immatérialité complète et entière de son objet qui fait abstraction de toute matière.

189 - La métaphysique est une sagesse spéculative.— Une sagesse spéculative est une connaissance certaine des choses par leurs causes premières et leurs principes suprêmes, connaissance qui a pour fin la contemplation de la vérité.

La Métaphysique est une connaissance spéculative des choses, car elle cherche à connaître pour contempler et non pour ordonner un acte ou pour exécuter une oeuvre; elle est une connaissance certaine, car elle part de principes certains et démontre à partir de ces principes; elle atteint les principes suprêmes et les causes premières de toutes choses, car elle considère les choses sous leur aspect le plus universel, qui est celui de l'être, et s'élève jusqu'à Dieu, qui est la cause première de tout ce qui existe. Elle est donc une sagesse spéculative.

La Métaphysique est une sagesse spéculative qui raisonne, qui démontre des conclusions à partir de principes certains. Elle est donc aussi formellement une science, car la science est la connaissance des conclusions déduites de principes.

Mais c'est d'une manière éminente que la Métaphysique est formellement une science, comme c'est d'une manière éminente que l'homme est formellement un animal.

La Métaphysique, en effet, ajoute une perfection à la science. Elle atteint les principes suprêmes et les causes premières, principes et causes que la science comme telle ne peut atteindre.

190 - La division de la métaphysique.— La Métaphysique est la science de l'être en tant qu'être. Nous allons donc étudier d'abord l'être en général. Et comme la Métaphysique est une sagesse et doit réfléchir sur ses propres principes, nous montrerons la valeur absolue du premier principe, c'est-à-dire du principe de contradiction. Cette *réflexion* sur le premier principe constitue ce qu'on appelle aujourd'hui *le problème critique*. Nous considérerons ensuite l'être fini et l'Être infini. Donc quatre chapitres:

Chapitre   I.—   L'être en général.

Chapitre   II.—   Le problème critique.

Chapitre   IV.—   L'Être infini.

Chapitre   III.—   L'être fini.

CHAITRE PREMIER

L'ÊTRE EN GÉNÉRAL

Article   I.— L'être lui-même.

Article   II.— Les propriétés de l'être.

ARTICLE PREMIER

L'ÊTRE LUI-MÊME

191 - L'ÊTRE NE PEUT ÊTRE DÉFINI.— Toute définition comprend le genre et la différence. Or, au-dessus de l'être, il n'y a aucun genre; et l'être ne peut avoir de différence proprement dite. L'être ne peut donc être défini.

On ne peut davantage le décrire d'une manière stricte. En effet, toute description stricte ou proprement dite d'une chose ou d'une notion se fait par des notions plus claires et plus connues. Or l'être est pour tous la notion la plus connue. Celui qui ne conçoit pas l'être ne conçoit rien, c'est-à-dire qu'il ne conçoit pas. Donc l'être ne peut être décrit strictement.

192 - DESCRIPTION IMPROPRE DE L'ÊTRE.— 1° L'être (*ens* en latin) tire sa signification du verbe *être* =esse. Or le verbe *être* peut être employé soit comme copule dans une proposition, c'est-à-dire comme lien entre le prédicat et le sujet, soit comme signifiant l'existence.

Pris du verbe-copule, l'être signifie tout ce qui peut entrer comme sujet ou prédicat dans une proposition, qu'il s'agisse d'un être réel, d'une négation ou d'une privation. Ainsi nous pouvons dire: la cécité est un mal. Dans cette proposition, *cécité* et *mal* ne désignent pas des êtres, mais plutôt des absences ou des privations de l'être. La cécité est la privation de la vue, comme le mal est la privation du bien.

Considéré sous cet aspect, l'être remplit une fonction logique.

Pris du verbe être comme signifiant une existence (réelle), l'être se décrit: ce dont l'acte propre est l'existence (ou l'esse).

L'être considéré de cette façon peut être pris *comme nom* ou *comme participe*.

L'être comme nom désigne un sujet, une essence qui dit relation à l'existence, sans indiquer si ce sujet a ou n'a pas actuellement cette existence. Il désigne donc directement un sujet, une essence, et connote l'existence.

L'être comme participe désigne un sujet selon qu'il exerce actuellement l'existence. Il désigne l'existence en connotant le sujet qui l'exerce.

D'une manière plus simple, l'être comme nom signifie ce qui est ou peut être, tandis que l'être comme participe désigne ce qui est en fait.

Plusieurs scolastiques prétendent que l'être comme nom est l'objet de la Métaphysique. Cette affirmation n'est peut-être pas tout à fait exacte. Car la Métaphysique étudie avant tout l'être qui existe en fait.

Il serait préférable de dire que la Métaphysique considère l'être existant, mais qu'elle le considère dans son essence.

2° L'être est un prédicat essentiel de tout ce qui existe ou peut exister. En effet, l'être désigne l'essence selon qu'elle dit rapport à l'existence, et tout ce qui existe ou peut exister est essentiellement un être, sinon il serait impossible.

L'être cependant n'entre pas dans la définition essentielle de la créature ou de l'être fini, car l'existence qu'il connote ou signifie n'est pas un acte constituant l'essence de la créature. Dans toute créature ou tout être fini, l'existence est réellement distincte de l'essence, et lui est extérieure.

Par contre, l'être définit essentiellement Dieu, car en Dieu l'existence s'identifie à l'essence. L'existence divine est donc un acte qui détermine et constitue l'essence divine. Dieu est l'Etre. Il est Celui qui est.

193 - LE NÉANT.— L'opposé de l'être est le néant. Le néant est soit absolu, soit relatif.

Le néant absolu s'oppose à l'être pris dans toute son extension: c'est la négation de l'être même possible.

Il dit donc une impossibilité, une contradiction, et n'est qu'une pseudo-idée, exprimant une impossibilité, et donc une inintelligibilité. Exemples: Dieu fini, cercle carré.

Le néant relatif s'oppose à l'être actuel ou existant actuellement. Il nie l'existence actuelle de la chose, mais non son existence possible. Il signifie donc un sujet capable d'exister, et par suite un sujet intelligible.

La notion de néant absolu exprimant l'impossibilité, la contradiction. on peut en déduire que la négation d'un être de soi nécessaire sera par le fait même une contradiction ou une pseudo-idée. Ainsi on peut prouver que Dieu existe nécessairement. La négation de Dieu est donc une contradiction, une pseudo-idée, un néant absolu.

Mais comme l'être fini n'est pas de soi nécessaire —puisqu'il aurait pu ne pas exister —, la négation de son existence actuelle n'est pas contradictoire. Par suite, le concept de l'être fini, ou en général de l'univers fini n'existant pas encore en acte, n'est pas une pseudo-idée, et le problème de l'origine de l'univers n'est pas un pseudo-problème, comme le prétendent Bergson et Edouard Le Roy. En effet, on peut concevoir l'univers fini dans sa pure possibilité, comme n'existant pas encore en acte, et se demander comment il est venu à l'existence.

194 - LA TRANSCENDANCE DE L'ÊTRE.—Le problème qui se pose ici est le suivant: l'être est un prédicat très commun, indéterminé. Or les réalités qui existent sont déterminées, comme par exemple un homme, une plante. et nient l'indétermination de l'être. Il semble donc que l'être ne soit qu'une abstraction pure, qu'une notion purement logique.

C'est la conclusion d'Hégel (1770 - 1831). Il affirme que l'être absolument indéterminé, c'est l'être qui n'est rien, que c'est l'être et autre chose que l'être. c'est-à-dire sa négation, le non-être.

Et pourtant contre Hégel, il faut absolument affirmer que l'être est quelque chose de réel, que l'être exclut le non-être, que l'être n'est pas le néant et que seul l'être est réel.

Mais cette affirmation ne fait que poser une nouvelle difficulté. Comme l'être seul est réel, et comme l'être est un prédicat commun à tout ce qui existe, il n'existe qu'un seul être. Car les choses qui ont l'être comme prédicat commun ne peuvent se diversifier et se distinguer que par ce qui n'est pas l'être, c'est-à-dire par le non-être ou le rien. Or le non-être ou le rien ne peut être principe de distinction entre les choses: ce qui se distingue d'un autre par rien ne s'en distingue pas du tout. Il n'y a donc qu'un être, comme l'enseigne le monisme. Toutes les prétendues distinctions entre les choses ne sont qu'illusoires.

La difficulté se résout facilement, si l'on considère que l'être est un transcendant.

On appelle transcendant ce qui se trouve réellement, intrinsèquement et formellement dans toutes les choses et dans leurs différences. En d'autres termes, un transcendant n'est pas seulement ce par quoi les choses sont semblables; il est aussi ce par quoi les choses se distinguent.

Que l'être soit transcendant, c'est évident. L'être est soit infini, soit fini; et l'être fini est soit substance, soit accident. Or l'être infini, l'être fini, la substance, l'accident sont formellement des êtres; de plus ce qui distingue l'être infini de l'être fini, la substance de l'accident, l'homme de la brute, Pierre de Paul, est encore formellement et intrinsèquement une entité ou de l'être; car en dehors de l'être, il ne peut y avoir que le néant qui ne peut être principe d'une distinction réelle entre deux réalités: dire qu'une réalité se distingue par rien ou le néant d'une autre réalité, c'est dire qu'elle ne s'en distingue pas du tout.

195 - L'ANALOGIE DE L'ÊTRE.— 1° Nous venons de voir que l'être, à cause de sa transcendance, imbibe et pénètre toute réalité, et que toute réalité est intrinsèquement une entité.

Mais pour mieux connaître la nature de l'être, considérons le dans son état d'abstraction, tel qu'il existe dans la connaissance, et cherchons si l'être est un terme *équivoque, univoque,* ou *analogue* par rapport à ses inférieurs, c'est-à-dire par rapport aux sujets contenus sous son extension.

Le sens de ce problème est le suivant: comment concilier l'unité logique de la notion d'être avec la multiplicité des êtres dans la réalité? L'être, en effet, est multiple dans la réalité: il est infini, fini, et l'être fini est substance et accident, il est ceci ou cela, Pierre ou Paul.

2° Un terme *équivoque* est un *nom* qui ne s'applique à des sujets divers que dans un sens totalement différent, ex.: le bélier: constellation céleste et animal à cornes.

L'équivoque ne peut jamais être un concept, mais seulement un nom qui recouvre des *concepts distincts*.

Un terme *univoque* est un terme exprimant un concept objectif —une perfection, une nature— qui peut s'attribuer d'une manière absolument identique à des sujets divers, ex.: *homme*, en tant qu'il se dit de Pierre et de Paul; *animal*, en tant qu'il se dit de l'homme et de la brute.

Un terme *analogue* est un terme exprimant un concept objectif —une perfection, une notion— qui s'applique d'une manière essentiellement différente, mais proportionnellement identique à des sujets divers, ex.: *sain*, en tant qu'il se dit de l'animal, de la nourriture, de la couleur. L'animal est dit sain parce qu'il a la santé; la nourriture est saine parce qu'elle cause la santé; la couleur est appelée saine parce qu'elle est le signe de la santé.

Le terme analogue tient le milieu entre le terme équivoque et le terme univoque.

3° Le terme analogue peut être tel soit d'une analogie d'attribution, soit d'une analogie de proportionnalité.

a) Il y a *analogie d'attribution* ou de *proportion*, lorsque le même terme est attribué d'une manière proportionnellement identique à plusieurs sujets à cause de leur relation à un sujet principal dans lequel seul se trouve formellement et intrinsèquement la perfection exprimée par le terme analogue, ex.: l'animal seul possède formellement et intrinsèquement cette perfection qu'on appelle la santé: la nourriture et la couleur ne sont dites saines que parce qu'elles ont une relation de cause ou de signe à la santé de l'animal.

Le sujet dans lequel se trouve formellement et intrinsèquement la perfection signifiée par le terme analogue, s'appelle *terme principal, analogué suprême,* ou *premier analogué.* Les autres sujets sont dits *termes secondaires, analogués mineurs* ou *secondaires,* et ne peuvent être définis sans contenir le premier analogué dans leur définition.

Comme l'analogie d'attribution est une proposition d'un ou de plusieurs sujets à un seul terme, on l'appelle aussi analogie de proportion simple.

b) Il y a *analogie de proportionnalité*, lorsque le même terme est appliqué à divers sujets, parce que la perfection, la forme signifiée par ce terme existe intrinsèquement en eux, d'après un mode proportionnellement le même seulement, ex.: le point et la cause efficiente sont dits *principes*, parce que le rapport du point à la ligne est, dans une certaine proportion, semblable au rapport de la cause efficiente à l'effet.

La condition essentielle de l'analogie de proportionnalité est la suivante: la perfection, le concept objectif signifié par le terme analogue existe intrinsèquement dans tous les sujets auxquels s'applique le terme, mais selon un mode essentiellement *divers*. Les sujets disent donc chacun un rapport divers à la perfection exprimée par le terme analogue. Et c'est cette relation diverse à une même perfection qui permet d'assimiler proportionnellement divers sujets.

L'analogie de proportionnalité est donc une proportion composée ou une proportion de proportions (5 est à 10 comme 10 est à 20), et requiert toujours formellement ou virtuellement quatre termes de comparaison.

L'analogie de proportionnalité est soit *métaphorique*, soit *proprement dite*.

L'analogie de proportionnalité est *métaphorique*, quand la perfection signifiée par le terme analogue se trouve dans un sujet au sens propre, et dans un autre au sens figuré ou impropre. On dit par exemple que le lion est roi tout comme l'homme. Cette proportionnalité s'exprime ainsi: le lion est pour les animaux ce que tel homme est pour ses sujets, à savoir, un roi.

L'analogie de proportionnalité est *proprement dite*, lorsque la perfection signifiée par le terme analogue se trouve intrinsèquement et proprement dans les sujets auxquels s'applique le terme analogue. C'est l'analogie véritable et fondamentale.

4° Maïmonide (1135 - 1204), tous les nominalistes, les agnostiques —pour qui l'intelligence humaine est radicalement et totalement incapable de connaître le réel — affirment au moins implicitement que l'être est équivoque.

Les panthéistes, les monistes présupposent que l'être est univoque. En effet, si l'être est univoque, il ne peut exister qu'un seul être, car les différences qui pourraient distinguer des êtres entre eux seraient extérieures à l'être, c'est-à-dire ne seraient pas de l'être, mais seraient irréelles.

Les anthropomorphistes, qui conçoivent Dieu comme une personne humaine, présupposent aussi implicitement une certaine univocité de l'être.

Scot, tout en affirmant que l'être n'est pas un genre, le considère encore comme un univoque.

Tous les autres scolastiques enseignent communément que l'être est analogue. Mais il ne s'entendent pas sur le genre d'analogie.

Suarez affirme que l'être est analogue d'une analogie d'attribution, tout en enseignant que, dans cette analogie, la perfection signifiée par le terme analogue se trouve intrinsèquement non seulement dans le premier analogué, mais dans tous les autres.

Selon les Thomistes, l'être est analogue d'une analogie qui est formellement une analogie de proportionnalité propre et virtuellement une analogie d'attribution. L'être, d'après les Thomistes, est virtuellement analogue d'une analogie d'attribution au sens suivant: si l'être fini par impossible n'était par formellement *être*, il pourrait encore se dire être, à cause de sa relation à l'être infini. Il en serait de même pour l'accident par rapport à la substance.

C'est l'enseignement thomiste qu'il faut accepter.

Etablissons-le en plusieurs propositions.

1) *L'être n'est pas équivoque.*

Il s'agit évidemment ici du nom, et non pas du concept. Car un concept ne peut être équivoque.

Un nom qui signifie une perfection, un concept commun aux sujets auxquels il s'applique, n'est pas équivoque. Or le nom *être* signifie une perfection, un concept objectif commun à tous les sujets auxquels il s'applique, à l'être infini, à l'être fini, à la substance et à l'accident, à Pierre et à Paul. Donc l'être n'est pas équivoque.

La majeure est évidente.

À la mineure.— L'être signifie un sujet disant relation à l'existence, et tous les sujets auxquels s'applique le nom *être*, sont dits des êtres, parce qu'ils disent relation à l'existence. Le nom *être* exprime donc une perfection qui leur est commune.

2) *L'être n'est pas univoque.*

Un terme qui est inclus dans les modes ou les différences qui le contractent, n'est pas univoque. Or l'être est inclus dans les modes ou les différences qui le contractent, qui le déterminent. Donc l'être n'est pas univoque.

À la majeure.— Un terme univoque signifie une perfection identique dans plusieurs sujets. Il ne peut donc pas être inclus dans les différences qui diversifient ces sujets, mais les différences qui déterminent le terme univoque doivent lui être extérieures. Ainsi *animal* est un terme univoque. Il est contracté ou déterminé par *raisonnable* et *irraisonnable*. Il ne peut être inclus dans ces différences, car autrement il ne signifierait plus la même perfection dans les sujets auxquels il s'applique. La rationalité, tout comme l'irrationalité, n'est pas l'animalité.

À la mineure.— L'être est inclus dans toutes les différences qui le contractent ou le déterminent. L'être est matériel ou immatériel, etc. La matérialité est formellement de l'être, tout comme l'immatérialité. Autrement la matérialité et l'immatérialité n'existeraient pas.

3) *L'être est un analogue.*

Un terme qui n'est ni équivoque, ni univoque est analogue. Or l'être est un terme qui n'est ni équivoque, ni univoque. Donc l'être est analogue.

4) *L'être est analogue d'une analogie de proportionnalité propre.*

Un terme qui signifie une perfection possédée proprement et intrinsèquement, quoique selon des modes divers et proportionnellement semblables, par les sujets auxquels il s'applique, est analogue d'une analogie de proportionnalité propre. Or l'être est un terme qui signifie une perfection possédée proprement et intrinsèquement, quoique selon des modes divers et proportionnellement semblables, par les sujets auxquels il s'applique. Donc l'être est analogue d'une analogie de proportionnalité propre.

La majeure est évidente par la notion de l'analogie de proportionnalité propre.

À la mineure.— Les sujets auxquels s'applique le terme *être* sont l'être fini et l'être infini, la substance et l'accident, la quantité et la qualité, etc. Or ces sujets sont proprement et intrinsèquement des êtres parce qu'ils disent rapport à l'existence, quoique selon des modes divers: l'être fini est être parce qu'il dit rapport à une existence réellement distincte de son essence, tandis que l'être infini s'identifie réellement à son existence; la substance possède son existence en elle-même, tandis que l'accident ne possède que l'existence dans un sujet (esse in). Donc..

5) *L'être est virtuellement analogue d'une analogie d'attribution.*

Si par impossible l'accident n'était pas formellement (proprement et intrinsèquement) un être, on pourrait encore le dénommer être, à cause de son rapport à la substance, tout comme on appelle la couleur *saine* à cause de son rapport à la santé de l'animal. C'est dire que l'être est virtuellement analogue d'une analogie d'attribution.

196 - COMMENT LA NOTION D'ÊTRE SE CONTRACTE.— On entend par contraction la détermination d'une notion indéterminée. L'être est contracté quand on l'applique à des inférieurs par une détermination. Ainsi la substance, l'accident, l'homme, la brute, la couleur sont des déterminations de l'être.

Pour saisir comment l'être se détermine et se contracte, voyons d'abord comment une notion générique se détermine. Si je dis: l'homme est un *animal*, et si j'ajoute: l'homme est un animal *raisonnable*, je détermine la notion générique *animal*, par la notion *raisonnable*. Mais comme la rationalité est extérieure à l'animalité —la rationalité n'est pas l'animalité, il y a là une contraction ou une détermination par mode de composition. Je compose deux concepts qui sont extérieurs l'un à l'autre.

Si je dis: l'homme est un *être*, et si j'ajoute: l'homme est une *substance*, je détermine ou contracte la notion commune d'être, mais je n'ajoute pas à l'être un concept qui lui est extérieur. Ce par quoi l'homme est substance est encore formellement de l'être; autrement ce ne serait rien. C'est donc dire que l'être ne peut pas se contracter par mode de composition, ou par un concept qui lui est extérieur. Comment résoudre notre problème?

Considérons encore un concept univoque comme le genre. Le genre peut être déterminé par des différences qui lui sont extérieures. Il les contient donc en puissance. L'animal *peut* être raisonnable ou irraisonnable, et la rationalité ou l'irrationalité n'est pas l'animalité.

L'être de son côté exprime explicitement un sujet qui dit rapport à l'existence. Mais comme les différences qui le déterminent disent aussi un rapport à l'existence, il ne fait pas parfaitement abstraction de ces différences. L'unité du concept *être* est imparfaite. Ce concept contient ses différences en acte et d'une manière confuse. Et pour contracter l'être, il suffit d'exprimer d'une manière explicite ce qu'il ne dit que confusément. En d'autres termes, l'être ne se contracte pas par mode de composition, comme le genre, mais par mode de concept plus exprès parce que la notion qui détermine l'être n'est pas extérieure ou étrangère à l'être, mais ne fait qu'exprimer plus explicitement ce qui était déjà inclus en acte dans la notion d'être, mais d'une manière confuse.

197 - DIVISION DE L'ÊTRE.— 1° L'être est dit réel ou logique — l'être de raison.

L'être de raison n'est pas un être; c'est un non-être conçu à l'instar d'un être réel.

2° L'être réel est soit actuel, soit possible selon qu'il a une existence actuelle ou possible.

3° L'être réel se divise en ses parties qui sont l'essence et l'existence. L'essence et l'existence prises séparément sont dites des êtres incomplets — des entités incomplètes, par opposition à l'être complet qui est le tout existant.

4° L'être complet est soit infini — Dieu, soit fini. L'être fini est soit substance, soit accident. Les accidents se divisent en quantité, qualité, relation, etc. .

ARTICLE II

198 - Les propriétés de l'être.— 1° *Notion.*— Les propriétés de l'être sont des notions qui s'ajoutent à l'être comme tel. Mais à l'être on ne peut ajouter quelque chose qui en est physiquement distinct, comme un accident s'ajoute à une substance. On ne peut non plus ajouter à l'être une différence qui lui est extérieure, comme la différence specifique s'ajoute au genre pour constituer l'espèce,— *animal raisonnable.* Une notion ne peut s'ajouter à l'être qu'en exprimant un mode d'être que n'exprime pas la notion d'être. Et ceci peut se faire de deux manières: ce mode peut être un mode spécial ou particulier, et alors on a les divers genres de l'être fini, c'est-à-dire les catégories ou prédicaments; ou encore ce mode peut être un mode général de l'être, et alors on a une propriété de l'être. Les propriétés de l'être se définissent donc: *les modes généraux de l'être que l'on trouve dans tout être, quel qu'il soit.*

2° *Déduction.*— Les propriétés de l'être se déduisent comme suit:

L'être peut être considéré en soi ou par rapport à un autre. Un mode général de l'être considéré en soi peut exprimer quelque chose d'une manière affirmative ou d'une manière négative.

Dans tout être, considéré en soi, on trouve l'essence qui peut lui être attribuée affirmativement; et sous cet aspect, on a le transcendantal ou la propriété: *chose* (res), qui exprime l'être comme valable, comme ayant son essence ou sa nature.

La négation qui se trouve dans tout être considéré en soi, c'est l'indivision. La propriété ou le transcendantal qui exprime cette indivision de l'être, c'est *l'un* ou *l'unité.*

L'être dans son rapport avec un autre peut être considéré selon qu'il se distingue de cet autre, ou selon qu'il est en harmonie avec lui.

Le mode général de l'être ou d'un être selon qu'il se distingue des autres est exprimé par le transcendantal: *quelque chose* (aliquid= aliud quid: quelque chose d'autre).

Si on considère l'être comme tel ou tout être en harmonie avec une autre chose, cette autre chose ne peut être que l'intelligence ou l'appétit.

Le mode général de l'être en rapport avec l'intelligence est exprimé par le transcendantal: *vérité* (verum).

Le mode général de l'être en rapport avec l'appétit est exprimé par le transcendantal: *bien* (bonum).

On a donc cinq propriétés de l'être: *res, aliquid, unum, verum, bonum*.

Les scolastiques ont tendance a ne pas considérer *res* (chose) et *aliquid* (quelque chose d'autre) comme des propriétés de l'être. *Res* et *aliquid* sont des propriétés de l'être, car ils expriment des modes d'être que n'exprime pas la notion d'être. Une chose (res), c'est un être ayant son essence, un être comme valable (ut ratificatum). Quelque chose (aliquid), c'est un être selon qu'il se distingue de tous les autres êtres.

199 - DIFFICULTÉ POSÉE PAR LES PROPRIÉTÉS DE L'ÊTRE.— 1° La difficulté que posent les propriétés de l'être est la suivante: d'une part, les propriétés de l'être, pour être réelles, doivent à tout prix s'identifier à l'être, car, en dehors de l'être, rien n'existe; d'autre part, si elles se distinguent de l'être, elles ne peuvent que lui ajouter un être de raison — une négation ou une relation de raison—, c'est-à-dire quelque chose de fictif. On serait donc tenté de nier l'existence des propriétés de l'être — l'être seul existe; ou encore de les admettre uniquement comme des êtres fictifs, des produits de notre raison.

Pour résoudre cette difficulté, distinguons: a) l'addition que les propriétés font à la notion d'être; b) leur signification.

a) *L'addition*: la propriété n'ajoute à l'être que quelque chose de fictif, une négation comme dans le cas de l'*un*, ou une relation de raison comme dans le cas du *vrai* et du *bien*. Le vrai, c'est l'être non pas avec une relation transcendantale à l'intelligence —dans ce cas le vrai ajouterait quelque chose de réel à l'être—, mais c'est l'être comme terme de la relation transcendantale de l'intelligence à son objet, ou l'être considéré comme disant une relation de raison à l'intelligence. Il en est de même du *bon* par rapport à l'appétit.

b) *La signification*: si nous considérons leur signification, il faut dire que les propriétés ne signifient que l'être lui-même, l'être selon des perfections que n'exprime pas, il est vrai, la notion d'être, mais l'être selon des perfections qui s'identifient à l'être, qui ne sont pas autres choses que l'être lui-même.

Pour résoudre notre difficulté, disons donc que les propriétés transcendantales sont bien réelles, puisqu'elles s'identifient à l'être; elles sont d'autre part distinctes de l'être, puisque, par l'être de raison qu'elles ajoutent à la notion d'être, elles expriment des perfections réelles ou des modes généraux de l'être que n'exprime pas la notion d'être. C'est dire que les propriétés transcendantales se distinguent de l'être d'une distinction de raison. Cette distinction n'est pas vaine: elle n'est pas une distinction de raison raisonnante, comme la distinction entre Tullius et Cicéron; elle est une distinction de raison raisonnée, parce qu'elle a son fondement dans l'être qui, par sa richesse, surabonde et contient des perfections s'identifiant à lui, perfections que l'intelligence ne peut exprimer qu'en multipliant ses concepts.

Cette distinction entre les propriétés transcendantales et l'être est une distinction de raison raisonnée mineure, parce que la propriété ne fait qu'exprimer explicitement une perfection que la notion d'être contient déjà implicitement.

Il se passe dans notre connaissance de l'être ce qui se passe dans notre connaissance de Dieu. Dieu est infiniment simple, et toutes les perfections divines s'identifient dans l'unité la plus parfaite. Mais comme nous ne pouvons pas saisir Dieu totalement par un seul acte d'intelligence, nous sommes obligés de multiplier nos concepts pour le connaître en autant que nous pouvons le connaître ici-bas — d'une manière qui demeure toujours imparfaite. Chacun de ces concepts exprime toujours la même chose, c'est-à-dire Dieu, puisqu'en Dieu toutes les perfections s'identifient à sa nature. Mais chacun de ces concepts exprime explicitement un aspect, une perfection de Dieu que l'autre n'exprimait que confusément. Lorsque nous disons: Dieu est juste, nous atteignons la même perfection que lorsque nous disons: Dieu est miséricordieux. En effet, la justice de Dieu, parce qu'infiniment parfaite, est miséricorde, et la miséricorde divine est justice. Mais la notion de justice exprime explicitement une perfection de Dieu que la notion de miséricorde ne contenait qu'implicitement et vice versa. Il y a entre ces divers concepts une distinction de raison raisonnée mineure.

Il en est de même pour l'être. L'être surabonde; il contient en lui-même des perfections s'identifiant à lui, perfections que n'exprime pas explicitement le simple concept d'être. Nous ne pouvons pas par un seul concept épuiser toute sa perfection. Pour saisir cette perfection, comme pour nous approcher par l'intelligence de la perfection de Dieu, nous sommes obligés de multiplier nos concepts. Cette multiplication de concepts est objective; elle est fondée sur l'être. Voilà pourquoi, entre ces divers concepts, il existe une distinction de raison raisonnée (mineure).

2° Distinguons donc trois choses dans les propriétés transcendantales: ce qu'elles sont par identité matérielle; —ce qu'elles ajoutent à l'être;— ce qui les constitue formellement.

a) Ce qu'elles sont par identité matérielle: c'est l'être lui-même.

b) Ce qu'elles ajoutent à l'être: c'est une négation ou une relation de raison, négation ou relation qui n'ajoutent rien à cette réalité qu'est l'être, mais qui ne font que changer notre concept de l'être, en lui faisant exprimer explicitement une perfection, un mode général de l'être que n'exprime pas explicitement le concept d'être.

c) Ce qui les constitue formellement: c'est l'être lui-même selon qu'il justifie l'addition de la négation ou de la relation de raison que la propriété transcendantale fait à la notion d'être, ou l'être selon qu'il importe cette condition, cette note qu'exprime la propriété transcendantale. En d'autres termes, c'est l'être lui-même qui constitue formellement la propriété transcendantale, mais l'être selon un aspect que n'exprime pas explicitement le concept d'être.

Ce serait donc une erreur d'affirmer que les propriétés transcendantales sont formellement constituées par une négation ou une relation de raison. *L'un* par exemple ne consiste pas formellement dans la négation de la division, et le *vrai* dans la relation de raison à l'intelligence. L'être est un, est vrai par lui-même.

200 - L'UN OU L'UNITÉ TRANSCENDANTALE.—1° *Notion et extension.*—a) Par l'unité transcendantale, on entend cette unité qui accompagne inséparablement l'être comme tel, que l'on trouve par suite dans toutes les catégories, et dans tout ce qui est être d'une manière quelconque.

b) L'unité se comprend par son opposé, c'est-à-dire par ce qu'elle nie ou encore par ce qui la détruit. Or ce qui détruit l'unité, c'est la division. L'unité exclut donc la division. Et l'on définit l'un transcendantal: *ce qui est indivis en soi, et qui est distinct de toute autre chose.*

Dans cette définition, deux choses à remarquer:

Primo, l'unité transcendantale ajoute à la notion d'être la négation de la division, mais l'un transcendantal dans sa réalité ne consiste pas formellement dans cette négation: il est l'être lui-même conçu à travers une négation s'ajoutant à la notion d'être, ou l'être excluant par lui-même la division.

Secundo, on dit que l'un est ce qui est distinct de toute autre chose. Notons que le concept de *l'un* ne comporte pas essentiellement cette distinction de toute autre chose. Il ne fait que la connoter, et ce n'est pas formellement comme *un* qu'un être est distinct d'un autre, c'est comme *aliquid*.

Ainsi, avant la création, Dieu avait son unité sans être distinct d'un autre être d'une manière réelle, puisque aucun autre être que Dieu n'existait.

c) Ces notions posées, prouvons que l'un est un transcendantal, qu'il accompagne l'être comme tel et qu'il a par suite autant d'extension que l'être.

Tout indivis est un. Or tout être est indivis. Donc tout être est un, et l'unité accompagne l'être comme tel.

À la majeure: c'est la notion même de l'un.

À la mineure.— L'être est simple ou composé. S'il est simple, il est indivisible et, par suite, indivis; s'il est composé, il ne demeure être que si ses parties ne sont pas séparées ou divisées. Donc tout être est indivis.

2° *L'unité transcendantale et les autres unités.*— a) Outre l'unité transcendantale, il y a, dans un être, plusieurs autres sortes d'unités réelles: l'unité formelle ou de nature, qui peut être soit générique, soit spécifique, et l'unité individuelle. Ces diverses unités ne sont pas distinctes comme des choses ou des entités; elles n'ajoutent l'une à l'autre que des aspects divers sous lesquels une même entité exclut la division.

Ainsi l'unité de Pierre considéré comme un être est transcendantale; l'unité de Pierre considéré comme ayant une nature soit générique, soit spécifique, est formelle — générique ou spécifique; l'unité de Pierre considéré comme un individu est individuelle.

L'unité transcendantale se dit de l'unité formelle et individuelle. De plus l'unité transcendantale et formelle n'existent jamais dans une chose sans l'unité individuelle: Pierre ne peut être *un* être et ne peut avoir *une nature* que s'il est *un individu*.

Outre l'unité transcendantale, formelle et individuelle, il y a l'unité quantitative ou prédicamentale qui est l'unité de mesure: un mètre, un gramme, etc.

b) De plus on peut considérer l'unité d'une nature, d'une perfection à l'état d'abstraction sous lequel elle existe dans la connaissance. On a alors l'unité analogue — comme l'unité du concept *être;* ou l'unité univoque qui peut être soit générique, soit spécifique. L'unité analogue et l'unité univoque sont des unités logiques, parce qu'elles sont les unités du concept ou de la nature à l'état d'abstraction, et elles disparaissent dès que l'on descend aux inférieurs du concept analogue ou univoque: l'être qui se dit de Pierre a une unité analogue; la nature attribuée à Pierre a une unité formelle soit générique, soit spécifique; mais dans Pierre il n'y a pas d'unité analogue ou d'unité univoque, car ces unités appartiennent au concept universel.

Ajoutons que l'universel à l'état d'abstraction, qu'il soit analogue ou univoque, possède son unité transcendantale, si l'on considère l'unité du concept objectif qu'il exprime sous son aspect universel d'être.

3° *La multitude.* 1° L'unité et la multitude sont opposées. Mais l'unité s'oppose à la multitude de plusieurs manières:

a) en raison de la division que comporte la multitude et que nie l'unité: ce qui est une opposition par mode de privation;

b) en raison de la pluralité d'unités que comprend la multitude: sous cet aspect il n'y a entre l'unité et la multitude qu'une opposition relative selon laquelle l'unité est principe de la multitude: la multitude dérive des unités ajoutées les unes aux autres;

c) comme mesure à ce qui est mesuré, s'il s'agit d'unité et de multitude dans le genre *quantité*: il y a encore ici une opposition relative.

2) Il faut donc distinguer entre la multitude prédicamentale (le nombre) et la multitude transcendantale.

La multitude prédicamentale, c'est une pluralité *mesurée* par une unité: une pluralité de grammes, etc.

La multitude transcendantale, c'est une pluralité d'êtres comme tels: une pluralité d'anges par exemple.

La multitude transcendantale se définit: *une pluralité d'unités distinctes les unes des autres.*

Notons que les unités transcendantales ne constituent par formellement la multitude en raison de leur division, mais en raison de leur entité, car la division de soi fait seulement disparaître l'unité, et ne constitue pas la multitude. La multitude en effet ne dit pas seulement la division, mais ajoute à la division la pluralité d'unités. Pour constituer une multitude, les entités doivent cependant comme condition avoir l'unité, en ce sens qu'elle doivent par leur unité nier la division que comporte la multitude.

201 - LA VÉRITÉ OU LE VRAI.— 1° *Notion générale.*— a) D'après le sens commun, le mot *vérité* dit un rapport à l'intelligence.

De plus, toujours d'après le sens commun, il y a deux acceptions distinctes de la vérité.

Nous pouvons dire d'un métal que c'est de l'or *vrai*, et par là nous entendons que c'est de l'or valable, qui exclut le fictif.

D'autre part, nous pouvons dire d'une connaissance qu'elle est *vraie*, et par là nous entendons qu'une connaissance est conforme à une chose connue. Sous cet aspect, la vérité exclut l'erreur ou la fausseté.

Donc, d'une part, la vérité se dit des choses et exclut le fictif; d'autre part, elle se dit de la connaissance et exclut la fausseté.

La vérité des choses est appelée *fondamentale, ontologique* ou *transcendantale.*

La vérité de la connaissance s'appelle la vérité *formelle.*

b) En disant que la vérité de la connaissance est la vérité formelle, nous affirmons que la vérité se trouve d'une manière plus complète dans la connaissance ou l'intelligence que dans les choses — le qualificatif *formelle* le dit.

Pour comprendre cette affirmation, comparons le vrai et le bien.

Un être est un bien, parce qu'il dit rapport à l'appétit. Mais le bon ou le bien dit rapport à l'appétit en l'attirant à lui, et non pas en s'installant en lui, en le pénétrant.

Voilà pourquoi on doit dire que le bon ou le bien est formellement dans les choses.

Il en est tout autrement du vrai. Une chose est vraie, parce qu'elle dit rapport à l'intelligence. Mais une chose dit rapport à l'intelligence, parce qu'elle a tendance à la pénétrer, à s'installer en elle —la connaissance se fait en tant que le connu est dans le connaissant.

Donc si le mouvement de l'être comme bon est d'attirer à lui l'appétit, le mouvement de l'être comme vrai est d'être saisi par l'intelligence, de se communiquer à l'intelligence: le vrai a son terme dans l'intelligence. C'est pour cette raison que la vérité de la connaissance est dite vérité *formelle*.

c) Nous connaissons donc l'existence de deux vérités, la vérité formelle et la vérité transcendantale. Ces deux vérités sont des réalités essentiellement distinctes, aussi distinctes que le sont l'homme et la brute, et si nous leur appliquons le même terme *vérité*, c'est uniquement à cause de la pénurie de notre vocabulaire.

Nous pouvons donner une définition très générale de la vérité, qui s'applique à ces deux vérités, en disant que la vérité est *une adéquation entre une chose et une intelligence*.

Si l'on parle de la vérité transcendantale, l'on dira qu'elle est une adéquation d'une chose à une intelligence; si l'on parle de la vérité formelle, l'on dira qu'elle est une adéquation d'une intelligence qui connaît à la chose connue.

2° *La vérité transcendantale.*— a) La vérité transcendantale, c'est la vérité de l'être. Notons d'abord que tout être peut être dit vrai par dénomination extrinsèque.

Il y a vérité par dénomination extrinsèque, quand une chose est dite vraie non pas selon une vérité qui lui est intrinsèque, mais selon la vérité formelle d'une intelligence, dont elle est soit l'effet— s'il s'agit de l'être créé par rapport à l'intelligence divine—, soit la cause — s'il s'agit de l'être par rapport à l'intelligence créée. L'expression *dénomination extrinsèque* se comprend facilement, car, dans ce cas, une chose est dénommée par une forme existant intrinsèquement dans un sujet extrinsèque, forme dont cette chose est la cause ou l'effet. Considérons comme exemple la santé. L'animal, la nourriture, la couleur sont dits sains. Mais la santé n'existe formellement et intrinsèquement que dans l'animal. La nourriture n'est dite saine que *par dénomination extrinsèque,* que par ses relations de causalité ou d'effet à la santé de l'animal.

Suarez et Vasquez identifient la vérité transcendantale et la vérité par dénomination extrinsèque. Une telle opinion est à rejeter, car elle entraînerait les conséquences les plus désastreuses. Si en effet l'être n'est vrai que par dénomination extrinsèque, il n'est plus vrai et intelligible par lui-même, mais seulement par la représentation ou le décalque qu'il produit dans l'esprit. L'intelligence ne connaîtrait pas l'être, mais uniquement la représentation qu'il produit en elle. Elle ne pourrait jamais sortir de ses images ou de ses représentations, car elle ne pourrait pas les comparer à l'être qui lui échappe, pour s'assurer si ses représentations coïncident avec l'être ou sont conformes à l'être tel qu'il existe. Ce serait l'idéalisme, doctrine qui enseigne que nous n'atteignons que nos pensées, sans jamais connaître la réalité.

Il faut donc rechercher la vérité transcendantale ailleurs que dans cette dénomination extrinsèque de l'être considéré en relation avec la vérité formelle.

Pour nous guider dans cette recherche, considérons le cas de la nourriture. La nourriture est dénommée saine d'une manière extrinsèque par la santé de l'animal, dont elle est une cause. Mais la nourriture contient une perfection intrinsèque, une «virtus sanativa», qui la rend capable de produire la santé, et qui est chez elle une qualité réelle, une perfection inhérente.

De même dans l'être, avant la vérité qu'on peut lui attribuer par dénomination extrinsèque, il existe une autre perfection, une autre réalité par laquelle il est vrai en lui-même.

C'est cette vérité que nous appelons vérité transcendantale ou vérité de l'être.

b) Pour connaître plus profondément la vérité transcendantale, cherchons ce qui lui sert de mesure. En effet, comme l'être par sa vérité transcendantale se distingue du fictif, il doit y avoir une mesure qui fonde cette distinction. Or il existe trois règles ou mesures qui peuvent nous faire distinguer une chose de ce qu'elle n'est pas, c'est-à-dire du fictif et de l'illusoire, et nous faire connaître ce qu'elle est authentiquement: sa définition ou ses prédicats constitutifs, ses accidents ou propriétés, sa cause propre et originale.

— La définition, bien qu'elle soit ce par quoi nous jugeons la vérité d'une chose, ne peut être la mesure réelle qui fonde la vérité ontologique ou transcendantale de l'être, car elle présuppose déjà l'existence de cette vérité: la définition de l'homme ne peut s'appliquer qu'à un être qui est déjà un homme authentique.

— Les propriétés sont pour nous des moyens de connaître la vérité d'une chose: ce métal est véritablement de l'or, qui se manifeste à nous avec toutes les propriétés de l'or. Mais les propriétés présupposent la vérité transcendantale: un métal, pour avoir les propriétés de l'or, doit être de l'or véritable. Elles ne peuvent donc en aucun sens constituer la mesure réelle qui fonde la vérité ontologique de l'être.

— Il reste donc que la mesure réelle de la vérité ontologique ou transcendantale ne peut être que la cause propre et originale de l'être. Cette cause propre et originale, ce sont les idées divines ou la vérité divine.

Il suit de là qu'un être est vrai ou intelligible en autant qu'il est, par son entité, conforme à l'idée divine qui est son exemplaire suprême.

Si nous voulons définir le vrai transcendantal, nous dirons qu'il est *l'être selon que par lui-même il est conforme à l'intelligence divine et peut être conforme à l'intelligence créée.*

La relation de conformité à l'intelligence divine est première dans la notion du vrai transcendantal, et doit être actuelle; la relation de conformité à une intelligence créée est secondaire et ne doit pas nécessairement être actuelle, mais simplement possible.

Cette conformité à l'intelligence divine est diverse dans l'être créé et en Dieu; dans l'être créé, elle est une conformité de l'objet mesuré à sa mesure; en Dieu, elle est une conformité d'identité: Dieu est son intelligence; il est la vérité subsistante.

Au sujet du vrai transcendantal, comme au sujet de tout transcendantal, il faut distinguer: ce qu'il est par identité matérielle; ce qu'il ajoute à l'être; ce qu'il est formellement.

— Le vrai par identité matérielle, c'est l'être lui-même, et pas autre chose que l'être. En ce sens, saint Augustin définit le vrai: *verum est id quod est.* — Le vrai, c'est ce qui est.

— Ce que le vrai ajoute à l'être, c'est une relation de conformité à une intelligence, c'est-à-dire une relation d'intelligibilité qui ne se distingue que logiquement de l'être lui-même.

— Ce qui constitue formellement le vrai dans la réalité, c'est l'être lui-même selon qu'il est intelligible par lui-même, ou selon qu'il fonde objectivement la relation de raison que le concept de vérité ajoute au concept d'être.

c) Ces notions étant posées, prouvons que tout être est vrai, et que l'être et le vrai sont convertibles, ou qu'ils ont la même extension.

Est vrai tout ce qui est conforme et peut être conforme à une intelligence. Or tout être, par le fait qu'il est être, est conforme et peut être conforme à une intelligence. Donc tout être est vrai: l'être et le vrai sont convertibles.

À la majeure.— C'est la définition du vrai.

À la mineure.— Dieu a une relation de conformité à Son intelligence, puisqu'il est Son intelligence. L'être créé est conforme à l'intelligence divine, puisqu'il est mesuré par les idées divines. De plus, Dieu et l'être créé peuvent être connus par une intelligence créée, puisqu'ils sont intelligibles.

3° *Remarques complémentaires.*— a) Si le vrai et l'être sont convertibles, et si une chose est vraie par son entité, comment pouvons-nous dire qu'une privation est une vraie privation? Nous disons par exemple de la cécité qu'elle est une vraie cécité.

À cela nous répondons: les privations ne sont pas vraies d'une vérité transcendantale, puisqu'elles n'ont pas d'entité réelle. Si nous disons qu'elles sont de vraies privations, c'est que nous pouvons les concevoir à la manière d'êtres réels; en d'autres termes, c'est parce que nous en faisons des êtres de raison. Donc, lorsque nous parlons d'une vraie privation, le vrai n'inclut pas une entité, puisque la privation consiste dans une absence d'entité; il n'inclut que le rapport de la privation à l'intelligence qui la conçoit à l'instar d'un être réel.

b) Il ne peut y avoir, dans l'être, de fausseté transcendantale par rapport à l'intelligence divine. Chaque être individuel est conforme à son exemplaire divin: un monstre, par exemple, est conforme à l'idée divine qui lui sert de mesure.

Il peut cependant exister dans les choses une fausseté objective par rapport à l'intelligence créée. L'étain est du faux argent, parce que l'étain peut causer une connaissance fausse dans l'intelligence créée, à cause de ses accidents qui lui donnent l'apparence de l'argent.

c) La fausseté se dit d'une manière très spéciale du péché.

Dans le péché, il faut distinguer l'entité physique et ce qui constitue formellement le péché.

L'entité physique du péché est vraie, puisque c'est de l'être.

Ce qui constitue formellement le péché, c'est le manque de conformité à la loi éternelle. Par là le péché est placé dans une sphère tout à fait étrangère à la vérité divine. Nous ne pouvons pas dire que le péché est faux parce qu'il ne répond pas à l'idée divine qui est son exemplaire. Il ne peut y avoir d'idée divine du péché, car autrement il faudrait dire que Dieu est l'artiste souverain du péché. Le péché est en dehors de l'idée divine, parce qu'il dévie de la vérité divine. C'est donc en un sens très profond que l'on dit: *qui facit peccatum, facit mendacium,* et que l'on appelle Satan le père du mensonge.

d) Les oeuvres d'art sont mesurées dans leur vérité par l'idée de l'artiste qui les produit. C'est cette idée qui détermine leur entité propre. Ce qui cependant ne veut pas dire que la vérité transcendantale des oeuvres d'art n'est pas mesurée en même temps par la vérité divine. Les oeuvres d'art sont des entités créées, et comme entités créées, elles dépendent de la vérité divine comme de leur exemplaire suprême.

202 - LA BONTÉ OU LE BIEN.— 1° *Notion et extension de la bonté transcendantale.*- a) D'après le sens commun, le bien exclut le mal. Or le mal est une privation de perfection. Donc le bien est ce qui est parfait, et la bonté inclut la perfection ou l'actualité.

Mais la perfection peut être considérée comme cause formelle constituant un être, ou comme terme sur lequel se porte l'appétit.

Sous le premier aspect, la perfection n'est pas une propriété de l'être: elle est un constitutif de l'être.

Sous le second aspect, en tant qu'attirant l'appétit comme cause finale, ou en tant que perfectionnant l'appétit comme son terme — non pas en tant que constitutif de l'appétit—, la perfection revêt la caractère de bien.

On définira donc le bien: *ce qui est désirable, ou ce qui est objet de l'appétit.*

Au sujet du transcendantal *bien*, il faut encore distinguer ce qu'il est par identité matérielle, ce qu'il ajoute à l'être, ce qu'il est formellement ou ce qui le constitue formellement.

— Le bien, par identité matérielle, n'est que l'être.

— Le bien ajoute au concept d'être une relation de conformité à l'appétit, relation qui n'est pas distincte de l'être et qui n'est que logique.

— Le bien considéré formellement, c'est toujours l'être, mais l'être selon que par lui-même il est conforme à l'appétit, ou l'être selon qu'il est aperçu à travers cette relation de raison que le bien contient, et qui a son fondement objectif dans l'être.

b) Ces notions étant posées, prouvons que tout être est bon et que l'être et le bien sont convertibles.

Tout ce qui est parfait est un bien. Or tout être est parfait ou dit perfection. Donc tout être est un bien; le bien et l'être sont convertibles.

A la majeure.— Le bien est ce qui est objet de l'appétit ou du désir. Or la perfection de soi est objet de l'appétit. Donc tout ce qui est parfait est un bien.

A la mineure.— Une chose est un être en autant qu'elle est en acte, car l'existence qui constitue formellement l'être est l'acte dernier d'une chose. Or l'acte est la perfection. Donc tout être comme tel est parfait ou dit perfection.

2° *La division du bien.*— a) Le bien se divise d'abord en bien *utile*, *honnête* (il ne s'agit pas ici d'honnêteté morale) et *délectable*.
Le bien *utile*, c'est le bien recherché comme moyen en vue d'une fin.
Le bien *honnête*, c'est la chose recherchée par elle-même comme fin du désir.
Le bien *délectable ou agréable*, c'est le bien désiré pour lui-même, comme procurant le repos ou la jouissance de l'appétit qui le possède.

b) En raison de sa perfection, le bien est dit bien *simpliciter* ou bien *secundum quid*.

Une chose est bonne *simpliciter*, quand elle possède toute la perfection qui lui est due.

Une chose est bonne *secundum quid*, quand elle est en acte mais n'a pas toute la perfection qui lui est due.

c) Par rapport à l'appétit, le bien est dit *naturel* ou *connu* selon qu'il est l'objet de l'appétit naturel ou élicite. Le bien connu est *sensible* ou *intellectuel*, selon qu'il est l'objet de l'appétit sensible ou de la volonté.

d) Le bien se divise encore en bien *moral* ou en bien *physique*.

Le bien *moral*, c'est le bien, objet de la volonté, selon qu'il est conforme aux règles des moeurs, c'est-à-dire à la loi éternelle et à la droite raison.

Le bien *physique*, c'est le bien qui convient à l'appétit, abstraction faite des règles morales.

3° *Le mal.*— a) *Le mal n'est pas une nature.* En effet le mal est la privation d'une perfection qu'une chose devrait posséder, et la privation n'est pas une nature.

b) *Le sujet du mal est un bien.* La privation d'une perfection ne peut se trouver que dans un sujet réel qui est privé de cette perfection. Or tout sujet réel est un être, et tout être est un bien. Donc.

4° *Axiome.* Le bien tend à se répandre (bonum est diffusivum sui). C'est avant tout comme cause finale, en attirant l'appétit ou le désir, que le bien tend à se répandre.

203 - LE BEAU.— Le beau se définit: *ce dont la connaissance plaît.* Le beau est donc objet de connaissance et objet de complaisance. Sous son premier aspect, le beau est le vrai; sous son second aspect, il est un bien. On peut donc dire que le beau est le vrai en tant que bien. Mais le beau n'est pas un bien qui attire comme fin. Il est un bien posé comme objet devant la connaissance, bien qui satisfait l'appétit naturel de l'intelligence. Voilà pourquoi la complaisance qui suit la connaissance du beau est formellement la complaisance de la faculté qui connaît ou de l'intelligence.

De la contemplation du beau découle une jouissance, une délectation de la volonté qui jouit de la satisfaction éprouvée par l'intelligence.

Le beau semble être une propriété transcendantale de l'être, puisqu'il est le vrai répondant à la tendance de l'intelligence.

CHAPITRE II

LE PROBLÈME CRITIQUE

ARTICLE PREMIER

MANIÈRE DE POSER LE PROBLÈME CRITIQUE

204 - LE PROBLÈME CRITIQUE DANS TOUTE SA GÉNÉRALITÉ.— Le témoignage naturel de notre intelligence nous dit que notre connaissance se termine à des choses extérieures à nous, ce qui signifie que notre connaissance est objective. Lorsque nous disons par exemple: *Pierre est un homme, l'homme est un animal raisonnable, cette pierre est blanche,* nous avons la conviction intime de ne pas construire de pures fictions qui ne correspondent pas à la réalité, mais de manier par notre connaissance des objets indépendants de nous dans leur existence réelle. Mais qui nous dit que cette conviction, que ce témoignage qui veut nous rassurer sur la vérité ou l'objectivité de notre connaissance, n'est pas une illusion? Puisque nous sommes ici dans le domaine scientifique, nous avons le devoir d'étudier scientifiquement ce problème.

Etudier scientifiquement le problème de la vérité de notre connaissance — ou, ce qui est tout un, le problème de la réalité, de la vérité (transcendantale) des choses extérieures à notre connaissance, réalité

sur laquelle notre connaissance se mesurerait, parce qu'elle l'attein-
drait, la saisirait telle qu'elle est en elle-même —, c'est poser le problème appelé par les modernes, d'une manière plus ou moins exacte,
le problème *critique, épistémologique, gnoséologique, critériologique*
ou *noétique*.

205 - FAUSSES MANIÈRES D'ABORDER LE PROBLÈME CRITIQUE.— Poser le problème
critique, c'est poser le problème de l'objectivité de notre connaissance
ou le problème de la vérité de l'être. Mais la question demeure tout
entière de savoir comment nous devons aborder ce problème.

1° Nous pourrions peut-être partir de la définition nominale de la
vérité, en disant qu'elle est la conformité de la connaissance aux choses, et ensuite nous pourrions, en étudiant le mécanisme de la connaissance, la nature de la connaissance intellectuelle et sensitive, le rapport entre l'intelligence et les sens, montrer que notre connaissance
aboutit à des choses concrètes, extérieures, extramentales, existant en
dehors de notre connaissance.

Une telle manière de procéder a deux graves inconvénients.

En premier lieu, elle présuppose que notre connaissance est vraie,
— et c'est précisément le problème que nous cherchons à résoudre —,
car elle présuppose que nous avons une connaissance vraie de la vérité.

En second lieu, elle tend à assimiler l'examen du problème critique à l'examen de la connaissance, tel que nous le faisons en Philosophie de la nature.

Etudier la nature de la connaissance, la relation de l'intelligence aux sens,
c'est faire la **philosophie de la connaissance**, philosophie qui a sa place dans
la Philosophie de la nature. Pour faire cette philosophie de la connaissance,
nous acceptons comme certain que notre connaissance débouche sur des êtres
extramentaux. Cette certitude n'a rien d'illégitime, puisqu'elle s'impose à l'esprit avec une évidence immédiate.

Mais le problème critique est précisément l'examen critique de cette certitude. Nous voulons savoir si cette certitude n'est pas une illusion.

Nous ne pouvons donc pas accepter cette manière d'aborder le problème critique.

2° Choisissons une autre manière de procéder. Acceptons d'emblée
l'existence de la réalité, et cherchons s'il existe un critérium capable
de nous assurer de l'objectivité ou de la vérité de notre connaissance.

C'est ainsi que plusieurs auteurs, en particulier Marx et Engels, abordent le problème critique.

Ce point de vue doit être rejeté, puisqu'il accepte sans examen l'existence de la réalité, existence que nous devons ici mettre en question.

3ᵉ Puisque nous ne pouvons pas aborder le problème critique en nous plaçant du côté de la réalité, choisissons une autre manière de procéder. Installons-nous dans la pensée, et voyons si, à partir de la pensée, nous pouvons montrer que, par notre connaissance, nous atteignons le réel.

Deux attitudes sont possibles:

a) Nous viderons notre pensée de tout objet, en mettant méthodiquement en doute tout ce qu'elle contient, nous penserons notre pensée, et nous verrons ensuite si en partant de la pensée pure, de la pensée vide de tout objet, nous pouvons trouver un pont qui la relie au réel. C'est le doute méthodique de Descartes et son fameux «cogito».

Une telle attitude est contradictoire en elle-même, car notre pensée est nécessairement la pensée de quelque chose, d'un objet; et si nous privons la pensée de son objet, nous détruisons la pensée, et par suite nous détruisons tout pont qui pourrait la relier au réel.

b) Puisque cette attitude est à rejeter, nous nous placerons à un autre point de vue. Nous ferons la distinction entre l'être tel qu'il apparaît et l'être tel qu'il est en soi, c'est-à-dire entre la représentation de l'être dans notre connaissance et l'être tel qu'il est dans la réalité, et nous chercherons si l'être tel qu'il apparaît correspond à l'être réel, ou si notre représentation de l'être est conforme à l'être tel qu'il est en soi.

C'est ainsi que Kant aborde le problème critique.

Cette manière de poser le problème est essentiellement fausse. Elle présuppose en effet que nous ne connaissons pas l'être lui-même, mais que nous ne connaissons que la représentation de l'être.   En d'autres termes, elle présuppose que l'être tel qu'il nous apparaît n'est pas l'être tel qu'il est en soi. Elle dit que l'être ne nous apparaît pas tel qu'il est en soi, comme si l'être ne pouvait pas nous apparaître tel qu'il est en soi. En résumé, elle fait la distinction entre l'être connu et l'être en soi, comme si l'être connu ne pouvait pas être l'être en soi, ou comme si l'être en soi ne pouvait pas être connu tel qu'il est en soi.

Une telle distinction tranche tout le problème critique en fermant la connaissance sur elle-même — c'est de l'idéalisme. Elle aboutit logiquement au *solipsisme*, c'est-à-dire à la doctrine qui n'admet qu'une seule réalité, le moi personnel ou le sujet pensant.

4° Puisque nous cherchons à nous rassurer sur l'objectivité de notre connaissance, nous pouvons peut-être partir du doute universel. Mettons donc en doute la capacité que pourrait avoir notre intelligence d'atteindre la vérité avec certitude, et nous verrons ensuite si une telle attitude peut être soutenue. Cette attitude est d'autant plus plausible que nous avons à argumenter contre les sceptiques, c'est-à-dire contre ceux qui doutent de tout.

Examinons comment nous pourrions embrasser le doute universel.

Posons ces deux propositions:

a) *L'intelligence est capable de certitude.*

b) *L'intelligence n'est pas capable de certitude.*

Nous nous installerons d'abord dans le doute universel *positif*, en donnant notre assentiment à cette proposition: *l'intelligence n'est pas capable de certitude.*

Mais c'est là une position qui se détruit elle-même, car elle est fameusement dogmatique. Elle affirme que l'intelligence n'est pas capable de certitude, et elle affirme que nous connaissons cela avec certitude. C'est la négation de l'universalité du doute dans laquelle nous voulions nous installer.

Changeons de tactique et embrassons le doute universel *négatif*, en ne donnant notre assentiment ni à l'une ni à l'autre des deux propositions.

Notre position n'est pas meilleure, car, si nous hésitons à choisir entre l'une ou l'autre de ces propositions, c'est que nous présupposons que l'une des propositions ne puisse être vraie sans que l'autre soit fausse. En d'autres termes, nous acceptons la certitude du principe de contradiction: *la raison ne peut en même temps être capable et ne pas être capable de certitude.*

Il est donc impossible de s'installer dans le doute universel pour aborder le problème critique.

5° Puisque nous sommes tenus en échec, nous considérerons le point de vue historique. Si nous consultons l'histoire, nous voyons que le véritable sceptique ne doute pas de la pensée et du premier principe, i. e. du principe de contradiction. Ce dont il doute, c'est de la possibilité d'appliquer la pensée et le premier principe à la réalité. En d'autres termes, le sceptique ne doute pas du premier principe comme loi de la pensée, mais il en doute comme loi du réel. Il admet le premier principe comme loi logique et non pas comme loi ontologique.

Puisqu'il en est ainsi, nous serons amenés à distinguer deux questions au sujet de la connaissance.

a) La question du *scepticisme* (quaestio sceptica); b) la question de *l'idéalisme* (quaestio idealistica). C'est ainsi que Gény et Collin posent le problème critique.

a) *La question du scepticisme:*

Quand je pense, je pense un objet. Or au point de vue de l'objet de la pensée — et non au point de vue de la chose extramentale —, puis-je former une proposition dont je sois absolument certain?

b) *La question de l'idéalisme:*

Si j'ai prouvé que je puis former des propositions absolument certaines pour ma pensée, je dois encore me demander si ces propositions sont certaines pour le réel, pour la chose extramentale.

Cette position de Gény et de Collin est essentiellement fausse, et c'est du pur idéalisme. Elle suppose en effet qu'une proposition certaine pour notre pensée n'est pas une proposition certaine pour la réalité. En d'autres termes, elle suppose qu'une connaissance qui nous délivre du doute du côté de la pensée, ne nous délivre pas en même temps du doute pour le réel. Or cette supposition n'a de sens que s'il y a une distinction à faire entre la connaissance de l'être tel qu'il nous apparaît et la connaissance de l'être tel qu'il est en soi. C'est là la position de l'idéalisme, position qui doit être rejetée.

6° Nous pourrons peut-être simplement poser une proposition certaine dont nous ne pouvons douter, comme la proposition suivante: *le monde existe*, sans accepter ou rejeter son adéquation au réel, et nous examinerons ensuite si cette proposition exprime la réalité telle qu'elle est.

Cette manière de procéder serait encore de l'idéalisme, et impliquerait une contradiction. Nous accepterions, en effet, comme certaine une proposition, sans avoir la certitude qu'elle est valable pour la réalité. Or la proposition: *le monde existe*, ne peut être certaine que si le monde existe certainement, et nous ne pouvons dire qu'elle est certaine, avant de savoir que le monde existe certainement. Raisonner autrement serait raisonner comme si nous ne connaissions d'abord que l'être tel qu'il apparaît, et non l'être en soi. Et ce serait là adopter le point de vue de l'idéalisme.

206 - VÉRITABLE MANIÈRE D'ABORDER LE PROBLÈME CRITIQUE.— 1° Puisque nous avons à montrer que notre connaissance est vraie et que l'être est intelligible, nous allons mettre en question tout le problème de la vérité. Nous allons donc poser cette proposition: *la vérité n'existe peut-être pas*. Nous ne donnerons pas notre assentiment à cette proposition, ni d'une manière réelle, ni d'une manière fictive — nous ne prendrons donc pas comme point de départ le doute universel soit réel, soit fictif —, mais nous poserons simplement cette proposition pour l'examiner, pour voir si nous pouvons la maintenir ou si nous pouvons montrer qu'elle est fausse et que le doute qu'elle exprime doit être rejeté.

Pour aborder l'examen de cette proposition, nous allons considérer un acte de connaissance. Nous allons partir d'un nom, n'importe lequel — car le nom exprime la connaissance —, et nous nous demanderons ce que nous entendons exprimer par ce nom. Si nous n'exprimons rien de déterminé par ce nom, nous devrons en rester là, car, par le fait même, nous nierons la connaissance et nous ne pourrons plus parler du problème de la connaissance. Si nous donnons un sens déterminé à ce nom, alors immédiatement nous nous demanderons si le fait de donner un sens déterminé à un nom — ou si le fait de la connaissance — ne suppose pas un premier principe que nous devrons accepter sous peine de détruire la connaissance elle-même, un premier principe qui nous délivrera du doute tant pour la pensée que pour la réalité.

C'est ainsi qu'Aristote a posé et a abordé le problème de l'existence de la vérité.

2° Ajoutons quelques remarques *complémentaires*.

a) En abordant le problème critique de cette manière, nous ne préjugeons rien. Nous ne réclamons pas une entente préalable sur la notion de la connaissance. Nous ne faisons pas la distinction, comme le font les idéalistes, entre l'être tel qu'il apparaît et l'être en soi. Nous demandons simplement de poser un acte de connaissance, et d'exprimer la connaissance par un nom.

b) Nous ne montrerons pas la vérité de la connaissance, en nous appuyant *en premier lieu* sur la nature de la connaissance. Au contraire nous jugerons la nature même de la connaissance par un premier principe. Et à l'aide de ce premier principe, nous montrerons, non pas par une démonstration directe mais par une réduction à l'absurde, que nous sommes obligés ou d'admettre l'ordination de la connaissance à la réalité, ou de ne plus parler, c'est-à-dire de ne plus poser d'acte de connaissance.

c) Cette partie de la Philosophie qui traite du problème critique, est la *partie défensive de la Métaphysique*. Elle est *partie* de la Métaphysique, parce qu'elle traite tout d'abord et essentiellement du premier principe; elle est partie *défensive*, parce qu'elle réfléchit sur les principes pour les montrer et les défendre.

LE PREMIER PRINCIPE

207 - LES CONDITIONS DU PREMIER PRINCIPE.— 1° Le premier principe doit être *le plus connu* (notissimum). En effet, puisqu'on se sert du premier principe pour justifier toute la connaissance, il doit être tel qu'on ne puisse se tromper à son sujet. Or on ne peut se tromper qu'au sujet d'une vérité qu'on ne connaît pas. La source de l'erreur est toujours l'ignorance. Donc le premier principe, parce qu'il assure la certitude de l'objectivité de toute notre connaissance, est le plus connu.

2° Le premier principe ne doit pas être un *postulat*. On appelle postulat une proposition, un principe qu'on admet d'un commun accord, non pas à cause de son évidence immédiate, mais à cause de conséquences que sa négation entraînerait.

Certains auteurs, comme Goblot et quelques scolastiques, parlent du premier principe comme d'un postulat que nous sommes obligés d'admettre, parce que la connaissance le demande. Il ne faut pas partager cette manière de voir.

Nous ne faisons pas dépendre la valeur du premier principe de la valeur de la connaissance. Au contraire, nous allons juger la connaissance par le premier principe. En d'autres termes, nous n'admettons pas d'abord la connaissance comme un fait valable qui nous forcera à admettre le premier principe. Au contraire, nous allons mettre en question la connaissance elle-même, et nous allons établir sa valeur par le premier principe, parce que celui-ci est tellement évident que nous ne pourrons le nier sous peine de ne plus penser, de ne plus connaître, de ne plus parler. Plus brièvement nous pouvons dire que ce n'est pas la connaissance qui est première, mais que c'est le premier principe qui est premier.

Le premier principe n'est donc pas un postulat.

3° Le premier principe est *indémontrable*. Et ceci se comprend, puisqu'il est immédiatement évident. On ne démontre pas ce qui est immédiatement évident.

Parce que le premier principe est indémontrable, il ne faut pas conclure qu'il ne puisse être défendu. Il ne peut être démontré directement, mais on peut argumenter à son sujet, contre les adversaires qui voudraient le nier. Cette argumentation est une réduction à l'absurde, et cela peut être parfois très compliqué.

208 - LE PREMIER PRINCIPE EST LE PRINCIPE DE CONTRADICTION.— Pour montrer cela, considérons un nom, comme le nom *homme*. Demandons à celui qui emploie ce nom: que voulez-vous signifier par le nom *homme*?

Il pourra répondre: l'homme, c'est ce qui est blanc, c'est un musicien, c'est un artiste, etc. . . . Mais par là il ne répond pas à la question. Il est vrai qu'il nous dit ce que peut être l'homme *par identité matérielle*. L'homme, en effet, peut être blanc, parce qu'il a la blancheur, il peut être musicien, artiste, parce qu'il possède la qualité du musicien ou de l'artiste. Mais autre chose est d'être homme, et autre chose est d'être blanc, musicien ou artiste. Si quelqu'un ne veut pas admettre cela, il sera obligé de dire que tous les noms sont synonymes. Alors il détruit la parole et par suite la pensée. Il ne peut plus discuter, et nous ne pouvons plus discuter avec lui, puisqu'en employant des noms différents, nous disons toujours la même chose.

Celui qui emploie le nom *homme* sera donc obligé d'admettre, s'il ne veut pas détruire sa pensée, que ce nom a une autre signification formelle que les noms *blanc*, *musicien*, *artiste*, etc. Il devra nous dire ce que signifie formellement le nom *homme*, et comment se définit l'homme. Il nous dira par exemple: *l'homme est un animal bipède*. Nous lui demanderons alors si l'homme peut être et ne pas être en même temps un animal bipède.

S'il nous répond dans l'*affirmative*, — ce qu'il peut faire de bouche seulement —, il ôte toute signification au nom qu'il emploie et il détruit sa pensée: car il ne pense rien de déterminé. De nouveau, il ne peut plus discuter, et nous ne pouvons plus discuter avec lui. Il est comme une plante, selon l'expression d'Aristote.

S'il nous répond dans la *négative*, il admet comme immédiatement connu que le même attribut ne peut en même temps et sous le même rapport convenir et ne pas convenir au même sujet, ou qu'une chose ne peut en même temps et sous le même rapport être et n'être pas ce qu'elle est. C'est le principe de contradiction qui s'énonce comme suit: *il est impossible qu'une chose soit et ne soit pas en même temps et sous le même rapport*. Ce qui en définitive veut dire que l'être et le non-être sont contradictoirement opposés.

Le principe de contradiction remplit toutes les conditions du premier principe: a) il est le plus connu, car il est connu par tous: le fait d'employer un nom qui a une signification déterminée présuppose qu'on le connaît; b) il n'est pas un postulat, puisqu'il est le plus évident de tous les principes; c) il est indémontrable, car il est connu naturellement sans démonstration.

209 - SIGNIFICATION ET PORTÉE DU PREMIER PRINCIPE.— 1° Beaucoup d'auteurs, sans excepter certains scolastiques modernes, admettent le principe de contradiction comme une loi nécessaire de la pensée. Selon eux, il resterait encore à prouver qu'il est la loi première de la réalité.
Il ne faut pas partager leur opinion.

Le principe de contradiction ne dit pas: *ce que je pense n'est pas ce que je ne pense pas*. Il porte sur l'être ou sur la réalité. Il dit: *il est impossible qu'une chose soit et ne soit pas en même temps et sous le même rapport*, ou encore, sous sa forme logique: *il est impossible d'affirmer et de nier en même temps qu'une chose est sous le même rapport*. En d'autres termes, le principe de contradiction est avant tout la loi suprême de l'être ou de la réalité. Et c'est pour cette raison qu'il est la loi suprême de la pensée.

Si nous comprenons cela, nous comprenons que le principe de contradiction nous donne la clef pour résoudre tout le problème critique. En effet, il nous manifeste d'une manière très évidente

a) que l'être est intelligible, car il montre que l'intelligence saisit l'opposition contradictoire entre l'être et le non-être;

b) que l'intelligence est faite pour se conformer à l'être, puisqu'il montre que la loi première de l'être est aussi la loi première de la connaissance intellectuelle.

C'est dire que le principe de contradiction nous assure en même temps de l'existence de la vérité transcendantale et de l'existence de la vérité formelle, et cela d'une manière indivisible. Il nous délivre du doute pour la pensée et pour la réalité, et ne nous délivre du doute du côté de la pensée qu'en nous délivrant du doute du côté de la réa-lité.

2° Le principe de contradiction nous donne la distinction entre le vrai et le faux, et il est le seul principe à le faire.

En disant qu'il est impossible qu'une chose soit et ne soit pas en même temps, il nous montre qu'il y a vérité lorsque nous disons être ce qui est et n'être pas ce qui n'est pas, et qu'il y a fausseté quand nous affirmons n'être pas ce qui est, et être ce qui n'est pas.

3° Puisque le principe de contradiction ne nous délivre du doute pour la pensée qu'en nous délivrant du doute du côté de la réalité, on voit que le scepticisme et l'idéalisme ne forment qu'une seule et même erreur. On ne peut être certain d'un jugement sans être certain que ce jugement exprime la réalité telle qu'elle est. Et si on admet, avec l'idéalisme, que la connaissance n'atteint pas la réalité telle qu'elle est en soi, on tombe nécessairement dans le scepticisme.

On peut cependant distinguer l'idéalisme et le scepticisme comme deux formes différentes d'une seule et même erreur.

210 - Le scepticisme.— 1° On entend par le scepticisme la doctrine qui nie l'existence de la certitude scientifique. L'existence de la certitude scientifique peut être niée pour un certain ordre déterminé de connaissances — on a alors un scepticisme *restreint* qui peut être légitime dans certains cas —, ou pour toute connaissance humaine — on a alors le scepticisme *universel*.

Nous parlons ici du scepticisme *universel*.

Certains philosophes ont nié l'existence de toute certitude, parce qu'ils n'ont pas pu résoudre certains problèmes concernant la réalité. Héraclite et Cratyle, par exemple, ont nié l'existence de toute vérité et de toute certitude, parce que, ne pouvant concilier la mobilité de l'être avec sa stabilité, ils ont conclu que tout n'était que mouvement ou que devenir. On raisonne contre ces sceptiques en donnant la solution véritable aux problèmes qu'ils n'ont pas su résoudre. On réfuterait les arguments d'Héraclite et de Cratyle en établissant les notions d'acte et de puissance, de matière première et de forme substantielle.

D'autres philosophes ont nié l'existence de toute certitude parce qu'ils mettent en doute la valeur du principe de contradiction pour le réel, parce qu'ils s'attaquent à nos instruments de connaissance eux-mêmes, surtout à notre raison qu'ils prétendent incapable de porter un jugement certain sur tout objet, quel qu'il soit.

C'est contre ces sceptiques que nous devons raisonner dans le présent traité.

Les arguments qu'ils font valoir sont les suivants:

a) l'existence incontestable de *l'erreur* dans la connaissance de nos sens;

b) la *contradiction* chaotique des opinions humaines en n'importe quelle matière;

c) l'argument du *diallèle*: avant de pouvoir se fier à la raison, il faudrait en avoir démontré la valeur et pour cela se servir de cette raison dont on ne sait pas encore ce qu'elle vaut;

d) l'existence possible d'un *malin génie* qui nous tromperait, en nous faisant accepter les illusions pour autant de réalités.

Les sceptiques enfin présentent leur attitude mentale comme la plus sûre, car, en n'affirmant rien, on évite toutes les erreurs.

2° Il serait trop long de faire l'histoire du scepticisme, en indiquant les formes diverses qu'il a pu revêtir au cours des âges.

Notons que Protagoras (entre 480 et 410), dont la doctrine est d'inspiration héraclitéenne, affirme déjà que le vrai est ce qui paraît à chacun. C'est là une doctrine nettement idéaliste et sceptique.

Pyrrhon (365-275) inaugure le scepticisme **universel** comme doctrine philosophique. Il renouvelle les anciennes discussions soulevées autrefois par les sophistes et les érige en véritable système.

Le pyrrhonisme séduit tout particulièrement les platoniciens. Ceux-ci avaient reçu de leur maître la distinction entre le monde sensible, domaine de l'opinion probable, et le monde idéal, seul domaine de la certitude. Mais incapables de suivre leur maître dans ses spéculations philosophiques sur le monde idéal, ils ne conservèrent plus que l'incertaine opinion: sans rien affirmer, ils se contentent de contredire les écoles rivales, concédant seulement qu'il existe dans l'ordre pratique des opinions plus probables auxquelles il est sage d'acquiescer provisoirement. C'est le système du **probabilisme**, dont les principaux représentants sont Arcésilas (305 - 241), chef de l'Académie moyenne, et Carnéade (215 - 126), directeur de la nouvelle Académie.

On considère souvent Cicéron comme un représentant du probabilisme. Il se range mieux cependant parmi les éclectiques, c'est-à-dire parmi ceux qui, bien qu'impuissants à conquérir la vérité par eux-mêmes, ne la nient pas, mais se contentent de choisir les meilleures thèses parmi les doctrines existantes.

Mais parmi les Anciens, les deux auteurs qui ont codifié définitivement le scepticisme universel comme système, sont Aenésidème de Crète (entre 80 avant J.-C. et 130 après J.-C.) et Sextus Empiricus (deuxième moitié du 3e siècle).

Le scepticisme universel, tel que présenté par ces auteurs, peut se définir: une doctrine qui, tout en admettant l'existence de la certitude comme un fait subjectif, déclare indémontrable la valeur objective de tout jugement spéculatif et enseigne, par conséquent, l'impossibilité d'obtenir, au sens propre, une certitude infailliblement vraie.

A des époques plus rapprochées de nous, certains philosophes ont fait revivre le scepticisme sous des formes diverses: Montaigne, Lamennais, Jouffroy, Ad. Lévi, Neitzsche, Spengler, Rougier, Goublot.

Parmi ces auteurs, les uns sont sceptiques, parce qu'ils considèrent la raison comme incapable de certitude et de vérité: les autres se contentent d'attaquer la connaissance intellectuelle pour affirmer que la certitude n'a pas sa source dans la conformité de la connaissance intellectuelle à la réalité, mais qu'elle a son origine ailleurs — tous les anti-intellectualistes, comme les fidéistes, les traditionnalistes, les pragmatistes, etc.

3° La réfutation du scepticisme a été faite par Aristote, et elle est définitive.

a) Voici l'argument fondamental contre le scepticisme:

Le sceptique emploie des mots. Demandons-lui s'il entend donner une signification déterminée à ces mots. Il répondra dans l'affirmative ou la négative.

S'il concède que les mots qu'il emploie ont une signification déterminée, il avoue que chacun de ces mots signifie une chose déterminée, qui n'est pas son opposé. Il reconnaît ainsi implicitement et avec certitude la valeur du principe de contradiction.

S'il entreprend de nier que les mots ont une signification déterminée, il doit encore, pour formuler sa négation, donner aux mots qu'il emploie un sens déterminé. Il se contredit lui-même et reconnaît toujours la valeur du principe de contradiction.

b) Nous pouvons appliquer cet argument très général à l'idée même du doute, et détruire le scepticisme universel par asphyxie.

Le sceptique affirme qu'il doute de tout, par conséquent de son doute lui-même. Or chaque fois qu'il dit: *je doute,* il oppose le doute au non-doute. Donc, en doutant, il détruit le doute, puisqu'il affirme avec certitude que le doute n'est pas, dans la réalité, le non-doute, et puisqu'il admet la valeur du principe de contradiction pour la pensée et le réel.

c) Les arguments du scepticisme sont faciles à résoudre.

L'argument principal, celui du *diallèle,* est déjà résolu par ce que nous avons dit au sujet du premier principe. En effet, pour établir la valeur objective de la connaissance, nous ne présupposons pas que notre intelligence peut atteindre la vérité et connaître avec certitude. Nous demandons seulement à celui qui doute, de poser un acte de connaissance. Et alors nous montrons, à l'aide du principe de contradiction, que la connaissance est valable. Nous n'acceptons pas au préalable la connaissance comme valable, mais nous prouvons sa valeur pour le réel, à l'aide du principe de contradiction.

Posons et réfutons en forme l'argument du diallèle.

Nous ne pouvons juger de la valeur de notre intelligence qu'en nous servant de notre intelligence. Or nous ne pouvons nous servir de notre intelligence pour porter un jugement certain, que si nous sommes déjà assurés de la valeur de notre intelligence. Donc tout jugement sur la valeur de notre intelligence est une pétition de principe, puisqu'il présuppose déjà ce qu'il veut établir.

À la majeure.— Qu'en nous servant de l'intelligence, en posant un acte de connaissance, je concède; qu'en acceptant au préalable la valeur de l'intelligence, je nie.

À la mineure.— Que si nous sommes assurés au préalable de la valeur de notre intelligence, je nie; que si nous pouvons établir la valeur de notre connaissance par la discussion du premier principe, je concède.

Les erreurs des sens ne suffisent pas pour nier l'existence de la certitude. En effet l'intelligence est réellement distincte des sens, et peut contrôler les erreurs de notre connaissance sensible.

Tout en admettant l'opposition des opinions humaines sur certains points, nous devons cependant reconnaître que tout homme admet comme certain le principe de contradiction, bien que quelques-uns s'imaginent pouvoir le nier. Et tout jugement, dont la négation impliquerait la négation du principe de contradiction, est lui aussi absolument certain.

Enfin l'hypothèse d'un malin génie qui nous tromperait est absolument gratuite. L'évidence absolue du principe de contradiction démontre sa fausseté.

211 - L'IDÉALISME.— 1° L'idéalisme est cette doctrine qui nie la valeur de la connaissance pour le réel. L'idéalisme, qu'on peut aussi appeler l'immanentisme ou le subjectivisme, s'oppose au réalisme — à l'*objectivisme*.

Le réalisme affirme que notre connaissance peut atteindre la réalité extérieure telle qu'elle est en elle-même. L'idéalisme affirme au contraire que le réel «posé comme un au-delà de la pensée» est absolument inaccessible à notre connaissance. En d'autres termes, d'après l'idéalisme, notre connaissance est enfermée en elle-même, et il est contradictoire de penser que nous pouvons connaître une chose extérieure à notre connaissance, telle qu'elle est en elle-même. On le voit, l'idéalisme nie l'existence de la vérité transcendantale.

2° Les anciens philosophes, comme Protagoras, qui disaient: *le vrai est ce qui apparaît*, enseignaient déjà une doctrine nettement idéaliste.

La paternité de l'idéalisme moderne est communément attribuée à Descartes.

En posant la proposition: *je pense, donc je suis*, comme premier principe, Descartes vidait la pensée de tout objet réel, et admettait, au moins provisoirement, que la connaissance n'atteint directement que la connaissance. Il est vrai que, dans la suite, Descartes a cru montrer la valeur de notre connaissance pour le réel en s'appuyant sur la véracité de Dieu qui ne peut nous tromper. Mais la preuve de l'existence de Dieu donnée par Descartes n'est pas fondée, et son point de départ demeure nettement idéaliste.

Berkeley admet comme immédiatement évidente la supposition de Descartes: nous ne connaissons uniquement que *"nos propres idées"* — esse est percipi. — Il nie l'existence du monde corporel. Il admet cependant l'existence de l'âme, substance spirituelle, comme *soutien* stable de nos idées, et l'existence de Dieu comme le seul être capable de produire ces idées en nous.

Hume conduit les principes posés par ses prédécesseurs jusqu'à leurs dernières conclusions, et aboutit au phénoménisme absolu. Pour lui, seul *le fait de conscience*, le phénomène subjectif pris soit en lui-même, soit comme élément de divers groupes, est ce qui reste spéculativement indubitable et définitivement vrai. Il n'existe aucune substance, et les premiers principes, en particulier le principe de causalité, n'ont aucune valeur absolue.

Kant affirme que l'être en soi, dont il admet l'existence, est inconnaissable. Toute notre connaissance est conditionnée par des formes subjectives de notre entendement. C'est la distinction entre *l'en-soi* et *l'en-nous*, ou entre l'être tel qu'il est et l'être tel qu'il apparaît.

Les disciples de Kant, rejetant l'existence d'un être en soi, vont jusqu'à identifier le *moi* et le *non-moi*, *l'être* et le *non-être*.

Beaucoup de Modernes — Le Roy, Blondel, Fonsegrive, Spaventa, Gentile, etc. — acceptent l'idéalisme comme un dogme, en se basant sur le principe d'immanence qu'ils considèrent comme évident.

Ce principe s'énonce comme suit: «Un objet en soi est un objet non connu, puisque c'est un objet existant en soi, en dehors de notre con naissance. Donc il est contradictoire d'affirmer que nous pouvons connaître un objet en soi, puisque ce serait affirmer que nous connaissons un objet *non connu*.»

3° L'idéalisme est à rejeter parce qu'il conduit à la négation du principe de contradiction, au scepticisme, à la destruction de toute connaissance scientifique.

a) *L'idéalisme conduit à la négation du principe de contradiction.* — D'après l'idéalisme, l'être est la pensée ou encore l'être est ce qui apparaît. Or si l'être est la pensée ou si l'être est ce qui apparaît, l'être est autre chose que lui-même. Donc le principe de contradiction: *il est impossible qu'une chose soit et ne soit pas en même temps sous le même rapport,* se trouve nié.

b) *L'idéalisme conduit au scepticisme.* — D'après l'idéalisme, le sujet qui connaît porte un jugement sur sa connaissance vidée de tout objet réel, ou encore sur l'être tel qu'il apparaît.

Il suit que les opinions contraires sont vraies et fausses en même temps.

Elles sont vraies, parce que chaque sujet qui connaît porte un jugement conforme à sa connaissance vidée de tout objet réel, ou à ce qui lui apparaît.

Elles sont fausses, parce que chaque opinion est opposée à sa contraire qui est vraie. S'il est vrai d'affirmer que l'homme est un animal, il est faux de le nier, et réciproquement. On tombe ainsi dans le scepticisme.

c) *L'idéalisme conduit à la destruction de toute connaissance scientifique.* — En effet, selon l'idéalisme, nous ne connaîtrions que nos idées, et non pas les choses elles-mêmes.

4° Solution des difficultés posées par le principe d'immanence.—

a) L'être ne peut à la fois être connu et ne pas être connu. Or l'être en soi est précisément l'être qui n'est pas connu. Donc il est contradictoire d'affirmer que l'être en soi puisse être connu.

À la mineure.— L'être en soi est l'être qui n'est pas constitué uniquement en tant qu'il est objet de la connaissance, je concède; l'être en soi est l'être qui ne peut devenir objet de connaissance, tel qu'il est en soi, je nie.

Ceux qui considèrent comme évident le principe d'immanence prétendent qu'un être ne peut être connu que s'il existe dans le connaissant par l'existence qu'il reçoit en devenant objet de connaissance. Or ceci est faux, car un être peut être connu selon la nature et l'existence qu'il a en soi. Seul l'être de raison reçoit son existence (fictive) de la connaissance, parce qu'il est un non-être conçu à l'instar d'un être réel.

b) Or l'être en soi ne peut aucunement être objet de connaissance. Donc la difficulté demeure.

L'être, n'ayant aucun rapport à la connaissance, ne peut être objet de connaissance. Or l'être en soi n'a aucun rapport à la connaissance. Donc l'être en soi ne peut être objet de connaissance.

À la majeure.— L'être n'ayant pas de rapport à la connaissance, parce que sa nature et son existence ne dépendent pas de la connaissance, je nie; l'être n'ayant aucune relation au moins logique à la connaissance, je concède.

À la mineure.— L'être en soi parfois n'a aucun rapport à la connaissance, parce que sa nature et son existence ne dépendent pas de la connaissance, je concède; l'être en soi ne peut pas avoir, tel qu'il est en soi, un rapport au moins logique à la connaissance, je nie.

À noter qu'un objet d'art dépend, tel qu'il est en soi, de la connaissance de l'artiste qui le produit.

L'être de nature ne dépend pas de la connaissance de l'homme. Mais lorsque l'homme connaît cet être de nature, il s'établit une relation réelle de la connaissance humaine à l'être de nature, et une relation logique de l'être de nature à la connaissance humaine.

c) Or l'être connu dépend dans son existence de la connaissance. Donc la difficulté demeure.

L'être qui existe dans le connaissant dépend de la connaissance dans son existence. Or l'être connu existe dans le connaissant, car la connaissance se fait en tant que le connu est dans le connaissant. Donc l'être dépend de la connaissance dans son existence.

À la majeure.— L'être qui existe uniquement dans le connaissant comme objet, je concède; l'être qui existe dans le connaissant d'après un mode intentionnel qui le fait connaître tel qu'il est en soi, je nie.

À la mineure.— L'être existe uniquement dans le connaissant comme objet, si cet être est un être de raison, je concède; si c'est un être réel, je nie.

d) Or l'être connu ne peut exister en dehors de la connaissance. Donc la difficulté demeure.

L'objet atteint par une opération immanente du connaissant ne peut exister en dehors du connaissant. Or l'être connu est l'objet d'une opération immanente propre au connaissant. Donc l'être connu ne peut exister en dehors du connaissant, ou mieux en dehors de la connaissance.

À la majeure.— L'objet atteint par une opération immanente du connaissant ne peut exister en dehors du connaissant, si cet objet est un terme produit par cette opération immanente, je concède; si cet objet est un terme connu (ou voulu ou senti) par cette opération immanente, je nie.

À la mineure.— L'être connu, s'il est réel, est un terme produit par une opération immanente, je nie; est un terme atteint ou connu, je concède.

e) Or un terme connu ne peut être extérieur au connaissant. Donc la difficulté demeure.

Un objet de conscience n'est pas extérieur au connaissant. Or le terme connu est un objet de conscience. Donc le terme connu n'est pas extérieur au connaissant.

À la majeure.— Un objet direct de conscience, je concède; un objet indirect, je nie.

À la mineure.— Le terme connu est un objet direct de conscience, s'il est intérieur au connaissant, je concède; s'il est extérieur au connaissant, je sous-distingue; il est objet indirect de la conscience, je concède; il est objet direct de la conscience, je nie.

Il ne faut pas identifier la connaissance et la conscience. La conscience est une connaissance qui a uniquement pour objet direct un fait interne, comme on dit. Nous pouvons cependant avoir conscience de connaître une chose extérieure et, dans ce cas, la chose extérieure devient objet indirect de la conscience.

f) Tout concept est dans le connaissant. Or tout objet connu est un concept. Donc tout objet connu est dans le connaissant.

À la majeure.— Tout concept subjectif est dans le connaissant, je concède; tout concept objectif, je nie.

À la mineure.— Tout objet connu est un concept subjectif, je nie; est un concept objectif, je concède.

Pour la distinction entre le concept subjectif et le concept objectif, voir n. 8, p. 12.

ARTICLE III

LA VÉRITÉ FORMELLE.

I La vérité dans l'intelligence.

212 - La vérité dans le jugement.— 1° Nous avons déjà défini la vérité en général: *une conformité entre une chose et une intelligence.* Et nous avons dit que la vérité est soit transcendantale, soit formelle.

La vérité transcendantale ou ontologique est la vérité d'une chose conforme à une intelligence.

La vérité formelle est la vérité de l'intelligence, ou la vérité selon qu'elle se trouve dans l'intelligence.

2° La vérité, considérée comme existant dans l'intelligence, est la vérité *connue.* Pour nous convaincre de cette affirmation, nous n'avons qu'à considérer un terme incomplexe et une proposition.

Si nous posons le terme *homme,* nous verrons immédiatement qu'il signifie une chose, mais qu'il n'exprime pas la vérité.

Si, par contre, nous posons la proposition: *l'homme est un animal raisonnable,* nous dirons que cette proposition exprime une vérité. Et comme toute proposition exprime ce qui est connu par l'intelligence, nous dirons que la proposition exprime une vérité d'un ordre particulier, c'est-à-dire une vérité connue par l'intelligence. Et c'est cette vérité que nous appelons *la vérité formelle.*

Pour que la vérité formelle existe, trois faits, qu'il importe de bien distinguer, sont nécessaires: a) l'intelligence doit connaître les choses; b) elle doit être vraie en reflétant correctement les choses; c) elle doit enfin connaître le vrai, c'est-à-dire sa conformité aux choses qu'elle connaît. Et c'est ce troisième fait qui donne l'existence à la vérité formelle.

La vérité formelle peut donc se définir: *la vérité connue par l'intelligence,* ou encore *la conformité de l'intelligence avec les choses, conformité connue par l'intelligence.*

3° Nous devons maintenant rechercher par quel acte l'intelligence connaît la vérité, ou encore dans quel acte intellectuel se trouve la vérité formelle.

Certains auteurs, comme Le Ferrarais, Arriago, Pesch, etc., soutiennent que la vérité formelle existe parfaitement dans le jugement, et imparfaitement dans la simple appréhension. C'est là d'ailleurs l'opinion commune des scolastiques modernes.

D'autres auteurs, comme Cajetan, Suarez, Jean de Saint-Thomas, etc., affirment que la vérité formelle n'existe que dans le jugement.

C'est cette opinion qu'il faut adopter.

Nous avons déjà défini le jugement: *l'acte par lequel l'intelligence unit «compose» par l'affirmation, ou sépare «divise» par la négation.* (n. 7).

4° Prouvons *que la vérité formelle n'existe que dans le jugement.*

La vérité formelle n'existe que lorsque l'intelligence connaît sa propre conformité à la chose connue. Or l'intelligence ne connaît sa propre conformité à la chose connue que lorsqu'elle porte un jugement. Donc la vérité formelle n'existe que dans le jugement.

La majeure a été établie plus haut.

À la mineure.— Dans la simple appréhension, l'intelligence ne fait que connaître une chose. Dans le jugement, l'esprit attribue une certaine façon d'être, signifiée par le prédicat, à une certaine chose signifiée par le sujet, ou bien il l'en écarte. Il connaît alors que ce qu'il a conçu est conforme (ou non conforme) à la chose connue.

5° Nous avons dit que la vérité formelle est la conformité de l'intelligence ou de la connaissance intellectuelle à la chose connue, conformité que l'intelligence perçoit. Nous avons ajouté que la vérité formelle n'existe que dans le jugement.

Une difficulté se pose à ce sujet, difficulté qui peut s'énoncer de la manière qui suit:

La vérité formelle ne peut exister que si l'intelligence fait un retour sur sa connaissance et la compare à la chose connue. Or, dans le jugement, l'intelligence ne fait pas ce retour sur sa connaissance, comme nous le savons par expérience. Donc la vérité formelle n'existe pas dans le jugement.

Nous répondons à cette difficulté en distinguant la majeure et la mineure.

À la majeure.— Si l'intelligence fait un retour soit par un acte spécial, distinct du jugement (in actu signato), soit d'une manière concomitante, en posant son jugement (in actu exercito), je concède; uniquement par un acte spécial, distinct du jugement, je nie.

À la mineure.— L'intelligence ne fait pas ce retour d'une manière concomitante, en posant son jugement, je nie; ne fait pas ce retour par un acte spécial, distinct du jugement, je concède.

Il est évident qu'en portant un jugement, l'intelligence ne pose pas un acte spécial, distinct du jugement, pour voir si sa connaissance est conforme à la chose connue. Mais en affirmant que la forme conçue, signifiée par le prédicat, s'identifie à la chose signifiée par le sujet, elle saisit, par le fait même, que sa conception est conforme à la chose connue.

213 - LA VÉRITÉ DANS LA SIMPLE APPRÉHENSION.— 1° *La vérité et l'erreur dans la simple appréhension.*— Nous avons déjà défini la simple appréhension: *l'acte par lequel l'intelligence saisit ou perçoit une quiddité, sans en rien affirmer ou nier.*

Par la simple appréhension, l'intelligence connaît un objet; elle ne connaît cependant pas le vrai, parce qu'elle ne perçoit pas la conformité de sa connaissance à la chose connue. Il suit que dans la simple appréhension il n'existe pas de vérité formelle, mais uniquement une vérité ontologique ou transcendantale. L'intelligence, en connaissant une chose, devient vraie comme tout être est vrai, car elle est constituée dans sa propre nature de faculté qui connaît, et devient par là conforme à l'exemplaire divin qui la mesure.

Comme l'intelligence appréhende ou conçoit par la ressemblance en elle de la chose connue, elle ne peut jamais tomber dans l'erreur en vertu même de cette ressemblance. En d'autres termes, une intelligence qui possède en elle la similitude d'une nature, d'une chose, connaît infailliblement cette nature, cette chose, sans aucune possibilité d'erreur.

L'erreur peut cependant se trouver accidentellement dans l'acte de l'intelligence qui conçoit les natures, pour autant que les combinaisons de concepts y interviennent.

Et cela peut se produire de deux façons.

L'esprit peut attribuer à l'un de ses objets la définition d'un autre, comme lorsqu'on attribue à l'homme la définition du cercle, et alors il arrive que la définition d'une chose devient fausse, parce qu'elle est appliquée à une autre chose.

Ou bien l'esprit combine ensemble des parties de définition qui ne sont pas conciliables, et alors la définition non seulement est fausse à l'égard d'un certain objet, mais elle est fausse en elle-même. Si par exemple on prétend définir un être, *animal raisonnable quadrupède*, l'esprit qui forme cette définition tombe dans le faux, parce qu'il s'égare en formant cette proposition: un certain animal raisonnable est un quadrupède.

En résumé on peut poser deux propositions au sujet de la vérité dans la simple appréhension.

a) La conception des natures simples ou incomplexes ne prête à aucune erreur pour l'intelligence: ou celle-ci est dans le vrai, ou elle ne conçoit absolument rien.

b) L'erreur peut se trouver accidentellement dans la simple appréhension, pour autant que des combinaisons de concepts y interviennent.

2° Les universaux.— 1° Le problème des universaux se rattache à celui de la simple appréhension. En effet, d'une part les choses qui existent sont singulières et individuelles; d'autre part les concepts que nous nous en formons et que nous leur attribuons sont généraux ou universels.

La question se pose de savoir si ces concepts universels représentent réellement les choses, ou s'ils sont des êtres purement fictifs.

Les principales solutions de ce problème sont celles du nominalisme, du conceptualisme, du réalisme exagéré et du réalisme modéré.

a) D'après le nominalisme, les universaux ne sont que des *noms*, qui n'ont aucune signification pour le réel — Roscelin, au moyen âge, et Hobbes, Berkeley, Hume, Condillac, St. Mill, Taine, à une date plus récente.

b) D'après le conceptualisme, les universaux sont des idées, mais on ignore s'il y a correspondance entre ces idées et le réel.

Guillaume d'Occam (1280 - 1347) enseigne que *l'idée*, le concept universel ou *terme mental* ne signifie pas une *nature*, mais *tout un groupe* d'individus. Les idées sont ainsi réduites à des termes qui ne signifient pas une réalité à proprement parler, mais qui *supposent* pour *un groupe d'individus*.

Selon Kant, le concept universel ne représente pas l'être en soi, mais constitue lui-même l'objet du jugement.

Tout idéalisme conduit au conceptualisme, ou plutôt le conceptualisme pur se confond en dernière analyse avec l'idéalisme.

Une forme récente du conceptualisme est celle du *pragmatisme moderne*.

D'après les pragmatistes, — H. Bergson, Le Roy, W. James, etc, — l'élan vital, qui évolue sans cesse, est la seule réalité. Par nos concepts généraux, nous morcelons cet élan vital en parties fixes, non pas pour connaître la réalité, mais pour satisfaire aux besoins de l'action. Nos concepts ne représentent donc pas la réalité.

c) Le réalisme exagéré enseigne que l'universel n'existe pas seulement dans l'esprit, mais aussi dans la réalité, sous son état d'universalité.

Platon distingue le monde intelligible du monde sensible. Le monde intelligible, domaine de la science, est constitué d'idées séparées, universelles et subsistantes: l'idée de l'homme, l'idée du beau, etc. Le monde sensible, domaine de l'opinion, est un monde en mouvement dont les parties ne sont que des participations passagères des idées subsistantes du monde intelligible.

Guillaume de Champeaux (1070 - 1120) affirma d'abord que la nature universelle, par exemple l'humanité, est numériquement une et identique en tous les individus auxquels elle est attribuée, et que les individus ne se distinguent que par les accidents.

Convaincu de son erreur par Abélard, il changea d'opinion et enseigna que la nature universelle se multiplie dans les individus auxquels elle est attribuée, mais qu'elle demeure universelle dans chacun de ces individus. Ainsi, dans Pierre, il existe une nature humaine distincte de celle de Paul, mais les natures humaines de Pierre et de Paul sont universelles, et non singulières.

d) Le réalisme modéré, enseigné par Aristote, saint Thomas et la plupart des scolastiques, fait la distinction entre l'universel direct et l'universel réflexe.

L'universel direct est la nature abstraite de l'état de singularité sous lequel elle existe dans la réalité.

L'universel direct peut être lui-même considéré sous deux aspects: par rapport à *la chose conçue* (quoad rem conceptam), et par rapport *au mode sous lequel la chose est conçue* (quoad modum concipiendi), c'est-à-dire par rapport à l'état d'abstraction sous lequel la chose est conçue.

L'universel réflexe est la nature, la chose abstraite de son état de singularité, considérée comme attribuable à plusieurs singuliers. L'universel, sous cet aspect, est dit réflexe, parce qu'il est constitué par un acte de l'intelligence qui fait un retour sur l'universel direct, et le considère en relation avec les singuliers.

Après avoir posé ces distinctions, le réalisme modéré soutient que l'universel direct *quant à la chose conçue* existe dans les singuliers et s'identifie aux singuliers, mais que l'universel direct *considéré sous son état d'abstraction* et l'universel *réflexe* n'existent que dans l'intelligence.

2° Prouvons ces affirmations du réalisme modéré.

a) *L'universel direct quant à la chose conçue existe dans les singuliers et s'identifie aux singuliers.* — Un prédicat que l'intelligence attribue à un sujet singulier existe dans ce singulier et s'identifie à ce singulier. Or l'intelligence attribue aux singuliers l'universel direct quant à la chose conçue. Donc l'universel direct quant à la chose conçue existe dans les singuliers et s'identifie aux singuliers.

À la majeure. — L'intelligence attribue un prédicat à un sujet, parce que la nature, la quiddité exprimée par ce prédicat s'identifie à la chose signifiée par le sujet, car tout jugement affirmatif ne fait qu'exprimer l'identité réelle du sujet et du prédicat.

À la mineure. — En disant: *Pierre est un homme,* nous attribuons à un sujet singulier, *Pierre,* la nature exprimée par le prédicat universel *homme.*

b) *L'universel direct sous son état d'abstraction n'existe que dans l'intelligence.* — La nature dépouillée de son individuation n'existe que dans l'intelligence. Or l'universel direct sous son état d'abstraction est la nature dépouillée de son individuation. Donc l'universel direct sous son état d'abstraction n'existe que dans l'intelligence.

La majeure est évidente.

À la mineure. — La nature, dans la réalité, n'est pas dépouillée de son individuation. L'homme qui existe, nous dit Aristote, ne contient pas seulement des os et de la chair, mais ces os et cette chair. La nature ne peut donc être universelle que si l'intelligence la dépouille ou l'abstrait de ce qui la rend individuelle ou singulière.

c) *L'universel réflexe n'existe que dans l'intelligence.* — Un être logique n'existe que dans l'intelligence. Or l'universel réflexe est un être logique. Donc l'universel réflexe n'existe que dans l'intelligence.

La majeure est évidente.

À la mineure.— Ce qui n'est constitué que par la considération de l'intelligence est un être logique. Or l'universel réflexe est uniquement constitué par la considération de l'intelligence: il est en effet constitué par la relation logique que l'intelligence établit entre l'universel direct à son état d'abstraction et les singuliers. Donc . . . . . .

214 -La vérité dans le syllogisme déductif.— 1° Le syllogisme déductif se définit: *un discours dans lequel, certaines vérités connues étant posées, une autre vérité en résulte nécessairement, en vertu de la connexion des termes.*

Le syllogisme déductif peut être catégorique ou hypothétique, comme nous l'avons déjà vu.

2° Certains philosophes — Bacon, Descartes, Hume, Comte, St. Mill — ont attaqué la valeur du syllogisme déductif. Selon ces philosophes, le syllogisme déductif ne peut nullement conduire à la connaissance d'une vérité nouvelle, car la certitude de la majeure dépend de la certitude de la conclusion.

Soit le syllogisme suivant:

Tout homme est mortel.

Or Pierre est un homme.

Donc Pierre est mortel.

Comment pourrait-on poser la majeure avec certitude, si l'on ne savait pas déjà que la conclusion est vraie? Le syllogisme déductif ne sert donc qu'à exposer, ordonner des vérités déjà connues. C'est là toute son utilité.

3° Contre ces philosophes, nous affirmons que le syllogisme déductif est une source de connaissances nouvelles et certaines.

Une connaissance certaine est celle qui exclut le doute.

Prouvons notre affirmation.

a) *Le syllogisme déductif est une source de connaissances nouvelles.*— Lorsqu'un discours fait connaître en acte une vérité, au moyen de vérités qui ne la contiennent que virtuellement, un tel discours est une source de connaissances nouvelles. Or le syllogisme déductif fait connaître en acte une vérité, au moyen de vérités qui ne la contiennent que virtuellement. Donc le syllogisme déductif est une source de connaissances nouvelles.

À la majeure.— Connaître en acte une vérité qu'on ne connaissait que virtuellement, c'est aquérir une connaissance nouvelle, puisque connaître en acte une vérité, c'est la connaître en elle-même, et la connaître virtuellement, c'est la connaître dans ses causes seulement.

À la mineure.— Prenons comme exemple un syllogisme déductif de première figure:

Toute substance spirituelle est immortelle.

Or l'âme raisonnable est une substance spirituelle.

Donc l'âme raisonnable est immortelle. (Démonstration pourquoi)

Dans la majeure, on attribue le prédicat au sujet non pas parce que l'on sait que ce prédicat convient à tous les inférieurs du sujet, mais parce que le prédicat et le sujet sont connexes en vertu même de leurs notions.

Dans la mineure, on attribue le sujet universel de la majeure comme prédicat à un de ses inférieurs. On coordonne ainsi deux vérités. Et ces deux vérités coordonnées *causent* la connaissance actuelle d'une conclusion qu'elles ne contenaient que virtuellement.

De plus, la démonstration pourquoi, qu'attaquent surtout les adversaires du syllogisme déductif, ne prouve pas seulement que le prédicat, dans la conclusion, convient au sujet, mais elle indique aussi la raison pour laquelle ce prédicat convient *nécessairement* au sujet.

Enfin les objections des adversaires ne peuvent s'appliquer, même en apparence, au syllogisme *a posteriori* qui va de l'effet à la cause. L'analyse d'un effet dans ses notes intelligibles peut nous conduire à la connaissance d'une cause absolument inconnue.

b) *Le syllogisme déductif est une source de connaissances certaines.*— Une conclusion qui se rattache, par un lien nécessaire, à des prémisses vraies et certaines, est elle-même vraie et certaine. Or, dans le syllogisme déductif, la conclusion se rattache, par un lien nécessaire, à des prémisses vraies et certaines. Donc la conclusion du syllogisme déductif est vraie et certaine; en d'autres termes, le syllogisme déductif est une source de connaissances certaines.

Le majeure est évidente par elle-même.

À la mineure.— Dans le syllogisme déductif, l'intelligence pose des prémisses vraies et certaines, et par l'application des lois du syllogisme, elle déduit une conclusion qui se rattache nécessairement à ces vérités.

215 - La vérité dans le syllogisme inductif.— 1° Le syllogisme inductif (l'induction) est cette argumentation qui va des singuliers à l'universel. Comme nous l'avons déjà noté (n. 52), le syllogisme inductif remplace le moyen terme par l'énumération des singuliers. Il ne procède pas par connexion de termes, mais infère une proposition universelle des singuliers connus par l'expérience.

2° Le syllogisme inductif est une source de connaissances nouvelles, car le sujet de sa conclusion ne désigne pas *tous* les singuliers; il exprime un universel — un *tout* —, bien que cet universel soit imparfait.

3° Il y a discussion au sujet de la certitude que peut procurer le syllogisme inductif.

Les scolastiques enseignent en général que l'induction conduit à une conclusion absolument certaine.

On ne peut admettre cette opinion, sans au moins poser quelques distinctions.

Lorsque l'énumération des singuliers est complète, la conclusion de l'induction est certaine, non pas en vertu de l'induction même, mais en vertu d'une autre argumentation qu'elle contient — *l'argumentation de l'équivalent à l'équivalent* (n. 52).

Lorsque l'énumération des singuliers est incomplète mais *suffisante*, la conclusion de l'induction n'est jamais absolument certaine, si l'on considère la vérité qu'elle exprime. En effet, cette vérité n'est jamais connue immédiatement, comme c'est le cas des premiers principes de la démonstration, ni médiatement par sa connexion nécessaire à des propositions connues par elles-mêmes, comme il arrive dans la conclusion du syllogisme démonstratif.

Ainsi lorsque nous concluons que *tout métal conduit* l'électricité, parce que nous savons par expérience que *tous les métaux connus conduisent l'électricité*, nous n'inférons pas une proposition *objectivement* certaine ou *intrinsèquement* évidente, c'est-à-dire une proposition où le lien entre le prédicat et le sujet universel nous apparaît d'un manière intelligible, et comme nécessaire.

L'induction de soi ne conduit pas à une conclusion absolument certaine; elle nous permet seulement d'inférer une conclusion universelle, elle nous introduit à l'universel.

Certains auteurs, pour établir la certitude de la conclusion de l'induction, invoquent le principe: *la nature, dans les mêmes circonstances, produit les mêmes effets*; ou encore: *la nature est déterminée en un seul sens.*

A cela il faut répondre:

Premièrement, la nature des êtres mobiles ne produit les mêmes effets, n'est déterminée en un seul sens que dans la majorité des cas.

Deuxièmement, même si l'expérience nous apprend qu'un prédicat convient à tous les singuliers contenus sous un universel, nous ne pouvons pas conclure que ce prédicat exprime une propriété propre de ces sujets, c'est-à-dire un caractère nécessairement lié à leur nature. L'exemple de l'Africain nous le démontre. Tous les Africains que nous connaissons sont noirs. Nous pouvons conclure: donc l'Africain est noir. Mais le prédicat *noir* ne désigne pas un caractère découlant de la nature humaine de l'Africain, mais plutôt une note qui lui appartient en vertu de sa matière individuelle.

En terminant, notons que l'induction, lorsque l'énumération des singuliers est suffisante, produit une certitude probable, en ce sens qu'elle force l'intelligence à accepter la conclusion comme certainement probable.

2. La vérité dans les sens.

216 - LA VÉRITÉ ET L'ERREUR DANS LES SENS.— 1° Dans la connaissance des sens, il n'y a pas de vérité formelle. En effet les sens, qui sont matériels, ne peuvent faire un retour sur leur propre connaissance et percevoir la conformité de cette connaissance à la chose connue.

Il existe cependant une vérité — vérité ontologique — dans les sens, lorsqu'ils ont une exacte perception du sensible. Et cela se produit quand les sens appréhendent les choses telles qu'elles sont.

2° Il y aura donc fausseté ou erreur dans les sens, lorsqu'ils appréhendent ou interprètent le réel autrement qu'il n'est.

Cela posé, plusieurs cas se présentent, selon qu'il s'agit des *sensibles propres*, des *sensibles communs*, des *sensibles* par accident. (n. 143).

S'agit-il des sensibles propres, le sens n'a pas de connaissance erronée, si ce n'est accidentellement en raison de la mauvaise disposition de l'organe.

En effet, le sensible propre est représenté dans le sens en raison de lui-même et par lui-même. Si donc la représentation qu'il imprime est reçue dans un organe bien disposé, la connaissance ne peut être erronée, car il y a conformité entre la représentation ou l'espèce, qui est principe de la connaissance, et l'objet à connaître. Si la représentation est reçue dans un organe mal disposé, cette conformité peut disparaître, et alors il y aura une connaissance erronée. De là vient que certains malades, dont la langue est infectée, trouvent amères des choses douces.

S'agit-il des sensibles communs, les sens, même bien disposés, pourront en avoir une connaissance erronée. Le sensible commun est en effet représenté dans le sens par lui-même, mais non en raison de lui-même. Il est connu en rapport avec le sensible propre: la vue ne connaît la dimension d'un corps, que si ce corps est coloré. Et il peut arriver que la représentation du sensible propre ne conduise pas à la connaissance du sensible commun, tel qu'il est en lui-même. Exemple: la vue peut voir un objet coloré et faire erreur sur sa dimension, sa position, etc.

S'agit-il d'un sensible par accident, le sens, même bien disposé, peut aussi avoir une connaissance erronée.

Le sensible par accident n'est représenté dans le sens ni par lui-même, ni en raison de lui-même, mais uniquement par accident: la vue nous représente un homme non en tant qu'homme, mais parce qu'il se trouve que cet objet coloré est un homme. Les apparences des choses peuvent alors engendrer une connaissance fausse. On peut, par exemple, considérer comme vivant un non-vivant, à cause de ses mouvements, etc.

3° On attribue à l'imagination l'erreur, d'une manière spéciale, en ce sens qu'elle peut représenter l'image des choses même en leur absence, de sorte que si le sujet envisage alors cette représentation comme il le ferait de la chose même, il y a erreur. C'est ainsi qu'on peut juger qu'un objet est chaud, quand en réalité il n'est pas chaud.

4° Le sens présente un objet à l'intelligence. Cet objet peut être soit la sensation du sens, soit la chose connue par le sens.

Le sens, en présentant sa sensation à l'intelligence, ne peut jamais décevoir l'intelligence. Lorsque l'homme perçoit l'existence d'une sensation en lui, il ne fait pas erreur, quoiqu'il puisse se tromper sur la nature et le lieu de cette sensation.

En présentant la chose qu'il connaît comme objet à l'intelligence, le sens peut décevoir l'intelligence, car il peut lui-même avoir une connaissance erronée de cette chose. Mais l'intelligence peut toujours contrôler les erreurs des sens. Voilà pourquoi elle n'est pas nécessairement induite en erreur par une connaissance erronée des sens.

217 - LA THÉORIE DE L'INTERPRÉTATION.— Locke fait la distinction entre les qualités premières et les qualités secondaires des corps. Les qualités premières sont l'extension, le mouvement et le repos, le nombre, la figure, l'impénétrabilité; les qualités secondaires sont la couleur, le son, l'odeur, la saveur, le froid et la chaleur, etc. . Et il enseigne que seules les qualités premières sont objectives, tandis que les qualités secondaires sont subjectives et ne sont que des modifications produites par les corps dans l'être qui a la connaissance sensible.

Les physiciens en général et plusieurs scolastiques modernes adoptent la théorie de Locke, appelée *la théorie de l'interprétation.*

Nous devons rejeter la théorie de l'interprétation dans la mesure où elle nierait toute objectivité de la connaissance par rapport aux qualités secondaires. Une connaissance, en effet, est essentiellement objective, et nous ne pouvons connaître les qualités secondaires, si elles ne sont pas posées comme objets devant notre connaissance.

Ceci étant mis hors de doute, nous pouvons encore nous demander si les sens atteignent les qualités premières formellement telles qu'elles existent dans les corps, ou plutôt telles qu'elles sont posées comme objets dans le sens, par l'action transitive de la chose connue. Le problème demeure très obscur.

3. L'intelligence en face de la vérité formelle.

218 - LES ACTES DE L'INTELLIGENCE VIS-À-VIS DE LA VÉRITÉ FORMELLE.— Pour comprendre l'attitude de l'intelligence ou, comme disent les modernes, les états d'esprit en face de la vérité formelle, il faut considérer la nature de l'intelligence humaine.

L'intelligence humaine, pour atteindre la vérité, va de la puissance à l'acte.

Elle peut n'avoir aucune connaissance d'un objet, et alors elle *ignore*.

L'ignorance se définit: *l'absence de connaissance*. Si cette absence de connaissance se porte sur une vérité qu'on devrait connaître, l'ignorance est dite *privative*; si elle se porte sur une vérité qu'on n'est pas tenu de savoir, l'ignorance est dite *négative*: c'est un manque de savoir plutôt qu'une ignorance.

L'intelligence peut avoir une certaine connaissance d'une vérité, sans être capable de porter un jugement. Elle est alors dans le *doute*.

Le doute se définit: *une attitude de l'intelligence qui implique une certaine connaissance d'une vérité, mais une absence d'adhésion à cette vérité.*

Le doute peut exister soit parce que l'intelligence n'a pas de motifs suffisants pour donner son adhésion à une proposition (doute négatif), soit parce que les raisons en faveur de deux propositions contradictoires lui paraissent d'une égale valeur (doute positif).

L'intelligence peut porter un jugement qui n'est pas conforme à la réalité, et alors elle est dans l'erreur. L'erreur, ou la fausseté formelle, se définit: *un jugement qui n'est pas conforme à la réalité.*

L'intelligence peut porter un jugement sur une vérité, non pas à cause de l'évidence de cette vérité, mais à cause d'un témoignage qu'elle accepte. Elle fait alors un *acte de foi*.

La foi se définit: *l'adhésion donnée à une vérité, adhésion qui a pour motif un témoignage digne de foi.*

Si ce témoignage est divin, on a *la foi divine*; si ce témoignage est humain ou angélique, on a la *foi créée*.

L'intelligence peut donner son adhésion à une proposition, parce qu'une vérité lui apparaît suffisamment évidente, mais non entièrement évidente. Elle pose alors un acte d'*opinion*.

L'opinion se définit: *l'adhésion donnée à une proposition, adhésion qui manque de fermeté.* Ce manque de fermeté ou cette crainte provient de ce que la vérité de la proposition contradictoire n'est pas totalement exclue.

Lorsque l'intelligence donne son adhésion à une proposition pour une raison qui n'est pas très sérieuse, elle pose un acte de *soupçon.*

Le soupçon peut se ramener soit à l'opinion, soit à la foi humaine — lorsque le témoignage sur lequel on s'appuie a peu de valeur.

L'intelligence peut donner entièrement son adhésion à une proposition connue par elle-même: elle pose alors un acte *d'intelligence-habitus* (s'il s'agit de l'ordre moral, cet acte est un acte de *syndérèse*); ou elle donne son assentiment total à une conclusion connue à l'aide des premiers principes: elle pose alors un acte de *science.*

L'intelligence peut donc ne pas donner ou donner son assentiment à une vérité.

Si elle ne donne pas son assentiment, elle est soit dans l'*ignorance,* soit dans le *doute.*

Si elle donne son assentiment, elle pose un acte *d'erreur, de foi, d'opinion, de soupçon, d'intelligence* considérée comme habitus, ou de *science.*

L'ignorance et le doute ne procèdent pas *d'habitus,* mais nient l'existence *d'habitus.*

Les actes de foi, d'opinion, d'intelligence, de science procèdent *d'habitus* essentiellement distincts.

Le soupçon procède soit de l'habitus de la foi —lorsque le témoignage est de peu de valeur, soit de l'habitus de l'opinion — lorsque l'assentiment de l'intelligence n'est pas fondé sur des motifs sérieux.

On considère communément la certitude comme un état d'esprit. La certitude qui se définit: *l'assentiment ferme à une vérité,* semble être plutôt une qualité de l'assentiment, c'est-à-dire du jugement.

Elle est la fermeté de l'assentiment, fermeté qui exclut la crainte. Elle ne procède pas d'un *habitus* spécial, mais détermine les actes de foi, *d'intelligence, de science.*

219 - La division de la certitude.— La certitude existe, avons-nous dit, quand nous donnons notre assentiment d'une façon ferme à une proposition, sans craindre aucunement que la proposition contradictoire soit vraie.

1° La certitude se divise d'abord en certitude *formelle* ou causée et en certitude *comme cause*.

La première est *la certitude de l'acte de connaissance*.

La seconde est *la certitude considérée dans la cause qui produit la certitude formelle*.

2° La certitude comme cause est soit *objective*, soit *subjective*.

La certitude objective est *celle de l'objet qui se manifeste lui-même à l'intelligence et obtient son adhésion*.

La certitude subjective est *celle de la volonté qui fait adhérer l'intelligence à une vérité*. Cette certitude subjective intervient dans l'acte de foi. L'intelligence ne saisit pas la vérité à laquelle elle adhère, dans son évidence objective. C'est la volonté qui détermine l'intelligence à donner son adhésion.

3° La certitude formelle est soit *intrinsèque*, soit *extrinsèque*. La certitude intrinsèque est *la certitude du jugement qui atteint une vérité en elle-même*. Elle a lieu quand l'intelligence, à la lumière de l'évidence, perçoit la conformité de sa connaissance à la chose connue.

Cette conformité est perçue lorsque, par nos sens, nous connaissons intuitivement un objet, ou encore lorsque nous saisissons, soit immédiatement — dans le cas des premiers principes —, soit médiatement — par la démonstration —, le lien intelligible entre le prédicat et le sujet d'une proposition qui exprime une vérité.

La certitude intrinsèque peut être dite *physique*, lorsqu'elle est fondée sur la connaissance intuitive des sens: Pierre court, Paul marche.

Elle peut être dite *métaphysique*, lorsque la vérité est connue en vertu de la connexion nécessaire des termes: l'homme est un animal raisonnable.

La certitude extrinsèque est la *certitude de probabilité ou de crédibilité*. Exemple d'une certitude de probabilité: la certitude d'une loi physique connue par une induction suffisante. Exemple d'une certitude de crédibilité: je crois que Rome existe, à cause des témoignages de ceux qui l'ont visitée.

La certitude extrinsèque est dite certitude *morale*, lorsqu'elle conditionne un acte de prudence, un acte moral. Je puis m'appuyer sur des raisons probables ou sur l'opinion d'un théologien pour poser un acte qui sera certainement prudent.

4° La certitude intrinsèque est soit *spéculative*, soit *pratique*.

La certitude spéculative est *la certitude d'un jugement qui a pour objet une vérité spéculative.*

La certitude pratique est *la certitude d'un jugement qui a pour objet une vérité pratique*, comme, par exemple, la certitude du jugement propre à l'artiste.

220 - Le critérium suprême de la certitude intrinsèque.— 1° Il y a certitude intrinsèque, avons-nous dit, lorsque l'intelligence atteint une vérité en elle-même, c'est-à-dire lorsque l'intelligence perçoit la conformité de sa connaissance à la chose connue.

2° Le critérium, en général, est ce qui permet de juger, d'apprécier. En ce sens, nos facultés de connaissance peuvent être dites des critériums *subjectifs* de certitude, puisqu'elles sont des instruments dont nous nous servons pour juger.

Ici nous parlons du critérium *objectif* de certitude, c'est-à-dire du motif qui nous permet d'adhérer à une vérité, sans aucune crainte d'erreur.

Le critérium de certitude intrinsèque est donc *ce principe objectif qui nous permet de connaître la vérité en elle-même et de la distinguer de la fausseté.*

Connaître une vérité en elle-même , c'est percevoir la conformité de la connaissance à la chose connue. Par suite, nous ne parlons pas ici de la certitude de la foi. Car, dans l'acte de foi (divine ou humaine), l'intelligence ne perçoit pas la conformité de sa connaissance à une chose connue, elle ne *sait* pas la vérité qu'elle croit, mais elle donne son adhésion à une vérité, en s'appuyant sur un témoignage.

3° Le critérium de certitude intrinsèque, — que l'on appelle aussi le critérium de vérité formelle—, peut être soit particulier, soit suprême.

Le critérium particulier est celui qui s'applique à un ordre déterminé de vérités. On peut dire, par exemple, que le critérium des vérités *démontrables* est le principe de contradiction.

Le critérium suprême est celui qui vaut pour toute vérité proprement connue.

4° D'après Descartes, le critérium suprême de toute certitude intrinsèque, c'est l'idée claire et distincte.

Suivant les Fidéistes, c'est l'autorité d'une révélation divine; suivant les Traditionnalistes, c'est l'autorité du consentement général du genre humain.

D'après Th. Reid, c'est une sorte d'instinct aveugle.

Certains *sentimentalistes* affirment qu'une sorte de sentiment intérieur, de sens divin, nous conduit à la certitude.

Les Pragmatistes affirment que le succès mesure une vérité.

Il faut dire que le critérium suprême de toute certitude intrinsèque ou de toute vérité proprement connue, c'est *l'évidence objective.*

Les Anciens décrivent l'évidence objective: *l'éclat de la vérité qui ravit l'assentiment de l'esprit.* Elle se définit: *la vérité transcendantale de l'être se manifestant à l'intelligence et produisant dans l'intelligence la vérité ou un jugement vrai.*

5° Prouvons notre affirmation.

Il y a certitude intrinsèque, quand l'intelligence perçoit la conformité de sa connaissance à la chose connue. Or le critérium suprême d'une telle perception ne peut être que l'évidence objective. Donc le critérium suprême de la certitude intrinsèque est l'évidence objective.

La majeure s'appuie sur la notion de la certitude intrinsèque.

À la mineure.— L'intelligence perçoit la conformité de sa connaissance à la chose connue, parce qu'elle voit que sa connaissance est mesurée par la chose, ou parce qu'elle saisit une chose dans son intelligibilité, sa vérité transcendantale ou son évidence objective comme mesurant sa connaissance.

6° Ajoutons que l'évidence objective est un critérium infaillible de certitude intrinsèque. En effet, si l'intelligence voit que sa connaissance est conforme à la chose connue, elle ne peut pas ne pas voir.

221 - La foi humaine.— 1° *L'acte de foi humaine.—* **a)** La foi se définit: *l'assentiment à une vérité, assentiment donné à cause de l'autorité d'un témoignage.*

Le témoignage est un signe sensible par lequel une personne nous manifeste quelque chose.

Si le témoignage vient de Dieu, on a un acte de *foi divine;* si le témoignage vient d'une créature, d'un homme, on a un acte de *foi créée, humaine.*

b) Dans l'acte de foi, l'adhésion de l'intelligence n'est pas déterminée par l'objet connu, mais par la volonté qui meut l'intelligence à accepter une vérité à cause d'un témoignage.

Examinons brièvement l'acte de foi, pour connaître la certitude qui lui est propre.

Avant de croire, l'intelligence doit d'abord porter un jugement spéculatif de crédibilité. Elle doit savoir que la chose proposée à son adhésion n'apparaît pas contradictoire ou absurde, et que le témoignage sur lequel elle s'appuiera est digne de croyance.

Deuxièmement, l'intelligence doit porter un jugement pratique. Par ce jugement pratique, elle perçoit que ce serait un bien d'accepter ce témoignage et d'adhérer à la vérité proposée.

Troisièmement, la volonté accepte ce jugement pratique. Elle pose un acte *d'affection* à l'égard du témoignage et de la vérité proposée.

Enfin la volonté, qui a accepté comme un bien l'adhésion à la vérité proposée par le témoignage, meut ou détermine l'intelligence à donner son assentiment à cette vérité.

Il y a donc, dans l'acte de foi, quatre certitudes:

a) La certitude de crédibilité, propre au jugement spéculatif portant sur la chose à croire qui n'apparaît pas impossible, et sur la valeur du témoignage.

b) La certitude du jugement pratique qui considère comme un bien l'adhésion à la vérité proposée.

c) La certitude de la volonté qui accepte cette adhésion comme un bien. Cette certitude est une participation de la certitude du juge-

ment pratique préalable, et elle est cause de la certitude de l'adhésion future de l'intelligence. C'est la certitude *subjective*.

d) Enfin, la certitude de l'adhésion intellectuelle, adhésion déterminée par la volonté.

Cette certitude de l'adhésion dans l'acte de foi, ne peut être *intrinsèque*, car l'intelligence ne connaît pas la vérité en elle-même. Elle donne son adhésion à une vérité qui demeure obscure.

Dans l'acte de foi humaine, cette certitude est extrinsèque et morale: elle est la certitude d'un jugement prudentiel, c'est-à-dire d'un jugement déterminé par la volonté. Une telle certitude morale ne détruit pas toute crainte sur l'évidence de la vérité proposée, quoiqu'elle puisse exclure toute crainte morale d'erreur. Si je n'ai pas visité Paris, je puis croire avec certitude, sans aucune crainte d'erreur, que Paris existe, à cause des témoignages qui me rassurent sur son existence. Mais comme le témoignage humain est faillible, nous ne pouvons dire qu'il est suffisant pour exclure toute crainte sur l'évidence objective de la vérité qu'il nous propose.

Dans l'acte de foi divine, qui s'appuie sur un témoignage infaillible, il n'existe même pas d'incertitude objective sur la vérité que l'intelligence croit. La vérité cependant ne devient pas évidente en elle-même, comme manifestée. Elle demeure toujours enveloppée d'obscurité.

2° *Le témoignage historique.*— a) Le témoignage, avons-nous dit, est un signe sensible par lequel une personne manifeste quelque chose.

Si ce témoignage porte sur une doctrine, un *dogme*, il est doctrinal; s'il porte sur des faits, il est historique.

Le témoignage historique, comme d'ailleurs le témoignage doctrinal, ne peut être une source de certitude intrinsèque. Il ne peut engendrer qu'un acte de foi.

b) Le témoignage historique peut porter sur des faits contemporains ou sur des faits passés.

Le témoignage portant sur des faits passés peut être *oral* — le témoignage de la tradition —, *écrit* — le témoignage des livres —, *monumental* — le témoignage des monuments.

c) Pour s'assurer du témoignage portant sur des faits contemporains, il suffit de rechercher si les témoins n'ont pas été trompés et ne trompent pas. Il faut, pour cela, examiner les caractères du fait rapporté, les qualités morales, intellectuelles (mentales) du témoin, les circonstances du témoignage, etc. En d'autres termes, il faut user de prudence et de discernement.

d) Si le témoignage porte sur des faits passés et s'il est oral, il faut s'assurer que, dans la série des témoins qui rapportent les faits, il n'y a aucune époque ou les témoins ont été trompés ou trompeurs. Il faut, pour cela, peser les raisons qui militent pour ou contre l'authenticité de la tradition: le caractère public du fait, l'existence de documents qui confirment la tradition, etc.

Si le témoignage est écrit, il faut rechercher si le livre qui nous le transmet, est *authentique, intègre* dans sa substance et *véridique*.

Un livre authentique est un livre vraiment écrit par l'auteur à qui on l'attribue généralement, ou qui du moins est paru à l'époque qu'on lui attribue.

Un livre intègre dans sa substance est celui qui nous est parvenu sans grande mutilation.

Un livre véridique raconte et décrit des choses vraies. L'authenticité et l'intégrité d'un livre se constatent par des signes extrinsèques ou intrinsèques.

Signes extrinsèques: tradition orale, témoignage d'adversaires, soin jaloux avec lequel on l'a conservé, etc.

Signes intrinsèques: style du livre, doctrine et opinions qu'il renferme, forme de l'écriture et du papier, etc.

La véracité du livre se prouve par les caractères moraux et mentaux de son auteur, par la substance et l'importance des faits rapportés, etc.

Il faut, en cette matière, faire appel aux règles de la critique historique qui sont très variées et très complexes.

Le témoignage des monuments doit être examiné à la lumière des signes intrinsèques et extrinsèques.

L'authenticité d'un monument élevé pour commémorer un fait public et contemporain, peut, par exemple, être difficilement mise en doute.

222 ▸ LE SENS COMMUN.- 1° Un jugement de sens commun est *un jugement porté par tous les hommes sur les vérités faciles à connaître.*

Il n'est pas nécessaire que ce jugement soit porté par tous les hommes sans exception; il suffit qu'il soit porté par la plupart des hommes.

2° Un jugement de sens commun est un témoignage de l'humanité. Il cause donc, chez celui qui l'accepte, un acte de foi humaine; il ne fait pas connaître une vérité en elle-même.

3° Cette précision étant posée, nous pouvons nous demander quelle valeur peut avoir un jugement de sens commun, ou quelle certitude il peut produire.

4° Nous avons dit que le sens commun a pour objet une vérité facile à connaître.
Deux cas peuvent se présenter:
Premièrement, nous pouvons savoir que cette vérité est facile à connaître, parce que nous percevons qu'elle est immédiatement évidente par la connexion du sujet et du prédicat, ou qu'elle est le fruit d'un raisonnement très élémentaire. En d'autres termes, nous pouvons savoir que cette vérité est connue naturellement ou presque naturellement par la raison.
Deuxièmement, nous ne savons pas positivement que cette vérité est évidente ou presque évidente, mais nous pouvons avoir des motifs sérieux de penser qu'elle est facile à connaître.

Dans le premier cas, le témoignage du sens commun ne peut pas être considéré comme un argument. Si nous savons qu'une vérité est évidente, nous connaissons cette vérité. Nous n'avons plus à la croire en nous appuyant sur le consentement universel de l'humanité. Celui qui connaît une vérité ne peut plus la croire, car la foi se porte sur une vérité non évidente.

Nous pouvons cependant invoquer le consentement universel pour corroborer un raisonnement, pour convaincre ceux qui ne peuvent pas saisir ce raisonnement ou pour disposer quelqu'un à suivre et à accepter un raisonnement.

Nous disons, par exemple, que le bien, d'après le sens commun, exclut l'imperfection. Il est immédiatement évident que le bien exclut l'imperfection ou le mal. Nous ne faisons appel au sens commun que pour faire ressortir cette évidence.

Nous pouvons, de même, invoquer le témoignage du sens commun en faveur de l'existence de la liberté ou de Dieu. Nous pouvons encore le faire pour établir que certaines lois morales ne peuvent être niées ou rejetées. Cet appel au sens commun est légitime, car nous savons que ces vérités sont évidentes ou presque évidentes. L'existence de la liberté est un fait immédiat de conscience; l'existence de Dieu est connue très facilement par la considération de l'ordre qui existe dans l'univers; les principes généraux, qui règlent les actes humains, sont connus naturellement ou presque naturellement.

Mais nous invoquons toujours le jugement du sens commun comme un indice de l'évidence immédiate ou presque immédiate d'une vérité, qu'il s'agisse de l'ordre spéculatif ou de l'ordre moral.

Dans le second cas, le témoignage du sens commun ne peut que fonder une probabilité. Nous ne savons jamais avec certitude si le jugement général des hommes n'est pas fondé sur les apparences de la réalité plutôt que sur la réalité elle-même. Les hommes ont longtemps cru, par exemple, en se fiant sur les apparences, que le soleil tournait autour de la terre.

223 - L'ERREUR.— 1° L'erreur ou la fausseté formelle est un *jugement faux*. Pour qu'un jugement soit faux, deux conditions sont requises: a) la connaissance de l'intelligence doit ne pas être conforme à une chose; b) l'intelligence doit affirmer que cette connaissance est conforme à cette chose. Ex.: si nous disons que l'homme est un animal irraisonnable, nous affirmons que le concept objectif signifié par le prédicat s'identifie à la chose signifiée par le sujet.

2° **La** difficulté posée par l'erreur, est la suivante: le jugement présuppose la simple appréhension. Or le jugement faux affirme ce qui n'est pas, ou nie ce qui est. Donc le jugement faux semble nier l'existence d'une simple appréhension préalable. En effet, pour nier ce qui est, nous devons ne pas connaître ce qui est; pour affirmer ce qui n'est pas, nous devons connaître ce qui n'est pas, c'est-à-dire ne rien connaître.

Cette difficulté, déjà soulevée par Platon, a fait dire à Cousin et Spinoza qu'il n'y a pas d'erreurs proprement dites, mais uniquement des connaissances inadéquates.

Une connaissance inadéquate ne peut cependant pas être considérée comme une erreur. Lorsque nous disons que l'homme est un animal, nous ne faisons pas erreur, bien que nous n'ayons qu'une connaissance inadéquate de l'homme.

Descartes, à cause de la même difficulté, rattache le jugement erroné à la volonté dont il serait un acte.

Il faut pourtant affirmer, contre Descartes, que le jugement est essentiellement un acte de l'intelligence.

La difficulté soulevée par le jugement erroné est assez facile à résoudre.

Il y a un jugement erroné, lorsque l'intelligence nie d'une chose un prédicat qui lui convient, ou encore lorsqu'elle affirme de cette chose un prédicat qui ne lui convient pas. Le jugement erroné présuppose donc toujours la simple appréhension d'un prédicat ou d'un objet. Il est posé parce que l'intelligence donne trop d'extension à son adhésion: l'intelligence nie un prédicat d'un sujet, parce qu'elle n'a pas saisi que ce prédicat appartient à ce sujet; ou encore elle affirme faussement un prédicat d'un sujet, parce qu'elle n'a pas perçu que ce sujet exclut ce prédicat.

3° On le voit, l'erreur est formellement dans l'intelligence. Mais, comme l'intelligence n'est pas déterminée par l'évidence de son objet à porter un jugement faux, l'erreur a sa cause éloignée dans la volonté libre qui fait adhérer l'intelligence à une proposition. C'est ce qui explique que les préjugés, les passions ou la précipitation sont des causes d'erreurs.

4° L'explication dernière de l'erreur, c'est la faiblesse de l'intelligence humaine qui est rivée, par son objet, à la matière.

CHAPITRE III

L'ÊTRE FINI

ARTICLE PREMIER

LA COMPOSITION DE L'ÊTRE FINI

224 - LA COMPOSITION D'ACTE ET DE PUISSANCE.— 1° *L'acte et la puissance comme principes de l'être fini.—* a) Nous avons déjà examiné plusieurs fois le problème de la multiplication des êtres.

Premièrement, nous nous sommes demandé si les êtres peuvent se distinguer par des réalités autres que l'être. Et nous avons répondu que toute réalité est formellement un être, que l'être est *transcendant*.

Deuxièmement, nous avons examiné la relation logique entre la notion d'être et ses inférieurs. Nous avons dit que la notion d'être n'est pas une notion univoque, mais qu'elle est une notion analogue.

Ici nous considérons le problème de la multiplication des êtres sous un autre aspect.

Il ne peut exister plusieurs êtres que si cet être n'a pas toute la perfection de cet autre être, ou que si la perfection de cet être est distincte de la perfection de cet autre être. Il résulte que la multiplication des êtres requiert l'existence d'un être fini. Deux êtres ne sont distincts entre eux que dans les cas suivants: ou l'un a toute la perfection de l'être — il est infini, et l'autre n'a pas toute cette perfection — il est fini; ou encore tous deux ont des perfections d'être limitées et distinctes: ils sont tous deux finis.

b) Nous pouvons dire qu'un être est fini, parce que Dieu, en le produisant, lui a déterminé une limite. Mais nous n'indiquons par là que le principe extrinsèque qui explique l'existence de l'être fini.

Nous devons ici étudier la structure même de l'être fini, et chercher les principes intrinsèques qui expliquent la limite et, par suite, la multiplication de l'être.

Et nous disons que seule la composition d'acte et de puissance peut expliquer la structure de l'être fini.

c) L'être fini est pris comme complet. En d'autres termes, nous considérons l'être fini existant, qu'il ait l'existence en lui-même — comme la *substance*, ou dans un autre — comme *l'accident*.

d) Comme nous l'avons déjà vu, les notions d'acte et de puissance nous sont manifestées par la réalité du changement: un homme ne devient musicien (*en acte*) que s'il *pouvait* devenir musicien.

L'acte est donc une *détermination*, une *perfection*.

La puissance est une *possibilité*.

La possibilité peut être *logique* ou *objective*, *réelle* ou *subjective*.

La possibilité logique, c'est une pure non-répugnance à l'être, c'est ce qui n'implique pas contradiction.

La possibilité réelle ou subjective, c'est la capacité réelle d'un sujet qui existe, à une perfection réelle.

La capacité réelle peut être considérée comme productrice, ou comme réceptive.

La première est dite *active* ou *opérative*: l'intelligence est une puissance opérative.

La seconde est dite passive: la capacité du bois à devenir une statue.

La puissance qui, avec l'acte, constitue l'être fini, est une puissance *réceptive* et *passive*. En d'autres termes, cette puissance est passive dans la ligne de l'être, quoiqu'elle puisse être active dans un autre ordre, comme dans celui de l'opération.

e) L'acte et la puissance sont des entités réelles, mais ne sont pas des êtres: un être ne peut pas être constitué par d'autres êtres. L'acte et la puissance ne sont que des *parties* d'un être complet. Ils sont les premières réalités *par lesquelles* est intrinsèquement constitué l'être fini. Voilà pourquoi on les appelle les premiers principes intrinsèques de l'être fini.

g) Tous les panthéistes, les monistes ont nié ou ont ignoré l'existence de l'acte et de la puissance. Les scolastiques, à la suite d'Aristote, ont toujours considéré les notions d'acte et de puissance, comme des notions premières et fondamentales.

h) Prouvons donc la thèse suivante:

Tout être fini est composé de puissance et d'acte.

Tout être qui est limité est intrinsèquement composé de puissance et d'acte. Or l'être fini est limité. Donc l'être fini est intrinsèquement composé de puissance et d'acte, et ce sont là ses premiers principes constitutifs.

La mineure est évidente.

À la majeure.— Un être limité comporte deux choses: la perfection de l'être et la limitation de cette perfection. Or cette limitation ne provient pas de la perfection, car elle lui est opposée; elle ne provient pas du non-être, car le non-être est le néant et ne peut être un principe réel de limitation. Elle provient donc d'un principe positif réellement distinct de cette perfection, principe qui limite cette perfection, et qu'on appelle puissance.

i) L'être est donc soit un acte pur, soit un composé d'acte et de puissance. S'il est infini, il est acte pur, car il exclut la limitation; s'il est fini, il est constitué d'acte et de puissance comme de principes intrinsèques. L'acte est la perfection qui constitue l'être fini; la puissance est le principe qui limite cette perfection.

2° *La distinction entre l'acte et la puissance.*— a) L'acte et la puissance ne doivent pas être considérés comme deux êtres. Ils sont deux principes ou co-principes de l'être fini. Ils ne peuvent donc pas être distincts comme le sont, par exemple, Pierre et Paul. Ils ne peuvent exister que comme parties constitutives de l'être composé, et ne peuvent être conçus en dehors ou en marge de cet être.

Il existe cependant, entre l'acte et la puissance, une distinction réelle, c'est-à-dire une distinction donnée avant la considération de l'intelligence. L'acte est une réalité autre que la puissance, et la puissance est une réalité autre que l'acte, bien que ces deux réalités ne soient pas des êtres, mais des principes de l'être fini.

b) Prouvons notre affirmation.

L'acte et la puissance sont des réalités distinctes

Des concepts adéquatement distincts signifient des réalités distinctes. Or le concept de l'acte et le concept de la puissance sont adéquatement distincts. Donc l'acte et la puissance sont des réalités distinctes.

A la majeure.— Des concepts adéquatement distincts sont des concepts qui s'opposent entre eux, comme les concepts de Pierre et de Paul.

Des concepts inadéquatement distincts sont des concepts qui ne s'opposent pas entre eux, comme les concepts d'animal et de raisonnable. L'animal n'exclut pas le raisonnable, mais l'appelle plutôt: un animal peut être raisonnable, et l'animal est compris dans la compréhension de l'être raisonnable, car tout être raisonnable est essentiellement animal.

Des concepts inadéquatement distincts ne signifient pas nécessairement des réalités distinctes: ils peuvent signifier une seule et même réalité connue sous des aspects divers.

Au contraire, des concepts adéquatement distincts signifient nécessairement des réalités distinctes. Ces concepts, en effet, s'opposent et s'excluent mutuellement, et par suite ne peuvent être fondés sur une réalité commune. Autrement notre connaissance ne serait plus objective. Nous ne pourrions plus affirmer que Pierre et Paul, par exemple, sont des êtres réellement distincts.

A la mineure.— Le concept *d'acte* dit perfection; le concept de *puissance* dit limitation de cette perfection, ou privation de cette perfection. Les concepts d'acte et de puissance s'excluent donc, et sont adéquatement distincts.

3° *La limitation de l'acte par la puissance.*— a) Nos concepts nous représentent des perfections limitées: l'être fini n'a pas toute la perfection de l'être; Paul a cette perfection qui le constitue homme, mais il n'a pas toute la perfection humaine; le rouge a la perfection de la couleur, mais il n'a pas toute la perfection de la couleur.

b) Les perfections limitées posent le problème suivant: la perfection, l'acte est-il limité par lui-même, ou n'est-il limité que par une puissance qui le reçoit?

Suarez et Scot prétendent qu'un acte peut être limité par lui-même.

Saint Thomas enseigne qu'un acte ne peut être limité que par une puissance qui le reçoit. Cette affirmation ne signifie pas que tout acte non reçu est absolument illimité. Elle signifie qu'un acte non reçu dans une puissance est illimité *dans son ordre*.

Une couleur, par exemple, qui ne serait pas reçue dans un sujet ou une puissance, posséderait toute la perfection de la couleur. Elle serait illimitée dans la ligne de cette perfection.

Chaque ange est une forme simple: son essence, qui est puissance par rapport à l'existence, est constituée par une forme — un acte — non reçue dans la matière. Chaque ange épuise donc, pour ainsi dire, la perfection de son espèce. Il possède sans limites la perfection de son espèce.

Dieu, dont l'existence n'est pas reçue dans son essence, est illimité dans la ligne de l'existence ou de l'être: il est l'être infini.

c) Prouvons l'affirmation de saint Thomas.

L'acte ou la perfection de soi n'implique pas sa limitation, car autrement la perfection comme telle impliquerait sa négation: la perfection serait l'imperfection, ce qui est contradictoire. Une perfection, dans un ordre donné, ne peut donc être limitée par elle-même. Elle ne peut être limitée que par un principe positif, distinct, qui la restreint, principe qu'on appelle la puissance.

d) Un acte non reçu dans une puissance n'est pas seulement illimité dans son ordre, mais il est aussi unique dans cet ordre donné. Car la multiplication d'un acte implique une distinction et, par suite une opposition. Or l'acte ne peut être de soi opposé à lui-même: il se nierait lui-même. Donc, s'il n'est pas reçu dans une puissance, il demeure unique dans son ordre.

225 - La composition d'essence et d'existence.—1° *La preuve de cette composition.*— a) Nous considérons toujours l'être fini complet, c'est-à-dire l'être fini existant actuellement, que cet être soit une substance ou un accident.

b) Nous avons déjà décrit l'être: ce dont l'acte est l'être ou l'existence. Par suite, dans l'être nous pouvons distinguer, au moins logiquement, deux éléments: le sujet de l'existence et l'existence elle-même.

On appelle *essence* le sujet de l'existence.

L'existence est l'acte dernier de l'être, ou l'acte de l'être en tant qu'être. Elle se définit: *l'acte par lequel une chose est posée en dehors de ses causes et du néant.*

c) Le concept de l'essence et le concept de l'existence sont deux concepts distincts. À ce sujet, il ne peut y avoir aucun doute.

De même, entre une essence considérée comme possible ou considérée d'une manière abstraite, et une existence actuelle, il existe une distinction réelle négative: l'être qui existe se distingue réellement, quoique d'une manière négative, de l'être qui n'existe pas.

La question qui se pose ici est la suivante: y a -t-il une distinction réelle et positive entre l'essence et l'existence de l'être fini qui existe?

Une distinction réelle est celle qui est donnée avant toute considération de l'intelligence. La distinction réelle est positive, lorsqu'elle est donnée entre deux réalités, et non pas entre une réalité et sa négation.

d) L'essence et l'existence ne peuvent être distinctes comme deux êtres — comme Pierre et Paul —, mais uniquement comme co-principes de l'être complet.

d) Henri de Gand (+ 1293), Suarez, Vasquez et quelques scolastiques modernes affirment que l'essence et l'existence de l'être fini ne se distinguent que logiquement.

Les philosophes arabes (Alfarabi (10e s.), Avicenne (+ 1037), les scolastiques, comme Guillaume d'Auvergne, Alexandre Halès, saint Bonaventure, saint Albert le Grand, saint Thomas et leurs disciples, affirment qu'il existe une distinction réelle positive entre l'essence et l'existence de tout être fini, que cet être soit matériel ou immatériel, qu'il soit une substance ou un accident.

e) L'affirmation de ces auteurs n'est qu'une application du principe établi plus haut: *tout être fini est intrinsèquement constitué de puissance et d'acte comme de principes réellement distincts.*

e) Prouvons, par deux arguments, la doctrine suivante:

Dans tout être fini, l'essence et l'existence sont réellement distinctes.

1) L'acte se distingue réellement de la puissance dans laquelle il est reçu. Or, dans l'être fini, l'existence est reçue dans l'essence comme

un acte dans une puissance. Donc, dans l'être fini, l'existence et l'essence sont deux réalités distinctes.

La majeure a déjà été démontrée (n. 224).

À la mineure.— Tout acte est limité par une puissance dans laquelle il est reçu. Or l'existence est un acte — elle est l'acte ultime de l'être, l'acte de l'être en tant qu'être —, et dans l'être fini, cet acte est limité, comme il est évident. Donc l'existence de l'être fini est reçue dans une puissance, dans un sujet, c'est-à-dire dans l'essence.

2) Si l'existence s'identifiait à l'essence de l'être fini, l'existence entrerait dans la définition essentielle de l'être fini. Or l'existence n'entre pas dans la définition essentielle de l'être fini. Donc l'existence ne s'identifie pas à l'essence de l'être fini, mais elle en est réellement distincte.

À la majeure.— La définition essentielle signifie l'essence d'une chose.

À la mineure.— Aucun être fini ne peut se définir par son existence: l'ange, — tout comme l'homme —, n'est pas celui qui est. Dieu seul peut se définir: Celui qui est.

2° Objections contre la thèse.— a) Pour qu'une réalité soit limitée, il suffit qu'elle soit produite: tout ce qui est produit est limité. Or l'existence de l'être fini est produite. Donc l'existence de l'être fini est limitée parce qu'elle est produite; il n'est pas nécessaire d'expliquer sa limitation par une puissance qui la reçoit.

Réponse.— Cette objection n'indique que le principe extérieur ou extrinsèque de la limitation de l'être. Elle ne résout pas le problème que nous avons posé, celui de la constitution intrinsèque ou de la structure de l'être fini.

b) Un acte ne peut être reçu dans une puissance qui n'existe pas avant de recevoir l'acte. Or l'essence ne peut exister avant de recevoir l'existence. Donc l'existence ne peut être reçue dans l'essence.

À la majeure.— Un acte peut être reçu uniquement dans une puissance qui existe avant de recevoir l'acte, je nie; un acte peut aussi être reçu dans une puissance qui lui est antérieure dans l'ordre de la causalité matérielle, mais qui n'existe dans le composé que par son union avec cet acte, **je concède.**

À la mineure.— L'essence n'existe pas avant de recevoir l'existence, **je concède**; l'essence, unie à l'existence, n'existe pas dans le composé et n'est pas antérieure à l'existence, comme sujet ou comme cause matérielle, **je nie.**

L'objection provient de ce que l'on conçoit l'essence et l'existence comme deux êtres complets, et non comme deux principes d'un être complet.

c) Des réalités distinctes sont séparables. Or l'essence et l'existence ne peuvent être séparées. Donc l'essence et l'existence ne peuvent être distinctes.

À la majeure.— Des réalités séparables sont réellement distinctes, je concède; des réalités non séparables ne sont pas réellement distinctes, je nie.

À la mineure.— L'essence et l'existence d'un être fini ne sont pas naturellement séparables, je concède; l'essence d'un être fini ne peut, par miracle, être séparée de son existence propre, je nie.

La nature humaine de Notre-Seigneur n'a pas son existence propre, mais elle existe par l'existence divine.

226 - La composition de substance et d'accidents.— a) Une considération élémentaire des êtres finis nous donne immédiatement une connaissance confuse de la substance. Nous percevons, par exemple, que Pierre, Paul sont des êtres en soi, distincts des êtres qui les entourent. Une analyse ultérieure nous révèle des entités existant dans la substance, c'est-à-dire des accidents: Pierre est coloré, Pierre a des facultés, Pierre pose des actes.

Nous devons ici analyser cette connaissance obscure et chercher la raison qui exige une composition de substance et d'accidents dans l'être fini.

b) La substance apparaît à la connaissance comme une chose existant en soi. L'accident apparaît comme une forme, un acte existant dans un sujet déjà doué de son existence.

La substance se décrit: *une chose, une quiddité à qui il appartient d'exister en soi, et non dans une autre comme dans son sujet d'inhérence.*

Par opposition, l'accident est *une chose, une quiddité à qui il appartient d'exister dans une autre comme dans son sujet d'inhérence.*

c) Certains philosophes ont nié l'existence de la substance — Locke, Hume, Renouvier, Bergson; d'autres ont nié l'existence d'accidents réellement distincts de la substance — Descartes.

d) Il existe plusieurs arguments pour prouver la réalité de la substance et des accidents, et leur distinction réelle. Nous pouvons, par exemple, considérer l'être fini et montrer qu'il est une substance à laquelle s'ajoute une relation prédicamentale au Créateur.

Nous pouvons encore nous appuyer sur nos concepts et énoncer l'argument suivant: À des concepts adéquatement distincts correspondent des réalités distinctes. Or le concept de la substance et le concept de l'accident sont adéquatement distincts. Donc la substance et l'accident sont des réalités distinctes.

Nous allons considérer l'être fini dans la ligne de son opération, et nous allons montrer que l'activité de l'être fini appelle une composition de substance et d'accidents qui sont des réalités distinctes.

Voici l'argument:

Toute activité limitée est un acte surajouté à une substance: c'est un accident. Or tout être fini est doué d'une activité limitée. Donc tout être fini, considéré dans la ligne de son opération, appelle une composition de substance et d'accidents.

À la majeure.— Une activité, une opération limitée est un acte reçu dans une puissance — car un acte non reçu est illimité. Or cet acte reçu ne constitue pas l'être fini et n'est pas l'existence de l'être fini: il ne constitue pas l'être fini, car l'être fini, composé de puissance et d'acte, est un perfectible qui se perfectionne par son activité; il n'est pas l'existence de l'être fini, car il présuppose cet être déjà existant et tendant à une perfection ultérieure. Donc l'activité limitée est un acte secondaire ajouté à un sujet déjà existant par lui-même; en d'autres termes, elle est un accident ajouté à une substance.

À la mineure.— Si l'activité de l'être fini n'était pas limitée, cette activité serait acte pur. Par suite, l'être fini serait lui-même acte pur, ce qui est contradictoire.

Remarque.— On le voit, la composition de substance et d'accidents présuppose la distinction réelle de l'essence et de l'existence dans l'être fini, et est exigée par cette distinction.

———————

ARTICLE II

LA SUBSTANCE.

227 - LA NATURE DE LA SUBSTANCE.— La substance est parfois employée pour désigner l'essence d'une chose. Prise sous cet aspect, la substance peut s'appliquer à tout être. On peut parler, par exemple, de la substance, c'est-à-dire de l'essence d'un accident.

Selon qu'elle se distingue des accidents, la substance (sub-stare) désigne le sujet qui soutient les accidents. On la définit: *une chose, une quiddité à qui il appartient d'exister en soi, et non dans une autre comme dans un sujet d'inhésion.*

La substance a trois aspects: a) elle n'existe pas dans un sujet d'inhésion; b) elle soutient les accidents, elle est leur substratum; c) elle existe en soi.

Le premier aspect ne peut constituer la nature de la substance, car il est purement négatif.

Le second aspect présuppose que la substance a déjà sa nature, car, pour servir de soutien aux accidents, la substance doit d'abord exister comme sujet.

Il résulte donc que la nature de la substance est constituée par le troisième aspect: *la substance est une chose qui existe en soi.*

Il faut cependant noter que la nature de la substance n'est pas *l'existence en soi,* car dans tout être fini, l'existence est réellement distincte de l'essence. La substance est essentiellement une chose, une quiddité qui dit un ordre transcendantal à une existence en soi.

228 - LA DIVISION DE LA SUBSTANCE.— 1° La substance est dite *première* ou *seconde.*

La substance première est la substance individuelle, concrète. Elle se définit: *celle qui n'existe pas dans un sujet, et qui ne peut être attribuée à un sujet.* Ex.: Pierre, Paul.

La substance seconde est la substance universelle ou abstraite. Elle se définit: *celle qui n'existe pas dans un sujet, mais qui peut être attribuée à un sujet.* Ex.: homme, animal.

Cette distinction de la substance en *première* et *seconde*, est prise de l'ordre logique. Voilà pourquoi le terme *sujet*, dans les définitions que nous venons de poser, est pris en deux sens distincts. Lorsque nous disons que la substance première et seconde n'existent pas dans un sujet, nous parlons d'un sujet *physique*: la substance seconde ou universelle n'existe pas dans un sujet physique, mais elle s'identifie à ce sujet: Pierre est homme. Lorsque nous disons que la substance première n'est pas attribuée à un sujet, et que la substance seconde est attribuée à un sujet, nous parlons d'un sujet *logique*. Le singulier joue le rôle de sujet, l'universel joue plutôt le rôle de prédicat.

2° La substance est dite *spirituelle* ou *matérielle* selon qu'elle peut ou ne peut pas exister indépendamment de la matière. L'ange, l'âme humaine sont des substances spirituelles ou immatérielles; la plante est une substance matérielle.

3° La substance est encore dite *complète* ou *incomplète*.

La substance incomplète est un principe substantiel destiné à former, par son union à un autre principe substantiel complémentaire, un tout substantiel unique partageant le même acte d'existence: la matière première, la forme substantielle.

La substance complète est un tout substantiel ayant par lui-même son acte d'existence: un homme, un ange.

4° La substance peut être *incomplète dans la ligne de la substance et de l'espèce*, ou *incomplète dans la ligne de l'espèce seulement*.

La première est un principe substantiel qui ne peut exister sans être uni à un autre principe substantiel complémentaire, et qui, par son union à ce principe, constitue un être d'une espèce déterminée: l'âme végétative, l'âme sensitive.

La seconde est un principe substantiel qui peut exister par lui-même, mais qui doit être uni à un autre principe substantiel complémentaire pour constituer un être d'une espèce déterminée. L'âme raisonnable est la seule substance incomplète dans la ligne de l'espèce seulement. Elle doit être unie à la matière première pour constituer l'homme, mais elle peut exister sans être unie à la matière première.

5° La substance complète est *simple ou composée.*

Une substance composée est une substance qui résulte de plusieurs principes substantiels: l'être spatio-temporel.

Une substance simple est celle qui n'est pas composée de matière et de forme substantielle: l'ange.

229 - LA SUBSISTANCE.— 1° Considérons un être substantiel, comme Pierre. Pierre a sa nature substantielle singulière ou individuée; il est de plus un être *qui* existe, qui *subsiste.*

La nature singulière de Pierre — qui est une nature humaine — est *ce par quoi* Pierre est tel homme. Mais Pierre lui-même est un être substantiel *qui* existe.

Cette première considération semble nous inviter à poser dans Pierre ou dans la substance une réalité autre que l'individuation, réalité que nous devons appeler la *subsistance.*

2° La Foi nous enseigne que Notre-Seigneur est une personne divine possédant deux natures, la nature humaine et la nature divine. La nature humaine de Notre-Seigneur est singulière, individuée, et subsiste dans la personne du Verbe. De plus, la Révélation nous dit qu'en Dieu il existe une seule nature — nature qui est singulière — et trois Êtres subsistants ou trois Personnes. Donc, en nous appuyant sur la Foi, nous pouvons déduire que la subsistance est une réalité autre que l'individuation.

3° Pour nous convaincre de la vérité de cette déduction, examinons les concepts d'individuation et de subsistance.

L'individuation s'oppose à l'universalité et est commune à la substance et à l'accident.

L'individuation ne fait que nier la possibilité pour une nature d'être communiquée à des inférieurs, possibilité qui est le propre de l'universel.

La subsistance, au contraire, ne s'oppose pas à l'universalité. Elle s'oppose à l'inhérence dans un sujet; elle nie la possibilité pour une nature singulière d'être communiquée à un sujet dans lequel elle existerait.

La subsistance rend donc une substance incommunicable à un sujet. Elle n'est pas l'individuation de la substance; elle présuppose cette individuation et la complète afin de permettre à la substance d'exister en soi. Elle est le terme de la substance, comme le point est le terme de la ligne.

4° Un argument permet de prouver que la subsistance est extérieure à la nature de la substance finie.

Ce qui fait sortir la substance de son rôle de *nature* pour lui permettre de jouer le rôle de *sujet* à l'égard de l'existence et des accidents, est extérieur à la nature de la substance. Or la subsistance fait sortir la substance finie de son rôle de *nature* pour lui permettre de jouer le rôle de *sujet* à l'égard de l'existence et des accidents. Donc la subsistance est extérieure à la nature de la substance.

La majeure est évidente. Une perfection qui fait sortir la substance de son rôle de nature, ne peut être intérieure à la nature de cette substance. Elle est réellement distincte de cette nature.

À la mineure.— L'union de la substance à l'existence et aux accidents, est sans mélange et sans confusion: la substance ne change pas de nature par son union à l'existence et aux accidents, tout comme les accidents ne changent pas de nature par leur union à la substance. Or une telle union ne pourrait exister si la substance gardait son rôle de nature, car celle-ci s'unirait alors à l'existence et aux accidents comme un *quo*, comme un principe partiel pour former avec eux une troisième quiddité — un *tertium quid*. La substance est donc unie à l'existence et aux accidents comme un sujet, et c'est par la subsistance qu'elle exerce cette fonction de sujet.

5° La subsistance n'est donc pas l'existence reçue dans la substance, comme le prétendent certains scolastiques, ni un accident, car elle se place entre la nature de la substance et l'existence ou les accidents. Elle n'est pas une forme substantielle, car dans tout être qui a une nature, il ne peut exister qu'une seule forme substantielle. Elle est formellement un terme qui complète la substance et lui permet de s'unir à l'existence et aux accidents sans mélange et sans confusion. Et comme ce qui termine formellement une chose est un mode d'être de cette chose — le point est un mode d'être de la ligne —, la subsistance se définit: *un mode substantiel de la substance individuée.*

6° La subsistance, comme mode ou terme de la substance individuée, est comme le complément de l'individuation.

On peut donc considérer la subsistance dans sa racine, c'est-à-dire avec l'individuation, ou formellement comme terme de l'individuation, comme mode substantiel.

Dans les substances matérielles, l'individuation et les principes d'individuation sont extérieurs à la nature: la brute, par sa nature, dit un composé de chair et d'os, elle ne dit pas un composé de cette chair et de ces os.

Dans les substances simples ou immatérielles, l'individuation n'est pas extérieure à la nature: l'ange est individué par sa forme, par sa nature .

Si l'on considère la subsistance dans sa racine, c'est-à-dire avec l'individuation, il faut donc dire que la subsistance n'est pas extérieure à la nature des substances simples ou spirituelles, bien qu'elle soit extérieure à la nature des substances matérielles.

Si l'on considère la subsistance formellement comme terme de l'individuation, c'est-à-dire comme mode substantiel, il faut dire que la subsistance est extérieure à la nature de toute substance finie, que cette substance soit spirituelle comme l'ange, ou matérielle, comme l'homme. Toute substance finie est en effet en puissance à l'existence et à des accidents qu'elle reçoit comme sujet. Et c'est pour exercer cette fonction de sujet que la substance finie doit être complétée par un mode — une subsistance — extérieur à sa nature.

En Dieu, qui est acte pur, la subsistance s'identifie à la nature ou à l'essence, car l'acte pur n'est pas distinct de son existence et n'est pas sujet d'accidents.

230 - LE SUPPÔT ET LA PERSONNE.— 1° Le terme suppôt (sub-ponere) indique ce qui *se tient sous* l'existence et les accidents. Il signifie la substance comme subsistance. On le définit: *une substance complète, individuée et subsistante.* On dit

une *substance*, pour exclure l'accident;

une substance *complète*, pour exclure une substance incomplète comme l'âme sensitive, l'âme humaine;

une substance *individuée*, pour exclure la substance abstraite ou universelle qui est communicable à des sujets inférieurs;

une substance *subsistante*, pour indiquer que le suppôt est la substance exerçant sa fonction de sujet à l'égard de l'existence et des accidents et niant l'inhérence à un autre sujet.

2° Le suppôt peut être irraisonnable ou raisonnable, intellectuel.

Le suppôt irraisonnable garde le nom générique de suppôt.

Le suppôt intellectuel s'appelle la personne. La personne, qui peut être soit humaine, soit angélique, soit divine, se définit: *un suppôt ayant une nature intellectuelle.* Boèce (470-524) l'appelle: «Rationalis naturae individua substantia».

C'est la définition métaphysique de la personne.

Les modernes, qui considèrent la personne plutôt au point de vue psychologique, la définissent: *un individu qui a une conscience claire de lui-même et agit en conséquence.*

ARTICLE III

LES ACCIDENTS.

231 - LA NATURE DE L'ACCIDENT.— L'accident est un acte second, une forme secondaire ajoutée à la substance. Il est un être existant dans un autre (ens in alio).

On le définit: *une chose, une quiddité à qui il appartient d'exister dans une autre comme dans son sujet d'inhérence.* Les mots: *sujet d'inhérence* indiquent de quelle façon caractéristique l'accident existe dans le sujet.

Il n'est pas simplement uni à ce sujet, comme la forme substantielle est unie à la matière première qui lui sert de sujet; il n'est pas dans ce sujet comme une partie dans un tout, comme un effet dans la cause, mais il suppose son sujet déjà doué d'une existence propre et existe lui-même dans ce sujet: il lui est inhérent.

Dans l'accident, on peut distinguer trois aspects: a) l'existence dans un sujet, b) l'union actuelle à ce sujet, c) la capacité de s'unir à ce sujet.

L'existence dans un sujet n'est pas la nature de l'accident car, dans tout être fini, l'existence est réellement distincte de l'essence.

L'union actuelle au sujet ne peut non plus constituer la nature de l'accident, car cette union présuppose l'accident déjà constitué.

La nature de l'accident est donc formellement constituée par sa capacité d'exister dans un sujet, capacité qui, elle-même, n'est que la relation transcendantale de l'accident à l'existence dans un sujet.

232 - L'ACCIDENT ET LA SUBSTANCE.— 1° *La causalité de la substance à l'égard de l'accident.*— a) La substance peut être dite, en un certain sens, la cause matérielle des accidents, car elle est leur sujet récepteur. b) La substance est encore cause efficiente des accidents, parce que les accidents émanent de la substance ou encore conservent leur existence grâce à la causalité continue de la substance. c) Enfin la substance est cause finale des accidents, car ceux-ci sont ordonnés à la perfection de celle-là.

2° *L'existence de l'accident.*— L'accident est composé d'une essence et d'une existence réellement distinctes. L'existence de l'accident
n'est pas reçue, à proprement parler, dans l'essence de l'accident. L'existence de l'accident est plutôt une existence secondaire de la substance. Voilà pourquoi l'accident n'est pas un être au sens strict; il
est l'être d'un être (ens entis).

3° *Les accidents peuvent exister sans être unis à la substance.*—
Ce problème est plutôt théologique que philosophique. Il est posé par le mystère de la Sainte Eucharistie: les accidents du pain et
du vin demeurent, la substance du pain et du vin disparaît pour faire
place au corps et au sang de Notre - Seigneur. De plus,
les accidents du pain et du vin n'existent pas dans la substance du
corps et du sang de Notre-Seigneur comme dans leur sujet; ils existent sans sujet.

Cette existence des accidents sans union à un sujet n'est pas
contradictoire; elle est donc possible par miracle.

Elle n'est pas contradictoire pour deux raisons: a) l'union actuelle de l'accident à une substance, et l'existence actuelle de l'accident dans la substance ne constituent pas la nature de l'accident: on
peut donc concevoir l'accident sans une telle union et sans une telle
existence.

b) L'existence de l'accident est comme un effet de la substance:
elle lui est communiquée par la substance. Mais Dieu peut suppléer
la causalité de la substance et peut, par miracle, produire immédiatement et conserver, comme cause efficiente, l'existence actuelle de
l'accident sans l'unir à une substance.

233 - La division des accidents.— L'accident peut affecter la substance en
elle-même, absolument, ou par rapport à un autre sujet.

Si l'accident affecte la substance en elle-même, il l'étend en parties
(*quantité*) ou la qualifie, la modifie (*qualité*).

Si l'accident affecte la substance par rapport à un sujet, il peut l'ordonner à un terme (*relation*) ou simplement la modifier par rapport à
un sujet extrinsèque.

Ce sujet peut être extrinsèque en partie seulement, ou totalement
extrinsèque. S'il est extrinsèque en partie seulement, il peut demeurer

intrinsèque quant à son principe (*action*) ou quant à son terme (*passion*).

S'il est totalement extrinsèque, il peut mesurer ou ne pas mesurer la substance.

Dans le premier cas, il peut la mesurer quant à la durée successive et continue (*quando*), quant au lieu. Si l'on ne considère pas la disposition des parties dans le lieu, on a l'accident *ubi* (*l'où*); si l'on tient compte de cette disposition, on a le *situs* (*la situation*).

Dans le deuxième cas, l'accident est appelé *habitus*, et signifie une détermination de la substance provenant de l'habit.

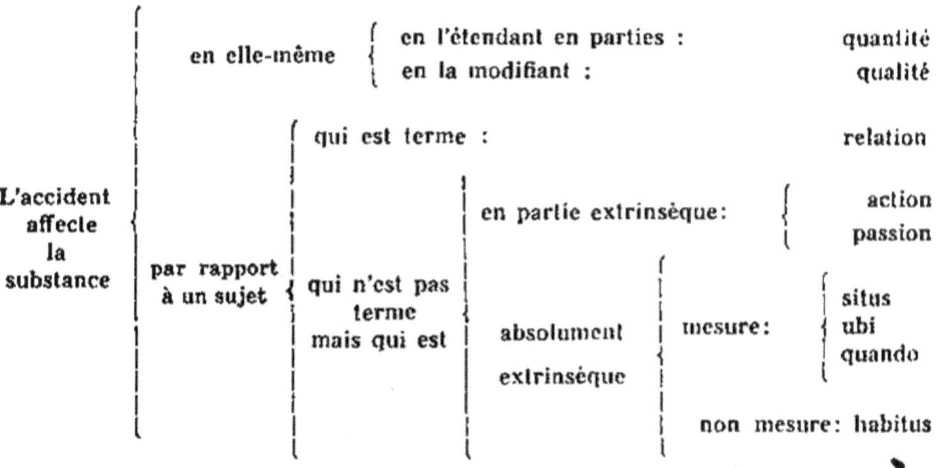

Nous parlons ici de la qualité et de la relation, car nous avons déjà traité des autres accidents dans la Philosophie de la nature.

234 -LA QUALITÉ.— 1° *Notion de la qualité.*— Aristote définit *la qualité*: un *accident suivant lequel on dit de la substance quelle elle est*. A première vue, cette définition peut paraître inexacte, car le terme *quelle* ne semble pas plus connu que le terme *qualité*. Cette définition a cependant sa valeur.

Comme la qualité est un genre suprême, il est difficile de ne pas faire entrer le défini dans la définition. De plus, la définition qu'Aristote donne de la qualité décrit l'abstrait (une qualité) par le concret (un accident qui. . . .).

Et comme le concret est plus connu que l'abstrait, la définition de la qualité est plus claire que son défini.

Saint Thomas nous donne de la qualité une définition plus exacte: *c'est un accident qui modifie ou dispose la substance en elle-même.*

Comme accident qui *modifie* la substance, la qualité se distingue de la quantité qui ne modifie pas la substance, mais l'étend en parties; comme accident qui modifie la substance *en elle-même*, elle se distingue des autres accidents, comme la relation, l'action, etc.

2° *La division de la qualité.*— On distingue quatre espèces doubles de qualité: la première est *l'habitus* et la *disposition*; la deuxième est la *puissance* et *l'impuissance*; la troisième est la *passion* et la *qualité passible*; la quatrième est la *forme* et la *figure*.

L'habitus est *une qualité stable qui dispose bien ou mal la substance soit en elle-même* (habitus entitatifs), *soit par rapport à son activité* (habitus opératifs): la vertu, la science.

La disposition est *une qualité fragile ou instable de sa nature, qui dispose bien ou mal le sujet soit en lui-même, soit par rapport à son opération:* la santé, l'opinion.

L'habitus et la disposition se distinguent donc par leurs caractères de stabilité ou d'instabilité. On emploie aussi le mot disposition en un sens générique: il désigne alors la disposition au sens strict et l'habitus. On dira, par exemple, que la science est une disposition.

La puissance ou la faculté est *le principe prochain de l'action ou de l'opération.* Le propre de la puissance est simplement d'attribuer la force d'agir. Elle se distingue par là des *habitus opératifs*, qui ne donnent pas simplement la force d'agir, mais qui déterminent cette force pré-existante d'une manière bonne ou mauvaise: la justice, le vice.

L'impuissance est *une puissance faible:* la vue dans le vieillard.

La qualité passible est *une qualité permanente qui suit ou cause une altération sensible:* la rougeur résultant d'une complexion sanguine. Si cette qualité est transitive, on l'appelle *passion:* la pâleur causée par la crainte, la rougeur causée par la honte.

La forme et la figure sont les termes de la quantité.

La forme se définit: *une qualité qui résulte de la disposition diverse des parties de la quantité dans les choses artificielles:* la forme d'une maison, la forme d'un navire.

La figure est *une qualité qui résulte de la disposition diverse de la quantité dans les choses naturelles*: la figure d'un homme, d'un singe, etc.

235 - LA RELATION.— 1° *L'existence des relations.* a) La relation en général indique un rapport ou un ordre d'une chose à une autre chose.

La relation se divise d'abord en relation d'*indication* et en relation d'*être*.

La relation d'indication, appelée aussi la relation transcendantale, est *l'ordre renfermé dans l'essence d'une chose absolue,* ou encore *l'entité d'une chose absolue ordonnée par son essence à une autre chose*: la relation de la forme à la matière, de la matière à la forme. Cette relation est dite relation *transcendantale,* parce qu'elle se trouve dans tous les prédicaments; elle est dite relation d'*indication,* parce que tout absolue qu'est la chose énoncée, son énonciation *indique* un rapport à une autre chose.

La relation d'être est *celle dont toute la nature est d'être un pur rapport à un terme*: la paternité, la filiation.

La relation d'être est soit *logique,* soit *réelle.*

La relation logique, la relation de raison *est l'ordre mis par notre intelligence dans les choses*: la relation entre le prédicat et le sujet, la relation de la chose connue à la connaissance.

La relation réelle, la relation prédicamentale est *un accident réel dont toute la nature consiste à être un pur rapport à un terme.* Dans la relation réelle ou prédicamentale, il y a donc deux aspects: l'aspect *dans* (l'esse in), par lequel la relation réelle est un accident; b) l'aspect *vers* (l'esse ad), par lequel cet accident est formellement une relation.

b) Certains nominalistes prétendent qu'il n'existe aucun accident réel, dans les choses, qu'on peut appeler une relation. Ils affirment que toute réalité est absolue. Nous n'avons le concept de relation qu'en comparant entre elles des réalités absolues.

c) Prouvons, contre ces nominalistes, qu'il existe des relations prédicamentales, ou des accidents dont la nature consiste dans un pur rapport.

Les relations trancendantales sont des réalités absolues; les relations de raison n'existent que dans la connaissance; mais il existe des réalités dont toute la nature est d'être un pur rapport. Donc il existe des relations prédicamentales.

À l'antécédent.— L'ordre de l'univers, l'ordre d'une armée, la similitude, la filiation, la paternité sont des réalités. Ces réalités ne sont pas absolues, mais sont des rapports à des termes, car lorsque ces termes disparaissent, elles n'existent plus: deux murs blancs sont semblables; s'il n'existe qu'un mur blanc, il n'existe plus de similitude.

Le conséquent est évident: si ces réalités ne sont pas absolues, elles ne sont pas des substances; elles sont des accidents.

2° *Conditions requises pour qu'une relation soit réelle ou prédicamentale.*— Quatre conditions sont nécessaires:

a) *Un sujet réel*: car tout accident existe dans un sujet.

b) *Un terme réel*: la relation dit rapport à un terme.

c) *La distinction réelle entre le sujet et le terme*: il ne peut y avoir de relation réelle d'une chose à elle-même.

d) *Un fondement réel ou une cause réelle*: la relation requiert un fondement réel d'une manière spéciale, à cause de son *entité minime*. Elle est, en effet, une entité résultant de la coordination de deux extrêmes. Elle doit donc, pour exister, dépendre d'une cause, d'un fondement réel qui l'ordonne à un terme, et ne requiert pas seulement un sujet et une cause productrice, comme les autres accidents.

Il y a trois genres de fondements de la relation:

la convenance et la disconvenance;

l'action et la passion;

la mesure et le mesurable.

3° *Division de la relation prédicamentale.*— a) La relation se divise accidentellement en *mutuelle* et *non mutuelle.*

La relation mutuelle est *celle qui comporte réciprocité*. Il y a relation mutuelle quand à une relation prédicamentale ou réelle répond une autre relation prédicamentale ou réelle: paternité et filiation.

La relation non mutuelle est *celle qui ne comporte pas réciprocité*: Elle existe quand à une relation réelle répond une relation de raison et vice versa: la relation de l'objet à la connaissance est une relation logique, tandis que la relation de la connaissance à l'objet est une relation réelle.

Deux relations logiques qui comportent réciprocité peuvent être dites mutuelles.

b) La relation prédicamentale se divise essentiellement d'après le fondement, selon qu'il se rapporte aux termes de la relation.

La convenance, la disconvenance, l'action, la passion, la mesure, le mesurable fondent donc des relations spécifiquement distinctes.

Deux relations, provenant d'un même fondement, sont essentiellement distinctes, si elles sont ordonnées à des termes distincts: la relation de dissimilitude qui existe entre un corps blanc et un corps noir, est essentiellement distincte de celle qui existe entre un corps blanc et un corps rouge.

c) La distinction numérique des relations se prend du sujet. Dans un seul et même sujet, il ne peut y avoir multiplication d'une même relation spécifique: si Pierre a plusieurs fils, il n'existe en lui qu'une seule relation de paternité, bien que cette relation ait des termes numériquement distincts.

CHAPITRE IV

L'ÊTRE INFINI

236 - Notions préliminaires.— La partie de la Métaphysique qui traite de l'Être infini ou de Dieu s'appelle la *Théologie naturelle*. On emploie parfois le mot de Théodicée, mais c'est là un terme impropre, car la Théodicée, d'après son étymologie, signifie la justification de Dieu.

La Théologie naturelle se distingue de la Théologie sacrée.

La Théologie sacrée est une science qui considère Dieu dans sa vie intime, Dieu tel qu'il nous est manifesté par la Révélation.

La Théologie naturelle étudie Dieu uniquement comme cause première de l'être fini, ou Dieu tel qu'il peut être manifesté par l'être fini. Voilà pourquoi on dit qu'elle atteint Dieu sous l'aspect commun d'être.

En partant de l'être fini, nous pouvons connaître Dieu dans son existence, dans son mode d'exister, dans ses opérations. Nous aurons donc trois articles:

Article I.— L'existence de Dieu.

Article II.— Le mode d'exister propre à Dieu.

Article III.— Les opérations divines.

1.— Les opérations immanentes de Dieu.

2.— Les opérations divines s'étendant à un effet extérieur.

ARTICLE PREMIER

L'EXISTENCE DE DIEU

237 - L'existence de dieu doit être démontrée.— 1° Par Dieu, nous entendons l'être suprême, la vérité première, le bien infini, ou encore *la première cause efficiente des êtres que nous connaissons directement.*

2° Il n'est pas nécessaire de démontrer une proposition, lorsqu'elle exprime un fait évident à l'expérience, ou encore lorsqu'elle est évidente en elle-même pour nous.

Une proposition peut être évidente en elle-même, mais non pas pour nous, si ses termes ne nous révèlent pas le lien essentiel et immédiat qui existe entre le prédicat et le sujet.

Une proposition est évidente en elle-même et pour nous lorsque ses termes nous révèlent immédiatement le lien essentiel qui existe entre le prédicat et le sujet, ex.: le tout est plus grand que sa partie.

3° Les scolastiques qui ont adopté la théorie de saint Augustin sur l'origine de la connaissance humaine, et qu'on appelle pour cette raison *les Augustiniens*, enseignent que Dieu nous est naturellement manifesté par une certaine illumination divine. D'après ces auteurs, Dieu est présent, comme objet de connaissance, à l'intime de notre âme. Nous l'atteignons donc immédiatement, quoique d'une manière confuse. Dans une telle conception, une démonstration de l'existence de Dieu ne sert qu'à corroborer notre première connaissance de Dieu, connaissance qui est presque intuitive.

Les principaux Augustiniens sont saint Bonaventure, Jean de la Rochelle, saint Anselme, etc. Saint Anselme s'efforce même de montrer par un argument — *l'argument ontologique* — que l'existence de Dieu nous est immédiatement connue.

Descartes, Leibniz prétendent que nous avons une connaissance *innée* de Dieu.

Aristote, saint Thomas et leurs disciples ont enseigné que l'intelligence humaine est, au début, comme une table rase sur laquelle rien n'est écrit, et qu'elle a pour objet propre la quiddité abstraite des choses matérielles.

Une telle conception exclut l'existence des idées innées et nie la possibilité d'une connaisance intuitive ou presque intuitive de Dieu. D'après cette doctrine, nous ne pourrions connaître immédiatement l'existence de Dieu que si la proposition: *Dieu existe* était évidente par la connexion immédiate du prédicat et du sujet. Or saint Thomas nous enseigne que cette proposition, bien qu'évidente en elle-même, n'est pas évidente pour nous. C'est dire que l'existence de Dieu doit être démontrée.

Nous parlons ici de la connaissance de Dieu que nous pouvons acquérir naturellement. Par la grâce, Dieu se manifeste au juste comme objet d'amour et de connaissance. Il *habite* en lui.

a)   La proposition : Dieu existe est évidente en elle-même

4° Prouvons l'affirmation de saint Thomas.

Une proposition dont le prédicat exprime la nature ou l'essence du sujet, est évidente en elle-même. Or, dans cette proposition: *Dieu existe,* le prédicat exprime la nature ou l'essence du sujet, car, en Dieu, l'existence s'identifie à l'essence, comme nous le verrons plus loin. Donc la proposition: *Dieu existe* est évidente en elle-même.

b)   La proposition : Dieu existe n'est pas évidente pour nous.

Une proposition dont les termes ne nous révèlent pas le lien immédiat entre le prédicat et le sujet, n'est pas évidente pour nous. Or dans cette proposition: *Dieu existe,* les termes ne nous révèlent pas le lien immédiat qui unit le prédicat et le sujet. Donc la proposition: *Dieu existe* n'est pas évidente pour nous et elle doit être démontrée.

A la majeure.— C'est la définition de la proposition évidente pour nous.

A la mineure.— L'objet propre de l'intelligence humaine, dans l'état d'union, c'est la quiddité des choses sensibles. Nous ne pouvons donc connaître Dieu et sa nature que par la recherche et le raisonnement.

5° **Le raisonnement de saint Anselme.**— Le mot Dieu signifie l'Être qui a toutes les perfections. Or l'existence est une perfection. Donc Dieu existe, et cette proposition nous est immédiatement connue par la seule notion du prédicat et du sujet.

Nous pouvons d'abord répondre que tous ne conçoivent pas Dieu comme l'Être qui a toutes les perfections. Beaucoup de philosophes païens ont dit que le monde était Dieu; certains peuples considèrent Dieu comme un homme, comme un astre.

Mais même si nous admettons que le mot Dieu signifie pour tous l'Être qui a toutes les perfections, nous pouvons encore distinguer la majeure et la mineure de l'argument ontologique, et montrer qu'il passe indûment de la pensée à la réalité, de l'ordre logique à l'ordre réel.

À **la majeure.**— *Le mot* Dieu *signifie l'Être que nous concevons comme ayant toutes les perfections,* je **concède**; *le mot* Dieu *signifie pour nous un Être ayant en fait toutes les perfections,* je **sous-distingue**: *si nous connaissons déjà l'existence de cet être,* je **concède**; *si nous ne connaissons pas déjà l'existence de cet être,* je **nie.**

À **la mineure.**— L'existence est une perfection que nous attribuons par la pensée à l'Être qui a toutes les perfections, je **concède**; qui appartient à l'Être qui a toutes les perfections, je **sous-distingue**: si cet Être existe en fait, je **concède**; si cet Être n'existe pas en fait, je **nie.**

238 - L'EXISTENCE DE DIEU PEUT ÊTRE DÉMONTRÉE.— 1° Les fidéistes prétendent que *l'existence de Dieu ne peut être connue par la raison naturelle, mais par la foi seule.* Les agnostiques nient tout ensemble et le pouvoir de la raison et les lumières de la foi.

2° Le Concile du Vatican a défini que Dieu, principe et fin de toutes choses, peut être connu avec certitude par la lumière naturelle de la raison, au moyen des choses créées.

Cette définition condamne les fidéistes et les agnostiques, mais elle ne dit pas explicitement que l'existence de Dieu peut être *démontrée.*

3° Les scolastiques enseignent communément que l'existence de Dieu peut être démontrée non *à priori,* mais *à posteriori.* Et c'est là une doctrine certaine.

Une démonstration *à priori* est celle qui va de la cause aux effets, de l'essence aux propriétés.

Une démonstration *à posteriori* va des effets à la cause, des propriétés à l'essence.

4° La démonstration *à posteriori* de l'existence de Dieu va des effets à la *cause propre.* On appelle cause propre celle dont un effet dépend nécessairement et immédiatement. Ex.: la cause propre d'une statue est le statuaire, et non pas le sculpteur. La statue est nécessairement produite par un sculpteur, car tout statuaire est un sculpteur; mais elle n'est produite immédiatement que par le sculpteur en tant que statuaire.

5° Prouvons l'enseignement commun des scolastiques.

a)   L'existence de Dieu peut être démontrée à priori.

Une démonstration *à priori* va de la cause à l'effet. Or Dieu n'a pas de cause, puisque, d'après sa définition nominale, il est la première cause. Donc l'existence de Dieu ne peut être démontrée *à priori*.

b)   L'existence de Dieu peut être démontrée à posteriori.

On peut démontrer, à partir des effets, l'existence de leur cause propre, pourvu que ces effets nous soient plus connus que leur cause. Or nous avons défini Dieu la première cause efficiente des choses que nous connaissons directement. Donc l'existence de Dieu peut être démontrée *à posteriori*. En d'autres termes, si Dieu existe, son existence peut être démontrée par les choses sensibles comme par ses effets.

239 - LA DÉMONSTRATION DE L'EXISTENCE DE DIEU.— 1° *Notions préliminaires.*— a) L'existence de Dieu peut être connue soit par un raisonnement presque naturel, soit par un raisonnement scientifique qui observe rigoureusement toutes les lois de la logique.

On appelle raisonnement presque naturel un raisonnement très facile, accessible à la plupart des hommes.

Le raisonnement presque naturel qui conduit à la connaissance de l'existence de Dieu s'appuie sur l'ordre du monde, sur notre désir naturel de bonheur, etc. En considérant, par exemple, l'ordre qui existe dans le monde, la plupart des hommes peuvent arriver à connaître l'existence d'un Être suprême qui est l'auteur de cet ordre.

Il y a plusieurs arguments scientifiques qui prouvent l'existence de Dieu.

Au début de la Somme théologique, saint Thomas démontre l'existence de Dieu par cinq arguments qu'il appelle les cinq voies: la voie qui part du mouvement; la voie qui se réfère à la cause efficiente; la voie qui se prend du possible et du nécessaire; la voie qui procède des degrés qu'on remarque dans les choses; enfin la voie qui remonte à Dieu par le gouvernement des choses.

b) Saint Thomas veut prouver qu'il existe une première   cause efficiente des êtres que nous connaissons directement. Il appliquera le principe de causalité efficiente: *tout composé d'acte et de puissance a une cause.* Il considérera donc la composition d'acte et de puissance dans les êtres sensibles et remontera à leur cause.

c) Saint Thomas va des effets aux causes propres. Du *mouvement,* il conclura à l'existence d'un *moteur* immobile; des *causes efficientes* subordonnées, à la *première cause efficiente;* des êtres possibles ou contingents, à l'être *nécessaire;* des degrés d'être ou des êtres *participés,* à l'être *par essence;* du *gouvernement* des choses, à un être intelligent qui *oriente* toutes les choses vers leur fin.

d) Le moteur immobile, la première cause efficiente, l'être nécessaire, l'être par essence, l'être intelligent qui oriente toutes les choses vers leur fin sont cinq concepts qui désignent le seul et même être infini que nous appelons Dieu.

e) En prouvant l'existence de Dieu, nous n'étudions pas encore explicitement sa nature. Nous ne prouvons pas immédiatement qu'il est unique, tout-puissant, etc.

Nous atteignons Dieu par des concepts généraux. Nous n'aurons qu'à analyser ces concepts pour connaître explicitement la nature de Dieu.

2° *La première voie.—* a) La première voie est prise du mouvement. Elle considère le mouvement physique que nous percevons par les sens, et l'analyse à un point de vue métaphysique, c'est-à-dire *comme un passage de la puissance à l'acte.*

b) Elle conclut à l'existence d'un moteur immobile, parce qu'une série infinie de moteurs essentiellement subordonnés est contradictoire ou impossible.

Un moteur est un être en acte qui fait passer un mobile (un être mû) de la puissance à l'acte.

Un moteur immobile est celui qui meut sans passer de la puissance à l'acte. Il est l'acte pur qui exclut toute potentialité.

Des moteurs essentiellement subordonnés sont ceux qui sont subordonnés en vertu même de leur mouvement: le moteur inférieur ne meut que parce qu'il est mû *actuellement* par un moteur supérieur, et ainsi de suite. Ex.: un bâton ne met une pierre en mouvement que s'il est mis actuellement en mouvement par la main; la main ne meut le bâton que si elle est mue par la volonté, etc.

Si des moteurs sont subordonnés en vertu d'un lien autre que le mouvement, ils ne sont qu'accidentellement subordonnés. Ex.: le fils est subordonné dans son existence à son père, mais il peut se mouvoir actuellement sans être mû par son père.

De même, un ouvrier peut se servir successivement de plusieurs outils pour exécuter une oeuvre d'art. Ces outils sont subordonnés dans le temps, mais non dans leur mouvement: le mouvement de l'un ne dépend pas actuellement du mouvement de l'autre.

c) Une série infinie de moteurs essentiellement subordonnés est impossible, non parce qu'une série infinie est en soi contradictoire, mais parce que tout mouvement ne peut, au moment même où il est causé, recevoir son existence première que d'un moteur immobile. Le mouvement, en effet, dit une composition de puissance et d'acte. Par suite, il est produit et doit être expliqué par une cause. Et si l'on admet une série infinie de moteurs essentiellement subordonnés, c'est-à-dire de moteurs qui sont toujours mus, l'on enlève la cause propre du mouvement et l'on n'explique pas l'origine première du mouvement.

d) L'on comprendra, par ces explications, qu'un seul mouvement, qu'un seul passage de la puissance à l'acte suffit pour prouver l'existence d'un moteur immobile. Car tout mouvement, quel qu'il soit, est toujours *actuellement* produit par un moteur immobile, comme par sa cause première.

La première voie garderait donc toute sa valeur, même si le monde avait été créé de toute éternité. En fait, elle fait abstraction de ce problème.

e) *Ces notions préliminaires étant posées, établissons la démonstration.*

Il est évident, nos sens nous l'attestent, que dans ce monde certaines choses sont soumises au mouvement. Or, d'une part, tout ce qui est soumis au mouvement est mû par un être en acte ou un moteur, et si ce moteur ne meut qu'en passant de la puissance à l'acte, il est mû par un autre, et ainsi de suite; d'autre part, une série infinie de moteurs essentiellement subordonnés — une série infinie de moteurs qui, pour mouvoir, passent de la puissance à l'acte — est impossible. Donc il existe un premier moteur qui meut sans passer de la puissance à l'acte, c'est-à-dire un moteur immobile que nous appelons Dieu.

La majeure est évidente.

À la mineure.— 1) *Tout ce qui est soumis au mouvement est mû par un moteur.*— Tout ce qui est soumis au mouvement passe de la puissance à l'acte. Or rien ne peut être amené de la puissance à l'acte autrement que par un être en acte: la puissance de soi n'est pas acte, et elle ne peut être actuée que sous l'influence d'un être en acte. Donc tout ce qui est soumis au mouvement est mû par un être en acte, c'est-à-dire par un moteur.

2) *Une série infinie de moteurs essentiellement subordonnés est impossible.*— Une série infinie de moteurs essentiellement subordonnés serait une série infinie de moteurs qui, pour mouvoir, passeraient toujours de la puissance à l'acte. Or ceci est impossible, car le passage de la puissance à l'acte ou le mouvement demande à être produit par une cause déterminée, et si l'on remonte à l'infini, l'on enlève cette cause déterminée. Donc......

f) **Difficulté.**— L'être qui se meut n'est pas mû par un autre. Or le vivant, comme la brute, l'homme, se meut lui-même. Donc tout ce qui est mû n'est pas mû par un autre.

À la majeure.— L'être qui se meut sans être mû par un autre, je concède; l'être qui ne se meut que s'il est d'abord mû par un autre, je nie.

À la mineure.— Le vivant, ou l'être fini qui vit, se meut sans être d'abord mû par un autre, je nie; ne se meut que s'il est d'abord mû par un autre, je concède.

Le vivant créé ne se meut qu'en passant de la puissance à l'acte. De soi, il n'a que la faculté, la puissance de se mouvoir. Il ne peut pas se mouvoir en acte, sans être mû à l'acte par lequel il se meut. D'une manière plus brève, nous pouvons dire que le vivant créé se meut comme moteur second ou subordonné; mais il ne se meut que sous l'influence d'un moteur premier et immobile.

3° *La deuxième voie.*— a) La deuxième voie est prise des causes efficientes essentiellement subordonnées.

Les causes efficientes essentiellement subordonnées sont celles qui sont subordonnées par leur causalité: la causalité de la cause inférieure dépend actuellement de la causalité de la cause supérieure et la causalité de celle-ci dépend de la causalité d'une autre cause, etc.

Par opposition, les causes efficientes accidentellement subordonnées sont celles qui sont subordonnées par un autre lien que la causalité: le fils est subordonné à son père dans son existence — il a reçu l'existence de son père —, mais il peut agir indépendamment de l'influence actuelle de son père.

b) Une cause inférieure doit être essentiellement subordonnée à une cause supérieure, lorsque, pour agir, elle passe de la puissance à l'acte. En effet, une cause, qui *de soi* n'a que la puissance d'agir, *de soi* n'agit pas en acte. Elle n'agit en acte que sous l'influence actuelle d'une cause en acte. Car, d'après le principe de causalité efficiente, ce qui est en puissance ne peut être amené à l'acte que par un être en acte.

Donc, tandis que la première voie considère le passage de la puissance *passive* à l'acte, la deuxième voie considère le passage de la puissance *opérative* à l'acte.

Et la deuxième voie conclut à l'existence d'une première cause efficiente, c'est-à-dire d'une cause qui est son opération et qui, pour agir, ne passe pas de la puissance à l'acte, parce qu'il n'est pas possible de remonter à l'infini dans les causes essentiellement subordonnées.

Une série infinie de causes essentiellement subordonnées est impossible ou contradictoire, parce que l'opération d'une cause qui, pour agir, passe de la puissance à l'acte, doit nécessairement provenir actuellement d'une première cause qui agit sans passer de la puissance à l'acte. Autrement le passage de la puissance à l'acte serait inexplicable et absurde. Il ne pourrait pas exister.

c) *Ces notions préliminaires étant posées, établissons la démonstration.*

Nous constatons, à observer les choses sensibles, qu'il existe des causes efficientes essentiellement subordonnées. Or il n'est pas possible qu'on remonte à l'infini dans les causes efficientes essentiellement subordonnées. Donc il existe nécessairement une cause efficiente première dont toutes les autres causes dépendent, et cette cause première, nous l'appelons Dieu.

À la majeure.— a) Nous voyons par expérience qu'un pinceau agit sur une toile en tant qu'il est sous l'influence de la causalité de la main, etc.

b) La majeure se prouve encore *à priori*. Les causes efficientes, que nous observons par expérience, n'agissent qu'en passant du repos à l'activité, c'est-à-dire de la puissance à l'acte. Elles sont donc essentiellement subordonnées à une cause supérieure.

À la mineure.— Toute cause efficiente essentiellement subordonnée n'agit qu'en passant de la puissance à l'acte. Or, si l'on remonte à l'infini dans la série de causes efficientes subordonnées, l'on pose toujours une composition de puissance et d'acte, sans poser la cause ou la condition de cette composition de puissance et d'acte: ce serait la négation du principe de causalité efficiente. Donc il n'est pas possible qu'on remonte à l'infini dans les causes efficientes essentiellement subordonnées.

d) **Difficultés.**— La seconde voie démontre que Dieu est cause de la causalité de toute créature et qu'il agit ou opère dans toute créature qui agit. Ceci semble faux. Nous le prouvons.

a) Une seule et même opération ne peut provenir de deux agents distincts. Or, si Dieu opère dans toute créature qui agit, une seule et même opération proviendrait de deux agents distincts, c'est-à-dire de Dieu et de la créature. Donc Dieu n'opère pas dans toute créature.

À la majeure.— Une seule et même opération ne peut provenir de deux agents qui sont du même ordre, je concède; de deux agents qui sont de deux ordres différents, je nie.

À la mineure.— Dieu et la créature sont des agents d'un même ordre, je nie; sont des agents de deux ordres différents, je concède.

L'opération de la créature provient entièrement de la créature comme de la cause seconde, et entièrement de Dieu comme de la cause première. Elle provient donc de deux causes situées dans des ordres distincts.

b) Une cause qui a la faculté ou le pouvoir de poser une action peut agir par elle-même. Or la créature a le pouvoir de poser une action. Donc elle peut agir par elle-même et n'a pas besoin d'être appliquée à son acte par Dieu.

À la majeure.— Une telle cause peut agir par elle-même, je concède; une telle cause agit sans être appliquée à son acte par la cause première, je nie.

À la mineure.— La créature a en elle-même la capacité d'agir, capacité qu'elle a reçue de l'être qui l'a produite, je concède; la créature, par cette capacité d'agir, peut agir de fait sans être appliquée à son acte par la cause première, c'est-à-dire par Dieu, je nie.

Une créature agit toujours en passant de la puissance à l'acte. Elle doit donc être amenée à son acte par un être déjà en acte, et en dernier lieu par la cause première que nous appelons Dieu.

4° *La troisième voie.*— a) La troisième voie se prend de l'être contingent et conclut à l'existence d'un être absolument nécessaire et premier.

b) Un être **contingent** est celui dont l'existence est défectible. En d'autres termes, l'être contingent, c'est l'être engendré et corruptible, comme la plante, la brute et l'homme.

Un être absolument nécessaire est celui dont l'existence est indéfectible. C'est l'être incorruptible, comme l'ange. (Les Anciens, à cause d'une certaine théorie physique, considéraient aussi le corps céleste comme un être incorruptible ou absolument nécessaire).

L'être absolument nécessaire peut avoir une cause de sa nécessité ou être nécessaire de soi.

L'être absolument nécessaire ayant une cause de sa nécessité, c'est une créature incorruptible, comme l'ange.

L'être absolument nécessaire dont la nécessité n'a pas de cause, c'est l'être que nous appelons Dieu.

c) *Ces notions préliminaires étant posées, établissons la démonstration.*

Des êtres contingents existent, comme l'expérience nous l'atteste: des êtres s'engendrent et se corrompent dans le monde sensible qui nous entoure. Or la cause propre de l'être contingent ne peut être que l'être nécessaire. Donc l'être nécessaire existe. Or, si cet être nécessaire est produit, il a comme cause propre l'être nécessaire non produit, ou l'être nécessaire de soi. Donc il existe un être nécessaire non produit, un être nécessaire de soi que nous appelons Dieu.

À la première mineure.— Un être contingent est un être engendré. Or tout être engendré est produit d'un sujet, c'est-à-dire d'une puissance passive antérieure. Donc l'être engendré ne peut être le premier, car l'acte est toujours antérieur à la puissance (dans l'ordre de causalité efficiente). C'est dire que cet être présuppose l'existence d'un être non engendré et, par suite, non corruptible, c'est-à-dire d'un être nécessaire.

À la deuxième mineure.— Si un être nécessaire tire sa nécessité d'ailleurs, il a comme cause propre l'être qui ne tire pas sa nécessité d'ailleurs, mais qui est nécessaire de soi. Cette proposition est immédiatement évidente.

5° *La quatrième voie.*— **a)** La quatrième voie procède des degrés de bonté, de vérité, de noblesse et de perfections semblables que l'on perçoit dans les êtres.

La bonté, la vérité et les autres perfections semblables sont des *perfections absolues*, et non des *perfections mixtes*.

Une perfection absolue (simpliciter simplex) est celle dont le concept formel exclut toute imperfection. En d'autres termes, c'est une perfection convertible avec l'être, ou une perfection transcendantale.

Une perfection mixte (secundum quid simplex) est celle dont le concept formel n'exclut pas toute imperfection. Être homme, voilà une perfection mixte, car l'homme, de sa nature, est un être *matériel*.

b) Nous percevons, sans raisonnement, l'existence de degrés divers de perfections absolues dans les êtres qui nous entourent. Il y a plus de vérité, de bonté dans le vivant que dans le non-vivant, dans la brute que dans la plante, dans l'homme que dans la brute.

Le vivant, en effet, a plus d'être que le non-vivant, car il possède la vie dont est privé celui-ci. De même la brute possède la vie sensitive que ne possède pas la plante; l'homme est doué de la vie intellective, vie qui est absente dans la brute.

c) Les perfections absolues ne peuvent exister à des degrés divers que si elles sont limitées. Et ces perfections, tout comme l'être avec qui elles sont convertibles, ne peuvent être limitées que si elle sont reçues dans une puissance réelle. En effet, d'elles-mêmes, elles excluent l'imperfection ou la limite.

En d'autres termes, les degrés divers de perfections absolues impliquent une *participation* de ces perfections ou de ces actes dans une puissance réelle ou subjective.

Et des perfections absolues *participées*, la quatrième voie conclut à l'existence d'un être dans lequel ces perfections ne sont pas *participées*, mais qui les possèdent *essentiellement*, à l'état d'acte pur.

d) *Ces notions préliminaires étant posées, établissons la démonstration.*

On voit dans les choses du plus ou moins bon, du plus ou moins vrai, du plus ou moins noble et ainsi d'attributs semblables. Or le plus ou moins bon, le plus ou moins vrai, le plus ou moins noble ont pour cause propre ce qui est souverainement bon, souverainement vrai, souverainement noble et par conséquent aussi souverainement être. Donc il existe un être souverainement bon, souverainement vrai, souverainement noble, et cet être, nous le disons Dieu.

La majeure a été établie par les notions préliminaires.

À la mineure.— La bonté et la vérité par participation ont pour cause propre la bonté et la vérité par essence. Or le plus ou moins bon, le plus ou moins vrai impliquent une participation de la bonté, de la vérité dans la puissance. Donc le plus ou moins bon, le plus ou moins vrai ont pour cause propre la bonté et la vérité par essence, c'est-à-dire ce qui est souvrainement bon, souverainement vrai et par conséquent aussi souverainement être.

6° *La cinquième voie.*— a) La cinquième voie se prend de la finalité, telle qu'elle nous apparaît dans les choses privées de connaissance.

b) Elle conclut à l'existence d'un être intelligent qui oriente toutes les choses privées de connaissance vers leur fin. Mais comme elle considère, dans les choses privées de connaissance, l'orientation *de la puissance à l'acte*, elle démontre implicitement l'existence d'une intelligence qui ordonne toute puissance à son acte, d'une intelligence qui n'est pas elle-même ordonnée comme une puissance à un acte, mais qui est l'acte pur.

c) *Etablissons la démonstration.*

Nous voyons que les choses privées de connaissance, comme les corps naturels, agissent en vue d'une fin. Or ce qui est privé de connaissance ne peut tendre à une fin que dirigé par un être connaissant et intelligent, comme la flèche par le sagittaire. Il existe donc quelque être intelligent, par lequel toutes choses naturelles sont orientées vers leur fin, et cet être, nous le disons Dieu.

À la majeure.— a) Les corps naturels toujours, ou le plus souvent, agissent de même manière, de façon à réaliser ce qui leur convient. Ce n'est donc point par hasard, mais c'est en vertu d'une tendance déterminée qu'ils parviennent à leur fin. En d'autres termes, ils agissent en vertu d'une *puissance* ordonnée à des actes déterminés, et par ces actes déterminés, ils parviennent à leur fin.

b) La majeure peut encore se prouver *à priori*. Les corps naturels agissent en passant du repos à l'acte. Ils possèdent donc une puissance ordonnée à l'opération comme à sa fin: toute puissance est pour l'acte comme pour sa fin.

À la mineure.— L'ordre d'une chose à une fin ne peut être établi que par celui qui connaît la fin dans son existence future, et qui saisit la proportion des moyens à la fin. Or seule une intelligence connaît la proportion des moyens à une fin qui existera: connaître la proportion des moyens à une fin, c'est connaître la fin comme *raison d'être* des moyens, et cette connaissance est le propre de la faculté qui a *l'être* comme objet, c'est-à-dire de l'intelligence. Donc. . . . . .

7° *L'argument par le désir d'un bien universel.*— a) Les cinq voies que nous avons développées démontrent l'existence de Dieu comme première cause efficiente de tous les êtres créés. L'argument tiré du désir d'un bien universel démontre l'existence de Dieu en posant Dieu comme cause finale de la volonté humaine.

b) Plusieurs auteurs ne veulent pas admettre cet argument. Il s'impose cependant en vertu de la valeur absolue du principe de finalité. L'appétit, de sa nature, tend au bien tel qu'il existe dans la réalité. Et, si un appétit est naturellement orienté vers un bien universel ,ce bien universel doit exister dans la réalité. Autrement la nature se détruirait elle-même.

c) *Posons l'argument en forme syllogistique.*

Si notre volonté est naturellement ordonnée à un bien universel comme à sa fin, ce bien universel ou infini existe. Or notre volonté est naturellement ordonnée à un bien universel ou infini. Donc le bien universel ou infini existe, et ce bien, c'est Dieu.

À la majeure.— La volonté, comme tout appétit, tend vers le bien selon qu'il existe dans la réalité. Donc, si la volonté est naturellement ordonnée à un bien universel ou infini, ce bien universel ou infini doit exister dans la réalité. Autrement la nature se détruirait elle-même. Elle tendrait naturellement vers ce qui est naturellement impossible.

À la mineure.— Notre volonté s'oriente naturellement vers le bien connu par l'intelligence, car la volonté est une inclination qui suit l'intelligence. Or l'intelligence connaît le bien sous son aspect universel. Donc la volonté tend naturellement vers le bien universel.

8° *L'argument tiré du consentement universel.*— Tous les peuples ont admis l'existence d'un Être suprême, quoiqu'ils aient souvent méconnu la nature de cet Être. Ils l'ont parfois conçu comme un homme ou un astre.

L'argument tiré du consentement universel n'a pas de valeur scientifique, car il ne peut produire qu'un acte de foi chez celui qui l'accepte.

existe certainement. De plus, l'évidence presque immédiate de l'existence de Dieu semble exclure toute incertitude même subjective.

Cependant, à cause de l'éducation, des doctrines répandues par de faux docteurs, certains hommes peuvent peut-être considérer comme non certaine l'existence de Dieu.

On peut cependant invoquer le consentement universel pour convaincre, pour corroborer l'argument scientifique.

Le consentement universel des peuples montre que l'existence de Dieu peut être connue très facilement et presque naturellement, quoique d'une manière confuse. Tout homme, dont le jugement est sain, reconnaît l'existence d'un Être suprême et d'un Bien infini, lorsqu'il contemple l'ordre de l'univers, ou lorsqu'il analyse la loi morale qui le lie, ou encore son désir d'un bien infini.

240 - L'ATHÉISME.— a) Les athées sont ceux qui ne reconnaissent pas l'existence de Dieu.

b) L'athéisme peut être *pratique* ou *spéculatif.*

L'athéisme pratique est l'attitude de ceux qui vivent comme si Dieu n'existait pas. L'expérience démontre que certains hommes ne s'occupent pas de Dieu dans leur vie.

L'athéisme spéculatif est l'attitude de ceux qui ignorent, qui nient l'existence de Dieu, qui en doutent ou encore qui affirment l'impossibilité de connaître l'existence de Dieu, même si Dieu existe.

c) Il est certain que des hommes peuvent se tromper au sujet de la nature de Dieu. L'Apôtre dit que cette erreur est inexcusable. Elle est certainement inexcusable pour l'humanité ou pour une partie de l'humanité. Il resterait encore à déterminer si tel ou tel homme ne peut être excusable d'ignorer la nature du vrai Dieu, lorsque cet homme est laissé à sa seule lumière naturelle.

d) Il est certain que tout homme, dans des conditions normales, peut connaître, au moins d'une manière confuse, l'existence d'un Être suprême. L'existence de Dieu, en effet, peut être connue naturellement ou presque naturellement par un raisonnement très facile.

e) Aucun homme ne peut nier l'existence de Dieu avec certitude. Cette certitude ne peut, en effet, être causée par la réalité, car Dieu

ARTICLE II

LE MODE D'EXISTER PROPRE A DIEU.

241 - Notre manière de connaître la nature de Dieu.— Une fois assurés que Dieu est, nous devons chercher à connaître son mode d'exister ou sa nature.

Ici-bas nous ne pouvons connaître la nature de Dieu qu'en autant qu'elle nous est manifestée par les créatures. Nous devons donc procéder par les trois voies: la voie de causalité, la voie d'éminence et la voie de négation.

Par la première voie, nous attribuons à Dieu les perfections des créatures.

Par la seconde voie, nous attribuons à Dieu ces perfections d'une manière souveraine et sans limites.

Par la troisième voie, nous nions de Dieu les imperfections des créatures.

La troisième voie ou la voie de négation n'est pas purement négative. C'est elle qui nous conduit à la connaissance la plus parfaite de la nature de Dieu. Ainsi, lorsque nous disons que Dieu est bon, juste, miséricordieux, nous devons nier de la bonté, de la justice, de la miséricorde divines, la limite ou le mode d'être que ces perfections possèdent dans les créatures.

242 - L'essence physique de Dieu.— a) L'essence est ce par quoi une chose est ce qu'elle est.

L'essence physique se distingue de l'essence métaphysique.

L'essence physique, c'est l'essence prise concrètement, selon qu'elle existe dans la réalité.

L'essence métaphysique, c'est l'essence conçue d'une manière abstractive par l'intelligence.

Pour saisir cette distinction, considérons la nature humaine. La nature humaine contient plusieurs notes: l'animalité, la rationalité, la risibilité, etc.

La nature humaine, dans la réalité, est une entité qui contient toutes ces notes. Et sous cet aspect, elle constitue l'essence physique de l'homme.

Mais si nous cherchons parmi ces notes, celles qui expliquent les autres, nous avons l'essence métaphysique. Nous définissons l'homme: *un animal raisonnable.*

b) L'essence physique de Dieu consiste dans *l'ensemble de toutes les perfections absolues formellement possédées à un degré infini et s'identifiant dans la simplicité souveraine de Dieu.*

Les perfections absolues sont celles dont le concept formel exclut toute imperfection: la bonté, la vérité, la justice, la miséricorde.

Une perfection est possédée formellement quand elle existe selon son concept propre ou formel, selon sa nature, dans un être.

Une perfection absolue est possédée à un degré infini quand elle est possédée sans limites.

Nous disons enfin que toutes les perfections absolues s'identifient dans la simplicité souveraine de Dieu. Nous entendons par là qu'il n'y a aucune distinction réelle entre les diverses perfections divines. Il n'y a en Dieu aucune composition d'essence et d'existence, de nature et de subsistance, de substance et d'accidents, de puissance et d'acte. La volonté divine n'est pas réellement distincte de l'intelligence divine, l'amour divin de la connaissance divine, l'amour de la volonté ou de l'intelligence. En Dieu la justice est la miséricorde, comme la miséricorde est la justice, etc.

c) Cette doctrine est niée par ceux qui nient l'infinité de Dieu ou sa simplicité, ou encore par ceux qui affirment que les perfections des créatures ne peuvent être attribuées à Dieu que d'une manière métaphorique.

Nous devons cependant la considérer comme certaine.

d) *Voici la démonstration.*

L'essence physique de l'acte pur consiste dans l'ensemble de toutes les perfections absolues formellement possédées à un degré infini et s'identifiant dans la simplicité souveraine de cet acte. Or Dieu est acte pur. Donc l'essence physique de Dieu consiste dans l'ensemble de toutes les perfections absolues formellement possédées à un degré infini et s'identifiant dans la simplicité souveraine de Dieu.

À la majeure.— L'acte pur est souverainement simple, car il exclut toute composition; il est infini, car il exclut toute limitation.

De plus, l'acte pur possède formellement toutes les perfections absolues, car ces perfections, dans leur concept formel, excluent toute imperfection, toute potentialité; lorsqu'elles sont possédées sans limites, elles existent à l'état d'acte pur, elles s'identifient à l'acte pur.

À la mineure.— Dieu est un moteur immobile; il est la première cause efficiente s'identifiant à son opération; il est l'être nécessaire de soi, l'être souverain, l'intelligence qui ordonne toute puissance à l'acte comme à la fin. Or un moteur immobile est acte pur, car il meut sans passer de la puissance à l'acte; la première cause efficiente est acte pur, car elle exclut toute potentialité dans la ligne de l'opération et, par suite, dans la ligne de l'être: elle est son opération; l'être nécessaire de soi est l'acte pur, car il est l'être non causé: tout être composé de puissance et d'acte est nécessairement causé; l'être souverain est acte pur, car il est infini, il est l'être non participé; l'intelligence qui ordonne toute puissance à son acte doit encore être acte pur, car, si elle contenait de la potentialité, elle serait elle-même ordonnée à son acte par une intelligence supérieure. Donc Dieu est acte pur.

243 - LA DISTINCTION ENTRE LES PERFECTIONS DIVINES.— a) Lorsque nous parlons des perfections de Dieu, nous devons faire la distinction entre les perfections absolues et les perfections mixtes.

Les perfection absolues sont celles dont le concept formel exclut toute imperfection ou potentialité: la bonté, la vérité, etc.

Les perfections mixtes sont celles dont le concept formel n'exclut pas toute imperfection ou potentialité: être homme, raisonner, etc.

b) Les perfections mixtes ne peuvent être formellement attribuées à Dieu, car dans leur nature même elles contiennent une limite, un mode fini d'être qui ne peut convenir à Dieu.

On dit cependant que Dieu possède les perfections mixtes *virtuellement* et d'une *manière éminente* soit parce qu'il est la cause première de ces perfections mixtes, soit parce qu'il possède formellement une perfection qui peut produire d'une manière supérieure les effets produits par les perfections mixtes. Ainsi, par le raisonnement, l'homme connaît la vérité; mais Dieu, sans raisonner, par son acte éternel de simple intelligence, connaît toute la vérité que l'homme n'atteint que par le raisonnement. On peut donc dire que Dieu possède la perfection de raisonner virtuellement et d'une manière supérieure.

Les perfections absolues peuvent être formellement attribuées à Dieu. Elles peuvent lui être attribuées selon leur concept essentiel, car selon ce concept elles n'incluent aucune imperfection. En effet, ces perfections existent dans les créatures sous un mode fini uniquement parce qu'elles sont reçues dans une puissance. Elles peuvent donc faire abstraction de ce mode et exister sous un autre mode, sous un mode infini, sans que leur nature ou leur concept formel soit détruit.

c) Le problème de la distinction entre les perfections divines se pose donc seulement au sujet des perfections absolues.

La distinction est un manque d'identité.

Elle est réelle, si elle est donnée dans la réalité avant toute considération de l'intelligence.

Elle est logique, si elle est posée par l'intelligence.

La distinction logique ou la distinction de raison peut être de raison raisonnante ou de raison raisonnée.

La distinction de raison raisonnante est posée, au sujet des perfections divines, lorsque cette distinction provient uniquement de notre manière imparfaite de connaître Dieu.

La distinction de raison raisonnée est posée lorsqu'elle est fondée non seulement sur notre manière imparfaite de connaître Dieu, mais encore sur Dieu comme chose connue.

La distinction de raison raisonnée peut être par mode d'abstraction ou de coupure totale et entière (per totalem et integram praecisionem) — elle est dite majeure, ou selon l'implicite et l'explicite — elle est dite mineure.

La première a lieu lorsque deux concepts intrinsèquement distincts d'une seule et même réalité ne s'incluent pas. L'un est extérieur à l'autre, de manière cependant à demeurer déterminable par cet autre. Ex.: la distinction entre le concept *animal* et le concept *raisonnable*.

La seconde a lieu entre deux concepts dont l'un inclut l'autre d'une manière implicite, c'est-à-dire en acte, mais confusément.

d) L'intelligence humaine peut poser des distinctions dans les perfections divines absolues qui sont situées sur un même plan. Ainsi nous parlons de l'essence et de l'existence de Dieu, de la volonté divine et de son acte, de l'intelligence divine et de sa connaissance.

Ces distinctions proviennent uniquement de notre manière imparfaite de connaître Dieu, et n'ont pas leur fondement en Dieu lui-même. La potentialité seule, en effet, peut fonder la distinction entre l'essence et l'existence, entre la volonté et son acte, entre l'intelligence et son acte. Et en Dieu il n'y a aucune potentialité.

Ce sont là des distinctions *de raison raisonnante.*

e) Mais il existe des perfections absolues dont les concepts sont formellement ou intrinsèquement distincts, perfections qui sont attribuées à Dieu formellement et proprement, comme la bonté et la vérité, la connaissance et l'amour, la justice et la miséricorde.

Les Nominalistes prétendent qu'entre ces perfections il n'existe qu'une distinction de raison raisonnante. D'autres auteurs ont posé une distinction réelle.

Saint Thomas et en général tous les scolastiques affirment qu'il existe entre ces perfections divines une distinction de raison raisonnée mineure, selon l'implicite et l'explicite.

Prouvons cette dernière affirmation.

1) Entre les perfections divines, il ne peut exister aucune distinction réelle. — Si les perfections divines étaient réellement distinctes, Dieu ne serait pas souverainement simple. Or Dieu est souverainement simple, car il est l'acte pur. Donc les perfections divines ne sont pas réellement distinctes.

À la majeure. — Si les perfections divines étaient réellement distinctes, Dieu serait *composé* de ces perfections. Sa simplicité serait détruite.

2) Entre les perfections divines, il existe une distinction de raison raisonnée. — Une distinction entre des concepts formellement distincts, distinction qui a son fondement dans une seule et même entité connue, est une distinction de raison raisonnée. Or telle est la distinction entre les perfections divines. Donc la distinction entre les perfections divines est une distinction de raison raisonnée.

La majeure est la définition de la distinction de raison raisonnée.

À la mineure. — Les concepts des perfections divines sont intrinsèquemet ou formellement distincts; de plus, ils expriment une seule et même réalité qui est Dieu, mais ils ont, en tant que distincts, leur fondement dans cette réalité, car Dieu, par sa perfection sans limites ou son *éminence*, est ineffable et excède chacun de nos concepts qui sont limités et finis. Pour le connaître ou l'exprimer même imparfaitement, nous devons multiplier nos concepts. Il fonde donc, à cause de sa souveraine perfection, la multiplication de nos concepts.

3) La distinction de raison raisonnée entre les perfections divines ets selon l'implicite et l'explicite.— Nous concevons chaque perfection divine comme une perfection sans limites, comme un acte pur. Donc le concept d'une perfection divine contient implicitement le concept des autres perfections. La justice sans limites est la miséricorde, car autrement elle ne contiendrait pas toutes les perfections. Et le concept de miséricorde infinie ne fait qu'exprimer explicitement un aspect déjà implicitement contenu dans le concept de justice infinie, etc.

244 - L'ESSENCE MÉTAPHYSIQUE DE DIEU.— a) Dieu possède toutes les perfections absolues à un degré infini. Pour connaître Dieu, comme nous pouvons le connaître ici bas, nous sommes obligés de multiplier nos concepts. Nous posons, par suite, entre les diverses perfections divines une distinction de raison raisonnée selon l'implicite et l'explicite.

L'essence métaphysique de Dieu sera cette perfection absolue que nous concevons comme la perfection fondamentale et première en Dieu.

b) Descartes, Leibniz, certains nominalistes enseignent que l'essence métaphysique de Dieu est constituée par l'ensemble ou la masse de toutes les perfections absolues. Ces auteurs ne font pas la distinction entre l'essence physique et l'essence métaphysique de Dieu.

D'autres théologiens, comme Ferre et Godoy, affirment que l'essence métaphysique de Dieu est constituée par son infinité radicale.

Les thomistes modernes soutiennent communément que Dieu, considéré dans son essence métaphysique, est formellement l'être subsistant. L'être subsistant est l'être dont l'existence s'identifie à l'essence, l'être dont l'existence *subsiste* par elle-même et n'est pas reçue dans un sujet.

Les grands commentateurs de saint Thomas, comme Gonzalez, les Carmes de Salamanque, Cajetan, Jean de Saint-Thomas, font les distinctions suivantes:

Si nous considérons la perfection première qui distingue Dieu des créatures et qui constitue formellement tout ce qui est divin, alors nous devons dire que cette perfection conçue comme l'essence métaphysique du *divin*, c'est l'être subsistant.

Si nous considérons la perfection première qui, d'après notre mode de connaître, constitue la nature de Dieu comme la racine de ses autres perfections ou de ses propriétés, alors nous devons dire que Dieu est constitué dans son essence métaphysique par son acte subsistant d'intellection. En d'autres termes, la nature de Dieu est d'être la Pensée subsistante, comme le dit Aristote.

Il faut accepter ces distinctions. En effet, l'être subsistant, bien qu'il constitue formellement le divin en tant que divin, ne peut pas constituer la nature divine selon que cette nature se distingue, d'une dintinction de raison raisonnée mineure, des propriétés (et des Personnes divines). Car l'être subsistant est un *transcendant* à l'égard des perfections divines. Il ne peut donc pas constituer la nature divine, car toute perfection divine est *formellement* être subsistant. La volonté divine est formellement être subsistant, tout comme l'intelligence divine, la justice et la miséricorde divines, etc.

c) Nous prouverons plus loin que la nature divine est constituée formellement par l'acte subsistant d'intellection. Ici nous démontrons que l'essence métaphysique de tout ce qui est divin est l'être subsistant.

L'essence métaphysique du divin est l'être subsistant.

La perfection première et fondamentale qui distingue Dieu des créatures est l'être subsistant. Or, l'essence métaphysique de ce qui est divin est la perfection première et fondamentale qui distingue Dieu des créatures. Donc, l'essence métaphysique du divin est l'être subsistant.

La mineure est claire.

A la majeure.— Ce qui constitue le créé comme créé, c'est la composition réelle d'essence et d'existence. Donc, ce qui distingue tout d'abord le divin du créé, c'est l'identification réelle de l'essence et de l'existence, c'est l'être subsistant.

245 - Le panthéisme.— 1° Le panthéisme nie l'existence d'un Dieu personnel, absolument distinct de l'univers

a) Le panthéisme est soit partiel, soit total.

Le panthéisme partiel enseigne que Dieu est une partie de l'univers.

David de Dinant a très sottement prétendu que Dieu est la matière première.

Les Stoïciens ont considéré Dieu comme l'âme du monde.

Le panthéisme total ou le monisme absorbe le monde en Dieu ou Dieu dans le monde. Il a été proposé sous trois formes différentes: *le panthéisme émanatiste, le panthéisme absolu* et *le panthéisme évolutionniste.*

Le panthéisme émanatiste est cette conception d'après laquelle tout l'univers émane ou sort de Dieu et n'est rien autre chose qu'une sorte d'explicitation de Dieu.

Le panthéisme absolu, proposé par Spinoza, enseigne qui'l n'existe qu'une seule substance, qu'un seul Être, dont l'univers et les êtres singuliers qui le composent ne sont que la manifestation.

Le panthéisme évolutionniste est la doctrine de ceux pour qui Dieu est au terme du devenir universel. Dieu n'est pas, mais il sera. Ou, s'il est, il n'est rien d'autre que la force immanente qui meut le monde du dedans et en commande l'évolution (Fichte, Schelling, Hegel, Schopenhauer).

b) Le panthéisme a été condamné par le Concile du Vatican. Il conduit à la destruction de tout l'ordre moral et est opposé au témoignage immédiat de notre conscience qui nous rassure sur notre unité substantielle et sur notre propre personnalité, personnalité qui nous distingue des autres êtres de l'univers.

De ce que nous avons déjà vu au sujet des perfections divines, il résulte que Dieu est un être personnel distinct de l'univers. Nous ne disons pas que Dieu est une personne, car nous savons, par la Révélation, qu'en Dieu il existe trois Personnes réellement distinctes entre elles.

Dieu est un être personnel réellement distinct de l'univers.

L'acte pur ou l'être subsistant est un être personnel réellement distinct de l'univers. Or, Dieu est l'acte pur ou l'être subsistant. Donc, Dieu est un être personnel réellement distinct de l'univers.

La mineure est évidente par ce que nous avons dit plus haut (n. 242).

À la majeure.— a) L'acte pur ou l'être subsistant est l'être absolument parfait. Il est donc une substance intellectuelle qui subsiste. Il est un être personnel.

b) Cet être personnel est distinct de toutes les choses qui constituent l'univers, car celles-ci sont limitées et, par suite, composées d'acte et de puissance.

2° Les objections du panthéisme.— a) À l'Infini rien ne peut être ajouté. Or Dieu est infini. Donc l'univers ne peut s'ajouter comme une réalité nouvelle à Dieu, et Dieu seul existe.

À la majeure.— À l'Infini ne peut s'ajouter un mode fini qui limite l'Infini, **je concède**; à l'Infini ne peut s'ajouter un être fini d'un ordre inférieur, comme l'effet s'ajoute à la cause supérieure qui le produit, **je nie.**

La mineure se distingue comme la majeure.

L'argument du panthéisme refuse à Dieu la perfection de la causalité. Il nie l'existence d'une cause première.

b) L'être seul existe. Or Dieu est l'être. Donc Dieu seul existe.

À la majeure.— Seule une réalité dans laquelle se vérifie le concept d'être peut exister, **je concède**; seul l'Être par essence existe, **je nie.**

À la mineure.— Dieu est la seule réalité dans laquelle se vérifie le concept d'être, **je nie**; Dieu seul est l'être par essence, **je concède.**

c) La simplicité ne peut être cause de la multiplicité. Or Dieu est absolument et souverainement simple. Donc Dieu ne peut être cause de la multiplicité, et Dieu seul existe.

À la majeure.— La simplicité ne peut être cause de la multiplicité dans l'Être simple, **je concède**; un être simple ne peut être cause d'effets multiples et composés, **je nie.**

À la mineure.— Et, en Dieu, il ne peut y avoir aucune composition, **je concède**; Dieu ne peut être la cause d'effets multiples et composés, **je nie.**

246 - L'IMMUTABILITÉ, L'ÉTERNITÉ ET L'UNITÉ DE DIEU.— 1° L'immutabilité nie la possibilité du changement. L'immutabilité d'un être peut être intrinsèque ou extrinsèque.

L'immutabilité intrinsèque nie la possibilité d'un passage de la puissance à l'acte dans l'être immuable.

L'immutabilité extrinsèque serait l'exclusion d'un changement par dénomination extrinsèque.

Une chose est dite changer par dénomination extrinsèque, lorsqu'elle ne change pas elle-même, mais lorsqu'elle est dénommée par le changement qui se produit dans une chose extérieure.

Lorsque nous parlons de l'immutabilité divine, nous parlons de l'immutabilité intrinsèque. Dieu peut en effet être dénommé par un changement qui a lieu dans un sujet extrinsèque. Nous disons, par exemple, que Dieu *s'est fait* homme. Nous n'entendons pas affirmer, par cette expression, qu'il s'est produit un changement en Dieu. Mais Dieu est devenu homme, parce qu'une nature humaine a été changée par son union au Verbe.

2° L'éternité est la durée d'un être immuable dans son existence et dans son opération.

Boèce définit l'éternité: *la possession entière, parfaite et simultanée d'une vie sans terme.*

Cette définition s'oppose à la définition du temps considéré comme mesure.

On dit:

Possession, pour exprimer que l'éternité est immuable et indéfectible: en effet, *posséder,* c'est avoir quelque chose d'une façon stable et tranquille;

entière et simultanée, pour exclure la succession du temps;

parfaite, pour exclure l'instant qui n'admet pas de succession, mais qui est imparfait;

d'une vie: l'être éternel n'existe pas seulement; il est vivant, et, par la vie, on désigne à la fois sa nature et son opération;

sans terme, pour exclure le commencement et la fin.

3° L'unicité est l'unité d'un être qui exclut l'existence d'un autre être semblable ou de même nature.

4° Prouvons que Dieu est intrinsèquement immuable, éternel et unique.

a) **Dieu est intrinsèquement immuabie.**— L'acte pur est intrinsèquement immuable. Or Dieu est l'acte pur. Donc Dieu est intrinsèquement immuable.

A la majeure.— L'acte pur exclut toute potentialité et, par suite, tout changement intrinsèque. Le changement intrinsèque présuppose la potentialité.

b) **Dieu est éternel.**— L'être immuable dans son existence et dans son opération est éternel. Or Dieu est immuable dans son existence et dans son opération. Donc Dieu est éternel.

À la majeure.— L'éternité est la durée de l'être immuable dans son existence et dans son opération.

À la mineure.— Dieu est l'acte pur.

c) **Dieu est unique.**— L'être infini est unique. Or Dieu est l'être infini. Donc Dieu est unique.

À la majeure.— Deux êtres distincts ne peuvent exister que si l'un n'a pas toute la perfection de l'autre. Donc plusieurs êtres ne peuvent exister que s'ils sont finis, ou que si l'un est infini et l'autre fini. Il résulte que l'être infini est unique.

À la mineure.— Dieu est l'acte pur. Il est donc infini.

———————

ARTICLE III

LES OPÉRATIONS DIVINES

1. Les opérations immanentes de Dieu.

247 - NOTIONS PRÉLIMINAIRES.— La substance divine étudiée dans son mode propre d'exister, reste à envisager ce qui concerne ses opérations. Nous traiterons d'abord des opérations immanentes de Dieu, c'est-à-dire de la science et de la volonté divine (savoir est dans l'être qui sait et vouloir dans l'être qui veut). Et comme la providence regarde en commun l'intelligence et la volonté, nous considérerons ensuite la providence divine.

a) L'intelligence divine.

248 - EN DIEU EST LA SCIENCE LA PLUS PARFAITE.— a) La science, au sens large, désigne toute connaissance intellectuelle certaine et évidente. Au sens strict, la science se dit de la connaissance certaine et évidente des choses par leurs causes.

En Dieu existe la science au sens large et au sens strict.

b) La science de Dieu est une science très parfaite. Elle exclut l'imperfection qu'on trouve dans la connaissance humaine, comme la composition de vérités ou de concepts.

c) Prouvons notre affirmation par deux arguments.

1) La science est une perfection absolue. Or en Dieu existent toutes les perfections absolues à un degré infini. Donc en Dieu existe la science à un degré infini.

A la majeure.— Le concept formel de science n'implique pas la limitation ou la potentialité.

A la mineure.— Dieu est l'acte pur.

2) L'immatérialité d'un être est ce qui explique qu'il soit doué de connaissance, et son degré de connaissance se mesure à son immatérialité. (n. 139) Or Dieu est au sommet de l'immatérialité, car il est l'acte pur. Il est conséquemment au sommet de la connaissance, et en lui est la science la plus parfaite.

249 - LA NATURE DE DIEU.— a) Dieu est au sommet de la connaissance. En lui, l'intellect, l'objet de l'intellect, la forme de l'intellect et l'acte de l'intellect sont absolument une seule et même chose. Il est la Pensée qui se pense, selon l'expression d'Aristote, ou l'acte subsistant d'intellection — la Pensée subsistante.

Si nous considérons la nature divine selon qu'elle se distingue des propriétés et des Personnes divines, nous devons dire qu'elle est constituée par l'acte subsistant d'intellection. En effet, Dieu est dans sa nature le vivant souverainement parfait. Il doit donc être formellement dans sa nature un vivant intellectif — car le degré de vie le plus parfait est le degré de vie intellective. De plus, il doit être formellement acte pur dans la ligne de l'intellectualité. C'est dire que sa nature est formellement constituée par l'intellection subsistante.

Les perfections absolues qui, d'après notre mode de concevoir, découlent de l'intellection subsistante, comme la volonté, l'amour, la justice, la miséricorde, sont les *attributs* divins.

250 - L'OBJET PREMIER DE L'INTELLIGENCE DIVINE.— a) L'objet premier de l'intelligence divine est l'objet atteint immédiatement et principalement par la connaissance divine.

b) L'objet de l'intelligence divine est soit Dieu lui-même, soit les créatures.

Nous disons que l'objet premier de l'intelligence divine est Dieu lui-même. Et par là nous n'entendons pas seulement l'essence divine, mais encore les propriétés et les Personnes divines.

c) *Prouvons notre affirmation.*

Dieu lui-même, considéré dans sa nature, ses propriétés et ses Personnes, est l'objet parfaitement proportionné à l'intelligence divine. Or l'objet propre de l'intelligence divine est l'objet parfaitement proportionné à cette intelligence. Donc l'objet propre de l'intelligence divine est Dieu considéré dans sa nature, ses propriétés et ses Personnes.

À la majeure.— L'intelligence divine est acte pur; la nature divine, les propriétés et les Personnes divines existent à l'état d'acte pur. Il y a là proportion parfaite.

À la mineure.— L'intelligence divine atteint immédiatement et principalement l'objet qui lui est parfaitement proportionné.

d) Dieu ne se connaît pas seulement, mais il se *comprend* pleine·
ment. En d'autres termes, il se connaît lui-même autant qu'il est con·
naissable, et rien de lui-même ne lui échappe.

En effet, un être est connaissable dans la mesure ou il est en acte
Or la puissance de Dieu pour connaître est égale à son actualité pou1
être; car c'est le fait qu'il est en acte et dégagé de toute matière, de
toute potentialité, qui rend Dieu connaissant, ainsi qu'on l'a fait voir
Il est donc évident qu'il se connaît lui-même autant qu'il est connaissable, et qu'ainsi il se comprend pleinement.

251 - L'objet secondaire de l'intelligence divine.— a) L'objet secondaire
de l'intelligence divine est l'objet atteint non immédiatement, mais médiatement, au moyen de l'objet premier.

Nous disons que tous les êtres autres que Dieu constituent l'objet
secondaire de l'intelligence divine.

b) Il est évident que Dieu connaît tous les êtres autres que lui. En
effet, l'être de Dieu se confond avec sa connaissance. Or toutes les choses autres que Dieu préexistent nécessairement en Lui, car il est leur
cause première. Donc toutes les choses autres que Dieu préexistent
dans la connaisance divine. C'est dire que Dieu les connaît. Et Dieu les
connaît parfaitement, non seulement dans leurs caractères communs,
mais encore dans leurs différences propres et individuelles, puisqu'il
atteint, par sa causalité première, toutes les créatures dans leurs notes communes, spécifiques et individuelles.

c) Dieu ne connaît pas les choses autres que Lui en elles-mêmes,
c'est-à-dire par leurs espèces (intentionnelles) propres. Car Dieu est
acte pur et ne peut être informé par une espèce (intentionnelle) créée.
Il les connaît en lui-même, c'est-à-dire dans sa propre essence selon
qu'elle représente les créatures.

d) Dieu connaît les créatures en se connaissant comme la cause
première des créatures. Il est donc évident qu'il ne connaît les créatures que médiatement, car, pour connaître un effet dans la cause, il
faut d'abord connaître la cause. L'essence divine ne conduit à la connaissance des créatures que si elle est *d'abord connue*. Voilà pourquoi
les créatures constituent l'objet secondaire de l'intelligence ou de la
connaissance divine.

252 - La science de Dieu est là cause des choses créées.— Il est manifeste que Dieu cause toutes choses par son intelligence, puisque son être et son intellection sont identiques. Il est à noter cependant que la connaissance ne nomme pas un principe d'action selon qu'elle est seulement dans le sujet qui connaît; il faut que s'y ajoute une inclination vers l'effet, inclination qui vient de l'appétit. La science de Dieu est donc cause des choses en tant que s'y ajoute sa volonté. Voilà pourquoi la science divine, envisagée comme cause des créatures, est ordinairement appelée *science d'approbation*.

253 - LA DIVISION DE LA SCIENCE DIVINE.— 1° La science divine est soit de *simple intelligence*, soit *de vision*.

La science de simple intelligence est la connaissance que Dieu a des réalités qui sont au pouvoir de Dieu ou de la créature, réalités cependant qui ne sont pas, ni ne seront, ni n'ont jamais été.

La science de vision est la connaissance que Dieu a des réalités qui sont, qui ont été ou qui seront. Dieu se connaît lui-même par sa science de vision. Par la même science, il connaît aussi toute les créatures qui ont existé, qui existent ou qui existeront.

2° La science divine est *spéculative* ou *pratique*.

La connaissance que Dieu a de lui-même est uniquement spéculative.

La connaissance qu'il a des créatures est à la fois spéculative et pratique. Elle est spéculative quant au mode de conception, car tout ce que nous concevons spéculativement, en combinant ou analysant des concepts, Dieu le connaît d'une façon infiniment plus parfaite.

Mais la connaissance que Dieu a des choses qu'il fait en un temps ou en un autre, est de plus pratique en raison de sa fin. En effet, cette connaissance est ordonnée à la production des créatures, et a par suite une fin pratique.

S'agit-il des créatures purement possibles qui n'ont pas été, qui ne sont pas et qui ne seront pas, Dieu n'en a qu'une connaissance spéculative.

Le mal tombe sous la connaissance pratique de Dieu, par autant que Dieu le permet, l'empêche ou y introduit un ordre.

3° La science divine est *nécessaire* ou *libre*, selon qu'elle se porte sur les objets nécessaires, ou sur les objets qui dépendent de la libre volonté de Dieu.

254 - LES POSSIBLES.— a) Le possible, d'une part, s'oppose au réel; d'autre part, il s'oppose au fictif. Donc le possible paraît être ni un être réel, ni un être de raison.

b) Pour résoudre cette difficulté, analysons la notion du possible.

Le mot *possible* est pris de la puissance. La puissance est soit subjective, soit logique.

La puissance subjective est la puissance réelle d'un être qui peut recevoir un acte produit.

La puissance ou la possibilité logique est la possibilité d'un objet selon qu'il peut être produit par la puissance active d'un agent. Cet objet est *dénommé* possible par la puissance de l'agent qui peut le produire.

En parlant des possibles à l'égard de Dieu, nous parlons des *possibles logiques.*

c) Le possible, pris en ce sens, ne se définit pas: *ce qui ne répugne pas à la toute-puissance divine.* Ce serait là un cercle vicieux qui détruirait le concept de la toute-puissance divine, car Dieu serait tout-puissant parce qu'il pourrait faire ce qu'il peut faire.

Le possible logique se définit par la non-contradiction des termes. Une chose est possible logiquement quand le prédicat ne répugne pas au sujet ou ne détruit pas le sujet.

d) Dans le possible, il faut donc distinguer deux éléments: la *chose* et l'*état* de possibilité de cette chose.

La chose possible est une réalité qui n'existe pas en acte, il est vrai, mais qui est posée comme objet d'une puissance réelle.

L'état de possibilité sous lequel existe cette chose est opposé à l'existence actuelle et n'est qu'un être de raison.

Le possible est donc un mélange d'être réel (comme objet d'une puissance active) et d'être de raison.

e) Dieu connaît les possibles en connaissant son essence et ses attributs par lesquels il est l'artiste suprême de toutes les créatures. En effet, une chose peut être en autant qu'elle peut imiter l'essence divine et qu'elle n'est pas opposée aux attributs divins.

255 · Comment dieu connaît les futurs contingents.— a) Un futur se distingue du passé, du présent et du possible. Il se distingue du passé et du présent, parce qu'il n'a pas été, n'est pas, mais sera. Il se distingue du possible, parce que le concept du possible ne contient pas comme tel une existence réelle, tandis que le concept du futur contient une existence réelle dans la durée successive — il contient une existence future réelle.

Cete existence future n'existe pas actuellement dans un sujet réel. Elle dérive ou dépend des causes qui produiront le futur. Et c'est par là que le futur se distingue du possible.

Le possible est un objet réel d'une puissance active qui peut produire cet objet.

Le futur est un objet réel d'une puissance qui est déterminée à le produire comme effet.

Voilà pourquoi on définit le futur: *une chose qui n'a pas été, qui n'est pas, mais qui est déterminée à une existence par sa cause.*

b) Le futur, par rapport aux causes secondes, est dit *nécessaire* ou *contingent.*

Le futur nécessaire est un futur qui est déterminé d'une manière indéfectible dans ses causes secondes: une fois déterminé dans ses causes secondes, il ne pourra pas ne pas parvenir à l'existence.

Le futur contingent, pris au sens large, est celui dont la cause est défectible: il est déterminé à exister, mais pourrait ne pas parvenir à l'existence. Ex.: un homme, dont la santé est parfaite, est déterminé à vivre longtemps; mais, à cause de certaines circonstances, il pourra mourir jeune.

Le futur contingent, pris au sens strict, est un futur provenant d'une cause (seconde, prochaine) qui de sa nature est indifférente à le produire ou à ne pas le produire: un acte libre, un effet du hasard ou de la fortune.

c) Les Théologiens ne s'entendent pas lorsqu'il s'agit d'indiquer le mode d'après lequel Dieu connaît les futurs contingents.

Les Thomistes expliquent ainsi la connaissance divine des futurs contingents:

1) Dieu connaît les futurs contingents selon qu'ils sont présents physiquement, et non seulement intentionnellement, à l'éternité di-

vine. L'éternité, en effet, embrasse dans son immensité le temps passé, présent et futur. Le futur existe déjà dans l'éternité.

2) Les futurs contingents sont présents à l'éternité parce que Dieu les a causés par un décret éternel de sa volonté. En d'autres termes, Dieu connaît les futurs contingents parce qu'il a décrété leur existence: il les connaît dans le décret de sa volonté.

La doctrine thomiste n'est pas acceptée par tous les Théologiens. Plusieurs d'entre eux ne perçoivent pas comment la contingence du futur et surtout du futur libre peut se concilier avec le décret *infaillible* de la volonté divine.

Cette doctrine est cependant certaine. Nous avons déjà vu, en effet, que Dieu connait les choses autres que soi uniquement parce qu'il les possède dans l'universalité de sa causalité première. Et Dieu ne contient les futurs contingents dans sa causalité première que s'il a décrété leur existence, par un acte de volonté.

Ce décret ne détruit pas la contingence — ou la liberté — du futur. Le futur est, en effet, dit contingent par rapport à ses causes secondes, et non par rapport à la cause première.

256 - Les futurs conditionnés.— a) Le futur conditionné ou le futurible est un événement qui n'arrivera pas, mais qui arriverait si telle condition était posée.

Le futur conditionné ou le futurible peut avoir, avec la condition à poser, un lien soit nécessaire — si Pierre faisait un péché, il perdrait la grâce —, soit contingent — si l'Evangile avait été prêché aux habitants de Tyr, ils auraient fait pénitence. Il peut aussi n'avoir aucun lien avec la condition à poser: si Joas avait frappé la terre, il aurait détruit la Syrie.

La connaissance des futurs conditionnés est nécessaire à Dieu pour le gouvernement du monde. L'existence de cette connaissance est d'ailleurs affirmée par les Écritures.

Le problème est de savoir comment Dieu connaît les futurs conditionnés.

b) Molina et ses disciples enseignent que Dieu connaît les futurs conditionnés par sa *science moyenne.*

La science moyenne se définit: *la connaissance par laquelle Dieu, avant tout décret de sa volonté, sait de toute éternité comment une chose créée, et en particulier la volonté libre d'une créature, va agir, si elle est placée dans telles ou telles circonstances.*

Selon les Molinistes, il y a trois états de la science divine: 1) l'état de la science nécessaire: Dieu se connaît nécessairement lui-même et tout ce qui est possible; 2) l'état de la science moyenne: Dieu connaît, avant tout décret de la volonté divine, comment une cause seconde, et en particulier une volonté libre, va agir, si elle est placée dans telles ou telles circonstances; 3) l'état de la science libre: Dieu décide librement de placer la cause seconde ou la volonté libre dans telles ou telles circonstances, et par là il connaît comment va agir la cause seconde.

Il faut nier l'existence de la *science moyenne* en Dieu. En effet, la science moyenne détruit l'universalité de la causalité divine. Car, si Dieu connaît un futur avant que son existence soit décrétée par la volonté divine, ce futur est déterminé dans ses causes secondes et prochaines indépendamment de la cause première ou de Dieu.

c) Selon la doctrine thomiste, qu'il faut considérer comme certaine, Dieu connaît les futurs conditionnés dans le décret de sa volonté, décret qui est *subjectivement* absolu et *objectivement* conditionné. Ce décret est absolu *subjectivement*, parce que, de la part de Dieu, il est un acte ferme de volonté, et n'est pas seulement une disposition à vouloir; il est *objectivement* conditionné, parce que sa réalisation dépend d'une condition qui doit être posée du côté de l'objet. Exemple d'un décret subjectivement absolu et objectivement conditionné: *Je veux que Pierre se convertisse, s'il prie.*

La nécessité de ce décret est exigée par l'universalité de la causalité divine: si une condition est posée, un événement n'ayant aucune relation nécessaire avec cette condition en résultera uniquement parce que Dieu en a décidé ainsi.

b) La volonté divine.

257 - L'EXISTENCE DE LA VOLONTÉ DIVINE.— a) La volonté est un appétit, une inclination qui a pour objet le bien connu par l'intelligence.

b) En nous, la volonté est un accident. Elle est de plus puissance par rapport à son acte.

En Dieu, la volonté n'est ni un accident, ni une puissance. Elle s'identifie à son acte, elle est le vouloir divin. Et le vouloir divin s'identifie à la substance même de Dieu.

c) Nous le prouvons par un seul argument.

La volonté suit l'intelligence. Or, en Dieu, il y a l'intelligence; bien plus, l'intellection divine est la substance même de Dieu. Donc, en Dieu, il existe une volonté, et le vouloir divin est la substance divine.

A la majeure.— La volonté est l'inclination au bien connu par l'intelligence.

A la mineure.— Dieu est acte pur. Il est donc l'intellection subsistante. Par suite, le vouloir divin qui suit cette intellection n'est pas accidentel. Il est substantiel, il est la substance divine elle-même.

258 - L'OBJET PREMIER ET L'OBJET SECONDAIRE DE LA VOLONTÉ DIVINE.— a) L'objet premier de la volonté est l'objet voulu pour lui-même. C'est l'objet propre.

L'objet secondaire de la volonté est l'objet voulu non pour lui-même, mais voulu en dépendance de l'objet propre.

b) L'objet premier ou propre de la volonté divine, c'est Dieu lui-même, c'est tout ce qui est divin.

L'objet secondaire de la volonté divine, ce sont les choses autres que Dieu considérées non pas comme possibles, mais comme posées dans l'existence.

Et Dieu s'aime lui-même nécessairement, tandis qu'il aime les créatures par un acte libre.

c) Prouvons ces affirmations.

1) *La volonté divine a comme objet premier et nécessaire Dieu lui-même.*— L'objet auquel la volonté divine dit un rapport adéquat et nécessaire, est l'objet premier et nécessaire de cette volonté, comme il est évident. Or la volonté divine dit un rapport adéquat et nécessaire à Dieu lui-même, car la volonté divine s'identifie à Dieu. Donc la volonté divine a comme objet premier et nécessaire Dieu lui-même.

2) *Dieu veut des choses autres que lui-même.*— Toute chose, dans la mesure où elle est parfaite, communique sa bonté à d'autres êtres, car le bien tend à se répandre. Or la volonté divine, qui est acte pur, est très parfaite. Donc la volonté divine tend à communiquer à d'autres son bien par manière de ressemblance, autant que les possibilités

le permettent. En d'autres termes, Dieu veut qu'il y ait autre chose que lui-même.

3) *Dieu veut librement les créatures comme objets secondaires de sa volonté.*— Les créatures, ou les choses autres que Dieu, sont voulues par Dieu, parce qu'il convient à la divine bonté que d'autres êtres la participent. Elles sont donc voulues par Dieu en dépendance de la bonté divine, et par suite comme objets secondaires, ou comme moyens ordonnés à une fin. De plus, comme la bonté divine est parfaite et infinie sans la bonté des créatures, celles-ci sont voulues comme des moyens n'ayant aucun rapport nécessaire à la fin: elles sont voulues librement.

259 - La liberté divine.— a) Nous avons parlé de la liberté divine à l'égard des créatures.

Dieu est libre, nous ne pouvons en douter.

La liberté est une perfection absolue, et elle a sa source dans l'intelligence. Or Dieu possède toutes les perfections absolues, et il est la Pensée qui subsiste. De toute nécessité, il faut donc reconnaître en lui l'existence de la liberté à l'égard des biens particuliers, c'est-à-dire à l'égard des créatures.

b) Les difficultés posées par la liberté divine sont les suivantes:

1) L'acte ou le vouloir divin s'identifie à la volonté divine, à Dieu lui-même. Donc Dieu ne peut posséder une indifférence à l'égard de son acte de volonté. Cette indifférence est cependant nécessaire pour l'acte libre. (n. 169).

2) L'acte divin est immuable. Or un acte libre doit être muable. Donc, en Dieu, il ne peut y avoir un acte libre.

c) Ces difficultés sont résolues, si nous montrons en quoi consiste la liberté divine.

L'opération libre de Dieu ne peut être autre chose que son opération immanente, intrinsèque et éternelle. Mais cette opération, qui s'identifie à Dieu lui-même, est dite nécessaire par rapport à son objet propre qui est la bonté divine; elle est dite libre en tant qu'elle comporte une indépendance souveraine et absolue à l'égard des

créatures qu'elle atteint comme des effets inadéquats et non nécessaires.

La liberté divine ne comporte donc pas, comme la liberté humaine,
la maîtrise d'une puissance sur son acte, ni une possibilité de changement dans cet acte. Elle comporte uniquement une indifférence, une indépendance de l'acte divin et éternel, de l'opération subsistante de Dieu
à l'égard des créatures.

c) La providence divine.

260 - L'EXISTENCE DE LA PROVIDENCE DIVINE.— a) Nous comprenons tous que
Dieu, par sa providence, conduit, oriente les créatures vers une fin déterminée.

Mais comme une chose est ordonnée à sa fin par la loi, il importe
de distinguer la providence divine de la loi divine ou éternelle.

Dieu, par sa loi éternelle, détermine que toutes les créatures doivent tendre à une fin commune, à un bien commun. Mais lorsque cette
fin commune est déterminée par la loi éternelle, Dieu doit *conduire* les
créatures à cette fin.

On appelle providence la conception de l'orientation des créatures
vers leur fin, conception par laquelle Dieu conduit les créatures à la
fin déterminée par la loi éternelle.

On saisit, par là, la distinction entre la providence divine et la
loi éternelle.

La providence est l'idée divine par laquelle Dieu ordonne en dé-
tail toutes les actions particulières d'une créature, afin que cette créature puisse atteindre la fin déterminée par la loi éternelle, fin qui est,
en dernier lieu, la gloire divine.

L'exécution de cette idée, de cette conception divine s'appelle le
gouvernement divin.

b) La providence divine, selon notre mode de concevoir, se rapporte à l'intelligence et à la volonté divines. Elle se rapporte à la volonté, car elle présuppose la *volition*, le désir de la fin vers laquelle les
créatures seront orientées. Elle est cependant formellement un acte
de l'intelligence divine, car elle est l'ordonnance, la disposition de
toutes les opérations créées à leur fin.

c) Les Déistes, comme Tindal, Shaftesbury, Voltaire, n'admettent
pas l'existence de la providence divine. Les Déistes sont ceux qui nient

l'existence de la providence, bien qu'ils admettent l'existence de Dieu.

Les grands philosophes païens, comme Platon, Aristote, etc., ont reconnu, semble-t-il, la providence divine. La foi nous impose l'obligation de croire à l'existence de la providence.

d) Prouvons l'existence de la providence divine.

La conception des choses à orienter vers leur fin préexiste en la pensée divine. Or cette conception des choses à orienter vers leur fin, c'est proprement la providence. Donc la providence divine existe.

À la majeure.— La conception de tout le bien qui est dans les choses (créées) préexiste en Dieu, car Dieu est la cause première, intelligente de tout ce qui est créé. Or le bien se montre dans les choses non seulement quant à leur substance, mais aussi quant à leur orientation vers des fins, et surtout vers la fin dernière qui est la bonté divine. Donc la conception des choses à orienter vers leur fin préexiste en la pensée divine.

La mineure est la notion même de la providence.

261 - L'ÉTENDUE DE LA PROVIDENCE DIVINE.— a) Certains penseurs ont cru que seules les choses incorruptibles sont soumises à la providence. On a même attribué cette opinion à Aristote, mais à tort, semble-t-il.

D'autres ont affirmé que les choses corruptibles sont soumises à la providence quant aux espèces — sous ce rapport, elles sont incorruptibles—, mais non quant aux individus.

Rabbi Moïse, qui adopte cette dernière opinion, excepte cependant les hommes. Les hommes, à cause de la splendeur de leur intelligence, qu'ils participent, seraient soumis à la providence quant aux individus.

b) On doit nécessairement dire que tout est soumis à la providence, et non pas seulement en général, mais quant à tous les cas et les êtres singuliers.

En voici la preuve.

La causalité de Dieu s'étend à tous les êtres, et non seulement quant à leurs éléments spécifiques, mais aussi quant à ce qu'ils ont d'individuel, et non seulement dans le monde incorruptible, mais aussi dans le monde corruptible. Or la providence divine a autant d'étendue que la causalité divine. Donc la providence divine s'étend à tous les êtres, et non seulement quant à leurs éléments spécifiques, mais aussi quant à ce qu'ils ont d'individuel, et non seulement dans le monde incorruptible, mais aussi dans le monde corruptible.

À la majeure.— Dieu est la première cause de tout être et de tout mode d'être.

À la mineure.— La direction des effets vers leur fin s'étend aussi loin que s'étend la causalité de l'agent qui dirige vers cette fin: un effet échappe à la direction de la fin, uniquement parce qu'il procède de quelque autre cause, qui trahit l'intention de l'agent. Or la providence divine dirige les effets vers leur fin. Donc la providence divine a autant d'étendue que la causalité divine.

c) Les effets casuels et fortuits, bien que soustraits à l'ordre de quelque cause particulière, n'échappent pas à la providence divine.

d) Les créatures raisonnables sont soumises d'une manière particulière à la providence divine. Elles sont en effet douées du libre arbitre et elles ont le domaine de leurs actes. Bien qu'elles soient ordonnées à leur fin par la providence, elles se voient imputer ce qu'elles font à mérite ou à faute, et reçoivent en retour des récompenses ou des peines.

e) Dans la providence, il faut distinguer deux choses: la préconception de l'ordre des choses à orienter vers leur fin, et l'exécution de cet ordre, qui porte le nom de gouvernement. Si l'on considère le premier aspect de la providence, il faut dire que Dieu pourvoit directement et immédiatement à tout, car il a dans son intelligence la conception de toute orientation des choses vers leur fin.

Si l'on considère le second aspect de la providence, il faut dire que Dieu se sert parfois d'intermédiaires pour le gouvernement des choses: il gouverne les êtres inférieurs par l'entremise des supérieurs.

262 - LA PROVIDENCE DIVINE ET LE MAL.— a) Le mal, en général, est la privation d'une perfection due à un être.

Cette privation peut être considérée dans la ligne de l'être en général, ou dans la ligne de l'opération.

b) Le mal peut être physique ou moral.

Le mal physique est une privation d'une perfection naturelle, privation qui n'a pas de rapport à la loi morale: une maladie, etc.

Le mal moral ou le péché est une difformité de l'opération libre en rapport avec la loi des moeurs. Il provient de ce que la volonté ne s'oriente pas vers sa fin propre, c'est-à-dire vers Dieu.

Dans le mal moral ou le péché, il faut distinguer deux aspects: l'entité physique de l'opération, et la non-conformité de cette opération à l'égard de sa fin.

L'entité physique du péché, ou le péché considéré matériellement, est un bien, car c'est une entité.

Le péché est formellement constitué dans sa nature de péché ou de mal par le manque de conformité à sa fin, c'est-à-dire à Dieu considéré comme fin dernière.

c) Il est évident que le mal physique et que le mal moral existent.

Le problème qui se pose est le suivant: *comment concilier le mal avec l'universalité de la providence divine?* Dieu peut-il vouloir ou permettre le mal soit physique, soit moral?

On peut vouloir une chose soit directement, soit indirectement.

Vouloir une chose directement, c'est la désirer pour elle-même, c'est être incliné vers cette chose.

Vouloir une chose indirectement ou par accident, c'est la rechercher non pas pour elle-même, mais pour un plus grand bien qu'elle peut procurer.

Permettre une chose, c'est ne pas l'empêcher quand on pourrait le faire. Il faut toutefois qu'on ne soit pas tenu d'empêcher ce qui arrive.

d) Ces précisions étant posées, prouvons les propositions suivantes:

1) *La providence divine ne peut pas vouloir le mal directement.*— Le mal, en effet, ne peut pas être l'objet direct de la volonté ou de l'appétit. L'objet direct de l'appétit, c'est le désirable, le bien. Et le mal est la privation du bien.

2) *La providence divine veut indirectement le mal physique.*— La providence divine veut indirectement le mal physique, si ce mal est la condition d'un bien supérieur au bien dont il est la privation. Or le mal physique peut être la condition d'un bien supérieur au bien qu'il nie. Donc la providence divine veut indirectement le mal physique.

À la majeure.— Vouloir un mal à cause d'un bien supérieur au bien que ce mal nie, c'est vouloir un mal indirectement.

À la mineure.— a) Le mal physique peut servir à conserver, à augmenter, à restaurer le bien moral. Et le bien moral est supérieur au bien physique.

b) Un mal physique d'un ordre particulier peut être ordonné à un bien d'un ordre supérieur: la mort de la brute peut servir à la conservation de l'homme qui est supérieur à la brute.

3) *La providence divine veut l'entité physique du péché.*— La providence divine veut tout ce que Dieu produit comme cause première. Or Dieu produit, comme cause première, l'entité physique du péché: cette entité est un être, et tout être produit provient de Dieu comme de sa cause première. Donc.

4) *La providence divine ne peut pas vouloir même indirectement le mal moral ou le péché considéré formellement.*— Le mal moral, ou le péché considéré formellement, est opposé à Dieu qui est le bien souverain. Donc la providence divine ne peut pas vouloir le péché pour un bien supérieur.

Le mal considéré formellement est une privation, et provient uniquement de la créature. Il ne provient pas de Dieu.

5) *La providence divine permet le mal moral, et cette permission est un bien.*— a) La providence divine pourrait, en effet, empêcher le mal moral. Car le mal moral provient de la créature, et Dieu, qui est la cause première, pourrait empêcher la défaillance de sa créature dans la ligne des perfections qui lui sont dues.

b) La permission du mal moral est un bien, car Dieu, par sa puissance souveraine, ordonne le mal moral à une plus grande manifestation de la gloire divine, et à une plus grande participation de la bonté divine. Le pardon du péché manifeste la miséricorde divine, comme la punition du péché manifeste la justice divine. Les persécutions sont des occasions de sanctification pour les justes, etc.

2. Les opérations divines s'étendant à un effet extérieur.

263 - Notions préliminaires.— Dieu est cause des choses autres que lui. Il existe donc des opérations divines s'étendant à des effets extérieurs à Dieu. Le principe divin de ces effets extérieurs s'appelle la puissance divine. Nous parlerons donc d'abord de la puissance divine. Nous traiterons ensuite de la création, de la conservation des créatures, du concours divin et des miracles.

264 · La puissance divine.— 1° La puissance est soit passive, soit active.

La puissance passive est un principe de passivité. Ce principe implique une imperfection et ne peut exister d'aucune manière en Dieu qui est acte pur.

La puissance active, dans les choses créées, est cause de l'action et de l'effet de cette action.

En Dieu, la puissance active ne peut être considérée comme cause de l'action ou de l'opération divine, qui est identique à l'essence divine.

La notion de la puissance active est cependant sauvegardée en Dieu, si on considère la puissance comme principe d'effets et non pas d'opérations.

Prouvons qu'en Dieu il y a de la puissance active ou opérative.

Un être est actif à l'égard de quelque chose dans la mesure où il est en acte. Or Dieu est acte pur, comme nous l'avons déjà montré. Donc, en Dieu, la puissance active existe d'une manière souveraine.

2° Puisque la puissance active de Dieu est mesurée à l'actualité divine, il faut dire que cette puissance est infinie, car Dieu est illimité dans son actualité: il est acte pur.

Dieu est tout-puissant, non pas parce qu'il peut tout ce qui est possible à sa toute-puissance — ce serait là un cercle vicieux, mais parce qu'il peut faire tout ce qui n'implique pas contradiction, tout ce qui peut revêtir la qualité de faisable ou de possible, c'est-à-dire tout ce qui peut répondre à la notion d'être.

3° La puissance n'est pas attribuée à Dieu comme une chose réellement distincte de sa science et de sa volonté; elle n'en diffère que selon notre façon de comprendre.

La puissance divine, c'est l'intelligence divine elle-même considérée non pas comme principe de connaissance, mais comme principe d'un effet extérieur, comme principe qui exécute et produit par son commandement: *Dieu dit, et les choses furent faites.*

La puissance, en Dieu, se rapporte à l'intelligence pratique. Voilà pourquoi on dit qu'elle n'est pas réellement distincte de l'intelligence et de la volonté divines. Elle présuppose l'acte libre de la volonté divine qui incline à la production d'une créature; elle se rattache formellement à l'intelligence divine qui est cause des créatures en vertu de l'inclination reçue de la volonté divine.

4° La puissance divine se divise, d'après notre façon de comprendre, *en puissance ordonnée, en puissance ordinaire* et *en puissance absolue.*

La puissance ordonnée de Dieu est la puissance divine considérée comme soumise à la sagesse divine, comme réglée par la sagesse divine.

La puissance ordinaire de Dieu est la puissance divine agissant selon les lois communes ou le cours ordinaire des choses.

La puissance absolue est la puissance divine considérée abstraction faite de la sagesse divine et du mode d'agir ordinaire de la providence.

L'intelligence peut considérer la puissance divine sans relation à la sagesse divine, mais la puissance divine n'agit jamais de fait sans se conformer à la sagesse divine.

De par sa puissance absolue, Dieu peut cependant ne pas agir selon le cours ordinaire des choses, lorsqu'il fait un miracle, par exemple.

265 - LA CRÉATION DES ÊTRES AUTRES QUE DIEU.— 1° *Tous les êtres finis sont créés par Dieu.*— a) Les êtres autres que Dieu ou les êtres finis sont ceux dont l'existence est réellement distincte de l'essence.

b) La création est une production. Une production, c'est une émanation d'un effet procédant de sa cause efficiente.

Un effet peut être produit par sa cause efficiente de deux manières:

1) il peut être tiré d'un sujet préexistant comme de sa cause matérielle: on a alors une production particulière;

2) il peut être produit d'aucune cause matérielle préexistante, c'est-à-dire de rien: on a alors la création.

Une chose est créée lorsqu'elle n'est produite ni d'elle-même, ni d'aucun sujet préexistant (creatio est productio rei ex nihilo sui et subjecti).

Nous disons qu'une chose créée n'est pas produite d'elle-même (comme d'une cause matérielle): et ceci est commun à toute production, car ce qui est produit ne préexiste pas à sa production: un homme qui est engendré n'existe pas avant d'être engendré.

Nous ajoutons qu'une chose créée n'est pas produite d'un sujet préexistant: nous nions, par là, l'existence de toute cause matérielle présupposée à la production de la chose créée.

La création a donc pour terme antérieur, selon notre façon de comprendre, le non-être qui est le rien. Si l'on considère le terme atteint par la création, nous devons dire qu'elle est la production de *tout l'être* d'un effet.

c) Il est évident que toute substance spirituelle est créée par Dieu. Il est aussi évident que le premier être spatio-temporel a été créé par Dieu. Ici nous prouvons que tout être fini, quel qu'il soit, est créé par Dieu. Donc, même si un être, en tant que *tel* être, est produit d'un sujet préexistant par une cause particulière, cet être en tant *qu'être*, c'est-à-dire en tant qu'il contient l'aspect universel d'être, est toujours créé par Dieu.

Le Concile du Vatican a défini que le monde a été créé par Dieu.

d) Prouvons donc *que tout être fini est créé par Dieu.*

Dieu est la cause universelle de l'être. Or tout être fini, quel qu'il soit, est nécessairement créé par la cause universelle de tout l'être. Donc tout être fini est créé par Dieu.

À la majeure.— Dieu est l'être par essence. Il est donc la cause universelle de tout l'être, puisque tout ce qui existe est un être, et en tant que tel dépend de Dieu comme de sa cause.

À la mineure.— Une cause produit un effet à partir d'un sujet préexistant, lorsque ce sujet échappe à son action. Or rien n'échappe à l'action de la cause universelle qui produit tout l'être, car, en dehors de l'être, rien n'existe. Donc tout ce qui est produit, ou tout être fini, est nécessairement créé par la cause universelle de tout l'être.

2° *Aucun être fini ne peut créer.*— a) Certains penseurs, comme Durand, ont affirmé que la créature peut recevoir de Dieu le pouvoir de créer. La créature exercerait ce pouvoir comme cause principale, à l'intérieur de certaines limites.

D'autres philosophes ont enseigné que la créature peut créer en agissant comme cause instrumentale.

D'après Avicenne, la première substance spirituelle (séparée), créée par Dieu, en crée après soi une seconde, etc.

Pierre Lombard, surnommé le Maître des Sentences, assure que la créature peut créer non pas par son pouvoir propre, mais comme instrument de la cause première.

b) Saint Thomas affirme que créer est l'action propre de Dieu seul. Cette action ne peut être exercée par la créature ou l'être fini agissant soit comme cause principale, soit comme cause instrumentale.

La cause principale est celle qui agit par sa vertu propre, tandis que la cause instrumentale est celle qui agit par la vertu de la cause principale (n. 116).

c) Prouvons l'affirmation de saint Thomas.

1) *Une créature ne peut créer en agissant comme cause principale.*— L'être pris absolument est l'effet propre et exclusif de Dieu. Or la création est la production de l'être pris absolument. Donc la création est une opération propre et exclusive de Dieu, et la créature ne peut créer en agissant comme cause principale.

À la majeure.— Les effets les plus universels doivent être rapportés à la plus universelle et la plus élevée des causes. Or l'être pris absolument est l'effet le plus universel qui soit, comme il est évident. Donc l'être pris absolument est l'effet propre et exclusif de la cause la plus universelle et la plus élevée, cause qui est Dieu. ·

La mineure est évidente par la notion de la création.

2) *Une créature ne peut créer en agissant comme cause instrumentale.*— Une cause instrumentale peut participer à l'action de la cause principale soit en modifiant cette action, soit en procurant, par quelque chose qui lui est propre, une disposition à l'effet de la cause principale. Or l'action créatrice ne peut être modifiée, et rien ne peut être fait instrumentalement, à titre de disposition, en vue de l'effet de la création. Donc une cause instrumentale ne peut participer à l'action créatrice d'une cause principale: la créature ne peut créer en agissant comme cause instrumentale.

La majeure résulte de ce qui est dit plus haut (n. 116. p. 141).

À la mineure.— a) Une modification de l'action créatrice par une cause instrumentale limiterait ou contracterait cette action. Or l'action créatrice ne peut être limitée, car elle atteint son effet sous un aspect illimité qui est celui de l'être pris absolument. Donc.

b) Dans la création, il n'existe aucun sujet préexistant. Donc rien ne peut être fait instrumentalement, à titre de disposition, en vue de l'effet de la création. Cette disposition ne pourrait, en effet, être produite que dans un sujet sur lequel agirait la cause principale qui est principe de la création.

3° *La création a-t-elle eu lieu au commencement du temps?* a) Si nous considérons la création comme l'opération divine, nous devons dire qu'elle est éternelle, car l'opération divine s'identifie à Dieu lui-même.

Mais nous pouvons considérer le problème sous un autre aspect et rechercher si une chose créée a nécessairement commencé ou si elle a pu exister de toute éternité.

b) Par la raison, nous ne pouvons pas prouver que l'existence éternelle d'une créature incorruptible et non engendrée est impossible.

Le problème devient plus difficile, lorsqu'il s'agit des être engendrés et corruptibles. L'être engendré est nécessairement produit d'un sujet préexistant. Et nous ne pouvons pas, semble-t-il, remonter à l'infini dans la série des êtres engendrés. Nous devons nécessairement arriver à un premier sujet.

La Foi nous enseigne que l'univers créé a eu un commencement.

266 - LA CONSERVATION.— a) Une chose est conservée passivement quand elle est maintenue dans l'existence.

Prise activement, la conservation est l'action d'un agent qui garde une chose dans l'existence.

La conservation divine, selon notre façon de comprendre, est la continuation de l'action créatrice qui permet aux êtres finis de durer et de ne pas être réduits au néant.

b) La conservation peut être *indirecte* ou *directe*.

La première a lieu lorsqu'un agent fait disparaître les causes qui pourraient détruire une chose.

La seconde est l'influence positive d'une cause, influence par laquelle la chose est maintenue dans l'existence et sans laquelle cette chose serait détruite: l'accident est directement conservé par la substance, car il ne dure que par la causalité continue de la substance le maintenant dans l'existence.

c) La conservation directe peut être immédiate ou médiate, selon que la causalité de l'agent qui conserve directement une chose atteint cette chose en ne passant pas ou en passant par des causes intermédiaires.

d) Dieu conserve indirectement les choses corruptibles lorsqu'il en éloigne les causes qui pourraient les détruire.

Il conserve aussi directement, mais médiatement, certains êtres: en conservant la substance, il conserve médiatement les accidents.

Mais, de plus, tout être fini, considéré sous son aspect universel et absolu d'être, doit être conservé *directement* et *immédiatement* par Dieu.

e) Voici la preuve de cette affirmation.

La cause qui maintient, par une influence immédiate et continue, l'union entre l'essence et l'existence de l'être fini, conserve directement et immédiatement tout être fini. Or Dieu, par son influence immédiate et continue, maintient l'union entre l'essence et l'existence de l'être fini. Donc Dieu conserve directement et immédiatement tout être fini.

La majeure est immédiatement évidente.

À la mineure.— Dans l'être fini, l'essence et l'existence sont distinctes et s'opposent comme la puissance et l'acte. Elles ne peuvent être unies et demeurer unies que par l'influence continue de la cause qui atteint immédiatement l'être en tant qu'être, c'est-à-dire par Dieu.

f) Dieu est donc présent partout. Il peut et doit être présent dans toutes les créatures qui peuvent exister.

La présence réelle de Dieu dans tous les corps qui existent s'appelle *l'ubiquité divine*.

L'immensité divine est la perfection par laquelle la présence divine n'est pas limitée aux corps qui existent, qui ont existé ou qui existeront. Dieu, parce qu'il est immense, pourrait être présent dans tous les corps dont l'existence est possible, si ces corps étaient amenés à l'existence.

267 - LE CONCOURS DIVIN.— 1° *Le concours divin simultané.*— **a)** Le concours, en général, est la coopération de deux causes en vue de la production d'un même effet.

Le concours divin est la coopération de Dieu, comme cause première, à l'opération et à l'effet de la créature ou de l'être fini.

b) Le concours divin est soit *moral,* soit *physique.*

Le premier est celui par lequel Dieu influence l'action de la volonté créée dans la ligne de la finalité, en proposant un bien, en commandant, en conseillant, en menaçant de peines, etc.

Le second est celui par lequel Dieu, *comme cause efficiente première*, coopère à l'action et à l'effet de la cause seconde.

Nous parlons ici du concours *physique* de Dieu à l'action de la créature.

c) Le concours physique de Dieu est soit *simultané*, soit *antécédent*.

Il sera question plus bas du concours antécédent, concours qu'on appelle la *motion divine* ou la *prémotion physique*.

Le concours simultané de Dieu est l'action par laquelle Dieu produit immédiatement, comme cause première, l'opération posée par la cause seconde, et l'effet de cette opération. On le voit, en vertu du concours simultané, l'opération (et l'effet) de la créature a deux causes: elle provient totalement et immédiatement de la créature, comme de sa cause seconde; elle provient aussi totalement et immédiatement de Dieu, comme de sa cause première.

d) Les scolastiques ont communément admis l'existence du concours simultané de Dieu.

Durand de Saint-Pourçain (+ 1334), un dominicain, a cependant nié l'existence de ce concours simultané. Pour lui, Dieu n'a pas à coopérer immédiatement à l'action de la créature. Il suffit que Dieu crée et conserve les forces des causes secondes, pour que ces causes puissent d'elles-mêmes agir et produire des effets.

e) Prouvons que Dieu, par son concours simultané, coopère à l'action des créatures.

Dans toute opération des créatures — comme dans tout effet produit par cette action —, se réalise l'aspect universel de l'être. Or Dieu seul, par sa causalité efficiente, atteint immédiatement un être sous l'aspect universel de l'être. Donc Dieu produit immédiatement, comme cause efficiente première, l'action des créatures et l'effet de cette action, en tant que dans cette action et dans cet effet se réalise l'aspect universel de l'être. En d'autres termes, Dieu coopère, par son concours simultané, à l'opération des créatures.

À la majeure.— Toute opération des créatures — comme tout effet de cette opération — est un être. En elle se réalise donc l'aspect universel de l'être.

À la mineure.— Les effets les plus universels se ramènent à l'agent le plus universel comme à leur cause propre. Or l'être sous son aspect universel ou général, l'être comme être est l'effet le plus universel qui soit. Donc.

2° *La motion divine.*— a) Le concours simultané de Dieu se porte immédiatement sur l'opération et l'effet de la cause seconde; la motion divine, au contraire, se porte sur la puissance (opérative) de la créature, pour l'appliquer à l'opération.

La motion divine est antérieure à l'opération. Voilà pourquoi on l'appelle la *prémotion physique.*

Prise du côté de Dieu, la motion divine se définit: *l'opération par laquelle Dieu, comme cause efficiente, change intrinsèquement la puissance (opérative) de la créature pour l'appliquer à l'opération.*

Prise du côté de la créature ou de la cause seconde, la motion divine est une entité créée, transitoire, reçue dans la puissance opérative de la créature, entité par laquelle cette puissance est déterminée à poser telle ou telle opération.

On le voit, la motion divine est *physique*, parce qu'elle provient de Dieu comme d'une *cause efficiente* qui agit sur la puissance (opérative) de la créature; elle est *intrinsèque*, parce qu'elle comporte un changement intrinsèque dans la puissance qui doit être appliquée à l'opération.

b) Suarez, certains disciples de Molina nient l'existence de la motion divine et n'admettent que l'existence du concours simultané.

c) Prouvons que Dieu, par sa motion divine, applique toute créature à son opération.

Tout ce qui passe de la puissance à l'acte est toujours mû par Dieu comme par la cause première. Or toute créature agit en passant de la puissance à l'acte. Donc toute créature n'agit que sous la motion divine; en d'autres termes, toute créature n'agit que si sa puissance est appliquée par Dieu à l'opération.

La majeure a été démontrée au n. 239 p. 329.

À la mineure.— L'opération de la créature est réellement distincte de la faculté comme un acte d'une puissance. Donc la créature n'agit qu'en passant de la puissance à l'acte.

d) Certains auteurs, comme les scolastiques, considèrent la motion divine comme un secours *purement extrinsèque* que Dieu apporte à la créature pour la faire agir. Il ne faut pas partager cette opinion.

Par sa motion, Dieu ne produit pas l'opération de la cause seconde, car cette motion est antérieure à l'opération. Par sa motion, Dieu *détermine* la puissance opérative de la créature à poser son opération. Il change donc *intrinsèquement* cette puissance, en créant en elle une entité créée — transitoire — réellement distincte de l'opération et réellement distincte de la puissance opérative elle-même.

3° *La motion divine et la liberté créée.*— a) La volonté est en puissance à son acte. Par suite, la volonté créée ne peut agir sans être appliquée à son opération par la motion divine.

La motion divine doit atteindre la volonté *immédiatement*, sans le concours de moteurs subordonnés. En effet, aucun agent créé ne peut agir, comme cause efficiente, sur la volonté créée: la créature intellectuelle ou raisonnable, qui est immédiatement ordonnée à Dieu ne peut être soumise à aucune créature, et elle le serait, si une cause efficiente seconde pouvait déterminer sa volonté.

La motion divine, de plus, change *intrinsèquement, physiquement* la volonté créée, et détermine cette volonté à l'acte d'une manière *infaillible*: l'opération divine est souverainement efficace et ne peut connaître d'obstacles.

Le problème se pose de concilier cette motion divine avec l'acte libre de la volonté créée. Comment une volonté qui est déterminée par Dieu à poser un acte peut-elle encore demeurer libre?

Pour résoudre ce problème, nous devrions connaître parfaitement la nature de l'opération divine. Nous comprendrions alors clairement que la causalité divine est infiniment supérieure à la causalité créée, et qu'elle peut, contrairement à la causalité créée, déterminer une faculté, une volonté à un acte, sans détruire la liberté de cette volonté.

De fait, nous sommes en présence d'un mystère qui a suscité bien des controverses théologiques.

b) Prouvons par un seul argument, que la motion divine se concilie avec la liberté de la volonté créée.

La cause première peut déterminer une volonté à l'opération sans détruire la liberté de cette volonté. Or Dieu est la cause première. Donc Dieu peut mouvoir ou déterminer une volonté à l'opération sans détruire la liberté de cette volonté.

À la majeure.— La cause première n'atteint pas son effet sous un aspect déterminé. Elle atteint tout l'être et tous les modes d'être de son effet. Elle peut donc *déterminer* une cause inférieure à poser un acte *libre.* En déterminant la volonté, elle *cause* la liberté de l'acte.

268 - Le miracle.— 1° Le miracle signifie étymologiquement: *une chose merveilleuse qui provoque l'étonnement et l'admiration.*

Le miracle, selon sa définition réelle, peut être pris au sens strict et au sens large.

Le miracle, au sens strict ou au sens propre, se définit: *un fait sensible faisant exception au cours ordinaire de la nature, fait immédiatement produit par Dieu.*

Le miracle contient trois éléments: a) il est un fait sensible; b) il est un fait extraordinaire; c) il est immédiatement produit par Dieu.

Analysons ces trois éléments.

Le miracle est un *fait sensible*: nous n'affirmons pas par là qu'un fait caché, comme la transsubstantiation, n'est pas un miracle. Mais nous parlons ici du miracle connaissable par nos seules facultés naturelles, sans le secours de la Foi.

Le miracle est un fait sensible *faisant exception au cours ordinaire de la nature*: le miracle n'est pas un fait exigé par la nature; il doit, au contraire, ne pas être explicable par les lois de la nature.

La création de l'âme spirituelle dans la matière disposée à recevoir cette âme n'est donc pas un miracle. Cette création, bien qu'elle ne soit pas l'oeuvre de la nature, est cependant exigée par la nature.

La production de la grâce, la justification de l'impie ne sont pas des miracles, car ce sont là des faits qui n'appartiennent pas à l'ordre naturel et qui, par suite, ne font pas exception à cet ordre.

On pourra cependant dire que la justification de tel impie est un miracle, parce qu'elle fait exception aux lois ordinaires observées par la Providence dans l'oeuvre de la justification.

Le miracle est un fait sensible *produit immédiatement par Dieu*: et c'est là un élément essentiel du miracle. En effet, un fait sensible peut faire exception aux lois ordinaires de la nature, sans être un miracle. Un effet de hasard n'est pas selon le cours ordinaire de la nature et ne peut être considéré comme un miracle, car il n'est pas immédiatement produit par Dieu comme par son unique cause principale.

Un miracle doit dépasser les forces de toute la nature créée ou créable et avoir Dieu comme cause propre.

Le miracle, au sens large ou au sens relatif, *est un fait sensible, extraordinaire, accompli par un ange agissant conformément aux vues de Dieu.*

Le miracle, pris au sens large, *en soi* n'est pas un miracle, car il ne dépasse pas les forces de toute nature créée; il peut être, pour nous, une chose admirable capable de nous manifester la volonté divine ou la valeur d'une doctrine: il est un miracle *relatif.*

2° Le miracle, pris au sens propre, peut-être de premier ordre, de deuxième ordre ou de troisième ordre.

Le miracle de premier ordre est celui qui dépasse toutes les forces créées quant à *la substance* même du fait accompli: la nature créée ne peut aucunement produire ce fait. Ex.: la simultanéité de deux corps dans un même lieu, la glorification du corps humain, etc.

Le miracle de deuxième ordre est celui qui dépasse les forces créées non quant à la substance du fait accompli, mais quant *au sujet* dans lequel ce fait est accompli. Ex.: la résurrection d'un mort, la guérison d'un aveugle-né, etc. La nature peut produire la vie, mais non dans un mort; elle peut produire la vue, mais non dans un aveugle.

Le miracle de troisième ordre est celui qui dépasse les forces créées uniquement *par le mode* selon lequel le fait miraculeux est produit. Ex.: le changement instantané de l'eau en vin, la guérison subite d'une maladie naturellement curable.

3° Le miracle peut être considéré comme *fait sensible* et comme *fait divin* ou *surnaturel.*

Le miracle comme fait sensible, c'est le fait miraculeux lui-même tel qu'il présente, dans son existence, à la connaissance.

Le miracle comme fait divin ou surnaturel, c'est le fait miraculeux considéré comme ayant uniquement Dieu comme cause propre.

Le miracle n'est donc pas surnaturel dans sa nature, sa substance, comme la grâce, la foi, la charité, l'espérance; il n'est surnaturel que parce qu'il est produit par Dieu agissant en dehors du cours ordinaire de la nature créée.

4° Certains auteurs ont nié la possibilité du miracle. C'est là une opinion non fondée.

L'ordre de la nature a été librement établi par Dieu. Dieu, qui est tout-puissant, peut donc, en agissant en dehors de cet ordre, produire les effets naturels des causes secondes sans le concours de ces causes; il peut encore empêcher les effets naturels des causes secondes, ou produire des effets qui dépassent toutes les forces créées.

5° D'autres auteurs, comme Renan, Rousseau, tout en admettant la possibilité du miracle, prétendent que nous ne pouvons pas discerner le fait miraculeux d'un fait plus ou moins extraordinaire qui demeure naturel. Leur principal argument est le suivant: nous ne connaissons pas toutes les forces et toutes les lois de la nature; ce que nous considérons comme un miracle peut être produit par des forces inconnues de la nature.

6° Contre ces auteurs, nous prouvons que nous pouvons connaître le miracle comme fait *sensible* et comme fait *surnaturel*.

a) *Nous pouvons connaître le miracle comme fait sensible.*— Le miracle, sous cet aspect, est un fait qui se présente à l'observation comme tout autre fait. Il attire même l'attention d'une manière spéciale, parce qu'il excite l'étonnement. Nous pouvons donc le juger en lui-même et dans toutes les circonstances qui l'entourent. En le jugeant sous ces deux aspects, nous pouvons en avoir une connaissance qui exclut toute crainte *morale* d'erreur.

Nous pouvons, par exemple, distinguer une résurrection véritable d'une résurrection simulée, en nous assurant si la personne qui apparaît ressuscitée était réellement morte, et si elle a été réellement ramenée à la vie. Il faudra, dans certains cas, considérer la durée du temps où la personne a été considérée comme morte, et la durée du temps où elle a vécu dans la suite. Les mauvais esprits peuvent faire produire à un cadavre des mouvements donnant l'illusion que ce cadavre a la vie. Mais de telles apparences ne sont pas de longue durée.

Il faut aussi considérer pour quelle fin la chose merveilleuse a été produite, par quelle personne elle a été produite, etc.

L'analyse de tous ces éléments nous assure de l'authenticité du fait miraculeux de manière à exclure toute crainte morale d'erreur.

b) *Nous pouvons connaître, avec une certitude métaphysique, le caractère surnaturel de certains faits miraculeux.*— Une certitude métaphysique existe lorsqu'une vérité est connue en vertu de la connexion des termes.

Cette certitude métaphysique présuppose, dans le cas qui nous occupe, la réalité ou l'authenticité du fait que l'on considère miraculeux.

Voici la démonstration:

Nous connaissons, avec certitude métaphysique, le caractère surnaturel de certains faits miraculeux, si nous savons que Dieu seul peut être leur cause propre. Or nous pouvons savoir que Dieu seul peut être la cause propre de certains faits miraculeux ou extraordinaires. Donc nous pouvons connaître, avec une certitude métaphysique, le caractère surnaturel de certains faits miraculeux.

La majeure est claire par elle-même.

À la mineure.— Certains faits miraculeux n'ont pour cause propre que l'agent qui peut immédiatement changer la nature des choses: celui qui ressuscite un mort unit immédiatement l'âme raisonnable et la matière première; celui qui, en un instant, change l'eau en vin doit avoir le pouvoir immédiat sur la matière première et la changer *du dedans* pour en tirer une forme nouvelle, etc. Or Dieu seul peut immédiatement changer la nature des choses: car Dieu seul peut immédiatement produire une nature, un être, et seule la cause immédiate d'une chose peut immédiatement changer cette chose. Donc certains faits miraculeux ne peuvent être produits que par Dieu.

c) *Nous ne pouvons distinguer les miracles au sens large des prestiges diaboliques que par les circonstances.*— En effet, ces faits extraordinaires, qu'on appelle les miracles au sens large, ne dépassent pas les forces créées. Ils peuvent donc être produits par les mauvais anges ou des forces inconnues de la nature. Mais, en examinant les qualités morales du thaumaturge, la fin qu'il se propose, les circonstances de lieu, de temps qui caractérisent le fait merveilleux, nous pouvons arriver à connaître, avec une certitude excluant toute crainte morale d'erreur, que ce fait extraordinaire provient d'une cause supérieure agissant conformément aux vues de Dieu.

7° Difficulté.— Pour affirmer qu'un fait extraordinaire dépasse les forces de la nature, nous devrions connaître toutes les forces de la nature. Or nous ne connaissons pas toutes les forces de la nature. Donc nous ne pouvons pas affirmer qu'un fait extraordinaire dépasse les forces de la nature.

À la majeure.— Nous devrions connaître toutes les forces de la nature, je nie; nous devons connaître la limite de la force créée comme telle, je concède.

À la mineure.— Nous ne connaissons pas toutes les forces de la nature, je concède; nous ne connaissons pas la limite de la force créée comme telle, je nie.

Lorsque nous affirmons que tel fait miraculeux dépasse les forces créées, nous affirmons que ce fait, **en vertu de sa nature même**, ne peut être attribuable à une cause seconde ou à une créature, mais qu'il est nécessairement produit par Dieu comme par sa cause propre. Et pour faire cette affirmation, nous nous appuyons sur la nature même du fait miraculeux: il doit être produit par la cause qui a un pouvoir immédiat sur la nature des choses, c'est-à-dire par Dieu.